| Allan R. Cohen
| David L. Bradford

Influência sem autoridade

Como liderar pessoas que não se reportam a você

Como construir relacionamentos efetivos e criar aliados

Como influenciar chefes, pares, clientes e outros parceiros

| Allan R. Cohen
| David L. Bradford

Influência sem autoridade

Como liderar pessoas que não se reportam a você

Como construir relacionamentos efetivos e criar aliados

Como influenciar chefes, pares, clientes e outros parceiros

Capítulo inédito à edição brasileira por **Alexandre Santille**

{ lab • ssj }

Coleção LAB SSJ — Educação & Negócios

Presidente
Henrique José Branco Brazão Farinha

Publisher
Eduardo Viegas Meirelles Villela

Editora
Cláudia Elissa Rondelli Ramos

Projeto Gráfico e Editoração
S4 Editorial

Capa
LAB SSJ

Tradução
Julio de Andrade Filho e Clene Salles

Revisão Técnica
Alexandre Carvalho dos Santos/LAB SSJ

Preparação de Texto
Heraldo Vaz

Revisão
Bel Ribeiro

Impressão
Edições Loyola

Copyright © 2005 by Allan R. Cohen e David L. Bradford

A tradução desta publicação foi feita sob acordo com John Willey & Sons, Inc.

Copyright © 2012 *by* Editora Évora Ltda.

Todos os direitos desta edição são reservados à Editora Évora.

Rua Sergipe, 401 – Cj. 1.310 – Consolação
São Paulo – SP – CEP 01243-906
Telefone: (11) 3562-7814/3562-7815
Site: http://www.editoraevora.com.br
E-mail: contato@editoraevora.com.br

DADOS INTERNACIONAIS PARA CATALOGAÇÃO NA PUBLICAÇÃO (CIP)

C678i
Cohen, Allan R., 1938-
  [Influence without authority. Português]
  Influência sem autoridade: como liderar pessoas que não se reportam a você: como construir relacionamentos efetivos e criar aliados : como influenciar seu chefe, pares, clientes e outros parceiros/ Allan R. Cohen e David L. Bradford; [tradução Cristina Sant'Anna]. – São Paulo: Évora, 2012.
  336p. ; 23cm.

  ISBN 978-85-63993-36-6

  Tradução de: Influence without authority: how to lead people who don't report to you : how to build effective relationships and create allies: how to influence your boss, peers, clients, and other partners.

  1. Administração de pessoal. 2. Liderança. 3. Eficiência organizacional. I. Bradford, David L. II. Título.

CDD – 658.4

Para nossas esposas, Joyce e Eva,
que, sendo nossas colegas mais severas e motivadoras,
nos ensinaram a essência da influência mútua nas alianças estratégicas.

Agradecimentos

Da primeira edição

Muitas pessoas têm nos influenciado de maneira positiva, e somos profundamente gratos a elas. Muitos colegas leram partes do manuscrito, em forma de rascunho, e fizeram sugestões úteis, incluindo J.B. Kassarjian, Lynne Rosansky, Les Livingstone, Jan Jaferian, Farshad Rafii e Roy Lewicki. Rosabeth Moss Kanter, Barry Stein, Richard Pascale, Jerry Porras e Jean Kirsch nos deram estímulo durante muitos anos. O National Training Laboratories deu-nos a oportunidade de desenvolver e testar nossas ideias em uma série de workshops para gestores. Muitos amigos maravilhosos e clientes ofereceram os ricos exemplos que apresentamos aqui, mas infelizmente a maioria deles deve permanecer no anonimato para preservar sua confidencialidade. Agradecemos aos ex-alunos Tom Greenfield, Marianne McLaughlin, Spencer Lovette e James Wiegel, e ao nosso bom amigo Leslie Charm, por suas contribuições. Além disso, nossos alunos e clientes têm sido uma fonte contínua de aprendizagem. Nosso editor, John Mahaney, foi muito além do dever ao contribuir para a elaboração deste livro, e estamos quase arrependidos de todo o aborrecimento que lhe causamos. Gostamos muito dos pontos de vista que ele nos trouxe. Sydney Craft Rozen e Louann Werksma poliram nossa prosa, e a sabedoria alegre de Nancy Marcus Land tornou o processo de produção muito mais suportável. Tom Hart nos deu uma consultoria valiosa nas questões de contrato. E queremos agradecer a Sydney Cohen pela elaboração do índice.

Estamos muito gratos ao vice-presidente para assuntos acadêmicos da Babson, Gordon Prichett, ao comitê de nomeação da faculdade e ao ex-presidente Bill Dill, pela escolha de Allan para ser o primeiro ocupante da cadeira de Walter H. Carpenter. A seleção teve um *timing* perfeito para permitir um esforço concentrado no trabalho de escrever justamente quando o livro mais precisava, e literalmente não conseguiríamos tê-lo terminado sem essa oportunidade. Embora os milagres dos processadores de texto tenham permitido que fizéssemos a maior parte do trabalho de digitação, várias pessoas na Babson foram extremamente úteis na elaboração de rascunho após rascunho do manuscrito; por esse apoio, agradecemos a Margie Kurtzman, Jim Murphy, Sheila Faherty, bem como a George Recck e a seus anjos misericordiosos Ara Heghinian, Scott Andersen e, especialmente, John Walker, que pronta e pacientemente resgatou arquivos perdidos e respondeu a inúmeras perguntas. A Graduate School of Business da Universidade de Stanford ainda nos prestou um apoio valioso.

Nossas famílias também desempenharam um papel importante nessa ajuda, não só pelo seu encorajamento, mas também pelas lições de influência que nos ensinam sempre que interagimos com elas. Por suas contribuições para nossa aprendizagem contínua, somos eternamente gratos às nossas esposas, filhos, pais, irmãos, sogros, tios e primos – um verdadeiro exército de instrutores informais.

Agradecimentos adicionais da segunda edição

Somos gratos também a um grupo de colegas e gestores que nos deram *feedback* e exemplos. Andrea Corney, Anne Donnellon, PJ Guinan, David Hennessey, James Hunt, Martha Lanning, Carole Robin, Phyllis Schlesinger, Mike Smith, Neal Thornberry e Yelena Shayenzon edificaram nossas ideias e nos ajudaram com o manuscrito. Eric Arcese, Timlynn Babitsky, Suzanne Currey, Brian Duerk, David Garabedian, Mary Garrett, Doug Giuliana, Mike Glass, Tony Greco, Fran Grigsby, Jan Jefarian, Sandi Medeiros, Akihiro Nakamura, Efren Olivares, Dan Perlman, Ethan Platt, Carole Robin, Nettie Seabrooks, Scott Timmins, Jim Salmons, Paul Westbrook... Todos contribuíram com exemplos de uma forma ou de outra. Também estamos profundamente agradecidos às centenas de gestores com os quais temos trabalhado e que proporcionaram críticas, uma avaliação implacável da utilidade de nossas ideias e exemplos maravilhosos de como eles usam ou lutam com a influência no trabalho.

Os caprichos do mundo editorial nos trouxeram vários editores desde a primeira edição, e gostamos de todos, mas acabamos trabalhando mais de perto com Paula Sinnott, Richard Narramore e Emily Conway. Agradecemos a eles por nos forçar a fazer o texto cada vez mais acessível e útil.

Infelizmente, apesar de nossa profunda gratidão a uma longa lista de influenciadores úteis, não podemos fugir da responsabilidade final pelos resultados desses esforços. Só nós tínhamos a autoridade para concluir este livro, e por isso somos nós os responsáveis pelo seu conteúdo.

A. R. C.
D. L. B.

Sumário

Introdução à edição brasileira, *por Alexandre Santille* xi

Parte I – Introdução 1

    1 Por que a influência: o que você vai obter deste livro 3

Parte II – O modelo de influência 15

    2 O modelo de influência: negocie o que eles querem com o que você tem 17

    3 Bens e serviços: as moedas de troca 39

    4 Como saber o que eles desejam: compreendendo seus mundos 59

    5 Você tem mais a oferecer do que pensa quando conhece suas metas, prioridades e seus recursos 83

    6 Construindo relacionamentos eficazes: a arte de encontrar e desenvolver aliados 100

    7 Estratégias para fazer trocas mutuamente vantajosas 126

Parte III – Aplicações práticas da influência 149

    8 Influenciando seu chefe 151

    9 Influenciando subordinados difíceis 175

    10 Trabalhando de forma multidisciplinar: liderando e influenciando uma equipe, uma força-tarefa ou um comitê 192

    11 Influenciando grupos, departamentos e divisões da empresa 205

    12 Influenciando colegas 222

    13 Iniciando ou liderando grandes mudanças 239

    14 Influência indireta 252

    15 Compreendendo e superando a política corporativa 261

16 Jogo duro: partindo para estratégias mais radicais – quando não dá mais para apanhar moscas com mel 275

Apêndice A – Exemplos adicionais disponíveis na internet 297

Apêndice B – Recursos adicionais 302

Notas 305

Introdução à edição brasileira

Origens do comportamento de influência

por Alexandre Santille*

Mais do que expertise, velocidade de raciocínio ou adequação à cultura da empresa, a capacidade de influenciar pessoas é hoje uma das mais importantes condições para a sobrevivência no mundo corporativo. As organizações demandam, cada vez mais, profissionais que utilizem a persuasão como ferramenta para influenciar colegas – principalmente aqueles sobre os quais não se tem nenhuma autoridade formal –, pois é isso que ajuda a construir um ambiente de apoio mútuo, com resultados consistentes e efetivos.

Por essa razão, as relações de poder e influência nas empresas contemporâneas têm sido muito discutidas nas últimas décadas, já que são mais complexas do que a estrutura hierárquica organizacional permite compreender. As discussões acontecem porque a maioria dos funcionários está subordinada a mais de um chefe e porque o envolvimento e a colaboração entre eles são fatores importantes para o sucesso empresarial. Nesse contexto, como a habilidade de influenciar decisões não é completamente dependente da posição formal ocupada, a influência tem sido considerada uma variável essencial no desempenho de executivos.

---

*ALEXANDRE SANTILLE, sócio-diretor do Laboratório de Negócios SSJ, é responsável há 19 anos pelo desenvolvimento de programas de educação corporativa de grandes organizações. Ph.D. em Psicologia pela USP, mestre em Administração de Empresas pela PUC-SP e graduado em Administração de Empresas pela FGV. É palestrante em congressos nacionais e internacionais, como ICP – International Congress of Psychology – (Berlim); IQPC – International Quality & Productivity Center; ICAP – International Congress of Applied Psychology (Austrália); ECP – European Congress of Psychology (Istambul), entre outros. Formado pelos professores Allan Cohen e David Bradford como especialista no tema "Influência sem autoridade", desde 1994 aplica no Brasil e América Latina este modelo de influência.

Mas, antes de exercer influência, é preciso entender que esse comportamento está intimamente ligado à cooperação, ao altruísmo e à reciprocidade. Curiosamente, esses princípios estão em nossa vida bem antes do que poderíamos imaginar: os primatas já eram hábeis na difícil tarefa de viver/trabalhar com equipes formadas por indivíduos completamente diferentes.

Foi desse paralelo, e com o objetivo de compreender melhor as origens do comportamento de influência, que se empregou a abordagem evolucionista, que avalia como as táticas de influência estão representadas e organizadas em primatas, para então relacioná-las ao estudo das relações humanas.

Segundo Nigel Nicholson,[1] que aplica a psicologia evolucionista (PE) – uma nova abordagem da psicologia, que interpreta a natureza humana à luz da evolução – ao estudo das organizações contemporâneas, observar o comportamento de primatas oferece importantes indícios para tentar elucidar a origem das condutas humanas, já que, sob a perspectiva darwinista, processos evolutivos têm implicações de grande alcance para explicar tanto os aspectos físicos dos seres como o seu comportamento.

Uma fonte de conhecimento sobre a história do comportamento humano é o estudo comparativo do comportamento de primatas. Como macacos, grandes símios e humanos são fortemente relacionados – chimpanzés e humanos, por exemplo, possuem aproximadamente 99% de material genético idêntico –, é possível procurar semelhanças comportamentais entre eles e, com base nelas, realizar deduções sobre a origem evolutiva do comportamento humano.

A evolução hominídea divergiu dos grandes símios, quando o resfriamento global converteu as florestas tropicais num ambiente mais árido de savana. A existência social bípede desses mamíferos avançados adaptou-se ao clima e ao abastecimento de comida dessas condições, e o *Homo sapiens* surgiu, consequentemente, como uma espécie distintamente caçadora-coletora. Porém, o ambiente ancestral para o qual estamos adaptados é a vida altamente social do clã, de existência nômade de caçadores-coletores, um padrão que prevaleceu durante a maior parte da nossa história evolutiva.

Nesse ponto, é preciso enfatizar que o mundo moderno, na verdade, é bastante recente – há apenas 10 mil anos nossa existência coletiva mudou de forma radical, com o surgimento da agricultura. Isso desencadeou rapidamente a evolução social, tendo início há 6 mil anos, em média, a fundação de amplas comunidades e o princípio do que podemos denominar civilização moderna. Em termos evolutivos, não teria havido tempo nem pressão ambiental suficientes para sugerir um desenvolvimento biológico significativo em seres humanos desde aquela época. A conclusão é que somos uma espécie antiga, com uma "mente da idade da pedra", vivendo num mundo moderno. Nosso ajuste psicológico seria uma *adaptação ampliada*, ou seja, teríamos preservado nossa psicologia antiga e a empregaríamos de modo diferenciado em circunstâncias atuais.

Primeiramente, para analisar a possível origem do comportamento de influência em seres humanos do ponto de vista evolutivo, é preciso entender aspectos da relação de poder (dominância, liderança, etc.) observados em primatas, identificando semelhanças e diferenças comportamentais destes em relação aos homens.

Existem, porém, algumas limitações inerentes às investigações comparativas: dificuldade na definição e aplicação de alguns conceitos (dominância, liderança etc.) e alto grau de variabilidade comportamental encontrada entre as espécies de primatas. Apesar dessas dificuldades, o estudo de primatas pode contribuir para a compreensão de alguns padrões comportamentais humanos. Aqui nos interessam especificamente aqueles que se referem às relações de poder e influência.

Em meus estudos, busquei identificar as origens do comportamento de influência – um dos aspectos da relação de poder – e verificar como as táticas de influência estão representadas e organizadas em primatas, para, depois, analisar sua representação e organização em seres humanos. Tal análise possibilitou a identificação de parte do legado primata nas relações de poder, bem como as características especificamente humanas. Dessa maneira, os dados sobre primatas foram usados como fonte de conhecimento sobre as origens do comportamento de influência.

Para identificar como as táticas de influência se manifestam em seres humanos, as organizações formais, como empresas e instituições governamentais, constituem o ambiente ideal, em especial para a observação do comportamento político humano, já que tais organizações são constituídas hierarquicamente, com recursos concentrados forma desigual entre os indivíduos e nelas há uma busca constante por *status* e poder.

Em primatologia, as definições referem-se à dominância como uma forma especial de poder, estabelecida por meio do conflito ou do potencial para a agressão. Imposto à força, seu sistema estaria baseado em distanciamento, medo e olhares furtivos, entre outros sinais de ameaça. Alguns autores consideram os benefícios funcionais da dominância e a definem como "acesso prioritário a incentivos", o que, na prática, significa que indivíduos de *ranking* mais elevado têm preferência em relação aos subordinados para acessar recursos como alimentos, água e parceiros sexuais, entre outros.[2]

Embora liderança não seja um conceito muito definido e estudado em primatologia – dominância sempre foi considerada o principal fenômeno aplicável à vida social de primatas –, na maioria das vezes, os indivíduos mais dominantes, aqueles que defendem seus grupos contra ataques e interferem em interações agressivas, são considerados líderes. O problema é que ser dominante, defender os companheiros de ataques externos, interferir em brigas e liderar deslocamentos são atitudes nem sempre protagonizadas pelos mesmos indivíduos. De Waal,[3] em *Chimpanzee politics*, ressalta que a liderança, ao contrário da dominância, não é um papel formal, assumido somente por um membro de um grupo. Em um de seus estudos, por exemplo, o chimpanzé líder Nikkie, a certa altura, incapaz de impor sua autoridade e respeito em sua comunidade, foi obrigado a dividir sua liderança com Yeroen, o outro chimpanzé dominante. Apesar disso, tanto a liderança quanto a dominância – mesmo sendo relativas, pois dependem do contexto no caso de primatas – são importantes formas de poder e influência social.

De todo modo, o conceito de influência permite-nos pressupor habilidades cognitivas relativamente complexas em primatas, como, por exemplo, a de aprender e lembrar-se de interações sociais passadas, reconhecer relações de terceiros, agir com uma intenção, planejar e ser capaz de se colocar no lugar do outro.

É necessário, portanto, fazer algumas considerações sobre algumas questões que moldam o comportamento de influência em primatas e humanos: intencionalidade e teoria da mente; comunicação sobre o mundo social; inclusão/exclusão de grupo; hierarquia; política.

Intencionalidade e teoria da mente

As definições de intenção são distintas em humanos e primatas. No primeiro caso, implicam consciência de propósito; no segundo, não o consideram, apesar de reconhecerem que macacos possuem objetivos.[2]

Alguns estudiosos reconhecem que primatas têm vontades e desejos, contudo não têm a exata noção de objetivos futuros; em outras palavras, eles perseguem determinadas metas, de maneira inconsciente. Entretanto, os relatos sobre a forma de solucionar problemas dos chimpanzés sugerem o contrário. Com base em suas observações, De Waal afirma que os chimpanzés são capazes não só de considerar situações que ainda estão por vir, mas também de prever várias etapas no futuro. Em um experimento de Jürgen Döhl,[4] a chimpanzé Julia mostrou o que ele chama de inteligência estratégica. Nos testes envolvendo habilidades especiais de manipulação, a chimpanzé parecia saber qual o seu objetivo e parecia medir as consequências de sua escolha ao resolver facilmente tentativas complicadas de aprendizado que exigiam o uso de ferramentas. Por sempre haver uma diversificação constante da tarefa, Julia era obrigada a estudar a situação inteiramente antes de decidir e não se confundia. Em 260 tentativas, ela selecionou 202 corretamente, um resultado que não pode ser considerado coincidência. Não importa quantas vezes tenha sofrido variação, a tarefa necessitou de um planejamento controlado de meio minuto em média. Julia trabalhou completamente concentrada, dando a impressão de perseguir seu objetivo ao fazer cada escolha. Para Döhl, ao ser capaz de compreender mecanismos difíceis antes de agir, Julia mostrou não atuar por ensaio-e-erro, mas sim por mapas cognitivos.[5] Segundo Döhl, os testes mostraram que primatas podem controlar logicamente tarefas complicadas, adotando estratégias similares de solução usadas por humanos.

Apesar disso, De Waal alega que a aceitação de um certo nível de racionalidade em chimpanzés não implica atribuir-lhes consciência. Ele explica que os animais podem desempenhar uma sequência racional de comportamentos e fazer uso de sua inteligência e experiência sem planejar conscientemente sua estratégia.

Para De Waal, a definição de intenção em primatas considera que ações são intencionais se forem dirigidas à realização de um objetivo em vista. Assim, intenções são mediadas por desejos e ações: o desejo de algo é seguido pela intenção de obtê-lo a qualquer custo. Nos seres humanos, é mais fácil diferenciar ações intencionais de não intencionais. No caso dos primatas, no entanto, tal diferenciação é mais complexa e consiste em uma questão central para que seu comportamento social seja interpretado.

Os chimpanzés são considerados, entre os primatas, possuidores de grande capacidade mental e, por isso, Premack e Woodruff[6] iniciaram a discussão sobre a possibilidade de esses animais possuírem a capacidade de se colocar no lugar do outro para prever ações futuras. Essa capacidade foi denominada "teoria da mente". Eles dizem que humanos agem de acordo com essa teoria quando fazem inferências sobre o estado mental deles mesmos e dos outros com relação a desejos, intenções e crenças. A teoria da mente, habilidade humana de formar e manipular representações mentais e a capacidade de refletir sobre tais representações, viabiliza comparações entre o mundo subjetivo e o mundo real, permitindo que se estabeleçam "teorias" a respeito do que os outros pensam, pretendem, sentem, sabem e julgam. Ao permitir a compreensão das intenções subjacentes à expressão facial de outros indivíduos, os recursos cognitivos envolvidos nesses processos mentais – atenção, memória e inferências lógicas – teriam dado ao ser humano a possibilidade de antecipar comportamentos alheios e de planejar estratégias, por exemplo, favorecendo sua diferenciação e maior complexidade perante outros seres vivos.

Pinker[7] afirma que chimpanzés podem ser bons imitadores, mas que sua capacidade de se colocar no lugar de outro indivíduo é rudimentar. Sem um equipamento psicológico especial, seriam incapazes de processar o tipo de aprendizado que perpetua a cultura e apresentariam dificuldade em analisar os objetivos e anseios de terceiros. No entanto, experimentos de Hare, Call, Agnetta e Tomasello[8] ofereceram evidências de que, em pelo menos algumas situações, os chimpanzés sabem o que outros membros de seu grupo veem e o que não veem, e usam esse conhecimento para formular sua estratégia comportamental em situações de competição por alimento. O fato de os mesmos indivíduos adotarem diferentes estratégias dependendo do seu papel no experimento (subordinado ou dominante) sugeriu que eles conseguem saber o que o outro vê e que agem de acordo com essa informação.

Mas essa é uma questão polêmica e não resolvida: apesar dos vários experimentos realizados, não se tem uma prova concreta de que esses animais atribuam crenças, desejos e intenções aos outros. Pesquisadores como Heyes[9] e Strum, Forster e Hutchins[10] não negam a existência de teoria da mente em primatas, mas propõem o modelo de cognição distribuída para explicar alguns comportamentos, descritos em relatos anedóticos, atribuídos à capacidade de se colocar no lugar do outro. Segundo o conceito de cognição distribuída, a capacidade de adquirir e processar conhecimento é resultado da construção de situações cooperativas entre membros de um grupo social. Esse enfoque defende que a cognição é distribuída entre vários indivíduos, que depende do contexto onde ocorre (do momento) e que é mediada por objetos, ferramentas e símbolos. O que significa dizer que os eventos cognitivos não se limitam ao interior dos cérebros de agentes individuais; são processos que envolvem a coordenação entre estruturas internas (processos mentais) e externas (interações sociais e com objetos), podendo ser distribuídos ao longo do tempo. Em resumo, essa concepção, segundo a qual as mais complexas funções mentais do indivíduo emergem de processos sociais, ajudaria a explicar como primatas dominam alguns aspectos cognitivos relacionados à teoria da mente.

Assim, pode-se supor que, mesmo que os chimpanzés não se comportem segundo a teoria da mente como proposto por Byrne e Whiten,[11] eles desenvolvem algumas habilidades cognitivas sociais para entender e prever alguns aspectos do comportamento dos outros, o que é suficiente para modular seu comportamento de acordo com suas intenções.

Comunicação sobre o mundo social

A comunicação sobre outras pessoas e suas ações – a conversa informal – é uma atividade necessária para atualizar nossa inteligência sobre as complexas e sutis mudanças no poder, nas relações com semelhantes, no suprimento de recursos.

Dunbar[12] argumenta que a conversa informal (ou bate-papo) é um comportamento tão importante entre humanos quanto a catação entre primatas, ambas atividades utilizadas para criar laços sociais. Ele defende que nossa capacidade de processar e reter conhecimento social restringe-se a comunidades com variação de tamanho em torno de 150 indivíduos – próximo ao limite dos clãs de nossos ancestrais caçadores-coletores. Sob esse ponto de vista, quanto mais distante desse tamanho, menos integrado seria o grupo, por apresentar menor tempo disponível para a interação social. Assim como qualquer primata gasta 20% de um dia inteiro atarefado com a catação, os humanos gastam exatamente a mesma quantidade de tempo relaxando amigavelmente em atividades sociais com conhecidos e familiares. Por volta de 70% das conversas são dedicadas a experiências pessoais e relações sociais, comprimindo todo o discurso humano restante – sobre tarefas, ideias e entretenimento – nos 30% remanescentes.

Entre as funcionalidades da informação social estariam a exposição pessoal, a criação da rede de contatos, a seleção de companheiro(a), obtenção de vantagens sociais, entre outras. Além disso, ser alvo da conversa dos outros pode ser considerado sinal de inclusão; e ser capaz de oferecer dados acerca de alguém ou de algo é supostamente marca de poder social. O prestígio social de alguém também poderia ser medido pela qualidade e alcance de sua rede de contatos – a chamada *network*, que fortalece a troca e a conexão entre as pessoas, ampliando a capacidade de influência.

Inclusão/exclusão de grupo

Em termos evolutivos, observa-se a tendência para promover os interesses de grupos com parentesco conhecido, com os quais se compartilham genes, mesmo que seja em detrimento próprio diante de circunstâncias extremas. No entanto, em seres humanos, essa feroz defesa também é visível em atos de sacrifício em nome da associação com grupos aos quais não somos relacionados geneticamente.[1] Isso se explica pelo chamado "altruísmo recíproco", tendência natural de cooperação utilizada entre estranhos para obter vantagens mútuas, que ajuda a fortalecer ligações fora do grupo familiar, com vistas a benefícios futuros.[13] Uma ajuda que custa relativamente pouco a quem a oferece pode resultar numa retribuição valiosa numa situação de necessidade futura. Compensaria cultivá-la num grupo de dimensões relativamente limitadas de indivíduos que se encontram frequentemente e que tem uma tendência a detectar quem blefa (*cheaters*).

Essa disposição de fazer sacrifícios em benefício de não parentes provém de uma complexa combinação de emoções sociais moralistas fundamentada na lógica da reciprocidade, a qual pressupõe reconhecimento entre as partes, interação repetida, compromisso de retribuir à altura e lembrança de favores oferecidos ou negados.[7] Nesse sentido, seres humanos são bem equipados para as demandas da generosidade social, pois são capazes de lembrar uns dos outros como indivíduos e detectam e recordam com grande desenvoltura aqueles que não retribuem (trapaceiros). Sentimentos como solidariedade, confiança, gratidão, lealdade, culpa, vergonha, raiva e desprezo regulariam tanto as trocas de favores entre indivíduos como as contribuições para o bem comum.

Segundo a Psicologia Evolucionista, o fato de a consolidação do clã de caçadores-coletores dar-se com base em parentesco teria ajudado a delinear em nós uma psicologia ajustada para reconhecer quem é associado ao grupo e quem deve ser considerado um estranho sem afinidade. Os benefícios dessa tendência seriam, por exemplo, as gratificações do trabalho em equipe e o calor da amizade com pessoas que acreditamos ser similares a nós mesmos. A desvantagem seria a discriminação contra outros que vemos como diferentes de nós.[14]

Para Ridley, nas sociedades contemporâneas, o tribalismo esportivo ou a filiação política e, num nível mais amplo, o nacionalismo exacerbado e o chauvinismo ético seriam expressões reconhecíveis dessa tendência.

Verificou-se, em estudos de identificação de grupo, que a mera rotulação casual de indivíduos produz prerrogativa quanto à inclusão/exclusão do grupo, antes mesmo que ocorra qualquer procedimento grupal. Sabe-se também que a informação de exclusão de grupo é armazenada e organizada em termos de categorias de atributo, que qualificam indivíduos apenas pela observação de suas características mais superficiais (aparência, deselegância, simpatia, boas maneiras, timidez, etc.), enquanto julgamentos de inclusão de grupo são feitos via dados pessoais e relacionais, que permitem qualificar com mais fundamento.[15]

Hierarquia

Seres humanos teriam uma propensão para a consciência de status e para empenhar-se, especialmente os machos, segundo suas habilidades e seus propósitos individuais. Em agrupamentos relativamente estáveis, a conquista de status, que produz recursos benéficos proporcionando vantagem seletiva em futuras competições, resultaria num sistema de relações sociais distribuído de forma desigual – a hierarquia.

Entre primatas, a hierarquia organiza a reprodução, com vantagens para os machos de posição mais alta e, embora a estratégia principal seja a força, a política e as coalizões também fazem parte de sua dinâmica. As relações de poder que se estabelecem sem necessidade de os indivíduos recorrerem ao ataque físico dão origem a comportamentos de submissão, apaziguamento, convivência pacífica e reconciliação. A trama estruturada da hierarquia parece organizar todas as esferas da vida social, permitindo que o grupo funcione.

No caso de seres humanos, o mesmo princípio psicológico também embasaria a seleção de oportunidades reprodutivas e os recursos benéficos por meio da competição. A ordem hierárquica solucionaria a questão de a competição ser autodestrutiva para a comunidade, pois algum grau de satisfação sempre estaria presente. Os que ocupam posições superiores teriam recompensas de riqueza e prestígio, ainda que houvesse o risco sempre iminente de lutas e de perda de posição, e aqueles em posições subalternas ficariam livres da obrigação de ter de competir e proteger a condição de membros dentro do clã, ainda que com uma quota reduzida de recursos benéficos.[1] Esse seria o contrato social da comunidade para satisfazer o impulso humano desigual sem incorrer em penosos combates. Isso apesar de suas desigualdades, como os inúmeros benefícios psicológicos e materiais usufruídos pelas pessoas em altas posições e a falta desses benefícios sofrida pelos que estão em posições subordinadas.[16]

Para Nicholson, (a) a hierarquia não pode ser erradicada, e persiste na superfície de quase todas as ordens sociais comunitárias, (b) seríamos adaptados psicologicamente a estruturas sociais mais espontâneas e igualitárias do que aquelas que arquitetamos para resolver problemas da vida pós-agrária e (c) em todas as formas de hierarquia, aqueles em posições inferiores sempre estariam sujeitos a riscos envolvendo a qualidade de vida.

Alguns benefícios residuais do baixo status, segundo o contrato social comunitário, correriam o risco de ser removidos por novas formas organizacionais, ao eliminar associação segura (perda da segurança de trabalho) e ao forçar os indivíduos a entregar-se à competição pela sobrevivência.

Política

Num mundo social complexo dominado pela comunicação, atos abertamente agressivos são estratégia de última instância. Na maioria das vezes, procedemos politicamente – conscientes de como os interesses, nossos e alheios, estão distribuídos, buscamos oportunidades para tentar obter benefícios e vantagens.

Trabalhos sobre comportamento corporativo documentaram como as pessoas prontamente forjam alianças com aqueles que são mais poderosos que elas, e também com outros de menor status para armar situações em que pareçam superar desafios para os poderosos, para fazer favores, a fim de acumular créditos sociais, e para comprometer-se em atos que fragilizem as relações e as bases de poder de rivais.[17] Esses fenômenos foram observados em chimpanzés.[18]

Num mundo de "leitura da mente" e conversa informal (bate-papo), desempenharíamos a política mais pelas aparências que pelas realizações – seríamos mais inclinados a administrar impressões. Isso apenas enfatiza como a atratividade, a destreza política e as alianças sociais estratégicas pesariam contra o desempenho técnico e seriam fundamentais nas interações corporativas. Mesmo as empresas mais racionais e igualitárias continuariam a perceber a política da personalidade e as ligações sociais como fatores indispensáveis para o progresso.[19]

Táticas de influência em primatas

Consideramos, como Yukl,[20] que táticas de influência são todos os comportamentos usados pelo agente de influência em sua relação com o indivíduo-alvo para atingir seus objetivos. A análise da literatura sobre comportamento de primatas sugere que suas principais táticas são: alianças e coalizões; enganação; cooperação; reciprocidade e troca. Cabe lembrar que, apesar de alguns comportamentos terem sido registrados esporadicamente e outros somente em cativeiro, eles fornecem pistas relevantes sobre a origem do comportamento humano de influência.

Alianças e coalizões

Primeiramente, é necessário distinguir coalizão de aliança. Harcourt e De Waal[21] explicam que coalizão é a cooperação em um contexto agressivo ou competitivo e abrange desde atos de apoio, que são, em potencial, extremamente custosos para quem os executa, até feitos que envolvem riscos mínimos e grandes benefícios.

De natureza altruísta ou oportunista, tais atos têm uma característica em comum: os interesses das partes cooperativas estão a serviço dos interesses de uma terceira parte. A coalizão pode ser definida, então, como a junção de forças de dois ou mais elementos durante um conflito de interesses com outro grupo; ela é pontual e formada rapidamente.

Já a aliança envolve relação de cooperação permanente, de longo prazo, e manifesta-se em repetidas formações de coalizão entre dois indivíduos, ainda que nem toda coalizão reflita necessariamente uma aliança. Fedigan[22] define aliança como associações estáveis ou semipermanentes entre indivíduos por um ou mais objetivos em comum. Também enfatiza que a coalizão é uma aliança temporária por um propósito específico.

Tomasello e Call,[23] por sua vez, destacam que as funções das coalizões e alianças podem ser divididas de acordo com (1) a seleção de parentesco – indivíduos cooperam mais com aqueles que possuem genes mais parecidos com os seus, o que levanta a questão da evolução e manutenção da espécie e do parentesco; (2) a possibilidade de existência de alguma forma de mutualismo, em que cada indivíduo acredita ser do seu próprio e imediato interesse formar uma coalizão, como, por exemplo, a probabilidade de essa forma de cooperação trazer um companheiro ou alimento; (3) o altruísmo recíproco, em que um indivíduo enfrenta deliberadamente riscos de outra forma inaceitáveis pela possibilidade de obter compensações futuras.

Tanto a direção quanto a razão da formação das coalizões e alianças variam entre as diferentes espécies de primatas. Watanabe[24] sugere que os machos de macacos japoneses se aliam mais frequentemente a vítimas de agressão para defendê-las de agressores. Já no caso dos macacos *rhesus*, os machos aliam-se às fêmeas adultas, independentemente de a fêmea ser alvo ou agente da agressão. Pesquisadores sugerem que as alianças em babuínos comuns se formam para reforçar a dominância hierárquica e que parentesco não é um fator importante para a intervenção de indivíduos em conflitos.[25]

Fedigan afirma que a formação e manutenção de alianças são vitais para avaliação de dominância. Elas seriam a chave para se entender como primatas podem manifestar poder em seu grupo social, além de indicar que esses animais possuem grande capacidade de manipulação e persuasão.

Enganação

Objeto controverso e de vasto interesse de estudiosos, a enganação pode ser definida como o emprego de um ato aparentemente "honesto", inserido no repertório natural, em um contexto diferente do usual, supostamente a fim de enganar os outros.[26] Então, quando um primata se comporta dessa maneira, ele induz seus companheiros ao erro, a um objetivo não previsto, criando um mal-entendido.

Hauser[27] caracteriza dois tipos de enganação: a *funcional*, que não é dotada da vontade premeditada de enganar, mas que acaba acontecendo em determinadas circunstâncias e se revela de grande valia para aquele que precisa se ver livre de alguma situação de conflito; e a *intencional*, que ocorre quando o indivíduo sabe como os outros vão responder quando ele age de uma certa maneira. Em relação a esse último tipo, os indivíduos estão conscientes de que certos atos levam a determinadas reações e, ainda, entendem o motivo que as gera – o que reforça a ideia de que eles têm noção de como manipular um contexto, por entenderem como funciona a mente de outros indivíduos.

Vários autores elaboraram listas sobre as táticas de enganação dos primatas, como Byrne e Whiten,[26] que destacam encobrimento, distração e manipulação do alvo usando-se uma ferramenta social. Seja qual for a tática usada, análises de enganação envolvem, de modo geral, interpretações e adivinhações de comportamentos sociais, por atribuírem ao animal objetivos e motivos similares àqueles que sabemos influenciar o comportamento humano.[28]

Chadwick-Jones descreve o caso de um babuíno juvenil perseguido por um grupo de babuínos adultos que rosnavam agressivamente. Subitamente, o acossado parou, levantou o corpo apoiando-se sobre as patas traseiras e encarou o horizonte. Imediatamente aqueles que o estavam perseguindo pararam também e olharam para a mesma direção, sem o ameaçarem ou o atacarem. Tal ocorrência nos leva a formular as seguintes perguntas: o babuíno juvenil sabia que, ao olhar para o horizonte, conseguiria despistar seus caçadores? Ou ele simplesmente estava repetindo uma ação que já havia aprendido em experiências anteriores? As respostas a estas questões ainda são controversas, pois é notável a dificuldade de se obter dados consistentes que comprovem se os primatas são capazes de prever as consequências de determinada ação ou se estão apenas repetindo comportamentos exitosos de situações passadas.

A enganação pode ser a chave para a compreensão da evolução social e, principalmente, da evolução da mente. Chadwick-Jones, em seus diversos estudos sobre ações que iludem, com aparente intenção de ludibriar, realizados com um grande número de espécies de macacos, formulou as seguintes perguntas: um indivíduo é capaz de antecipar as intenções de outros de tal maneira que consiga enganá-los? É possível que ele possa "ler" o pensamento do outro, mostrando que tem competência para enganar premeditadamente?

Normalmente, as tentativas de enganação ocorrem na direção vertical ascendente, ou seja, de agentes de mais baixo ranking para alvos de maior ranking. Por isso mesmo, para que ela funcione, o comportamento deve ocorrer esporadicamente, caso contrário o alvo da tática identificará a intenção do agente após repetidas tentativas. Essa é justamente uma das dificuldades de comprovar o fenômeno: os dados são escassos. Além disso, em muitos casos, identificar evidências relevantes envolve uma observação muito minuciosa do comportamento, como distinguir para onde estão olhando dois ou três animais. Em outros casos, um comportamento pode representar mera coincidência.[11]

Apesar de muitos comportamentos de primatas parecerem representar atos de enganação que visam a ludibriar o outro para a obtenção de alguma vantagem, não foi provado que os indivíduos são capazes de pensar em suas crenças e nas crenças dos outros para exibir tais comportamentos. Mas isso não quer dizer que os comportamentos não ocorrem; só não se sabe ainda se eles pressupõem a teoria da mente.

Cooperação

Conforme explica Boesch,[29] a cooperação ocorre quando, no mínimo, dois indivíduos agem juntos com a finalidade de atingir um objetivo comum. Trata-se de uma interação mutualista, na qual elementos em grupo obtêm melhores resultados do que se estivessem sozinhos. Desse modo, quando da união de esforços para se conseguir o que se deseja, é importante levarmos em conta como os indivíduos cooperam.

Boesch oferece um bom exemplo de cooperação ao analisar as formas de aquisição de alimentos de chimpanzés de Taï, que possuem duas ricas fontes de nutrição: carne e nozes. Ele chegou à conclusão de que um indivíduo depende muito da habilidade de outros para adquirir alimentos difíceis de se conseguir, como a carne, ou difíceis de se processar, como as nozes. Os machos com mais de oito anos de idade, por exemplo, conseguem obter mais carne do que precisam para seu próprio sustento e o excedente é distribuído entre os machos mais novos e as fêmeas de todas as idades. No caso da noz, a situação é inversa, pois são as fêmeas que conseguem processá-la e alimentar os outros, especialmente seus filhotes. Observamos que a cooperação só acontece se as relações sociais forem tolerantes o bastante para tornar a divisão de alimentos possível.

Tomasello e Call, ao estudarem a cognição entre primatas, discutiram a caça cooperativa de chimpanzés e confirmaram os níveis de cooperação aqui descritos. Eles afirmaram que a caça é realizada por pequenos grupos de machos, de dois a seis membros, ocorrendo de cinco a dez vezes por mês, cada uma com duração de menos de 20 minutos, sendo positiva mais da metade das vezes.

Além disso, explicaram que as ocasiões de caça podem ser oportunistas (quando os indivíduos estão desempenhando outras funções e percebem circunstâncias favoráveis) ou programadas (quando o grupo sai aparentemente com esse objetivo). O indivíduo que encontra uma presa imediatamente emite um grito que alerta os companheiros e, quando a presa é capturada, o mesmo sinal é emitido. Tomasello e Call afirmaram que aproximadamente dois terços das caçadas envolvem o quarto nível de cooperação, a colaboração. É o que ocorre, por exemplo, quando um caçador escala a árvore onde se encontra a presa, enquanto outros sobem em árvores vizinhas para onde ela possa fugir.

Tomasello e Call também relataram vários experimentos que mostraram a capacidade de alguns indivíduos de mudar o comportamento em consequência da percepção do outro. Da mesma forma que as outras táticas, a cooperação envolve capacidades cognitivas complexas nos primatas e demanda mais pesquisas para ser mais bem compreendida.

Reciprocidade e troca

Tomasello e Call distinguem reciprocidade e troca de acordo com a variedade de "moedas" que são trocadas entre as partes. Assim, enquanto a troca entre primatas ocorre quando existe transferência de atos ou objetos de variados tipos por outros atos ou objetos (por exemplo, troca de catação por proteção), a reciprocidade pressupõe a troca de moedas iguais (por exemplo, troca de apoio em brigas por apoio em brigas). Basicamente, a reciprocidade ou troca ocorrem por dois objetivos: obtenção de ajuda na luta em permanecer vivo, em estar seguro e obter alimento.

A catação é um dos atos mais comuns usados como moeda na troca por favores ou comida. Estudos de Stammbach[30] mostraram que o indivíduo que catava o outro era mais suscetível a aceitar alimentos daquele que recebeu a catação do que de qualquer outro indivíduo. É necessário salientar, porém, que esse tipo de interação social é mediado pela hierarquia, havendo distinção entre quem é agente ou alvo nesse procedimento. Hemelrijk e Ek[31] concluíram que é mais provável que o primata que recebeu a catação coopere mais do que aquele que fez a catação ou do que aquele que não o fez. Isso mostra que o ato de fazer a catação pode ser visto como um crédito, o que leva o indivíduo que recebeu a dever algo para o agente da ação.

Ainda sobre o alvo da catação, Hartcourt e De Waal[21] afirmam que primatas competem mais para fazer catação em indivíduos dominantes do que em subordinados. Essa competição pode assumir duas formas: animais que tentam prestar melhores serviços que seus rivais ou animais que simplesmente os impedem de interagir com os indivíduos mais dominantes.

Em *Chimpanzee Politics*, De Waal menciona o caso do macaco líder Nikkie, que recebe apoio e respeito do grupo em troca de manter a ordem e defender a paz. O apoio é dirigido a esse indivíduo central, que usa seu prestígio para oferecer segurança e, caso não consiga arcar com a responsabilidade, pode perder a sua posição. No que diz respeito à alimentação, também encontramos exemplos no trabalho do autor: ele observou que o chimpanzé Dandy segurou um galho possibilitando ao chimpanzé dominante Nikkie alcançar folhas em uma árvore – metade das quais foram divididas com Dandy.

O sexo também pode ser visto como objeto de troca, de acordo com Chadwick-Jones. Segundo o autor, as fêmeas dos bonobos trocam favores sexuais por catação, proteção ou alimentos – mesmo sendo os indícios de trocas sociais mais fortes nos chimpanzés (*Pan troglodytes*) do que em outras espécies.

Chapais[32] sugere que a informação consiste em outra moeda de troca, no intuito de obter recursos, serviços ou outra informação. Um indivíduo mais velho, por exemplo, poderia saber mais sobre a localização de alimento, água, comportamento de predadores, certas técnicas de extração de alimentos e até uso de ferramentas.

É fundamental salientar que a reciprocidade em qualquer comportamento sugere que os indivíduos são capazes de manter registros mentais de interações passadas para orientá-los em interações futuras. Essa habilidade pressupõe capacidades cognitivas como memória, quantificação e reconhecimento de terceiros.[33]

A reconciliação de conflitos por terceiros também pode ser considerada como uma tática relacionada à troca, definida como apoio.[34] Entre macacos e pongídeos, terceiros envolvem-se em conflitos no papel de pacificadores ou consoladores de duas formas: atacando o agressor ou interagindo de forma amigável com uma das partes. Esse comportamento, observado por Aureli e De Waal[35] em chimpanzés de cativeiro, teria a função de impedir a agressão de se espalhar para outros parentes dos rivais ou de proteger a vítima original.

Não é fácil interpretar quais atos são imbuídos de significado de troca. É preciso excluir várias outras possibilidades, como dominância, proximidade ou parentesco. Além disso, a troca social entre primatas não é unanimidade entre os estudiosos do assunto. Alguns autores, como Fairbanks,[36] não encontraram função de sobrevivência para a catação, por exemplo. Mas há pistas promissoras para futuras pesquisas e não seria razoável subestimar a importância dessa forma básica de comportamento social.

Em síntese, a capacidade de exercer influência sobre os outros, provocando mudança em seu comportamento ou atitude, pressupõe recursos cognitivos sofisticados, como, por exemplo, acessar eficazmente o conteúdo mental dos outros (teoria da mente).

As dificuldades metodológicas inerentes ao estudo de primatas – como, por exemplo, saber qual o objetivo ou a intenção do animal ou mesmo obter uma quantidade significativa de dados –, nos leva a observar quão arriscado é especular sobre as razões do uso de um determinado comportamento e não de outro. Assim, é importante salientar que, embora alguns experimentos tenham mostrado o autorreconhecimento de chimpanzés na imagem refletida de um espelho – o que seria prova de autoconsciência, fundamental para o reconhecimento de outra individualidade que não a própria –, os indícios da teoria da mente nesses primatas estariam relacionados apenas a alguns aspectos cognitivos, debilitando a ideia de que possuam plenamente essa capacidade, ainda que alguns pesquisadores defendam graduações possíveis dessa habilidade entre gorilas e chimpanzés.

Do mesmo modo, vale lembrar que algumas das táticas dos primatas (alianças e coalizões; enganação; cooperação; reciprocidade e troca) aqui discutidas servem, conforme mencionado antes, apenas de pistas para desvendar a origem do comportamento humano de influência.

De qualquer forma, o caráter comparativo desse tipo de estudo tem relevância se pensarmos que a diferenciação genética entre primatas e seres humanos gira em torno de 1%. Além disso, semelhanças comportamentais entre essas espécies mostram que características observadas em primatas existem no âmbito evolutivo dos seres humanos. Nesse sentido, a PE não só nos lembra que somos animais, mas também que somos bem definidos como tal. Assim como, biologicamente, nascemos, nos alimentamos, nos reproduzimos e morremos como qualquer outro animal, também somos parecidos em nossas relações sociais.

Sob a força motora de nossa psicologia ancestral, criamos estruturas institucionais, relações sociais e padrões de comportamento com formatos e funções desenhadas para servir nossas necessidades. Estrutura organizacional, motivação, comportamento de grupo, liderança, táticas de influência estão entre os temas que poderiam ser entendidos e explicados à luz dessa perspectiva.

Dadas essas considerações sobre as origens do comportamento de influência e a relevância deste tema para as organizações e profissionais, este livro, de Allan Cohen e David Bradford, chega ao Brasil para ajudar a entender os desafios que envolvem o processo de influenciar pessoas no ambiente de trabalho, por meio de um modelo efetivo para alcançar resultados no dia a dia.

Referências

1. NICHOLSON, N. (1997). Evolutionary psychology: toward a new view of human nature and organizational society. *Human Relations*, 50(9), 1053-1078.
2. CHADWICK-JONES, J. K. (1998). Developing Social Psychology of Monkeys and Apes. East Sussex: Psychology Press.

3. De WAAL, F. B. (1989). *Chimpanzee Politics: Power and Sex Among Apes*. Baltimore: Johns Hopkins University Press.
4. DÖHL, J. (1970). Gedächtnis und Intelligenzprüfungen an einem Schimpansen (Memory and intelligence tests in a chimpanzee). Film 16 mm, time: 6'53". Göttingen, Deutschland: IWF, C 1256.
5. TOLMAN, E. C. (1948). Cognitive maps in rats and men. *Psychological Review*, 55, 85-112.
6. PREMACK, D. & WOODRUFF, G. (1978). Does the chimpanzee have a theory of mind? *Behavioural and Brain Sciences*, 1, 515-526.
7. PINKER, S. (2002). *The Blank Slate: The Modern Denial of Human Nature*. Nova York: Viking Penguin.
8. HARE, B., CALL, J., AGNETTA, B. & TOMASELLO, M. (2000). Chimpanzees know what conspecifics do and do not see. *Animal Behavior*, 59, 771-786.
9. HEYES, C. M. (1998). Theory of mind in nonhuman primates. *Behavioral and Brain Sciences*, 21, 101-114.
10. STRUM, S. C., FORSTER, D. & HUTCHINS, E. (1997). Why Machiavellian intelligence may not be Machiavellian. In Whiten, A. & Byrne, R. W. (Eds.), Machiavellain Intelligence II: Extensions and Evaluations. Cambridge: *Cambridge University Press*, 50-85.
11. BYRNE, R. W. & WHITEN, A. (1988). *Machiavellian Intelligence: Social Expertise and the Evolution of Intellect in Monkeys, Apes and Humans*. Oxford University Press.
12. DUNBAR, R. (1996). *Gooming, Gossip and the Evolution of Language*. Londres: Faber & Faber.
13. TRIVERS, R. L. (1971). The evolution of reciprocal altruism. *Quarterly Review of Biology*, 46, 35-56.
14. RIDLEY, M. (1996). *The Origins of Virtue*. Londres: Viking.
15. OSTROM, T. M., CARPENTER, S. L., SEDIKIDES, C. & LI, F. (1993). Differential processing of in-group and out-group information. *Journal of Personality and Social Psychology*, 64, 21-34.
16. NICHOLSON, N. & MARTOCCHIO, J. J. (1995). The management of absence: what do we know? What can we do? In G. J. Ferris, S. D. Rosen and D. T. Barnum (Eds.), *Handbook of Human Resource Management*. Oxford: Blackwell.
17. PFEFFER, J. (1981). Power in Organizations. Marshfield, Massachusetts: Pitman.
18. GOODAL, J. (1986). *The Chimpanzees of Gombe: Patterns of Behavior*. Cambridge, MA: Harvard University Press.
19. NICHOLSON, N. (1996). Career systems in crisis: change and opportunity in the information age. *Academy of Management Executive*, 10, 40-51.
20. YUKL, G. (1994). *Leadership in Organizations. Englewood Cliffs*, New Jersey: Prentice Hall.
21. HARCOURT, A. H. & De WAAL, F. B. (1992). *Coalitions and Alliances in Humans and Other Animals*. Nova York: Oxford University Press.
22. FEDIGAN, L. M. (1992). *Primate Paradigms: Sex Roles and Social Bonds*. Chicago: University of Chicago Press.

23. TOMASELLO, M. & CALL, J. (1997). *Primate Cognition*. Nova York: Oxford University Press.
24. WATANABE, K. (1994). Precultural behavior of Japanese macaques: longitudinal studies of the Koshima troops. In Gardner, R. A., Gardner, B. T., Chiarelli, B. & Plooij, F. X. (Eds.), *The Ethological Roots of Culture*. Dordrecht: Kluwer.
25. SEYFARTH, R. M. & CHENEY, D. L. (1984). Grooming, alliances and reciprocal altruism in vervet monkeys. *Nature*, Lond., 308, 541-543.
26. BYRNE, R. W. & WHITEN, A. (1988b). Tactical deception in primates. *Behavioral and Brain Sciences*, 11(2), 233-273.
27. HAUSER, M. D. (1997). *The Evolution of Communication*. Cambridge, Massachusetts: The MIT Press.
28. QUIATT, D. D. & REYNOLDS, V. (1995). *Primate Behaviour: Information, Social Knowledge and the Evolution of Culture*. Cambridge: Cambridge University Press.
29. BOESCH, C. (2003). *Complex cooperation among Taï chimpanzees*. In De Waal, F. B.& Tyack, P. L. *Animal Social Complexity: Intelligence, Culture and Individualized Societies*. Cambridge: Harvard University Press, 93-114.
30. STAMMBACH, E. (1978). Social differentiation in groups of captive female hamadryas baboons. *Behaviour*, 67, 322-338.
31. HEMELRIJK, C. K. & EK, A. (1991). Reciprocity and interchange of grooming and "support" in captive chimpanzees. *Animal Behavior*, 41, 923-935.
32. CHAPAIS, B. (1991). Primates and the origins of aggression, power and politics among humans. In Loy, J. D. & Peters, C. B. (Eds.), *Understanding Behavior: What Primate Studies Tell Us About Human Behavior*. Nova York: Oxford University Press, 190-228.
33. CORDS, M. (1997). Friendships, alliances, reciprocity and repair. In Whiten, A. & Byrne, R. W. (Eds), *Machiavellian Intelligence II: Extensions and Evaluations*. Cambridge: Cambridge University Press, 24-49.
34. De WAAL, F. B. (1989b). *Peacemaking Among Primates*. Cambridge: Harvard University Press.
35. AURELI, F. & De WAAL, F. B. (2000). *Natural Conflict Resolution*. Berkeley, Los Angeles: University California Press.
36. FAIRBANKS, L. A. (1980). Relationships among adult females in captive vervet monkeys: testing a model of rank-related attractiveness. *Animal Behavior*, 28, 853-859.

Parte I

INTRODUÇÃO

1
Por que a influência: o que você vai obter deste livro

Um dos maiores desafios que enfrentamos no UBS-IB (UBS Investment Bank) é a capacidade de influenciar pessoas sobre as quais não temos nenhuma autoridade direta. Estruturas mais horizontais, a globalização e equipes multifuncionais trouxeram novos desafios, e ter de influenciar pessoas com estilos ou pontos de vista diferentes torna a tarefa ainda mais difícil.

Ser capaz de influenciar o chefe, os colegas ou a diretoria é frequentemente citado como motivo-chave para o sucesso ou o fracasso dos indivíduos. Nós todos sabemos o que queremos alcançar, mas muitas vezes não temos certeza sobre como chegar até esse objetivo, ou mesmo sobre quem são as pessoas-chave que precisam ser influenciadas. — Base do curso de Estratégias de Influência e Persuasão, MAST, UBS-IB

Este é um livro sobre influência – o poder de ver seu trabalho realizado. Você precisa influenciar gente de outros departamentos e áreas, isto é, pessoas sobre as quais não tem controle nem voz de comando. Precisa influenciar seu gestor e outros acima de você, e é claro que não pode mandar neles nem controlá-los.

Mas você não está sozinho, ninguém tem autoridade formal para conseguir aquilo que é necessário, nem mesmo com as pessoas sob seu comando. É uma ilusão achar que houve um tempo no qual os gestores podiam obrigar seus subordinados a fazer o que era preciso. Ninguém jamais teve autoridade suficiente para tanto – não tem, nem nunca terá. A vida corporativa é complicada demais para isso.

Ainda assim, é possível ter influência suficiente para fazer as coisas acontecerem – e este livro vai lhe dizer como.

Você vai aprender como motivar as pessoas a fim de concretizar objetivos importantes, e de uma forma que beneficie tanto os outros quanto você mesmo e a empresa. Fizemos isso tomando por base a forma de trabalho que você já conhece, embora seja fácil perder de vista a melhor maneira de se criar uma troca em uma condição em que todos ganham, principalmente quando se enfrenta uma situação complexa ou quando, para se tornar eficiente, é preciso lidar com pessoas, grupos ou organizações difíceis. Este livro ensina como parar de fazer as coisas que bloqueiam o caminho da influência, além de como executar o que é necessário nessas situações difíceis. Ele pode aumentar de forma significativa sua capacidade de conseguir que as coisas sejam feitas.

Quando começamos a escrever sobre influência, nos anos 1980, tivemos de justificar por que achávamos que isso era importante para as pessoas em todos os níveis das organizações. O foco em relação à gestão e liderança estava em como comandar melhor, como dar instruções claras e assegurar seu cumprimento. Mas o mundo estava mudando, e havia uma necessidade maior de gerir lateralmente e para cima – com menor importância à capacidade de só dar ordens de cima para baixo. Hoje, em qualquer empresa com mais de dez pessoas, não encontramos ninguém que não compreenda que conquistar cooperação por meio da influência é a força vital no mundo do trabalho contemporâneo. Qualquer um que tenha sido encarregado de coordenar os esforços de muitos sabe a importância da influência e quão enlouquecedora pode ser a necessidade de exigir que outros façam seu trabalho, quando você não se sente capaz de fazer com que se mexam. Já perdemos a conta das pessoas que leem o título deste livro, *Influência sem Autoridade*, e imediatamente dizem: "Essa é a minha vida."

Você reconhece sua vida corporativa em algum dos desafios abaixo?

- Você foi convidado para encabeçar uma força-tarefa multifuncional e precisa fazer que pessoas de fora da sua área se comprometam com o projeto, mas elas não querem saber de cooperar.
- Você está em uma força-tarefa multifuncional e se vê dividido entre a lealdade ao seu departamento e as recomendações emitidas pela força-tarefa.
- Você está em uma força-tarefa ou em um grupo de trabalho, e outros membros estão deixando todo o trabalho para você, apesar dos seus pedidos para que alguém dê uma mão.
- Você está na área de desenvolvimento de produtos e precisa da colaboração de uma pessoa-chave, ou do departamento de marketing, para testar um novo produto.
- Você está no marketing, mas não consegue fazer que os gerentes regionais e a força de vendas pensem na marca de uma forma coerente.
- Você trabalha em recursos humanos e tem várias ideias sobre como os gestores poderiam ser melhores no desenvolvimento de seus colaboradores, mas eles alegam que estão ocupados demais para participaredos seus programas.

- Você tem uma grande ideia, mas está em uma posição inferior na hierarquia e precisa da aprovação da diretoria para levá-la adiante. Mesmo que conseguisse descobrir com quem falar, eles não entendem o problema e provavelmente não ouviriam o que você tem a dizer.
- Você enxerga como a empresa poderia ser muito mais eficiente ao lidar com clientes ou fornecedores, mas outros departamentos teriam de fazer as coisas de forma diferente – e eles gostam das coisas como estão.
- Muitas vezes você precisa pedir aos colegas para mudar suas prioridades, prestar atenção às solicitações – dando-lhe alguns de seus preciosos segundos de compartilhamento de ideias – e até mesmo sacrificar uma parcela de seus recursos ou assumir um risco quanto ao crédito que têm junto a outros na organização.
- Você poderia ser muito mais eficiente se conseguisse descobrir um modo de tirar aquele chefe controlador do seu pé.
- Você não consegue chamar a atenção da sua chefe para nada; ela vive ocupada em reuniões intermináveis e lidando com "crises".
- Você precisa que seu chefe fique do seu lado e esteja disposto a lhe dar cobertura na abordagem que pretende utilizar para lidar com um cliente difícil.
- Você tem um colaborador talentoso sob seu comando, mas que não quer ouvir seus conselhos sobre como lidar com colegas difíceis; como resultado, ele é muito menos eficaz do que poderia ser.

Como bem ilustram esses exemplos (e uma infinidade de outros semelhantes), o mundo corporativo está ficando cada vez mais complexo. (Veja na Tabela 1.1 quais são as forças que exigem maior necessidade de exercer influência.) Poucas pessoas têm capacidade de fazer coisas significativas sem que ninguém ajude. Como dizia Tennessee Williams em uma de suas peças, somos todos "dependentes da bondade de estranhos" (e de colegas).

Isso requer influência em três direções. Assim como a morte e os impostos, uma certeza inevitável da vida corporativa é que todo mundo tem um chefe. Em uma organização horizontal, o chefe pode ser distante e benevolente, enquanto, em uma empresa mais hierarquizada, ele pode estar fungando no seu pescoço; mas ninguém escapa de ter acima de si uma pessoa oficialmente responsável. Mesmo os CEOs têm um conselho de administração e uma ou mais fontes de financiamento sobre os quais devem exercer sua influência; isso sem mencionar o mercado financeiro, a imprensa e outras organizações necessárias para criar e vender os produtos da companhia.

Da mesma forma, praticamente todas as pessoas nas empresas têm pares com quem convivem. Há pouquíssimos trabalhos nos quais uma pessoa trabalha completamente só. A maioria é dependente de uma variedade de colegas de trabalho, e eles são importantes.

Tabela 1.1 Forças que aumentam a necessidade de se ter habilidade para a influência

O aumento da rapidez nas mudanças tecnológicas e nos ciclos de vida dos produtos.

Maior concorrência (inclusive internacional).

Problemas complexos exigem colaboradores mais inteligentes, maior participação de especialistas e maior necessidade de integração. Isso torna difícil impor a excelência.

Maior necessidade de informação, que está mais acessível por meio da tecnologia da informação.

Menor folga devido à redução de pessoas e corte de custos, o que provoca maior pressão sobre todos os colaboradores.

Maior ênfase na qualidade e no serviço, assim não há mais o "passar por cima".

Menos gerentes de nível médio, como resultado da tecnologia e do *downsizing*.

Menos hierarquias tradicionais, e sim mais formas de organização lateral, incluindo empresas baseadas no produto, na geografia, no foco no cliente, nas empresas virtuais, matrizes e interligadas.

Por fim, algumas pessoas também têm responsabilidade de supervisão sobre outras – os chefes de todos aqueles subordinados que acabam de ser mencionados. Esses gestores devem ser capazes de utilizar os talentos de seus subalternos para garantir que o trabalho atribuído à sua equipe seja feito.

Portanto, aqueles que mantêm suas cabeças enfiadas na terra e só funcionam dentro do estrito limite de suas áreas vizinhas lentamente vão sumir. Seja qual for a sua função, espera-se que você se junte a seus colegas para fazer um trabalho importante e, com isso, influenciar e ser influenciado. Você precisará aprender a vender projetos relevantes, convencer os colegas a fornecer os recursos necessários, criar relacionamentos satisfatórios de trabalho com eles e com seus gestores, insistir com seu chefe para que responda às questões que possam parecer desimportantes para ele e, ainda, dar respostas conscientes às demandas que seus companheiros lhe fizer. A pessoa que solicita algo de você hoje pode ser aquela de quem você vai precisar na semana seguinte.

Com tanta interdependência em jogo, exercer influência torna-se um verdadeiro teste de aptidão (Tabela 1.1). Aparecer com um chapéu na mão e atirar-se aos pés de um colega para lhe pedir algo raramente é uma opção eficaz. Por outro lado, tentar abrir seu caminho com agressividade também pode sair caro. Antagonizar com colegas importantes ou seus superiores também é uma estratégia perigosa, já que eles podem facilmente se voltar contra você mais tarde.

Quando já souber como conseguir a cooperação necessária, simplesmente aja. Mas, caso se sinta bloqueado, frustrado, ou quer ter certeza de qual é a melhor forma de abordar alguém, então este livro tem um modelo universal que pode ser aplicado em qualquer empresa, a qualquer pessoa ou grupo, e em qualquer direção, para que você consiga resultados.

O que temos para ensinar é baseado em algumas premissas centrais. Não é nada exótico ou desconhecido, embora já tenhamos testemunhado centenas de pessoas abandonando aquilo que já sabiam quando se viram travadas ou rechaçadas com muita frequência.

- A influência tem a ver com trocas, com a oferta de algo que a pessoa valoriza para que você consiga o que quer.
- Os relacionamentos importam; quanto melhores eles forem, maiores serão as chances de encontrar as pessoas certas para essas trocas, e maiores serão as possibilidades de encontrar boa vontade que ajude nesse intercâmbio.
- A influência no trabalho exige que você saiba o que está fazendo, que tenha planos razoáveis e que seja competente na tarefa sob sua responsabilidade – mas nem sempre isso é o suficiente. É só o preço do ingresso.
- Você tem de querer influenciar para garantir o bem da empresa. No curto prazo, isso pode não ser necessário, mas uma preocupação autêntica com os objetivos da empresa vai torná-lo uma pessoa mais confiável e lhe dará mais crédito. Também impedirá que seja visto como alguém que está lá apenas pelos próprios interesses, além de evitar que aqueles a quem você tem influenciado arruínem sua reputação ou busquem algum tipo de retaliação.
- A dificuldade de exercer influência está, muitas vezes, em você mesmo. Pode ser somente uma questão de não saber o que fazer, e isso é relativamente fácil de corrigir. Mas, em determinados momentos críticos, todos nós fazemos coisas que nos impedem de ser tão eficazes quanto poderíamos ser. Embora, de vez em quando, a outra parte seja verdadeiramente impossível de ser atingida, podemos dizer que, com muito mais frequência, a origem do déficit de influência é algo que você mesmo está fazendo – ou deixando de fazer.
- Praticamente todo mundo tem mais potencial para ser influente do que imagina.

Por que um modelo de influência?

Você já sabe muito mais sobre influência do que pensa. Às vezes, basta simplesmente pedir o que precisa à outra pessoa ou ao grupo e, se puderem responder a isso, é o que eles farão. Outras vezes, terá de trabalhar um pouco mais para descobrir como obter o que deseja. Talvez você nem pense sobre isso, mas compreende instintivamente que, se receber ajuda de alguém, mais cedo ou mais tarde essa pessoa espera que você retribua, e de uma forma justa. O ato de dar e receber – formalmente chamado de troca – é uma parte essencial de toda interação humana, o lubrificante que faz que as organizações sejam capazes de funcionar bem.

Embora o conceito de dar e receber seja bastante simples e direto, o *processo* de troca é mais complicado. Quando se tem um bom relacionamento, não é preciso fazer um diagnóstico consciente da situação, um planejamento cuidadoso da sua abordagem ou ter sutileza na implementação. Como a pessoa que descobre, após todos esses anos, que a sua forma natural de falar se chama "prosa" sem se dar conta disso, muito provavelmente você já deve fazer por instinto tudo aquilo que descrevemos aqui, especialmente quando as coisas estão indo bem.

Tabela 1.2 Obstáculos à influência

Externos	Internos
Diferencial de poder muito grande.	Falta de conhecimento sobre como influenciar.
Diferentes metas e objetivos, prioridades.	Atitudes que cegam.
Medidas e recompensas incompatíveis.	Medo de reações.
Rivalidade, competitividade, ciúme.	Inabilidade em focar as próprias necessidades e os benefícios para os outros.

Lembre-se, um modelo de influência – incluindo fazer um diagnóstico cuidadoso dos interesses do outro, avaliar as moedas de troca que você possui e dar atenção a esse relacionamento – só é necessário quando:

- O outro indivíduo ou grupo é conhecido por ser resistente.
- Você não conhece as pessoas e pode estar pedindo algo que talvez seja difícil para elas.

- Você tem um relacionamento frágil (ou faz parte de uma equipe que tem um relacionamento ruim com o grupo ao qual a outra pessoa pertence).
- Você pede algo que poderia ser visto como um grande fardo.
- Você pode não ter outra chance.

Mas preste atenção a todas as vezes em que estas condições enfrentadas por você afetam sua compreensão natural do que é dar e receber, deixando-o amarrado. Apesar de seu entusiasmo com aquilo que tenta realizar, quanto mais você empurra, maior pode ser a resistência. Vamos mostrar como sair desse tipo de vínculo enlouquecedor, como dar um passo atrás e descobrir uma solução.

Obstáculos à influência

Então, por que é tão difícil exercer influência nesses momentos, quando seus instintos naturais e conhecimento de como as coisas funcionam o deixam sem ação? (veja a Tabela 1.2 para um resumo).

Alguns desses bloqueios à influência não estão nas suas mãos. Por exemplo:

- *Uma diferença de poder grande demais entre você e a pessoa ou grupo que quer influenciar.* Todo o foco sobre a influência pressupõe que haja um poder formal (uma posição que lhe dá o direito de dar ordens) em relação àqueles que você quer influenciar. O livro vai ensiná-lo a encontrar maneiras de aumentar seus recursos. Mas, às vezes, a diferença é tão grande que você tem pouco a oferecer.
- *As pessoas que você quer influenciar têm objetivos diferentes dos seus, o que leva a prioridades diferentes, de modo que você não consegue encontrar um denominador comum.* Em função dos papéis corporativos, algumas pessoas não se importam com o que você tenta realizar, porque elas têm expectativas muito diferentes. Às vezes, as metas pessoais delas são completamente incompatíveis com as suas.
- *As pessoas que você quer influenciar têm medidas de desempenho e recompensa incompatíveis.* De forma parecida, também em função de seus papéis na empresa, elas podem ser cobradas e recompensadas por coisas que não as deixam dar retorno no que você quer. O sistema de medidas pode deixá-las com pouca liberdade de ação.
- *As pessoas que você quer influenciar são suas rivais, ou muito competitivas e não pretendem que você seja bem-sucedido.* Se parecer que o seu sucesso, de alguma forma, interfere no sucesso delas, pode ser inviável conseguir apoio, ainda que essas pessoas saibam que isso seria bom para a empresa. Além disso, elas

podem ter uma animosidade pessoal tão forte contra você ou seu departamento que isso prejudica seu julgamento.

Estas são razões objetivas pelas quais pode ser difícil conseguir o que você precisa para fazer um bom trabalho. De vez em quando, não dá para superar esses obstáculos, e não importa quão hábil ou bom influenciador você seja. Entretanto, descobrimos ser bem mais comum que as barreiras estejam dentro do influenciador. É possível que você não tenha o conhecimento necessário sobre a situação ou a capacidade de mudar uma pessoa resistente, ou até mesmo não tenha a atitude e a coragem necessárias.

Essas barreiras internas são:

- *Falta de conhecimento para agir quando há dificuldades objetivas.* Por mais instintivos que sejam alguns tipos de influência, muitos não têm uma ideia clara de como agir quando os outros ou o grupo não reagem. Essas pessoas não encaram a influência como uma espécie de troca e não entendem como é importante entregar algo que seja de valor para o outro, em vez daquilo que elas próprias valorizam. Passam a enfatizar quão maravilhoso é aquilo que desejam, sem se lembrar de que isso precisa ter algum apelo em relação ao que o grupo ou a outra pessoa quer.
- *Atitudes que o impedem de ver informações objetivas importantes que o ajudariam.* Você acha que não deveria tentar influenciar os outros; eles é que deveriam reconhecer a verdade (ou uma isca melhor) e se render a ela? Outra atitude que só atrapalha é rejeitar prontamente qualquer um que não atenda imediatamente à sua requisição, por imaginar que se trata de alguém com alguma deficiência. Nós temos muito a dizer sobre esta barreira bastante comum e como superá-la. Outro obstáculo surge ao negar algo que estimularia a outra pessoa, mesmo sabendo que ela deseja isso, o que resulta em afastamento ou em uma atitude hostil.
- *Medo dos outros e de como podem reagir.* Frequentemente, as pessoas reconhecem que, para influenciar, precisariam dizer algo que poderia enfurecer os outros, ou deixá-los com vontade de retaliar. Por puro medo, geralmente não comprovado (e muitas vezes sem fundamento), elas decidem não prosseguir. A simples ideia de que uma pressão pode aborrecer o outro acaba paralisando essa gente.
- *Incapacidade de focar o que você precisa e em como a outra pessoa poderia se beneficiar com isso.* Às vezes, as pessoas que querem influenciar não sabem exatamente quais são seus objetivos, nem quem será preciso influenciar para

realizá-los. Isso leva a um desperdício de esforço em cima de coisas erradas e dá ênfase a questões secundárias, muitas vezes simbólicas.

Supere as barreiras: use um modelo de influência como guia

Será que você pode deixar no passado esses tipos de barreiras? Vamos ajudá-lo a dar um passo atrás e usar novas diretrizes. O desafio será superar seus próprios sentimentos e reações, para que você faça melhor diagnóstico do que ocorre e aprenda a deixar para trás os medos e equívocos que o bloqueiam. No próximo capítulo, apresentaremos o modelo de *Influência sem Autoridade* de Cohen-Bradford, e construiremos sua aprendizagem a partir daí.

O modelo parte da observação de que toda influência tem relação com quem está sendo influenciado a receber algo valioso (ou evitar aquilo que não gosta) em troca da vontade de oferecer o que lhe é solicitado. Esse tipo de troca – formal ou informal – pode ser examinado sistematicamente, para você compreender melhor o que os outros querem, esclarecer bem o que você deseja, identificar o que tem para dar e construir um relacionamento mútuo de influência com objetivo de produzir uma troca em que todos ganham. O preço dessa admissão é fazer um bom trabalho. Isso é fundamental porque cria um conceito de que você é um realizador confiável. Mas isso raramente é o suficiente; você também precisa ter um amplo arco de boas relações, muitas vezes até antes de se debruçar sobre elas, e consciência suficiente sobre si mesmo para evitar as muitas autoarmadilhas que podem afastá-lo de uma influência eficaz. Isto pode soar calculista – e é. Mas também é um planejamento deliberado sobre como conseguir realizar seu trabalho; não uma conjectura visando somente ao seu próprio benefício pessoal. Se as pessoas percebem que você só está interessado na própria ascensão ou no sucesso, elas se tornarão cautelosas, resistentes, e até começarão um trabalho nos bastidores para uma retaliação mais tarde. A forma que sugerimos fará que a influência exercida nas empresas ao longo do tempo caia nas mãos dos sinceros, aqueles genuinamente interessados no bem-estar dos outros, os que fazem muitas conexões e se envolvem muitas vezes em trocas mutuamente lucrativas. O comportamento maquiavélico, calculista e egoísta pode dar certo por um curto período de tempo, mas fatalmente cria inimigos, ou provoca falta de interesse em ser útil, trazendo então a ineficiência. Quando alguém quer prejudicá-lo, pode responder ao seu comportamento com ações negativas, com um tipo de troca que pode ser bem desagradável. Se você trabalha em um lugar que desenvolveu uma cultura negativa, em que apenas a atitude egoísta é recompensada, saiba que essa empresa vai sofrer revés e entrar em declínio. As pessoas que se preocupam com os objetivos da companhia ficam desencantadas e saem assim que podem, enquanto as que ficam espalham a amargura.

A organização do livro

Vamos fazer o seguinte: este capítulo apresentou a necessidade de exercer influência e os benefícios de se aprender uma forma mais sistemática para conseguir isso. O Capítulo 2 explicita o modelo essencial de influência, e os Capítulos 3 a 7 dão mais detalhes sobre cada etapa do modelo. Então, em uma série de capítulos de aplicação prática, usamos o modelo de influência em situações familiares para demonstrar como obter o que é preciso para executar um bom trabalho. Você pode querer ler de forma seletiva quaisquer desses capítulos para atender à sua situação atual, e retornar mais tarde aos outros, na medida em que mergulha em outras definições mais complexas.

Além disso, oferecemos em nosso *site* (www.influencewithoutauthority.com) sete exemplos de pessoas que tiveram de passar por muitos obstáculos para adquirir influência. (Para saber mais detalhes sobre estes exemplos e as lições que tiramos deles, consulte o Apêndice A.)

Mostramos como Nettie Seabrooks, uma afro-americana que começou sua vida como bibliotecária na década de 1960, foi aos poucos ganhando influência ao longo de sua carreira na General Motors.

Você lerá sobre Warren Peters, um gestor que achava estar seguindo todos os procedimentos, mas que acabou envolvido em um emaranhado de confusões com um superior que o fez passar maus momentos diante de uma pessoa que o próprio Warren queria contratar.

Ou olhar de perto como Anne Austin – uma pessoa de nível hierárquico baixo no planejamento de vendas de uma empresa de bens de consumo da lista das 100 mais da *Fortune* – descobriu como fazer para sua ideia ser aceita e, como resultado, atravessar a barreira normalmente impenetrável do departamento de marketing para trabalhar como gerente de produto.

Você ainda vai saber como Monica Ashley enfrentou uma matriz complexa e um pesquisador sênior poderoso, mas de postura negativa, para lançar um produto revolucionário – e acabou retirada de seu papel na gestão de produtos, embora tenha ficado provado que estava certa.

Se você quiser ver como uma pessoa trabalhou sozinha em uma nova comunidade para construir interesse e apoio para uma ideia radical como energia eólica, temos a saga de um pequeno milagre em Montana.

Como um bom exemplo do uso de influência para fazer mudanças, incluímos a história de Will Wood, uma pessoa de treinamento e desenvolvimento que aprendeu a falar a linguagem das finanças, com o intuito de obter apoio para a compra do software de preço elevado que usaria em um programa inovador de treinamento *on-line*.

E Fran Grigsby conta como conseguiu navegar nas águas políticas da Commuco para terminar um projeto de estimação de um diretor importante sem deixar muita gente irritada.

Esses exemplos permitem uma análise de situações mais completa se você deseja aprender com esse tipo de oportunidade. Vamos repetir que é possível encontrar todas elas em nosso *site* (www.influencewithoutauthority.com).

Este é um livro que pode ajudá-lo a ir adiante, mostrando como fazer coisas boas acontecerem para a organização e para aqueles com quem você lida. Significa mais poder para você.

Parte II

O MODELO DE INFLUÊNCIA

2
O modelo de influência: negocie o que eles querem com o que você tem (usando reciprocidade e troca)

Eu já fiz o bastante por você, Apolo, agora é sua vez de fazer algo por mim. – Tradução aproximada da inscrição em uma estátua grega do deus Apolo, 700-675 a.C., demonstrando a percepção antiga do conceito de reciprocidade.[1]

Nem sempre fica evidente quando você está fazendo uma retirada do banco de favores da política... mas sempre é óbvio quando você está fazendo um depósito. – Extraído de "Giuliani Plays Major Role on Bush Campaign Trail" (Giuliani desempenha papel importante na campanha eleitoral de Bush), Jennifer Steinhauer, *New York Times* (12/8/2004), p. A1, demonstrando a percepção contemporânea de reciprocidade.

Para encarar os tipos de desafios que descrevemos no Capítulo 1, como você pode influenciar aqueles sobre os quais não tem nenhuma autoridade? A resposta mais breve seria que, para exercer influência sobre alguém, é preciso ter recursos que as outras pessoas desejam, para trocá-los por aquilo que você quer. A chave para a influência está baseada em um princípio que é subjacente a todas as interações humanas: a lei da reciprocidade.

Ignore a lei da reciprocidade por sua conta e risco

Reciprocidade é a crença quase universal de que as pessoas devem ser pagas pelo que fazem – que aquilo que foi feito de bom (ou de mau) deve receber o equivalente em troca.[2] Essa crença sobre o comportamento, evidente em sociedades primitivas e nas não tão primitivas do mundo todo, transfere-se para a vida corporativa. Uma das formas que ela assume no ambiente de trabalho é "um dia de trabalho honesto em troca de um dia de pagamento honesto".

As pessoas geralmente esperam que, com o passar do tempo, aqueles para quem fizeram coisas fiquem "lhes devendo", e então, quando checarem o balanço, venham a retribuir esses atos por outros de mesmo valor. Essas crenças subjacentes sobre como as coisas deveriam funcionar permitem que pessoas com dificuldades na empresa consigam a cooperação dos outros. Um estudo clássico conduzido com agentes penitenciários descobriu que os guardas não podiam controlar os presos, que eram em número muito superior, apenas por meio de ameaças e punições.[3] Os guardas faziam muitos favores para os prisioneiros, como manter vista grossa para pequenas infrações, fornecer cigarros e outras atitudes similares, tudo em troca da cooperação deles na manutenção da ordem. Nem toda a autoridade formal do mundo é capaz de manter presos rebeldes na linha; eles trocam sua cooperação por favores que tornem seu período na prisão mais tolerável, não por respeito "às regras".

Mesmo em níveis muito mais altos nas organizações pouco é feito sem um "dar e receber" semelhante. Uma gerente alerta seu colega de que o CEO está em um dia "daqueles" e deve ser evitado naquele momento. Mais tarde, o colega agradecido recompensa o favor, contando à gerente o que ouviu dizer durante uma palestra sobre a estratégia de TI de um concorrente. Então, ela fica sabendo de um novo cliente em potencial e fala dele ao colega; quando o colega tem a chance, inicia um projeto em comum, que pode eliminar várias etapas do processo de faturamento e economizar um dinheiro considerável para a gerente. O dar e receber desse relacionamento torna a vida corporativa melhor para os dois envolvidos.

Mas esse processo também pode ser negativo. Pode acabar na perda de um benefício em troca de uma falta de cooperação, ou um custo que resulta de uma resposta indesejável. As trocas negativas podem ser expressas como ameaças sobre o que acontecerá no futuro, ou podem resultar em perdas para ambas as partes.

Troca: a arte de dar e receber que permeia todas as táticas de influência

Há inúmeras maneiras de classificar os comportamentos de influência. Você pode influenciar as pessoas por meio de métodos como a persuasão racional, uma atitude inspiradora, pela troca de ideias, postura agradável, por um encanto pessoal, pela formação de uma coalizão ou ainda por uma pressão implacável.[4]

Embora seja tentador pensar em cada um desses métodos como uma tática individual, acreditamos que a troca – oferecer algo de valor por aquilo que você deseja – é na verdade a base de todos eles. Em cada forma de influência, a reciprocidade está agindo, e algo está sendo trocado.[5] Por exemplo, a persuasão racional funciona porque a pessoa persuadida vê benefícios no seu argumento; a atitude inspiradora funciona porque a pessoa se sente parte de uma causa, ou porque acredita que alguma coisa boa vai sair daí;

ser agradável dá certo porque a pessoa recebe afeto e proximidade ao se dispor a ser influenciada, e assim por diante. Nenhuma dessas táticas tem resultado, entretanto, se o receptor não percebe algum tipo de benefício, um pagamento por meio de uma "moeda" que seja valorizada. Por isso, é importante ter um vasto repertório de formas para tentar influenciar os outros. Você deve usar as táticas que se mostrem bem-sucedidas em uma determinada situação; *o princípio subliminar é dar algo que seja valorizado pelo(s) outro(s) em troca daquilo que você quer ou precisa (ou reter algo que o outro valorize – ou lhe dar algo que ele não quer – se você não conseguir o que deseja).*

Este tipo de reciprocidade está ocorrendo constantemente na vida corporativa. As pessoas fazem as coisas e recebem algo em troca (Tabela. 2.1).

Tabela 2.1 Exemplos de reciprocidade no trabalho

Você dá	*Você recebe*
Trabalha conforme a descrição do cargo	O padrão de remuneração e benefícios
Disponibilidade de trabalhar nos finais de semana para completar o projeto	Elogios do chefe e sugestão de esticar as férias
Apoio ao projeto de um colega durante uma reunião importante	O colega lhe oferece os resultados em primeira mão
Uma análise complicada pedida por um colega de outra área	O colega faz os maiores elogios sobre você ao seu chefe

Por que um modelo de influência?

Embora o conceito de troca seja algo simples e direto de muitas maneiras, o *processo* em si é mais complicado. Quando você já tem um bom relacionamento com outra pessoa, não há necessidade de um diagnóstico tão consciente da situação nem de refletir sobre a abordagem mais apropriada. Basta pedir o que precisa, e se o colega puder corresponder ao pedido, ele o fará. Isso não significa que nosso modelo não se aplique. Pelo contrário, significa que você já o adotou instintivamente.

Mas há outros momentos em que não é tão fácil assim influenciar a outra pessoa, e uma abordagem mais deliberada e consciente se torna então necessária. É por isso que este modelo de influência – um diagnóstico cuidadoso dos interesses do outro, a avaliação dos recursos que você possui e a atenção ao relacionamento – pode ser tão valioso. A Tabela 2.2 relaciona as condições que exigem uma forma mais sistemática de diagnosticar sua abordagem para influenciar.

A reciprocidade ocorre naturalmente na vida corporativa

O dr. Stanley Snyder, além de inventor e empresário, é um cientista sênior sem estabilidade acadêmica de uma importante universidade do centro-oeste dos Estados Unidos. Como pensador independente que se descreve como um marginal corporativo, dr. Snyder aprendeu a ganhar a influência necessária por meio de uma experiência bastante difícil. Por muito tempo, ele foi membro adjunto do departamento de biologia, sua área natural, já que obtivera seu Ph.D. em biologia molecular. Nesse departamento, desenvolveu diversas tecnologias patenteadas para a universidade e também ganhou muito com *royalties* e subvenções. No entanto, ele tinha sido uma pedra no sapato do reitor adjunto de pesquisa, pessoa que, segundo Snyder, durante anos procurou uma desculpa para se livrar dele. O pânico do antraz, logo após o 11 de setembro de 2001, foi a desculpa para precipitar um confronto. O trabalho do dr. Snyder envolvia principalmente a biologia. Quando o governo americano começou a procurar um teste rápido para determinar a presença da bactéria e uma empresa se aproximou do cientista para buscar ajuda no desenvolvimento desse processo, ele concordou em auxiliar. Snyder trabalhava com um colega que tinha uma cepa de antraz em sua coleta de pesquisa e experiência prévia no cultivo dessas bactérias. Os dois criaram rapidamente um método de detecção barato e prático. Snyder, então, foi procurar o reitor da universidade a fim de anunciar a boa notícia e pedir ajuda para montar um acordo de licença que passasse os *royalties* à universidade. Em vez de receber a novidade com bons olhos, a administração da universidade, segundo Snyder, "enlouqueceu", motivada pela alta ansiedade ligada às notícias sobre o antraz. Ele e seu colega foram submetidos a uma investigação por parte da universidade e, em seguida, pela polícia local e pelo FBI, como se fossem cientistas imprudentes e criminosos. Ambos foram colocados em licença administrativa (uma troca muito negativa!).

O dr. Snyder gostava de trabalhar na universidade, onde tinha colegas e colaboradores para suas pesquisas. Como não queria sair, sua primeira reação foi lutar contra a administração da instituição. Durante esse período estressante, um dos principais membros do departamento de Física, dr. Zelikoff, reuniu-se com Snyder, de quem já havia recebido ajuda certa vez na redação de um pedido de patente. Enquanto discutiam a questão do emprego do cientista, Zelikoff disse que poderia estudar a possibilidade de Snyder se juntar ao departamento de Física. Um pouco individualista, mas familiarizado com os trâmites da organização, Zelikoff queria ajudar tanto Snyder quanto a universidade a resolverem uma situação difícil. Após estudar as políticas e procedimentos da instituição, o físico descobriu que poderia convidar Snyder (que seria autofinanciado de qualquer forma) para o departamento. Zelikoff conseguiria um colega muito útil e o departamento receberia uma parcela dos *royalties* de Snyder. Por outro lado, este teria proteção e supervisão, bem como um laboratório e espaço para um escritório. Resistindo à pressão do reitor adjunto de pesquisa para excluir Snyder de vez, eles fizeram um acordo com o reitor principal (superior do reitor adjunto) que foi benéfico para o cientista, para o departamento e para a universidade. Hoje, Snyder trabalha duro em pesquisa aplicada e novas invenções.

Tabela 2.2 Condições que exigem o uso consciente de um modelo de influência

Use um modelo de influência quando estiver confrontado por uma ou mais das seguintes condições:
- A outra pessoa é conhecida por ser resistente.
- Você não conhece a outra pessoa ou grupo e pede algo que pode custar muito para eles.
- Você tem um relacionamento ruim (ou faz parte de uma equipe que tem um relacionamento ruim com o grupo da outra pessoa).
- Você pode não ter outra chance.
- Você já tentou de tudo, mas a outra pessoa continua a recusar o que lhe é pedido.

Não é preciso manter uma atenção concentrada neste modelo todas as vezes, mas quando for útil para a situação; pense nele como o *checklist* de um piloto de avião, verificado rotineiramente antes de levantar voo. Os pilotos sabem o que fazer, mas o *checklist* garante que estão cobrindo todos os requisitos. Essa "checagem de influência" se mostra especialmente útil diante de situações que provocam ansiedade, tendem a estreitar seu foco e podem limitar as alternativas consideráveis. Construímos um modelo de influência (Figura 2.1) para orientá-lo quando você estiver em circunstâncias difíceis.[6] Vamos analisar cada parte desse modelo.

Presuma que todos são potenciais aliados

Um dos maiores desafios é tentar influenciar alguém que não está cooperando. Em vez de descartar uma pessoa prematuramente, pense que todos que quer influenciar *poderiam ser um aliado em potencial* se você investir na parceria. Quando precisar de alguém que não tem nenhuma obrigação formal de cooperar com você, comece avaliando a possibilidade de formar uma aliança, procurando onde há interesses em comum. Se não fizer isso por supor que a outra pessoa será um adversário em vez de aliado, tal comportamento impedirá a compreensão exata da situação, levando a equívocos, estereótipos e falhas de comunicação, além de criar uma profecia que fatalmente se cumprirá. Tratar o outro como um inimigo produz respostas contraditórias. Essa mesma mentalidade de aceitar a outra pessoa como potencial aliado aplica-se ao seu superior; se você assume que os gestores são aliados de seus subordinados na organização, também passa a ser parte de sua responsabilidade, junto com o gestor, descobrir como fazer para que o relacionamento seja mutuamente benéfico. (No Capítulo 12 exploramos em detalhe como fazer isso.)

Figura 2.1 Resumo do modelo Cohen-Bradford de Influência sem autoridade

Esclareça seus objetivos e prioridades

Saber o que você quer de um aliado em potencial nem sempre é fácil. As dimensões que afetam a escolha de como se deve proceder são:

- Quais são seus objetivos principais *versus* seus objetivos secundários?
- São objetivos de curto ou longo prazo?
- São necessidades que você "precisa satisfazer", ou "que seria legal satisfazer" e que podem ser negociadas?
- Sua tarefa prioritária é a realização ou preservação e melhoria do relacionamento?

Você precisa pensar muito sobre seus objetivos fundamentais, de modo que não se veja dedicando tempo precioso à busca de objetivos secundários. Responda a si mesmo: o que você precisa, quais são as suas prioridades entre tantas possibilidades, o que está disposto a "negociar" para obter o mínimo necessário? Você quer uma forma particular de cooperação em um item específico, ou se contentará com um relacionamento melhor no futuro? Valeria a pena provocar ressentimentos por uma vitória a curto prazo, ou a possibilidade de voltar a contar com essa pessoa no futuro seria mais importante?

Muitas vezes, o desejo de exercer influência não separa as vontades pessoais daquilo que é realmente necessário ao trabalho, e isso cria confusão ou resistência. Por exemplo, se você está muito preocupado em estar certo a todo custo, humilhando a outra pessoa, ou sempre tendo a última palavra, seus interesses pessoais podem se tornar centrais e afetar as metas mais importantes da organização. Você prefere estar certo ou ser eficaz?

Faça o diagnóstico do universo do seu aliado: as forças corporativas que modelam objetivos, preocupações e necessidades

O desafio aqui é descobrir a situação corporativa do potencial aliado, que motiva grande parte daquilo com que ele se preocupa. Essas forças normalmente desempenham um papel ainda maior na formação do que é importante para ele, até mais que a sua personalidade. Se por algum motivo você não pode pedir algo à pessoa diretamente, analise as forças da empresa que podem moldar objetivos, preocupações ou necessidades.

Por exemplo, como é avaliada e recompensada, quais as expectativas de seus pares e de seus gestores em relação a ela, em que degrau da carreira a pessoa está, e assim por diante; tudo isso tem um efeito poderoso sobre o que a pessoa pode querer em troca de cooperação, e qual seria seu custo para retribuir àquilo que você lhe pediu.

Esta atividade de diagnóstico ajuda a superar a tendência de culpar a má personalidade ou o caráter como motivos para um tipo de comportamento que você não gosta ou não entende, e pode contribuir para ver a pessoa por trás do papel que ela desempenha.

Compreender as pressões que o outro sofre pode evitar sua "demonização", e você pode começar a vê-lo como potencial aliado.

Identifique as moedas de troca relevantes (o que é valorizado) – as suas e as dos outros

Demos o nome de "moedas de troca" às coisas que importam para as pessoas, pois isso iguala o valor de algo que você tem e pode trocar com alguma coisa valiosa que elas têm. A maioria das pessoas se preocupa com mais de uma coisa (por exemplo, prestígio, dinheiro, ser amado). Se você puder identificar várias moedas utilizáveis, terá uma gama maior de possibilidades para oferecer durante uma troca (Tabela 2.3).

Tabela 2.3 Fontes de moedas de troca

Exemplos	Fontes
Orientado para a empresa	Desempenho, como se comportar, recompensas
Orientado para o trabalho	Fazer bem o trabalho exigido, sistemas de avaliação
Pessoalmente orientado	Estilo preferido, reputação

Avalie seus recursos relacionados ao que o aliado deseja. Não é improvável que ele queira algumas coisas que você não pode oferecer. Por isso, é importante saber os recursos que você detém ou aos quais tem acesso, de modo que possa usar uma moeda que se encaixe na troca. Como várias pessoas subestimam os recursos que são capazes de reunir, logo concluem precipitadamente que estão impotentes diante da situação. Mas um olhar cuidadoso sobre as muitas coisas que você pode fazer sem um orçamento ou uma permissão formal – as moedas alternativas à sua disposição – pode revelar um interessante poder de barganha. Os colaboradores da empresa perdem influência, por exemplo, quando não enxergam o vasto leque de moedas que podem oferecer aos seus gestores, como entregar o trabalho no tempo previsto, transmitir informações importantes de outras áreas, defendê-los perante outros, alertá-los sobre potenciais catástrofes, e assim por diante.

Lidar com relacionamentos

Aqui veremos dois aspectos: (1) Qual é a natureza de seu relacionamento com essa pessoa: positiva, neutra ou negativa? (2) Como essa pessoa quer se relacionar?

Você pode ter um relacionamento anterior e, se ele for bom, será mais fácil pedir o que quer sem ter de provar suas boas intenções. Mas se o relacionamento tem uma história de desconfiança – seja por razões pessoais ou conflito nos departamentos –, ou nem houve um contato prévio, é melhor proceder com cautela. Você precisará prestar atenção à construção da confiança e da credibilidade exigidas.

Cada pessoa tem um modo preferido de se relacionar. Alguns gostam que você faça uma análise minuciosa antes de iniciar uma discussão, enquanto outros preferem ouvir ideias preliminares que lhes deem a chance de fazer um *brainstorm*. Outros, ainda, querem ver soluções alternativas, mas há quem queira só ouvir a conclusão. Tenha cuidado para não se relacionar no estilo que mais lhe agrada, sem levar em conta as preferências da outra pessoa. Você terá mais influência se usar uma abordagem em que o outro se sinta mais confortável.

Determine sua abordagem de negociação: faça trocas

Depois de ter decidido quais produtos ou serviços podem ser trocados, você está pronto para oferecer o que tem em troca do que quer. Sua abordagem será moldada pelos seguintes fatores:

- A atratividade dos seus recursos.
- As necessidades do aliado por aquilo que você tem.
- Seu desejo por aquilo que o aliado possui.
- As regras não escritas da sua empresa sobre quão explicitamente as pessoas podem expressar o que querem e precisam.
- Seu relacionamento anterior com o potencial aliado, assim como o estilo preferido de interação.
- Sua disposição para correr riscos na busca por aquilo que deseja.

Isso ajuda você a planejar uma abordagem que tenha maior chance de ser julgada pelos seus méritos. Vamos discutir todas estas questões em detalhes mais adiante, mas agora é importante entender que as expectativas de reciprocidade são vitais para ganhar influência.

Resultados da troca: tarefa e relacionamento são ambos importantes

Nas empresas, todas as tentativas de influenciar contêm, simultaneamente, tanto uma tarefa quanto um componente de relacionamento. Lá está o trabalho diante de si e a natureza da relação: assim, as pessoas raramente interagem sem uma experiência anterior ou o conhecimento uns dos outros, e que de alguma maneira venha a dar forma ao debate. (Na verdade, nem sequer é necessário que você realmente tenha interagido com alguém; sua reputação de outras interações será um fator pelo qual a pessoa vai lidar com você.) Além disso, as ideias sobre os resultados desse relacionamento no futuro também têm grande probabilidade de afetar a discussão. Ignorar o futuro traz o risco de ganhar a batalha, mas perder a guerra. Você pode optar por desconsiderar o histórico, ou as consequências de suas tentativas de troca na relação, mas isso poderá ser um problema se tiver de lidar com a mesma pessoa de novo, como geralmente acontece nas empresas.

A confiança desempenha importante papel na obtenção de influência. Se outras pessoas acharem que você é calculista demais ou apenas interessado em influenciar em benefício próprio, e não para o trabalho na empresa, elas se tornarão cautelosas, resistentes ou vão agir nos bastidores para uma posterior retaliação. Desta forma, a influência nas organizações ao longo do tempo acaba nas mãos dos que são genuinamente interessados no bem-estar dos outros, aqueles que fazem conexões e estão sempre envolvidos em trocas mutuamente vantajosas. O comportamento maquiavélico, calculista e egoísta pode até dar certo por um curto espaço de tempo, mas no final vai gerar inimigos ou a falta de interesse em ser útil, fazendo que a pessoa que fez tudo para vencer se torne ineficaz.

Como as boas relações facilitam a cooperação, vale a pena ser generoso e se envolver em trocas nas quais todos ganham. Fazer um bom trabalho conjunto, viver de acordo com o que você prega, ou simplesmente fornecer o que é valorizado pela outra parte, tudo isso melhora os relacionamentos. A tendência, após realizar trocas bem-sucedidas, é que as pessoas se sintam melhores umas em relação às outras.

Faça conexões cedo e com frequência. Há vezes em que um mau relacionamento torna quase impossível conseguir que outros concordem com trocas de tarefas, mesmo quando isso poderia ser do máximo interesse deles. Então, será preciso investir um tempo na reconstrução dessa relação antes que qualquer trabalho seja feito. Para evitar essa situação, encontre um modo de criar relacionamentos antes mesmo que eles sejam necessários. Suponha que você queira uma análise especial de um colega para prosseguir com seu planejamento de novos produtos. Se a relação estiver tensa, poderá ser necessário aliviar a tensão antes de restabelecer o relacionamento. Isso facilitará a conversa sobre as informações necessárias e ajudará na procura de uma base para conseguir o apoio que deseja.

Finalmente, uma discussão sobre o que você quer e sobre a qualidade da relação sempre acontece de forma simultânea. Preste atenção ao *processo* de discussão sobre a troca. Se você se concentrar somente no resultado da tarefa – para conseguir que seja feita do seu jeito –, poderá não apenas prejudicar trocas futuras, mas também perder o negócio.

Ao criar muitos relacionamentos e uma reputação positiva, você terá bom crédito e um prazo mais longo para retribuir a ajuda recebida. Conquistar uma boa reputação é como abrir uma poupança para os dias difíceis, é como efetuar depósitos em um banco para garantir a capacidade de fazer saques mais tarde. Tente não hipotecar o futuro; você nunca sabe quando terá de usar suas moedas.

Trocas podem ser positivas ou negativas. Como mencionado, as trocas podem ser positivas ou negativas. Se positivas, assumem a seguinte forma: "Farei algo em seu benefício e você, por sua vez, fará algo vantajoso para mim". Mas também é possível trocar algo negativo por outra coisa negativa: "Não tenho intenção de deixar de fazer minhas coisas para atender ao seu pedido, já que você não faria isso por mim".

Observe duas formas de trocas negativas: (1) ameaça implícita ou explícita do que você pode fazer, ou do que pode acontecer como consequência das respostas da outra pessoa; e (2) retaliação negativa, na qual ambos os lados acabam perdendo. Esse retorno negativo pode ser bem desagradável tanto para o emissor quanto para o receptor, mas pode também ser necessário quando há a possibilidade de trocas positivas ocorrerem. Trocas de retaliação em que todos perdem são as menos desejáveis de todas, e só devem ser utilizadas como último recurso. Se a empresa desenvolve um tipo de cultura negativa, recompensando apenas quem se esforça em benefício próprio, ela sofre e entra em declínio. As pessoas que se preocupam com as metas da companhia ficam descontentes e acabam saindo assim que podem.

Pode ser que, às vezes, você precise fazer uso de trocas negativas. Mesmo as ofertas de trocas positivas contêm implicitamente uma mensagem sobre as consequências negativas que resultarão de não aceitá-las. Se o consentimento resultar em benefício mútuo, há sempre a possibilidade subjacente de que a não aceitação levará a resultados negativos para ambas as partes. Você pode deixar claro – mesmo sem dizer como – que vai pagar essa desfeita no futuro com uma equivalente recusa em cooperar, ou com uma vontade de infligir algo negativo: "Se você me ajudar, eu lhe darei a minha gratidão eterna" também pode significar "se você não me ajudar, eu não terei nenhuma gratidão (e posso até ficar chateado)". Da mesma forma, uma solicitação – "se você puder me emprestar aquele engenheiro químico, serei capaz de concluir este projeto fundamental" – indica que a não aceitação do pedido vai interromper o projeto e provocar a perda de algo muito valioso. Enfim, você pode usar a troca negativa para gradualmente aumentar as apostas em jogo, fazendo que seja cada vez mais indesejável não cooperar.

Acenar com a possibilidade de uma troca negativa pode ser útil para que as coisas andem; serve para reforçar o pedido. Mostra a seriedade da situação e pode ser uma maneira poderosa de fazer que os outros se mexam – se a ameaça for real e a outra pessoa se preocupar com ela.

Embora a ameaça de consequências negativas seja uma forma menos amigável de se fazer trocas, pode ser algo necessário em situações difíceis. A mula empacada, às vezes, precisa de uma pancadinha para conseguir sua atenção e tentar persuadi-la a andar. Ao mencionar consequências negativas, sempre é válido mostrar uma cenoura: "Eu não quero ter de recorrer a isso, prefiro muito mais o X, mas se isso não acontecer, serei forçado a...". Temos um pouco mais a dizer sobre isso no Capítulo 7.

Pode haver problema, no entanto, quando a frustração com a falta de cooperação – no presente ou em algum momento do passado – faz que você já chegue com ameaças de trocas negativas, não por causa de um diagnóstico cuidadoso, mas por pura irritação. Sentir-se bloqueado faz você agir rapidamente de forma negativa, apoiando-se nas ameaças como primeira tentativa, e não como último recurso. Isso pode causar uma reação negativa contra si mesmo, tornando-se um obstáculo na possibilidade de fechar um acordo.

Ter inclinação para trocas positivas. Embora as trocas negativas possam ser poderosos influenciadores, sugerimos que você comece pelo lado positivo. Algumas pessoas encontram mais dificuldade em ser duras quando necessário, mas acreditamos que uma ênfase positiva vai expandir o repertório de influências da maioria delas.

Assumir uma abordagem negativa pode criar sua própria forma de reciprocidade, em que a outra pessoa se sente compelida a resistir, opor-se. Você acaba criando uma profecia fácil de se concretizar. Pessoas que se sentem ameaçadas costumam combater automaticamente fogo com fogo, aumentando sua resistência. A pessoa se torna mais difícil, reforçando sua opinião negativa, o que induz você a ser mais duro. O negativismo cresce até que ambos fiquem irritados e menos inclinados a ceder. Pior ainda, se você ganhar a reputação de alguém que pende para o negativo, alguns aliados em potencial adotarão uma postura negativa *antes* mesmo de receber qualquer proposta. Potencialmente, sua ameaça de atear fogo nas coisas fará com que o queimem primeiro.

Outra razão para acentuar o aspecto positivo é que seus pares e superiores podem ser mais fortes; eles podem ter, pelo menos, a mesma quantidade de recursos de retaliação que você, aumentando o perigo de entrar numa competição para ver quem cospe mais longe. Eles ficariam salivando por antecipação para mostrar quem é o mais durão. As expectativas positivas, por outro lado, criam uma atmosfera que torna mais provável o resultado em que ambas as partes ganham. Muito do que transparece

O modelo de influência: negocie o que eles querem com o que você tem 29

depois de ter feito seu pedido não depende apenas daquilo que está relacionado com as necessidades do outro, mas também de quanto ele confia em você – o que é produto de suas ações passadas e da sua imagem perante essa pessoa como um bom cidadão corporativo.

Além disso, é preciso pensar além do momento presente. O ritmo das mudanças nas organizações modernas torna difícil saber como será seu relacionamento futuro. Um dia, você pode se encontrar na posição de subordinado, de gestor ou de colega dessa pessoa. Se for provável que vá lidar com esse alguém novamente, tente descobrir objetivos e resultados em comum. Ao fazer isso, dará crédito à pessoa por estar tão interessada nos bons resultados quanto você mesmo. Caso a hipótese mais tarde venha a se provar falsa, você sempre poderá se fiar em outras estratégias.

Barreiras autoimpostas para a influência

Descrevemos um modelo bem direto para você descobrir o que fazer para alcançar a influência desejada. Ao longo dos anos, temos ensinado muitas pessoas a utilizar este modelo com sucesso. Também temos observado muitos esforços que falharam em cada estágio, não importando se a pessoa tinha conhecimento ou consciência do modelo ao usá-lo. Ou a pessoa que deseja exercer influência consegue dar um jeito de piorar as coisas, desiste prematuramente, ou nem chega a tentar em função da frustração de antever um fracasso. Antes de explorarmos nos próximos capítulos a melhor forma de usar cada uma das partes importantes do nosso modelo, veremos a seguir os fatores mais comuns que determinam o bloqueio de sua eficiência em cada estágio. A Tabela 2.4 pode servir como um alerta para que você se monitore enquanto tenta fazer as coisas funcionarem direito no trabalho.

Tabela 2.4 As barreiras mais comuns autoimpostas à influência

Não supor que a outra pessoa pode ser, no mínimo, um aliado em potencial.

Não deixar claros seus objetivos e prioridades.

Não diagnosticar o universo de seu aliado: as forças corporativas que podem modelar objetivos, preocupações, necessidades.

Não perceber as moedas de troca do outro.

Conhecer, mas não aceitar, as moedas de troca dos outros.

Não avaliar os recursos que você tem em relação aos desejos do aliado.

Não fazer um diagnóstico do seu relacionamento com o potencial aliado (nem corrigi-lo, se necessário).

Não conceber como quer realizar suas trocas.

Barreira: Não supor que a outra pessoa pode ser, no mínimo, um aliado em potencial. Não pensar de forma positiva sobre as pessoas que são difíceis de influenciar é talvez a mais mortal das autoarmadilhas. Geralmente a coisa começa com um pedido que é rejeitado. Você quer algo que lhe é claramente importante, e que está dentro da capacidade de entrega da outra pessoa. Às vezes isso é seguido por um segundo pedido e, se você estiver realmente determinado, um terceiro. Poucas pessoas podem ser rechaçadas duas ou três vezes sem se afastar da interação, convencidas de que há algo completamente errado com a outra pessoa (os psicólogos chamam isso de *teoria da atribuição*).[7] Há um defeito de caráter, ou de motivações, ou falta inteligência, ou a pessoa é um representante perfeito "desse grupo de miseráveis incompetentes do... (o grupo atacado)". A atribuição negativa não precisa ser dita em voz alta ("esse cara é apenas outro terno vazio do marketing", "outro engenheiro *nerd*", "um tubarão do departamento financeiro obcecado por números", "mais uma molenga chorona do RH", "um contador tapado que não teve a competência para ser um estatístico"), mas acaba sendo comunicada de algum modo.

O problema é que depois de pensar numa coisa dessas, mesmo que não a verbalize, seus alvos percebem que você os avalia como incompetentes e se fecham em copas. Afinal, quem gostaria de ser influenciado por alguém que anda por aí com a frase "eu acho que você é um idiota" escrita num luminoso de neon na testa? A dificuldade é que, se você acha que a pessoa é idiota (ou pior), fica difícil encontrar algo grande o suficiente para cobrir esse luminoso de neon.

Piada clássica sobre os riscos de pensar o pior de alguém que você pretende influenciar: a história do macaco

Um homem dirigia seu carro à noite por uma estrada desconhecida quando um pneu furou. Ele pretendia trocá-lo, mas descobriu que estava sem o macaco. Depois de um acesso de cólera durante algum tempo, percebeu que sua única opção era andar até encontrar uma casa de fazenda e pedir emprestado um macaco. Enquanto caminhava, começou a se preocupar, pois já era tarde, estava escuro, e ele seria visto como um estranho acordando o morador da casa no meio da madrugada. Mas, na falta de alternativa e sentindo frio, continuou a andar. Finalmente, viu uma casa de fazenda, mas, ao se aproximar, temia cada vez a provável reação da pessoa que seria acordada, e pensava: "Ele vai ficar nervoso de verdade, vai ficar com raiva e talvez tenha uma arma". Até que chegou lá, ainda imaginando quão irritado o fazendeiro ficaria, e bateu na porta várias vezes. Depois de esperar bastante, acenderam uma luz e a porta foi aberta. Imediatamente o viajante deu um soco no morador e gritou: "Pode ficar com a sua porcaria de macaco!". E foi embora batendo o pé.

Separe sua frustração sentida no momento (que é real) da conclusão de que aquela pessoa nunca poderia ser um aliado. Mesmo que ela possa pensar que existe uma razão racional para se opor ao seu pedido, procure por algo em comum entre vocês. Tente não descartar ninguém, não importa quão difícil essa pessoa aparente ser. Se depois de todos os seus esforços ainda não der certo, haverá tempo de sobra para você desconsiderar sua ajuda.

Barreira: Não deixar claros seus objetivos e prioridades. Você pode ficar tentado a erigir uma longa lista daquilo que deseja, sobretudo de alguém com quem não foi bem-sucedido ou de quem já antecipa uma resistência, mas isso só provocará uma sobrecarga e afastará as pessoas. Outro erro que vemos muitas vezes é a mistura de objetivos pessoais e empresariais. Quando não se solicita apenas alguns recursos ou apoio, mas também reconhecimento pessoal, ou uma atenção extra, ou, no caso de quem esteja em minoria dentro da organização, a admissão de que esse alguém (por exemplo, um especialista em marketing em uma organização técnica, uma mulher em uma firma dominada por homens, um negro numa empresa controlada por brancos) é uma pessoa de valor equivalente aos dos outros. Fazer um bom trabalho ao longo do tempo, geralmente, leva você ao reconhecimento desejado; misturar isso com as solicitações ligadas ao seu trabalho pode causar uma reação indesejada à sua mensagem confusa e reduzir as chances de conseguir aquilo de que mais precisa.

Outro obstáculo importante surge quando suas intensas necessidades pessoais – de ganhar sempre, de não perder prestígio, de mostrar como você é inteligente, de chegar na frente de todos, e assim por diante – impedem que a outra pessoa realmente tenha certeza de que você precisa mais de cooperação para fazer o trabalho do que para obter uma vitória. Será que o triunfo pessoal é tão importante assim para que você coloque em risco o trabalho ou seu relacionamento? Se a resposta for "sim", é seu direito, mas faça uma escolha consciente, não reaja apenas por reflexo.

Exemplo de fracasso por não levar em consideração as forças corporativas, provocando um comportamento resistente em uma empresa internacional de software

Um gerente de produto fica frustrado porque o gerente geral na França não estimula sua equipe de vendas a tentar promover um produto novo e importante. Acontece que o gerente geral é avaliado pelas vendas totais do país, e é muito mais trabalhoso para sua equipe explicar e vender um novo produto de baixo preço do que fazer algumas vendas grandes dos itens já existentes. O gerente do novo produto pressiona, mas acaba desistindo em meio à frustração. Só que a falta de cooperação não é um resultado inevitável. Um dos erros é não diagnosticar essa diferença de objetivos antecipadamente e continuar esbarrando cegamente nela. O segundo erro é, mesmo quando as diferenças são compreendidas, ignorar as outras coisas que podem ser atraentes para o destinatário do seu pedido. Talvez o gerente geral se importe com o prestígio de ser o pioneiro em desenvolver um bom mercado para o novo produto, ou talvez queira se envolver em um dos primeiros estágios do planejamento de marketing, moedas de troca que o gerente de produto pode oferecer.

Barreira: Não diagnosticar o universo do seu aliado – as forças corporativas que podem modelar objetivos, preocupações, necessidades. Todo mundo responde à situação em que vive no momento, sobretudo dentro das organizações. Uma das principais fontes de influência malsucedida é quando as pessoas em outros departamentos são avaliadas de forma diferente que você, e por isso não ficam dispostas a fazer o que está sendo pedido. Tentar se encaixar com o que, inevitavelmente, elas consideram muito mais importante, só vai pressioná-las mais fortemente para realizar aquilo que você sabe que é importante para a empresa e para você.

Barreira: Não perceber as moedas de troca do aliado. Ainda mais grave é a falha comum de não prestar qualquer atenção ao que a pessoa ou grupo a ser influenciado veem como importante. Aqueles que desejam ter influência ficam, muitas vezes, tão animados com o que estão tentando fazer, tão apaixonados diante da realização de sua vida, tão certos de que o valor daquilo é evidente, que ignoram o que a outra pessoa valoriza. Chamamos isso de "errar por muito", e todo leitor, caso não esteja pessoalmente comprometido, pode ver esses limites autoimpostos. Imagine um fanático por futebol tentando vender a ideia desse esporte a um fã de basquete ou de futebol americano, falando coisas do tipo: "É um jogo tão sutil de habilidade e tática que a pontuação por partida é pequena e, se você assistir por bastante tempo, vai acabar descobrindo a beleza que existe ali!". Esse tipo de argumento ainda não funcionou, apesar de ser muito usado.

Outra grande barreira comum é não reconhecer a variedade de moedas de troca que as pessoas podem valorizar, assumindo que todo mundo gosta apenas das mesmas coisas que você. Não é só o Henry Higgins, do filme *Minha Bela Dama,* que não consegue entender por que uma mulher que ele quer influenciar não pode ser mais parecida com um homem, isto é, mais parecida consigo mesmo.

Uma variação desse problema é achar que a outra pessoa só gosta de uma coisa, de uma moeda importante, e que sem isso você não tem saída, como no exemplo do gerente de produto e o gerente geral francês. Quase todo mundo tem um portfólio precioso de moedas e, mesmo que algumas delas sejam mais valorizadas do que outras, as trocas são quase sempre possíveis.

Barreira: *Não aceitar as moedas de troca do aliado.* Às vezes, o influenciador compreende o que é importante para alguém, mas não aceita isso como moeda de troca desejável. Uma coisa é se o que o outro quer transgride profundamente os valores arraigados ou princípios éticos, mas em geral são apenas diferenças. Uma pessoa com iniciativa e habilidades empreendedoras pode ter dificuldade em aceitar o colega que se fixa sobre a estrutura da empresa e seus procedimentos, levando-a a querer mudá-lo em vez de se acostumar àquilo que é importante para ele. A influência exercida pela troca diz respeito a dar o que a pessoa quer para receber o que você precisa; não se trata de mudar o que ela deseja.

Barreira: *Não avaliar os recursos que você tem em relação aos desejos do aliado.* O maior obstáculo aqui é não reconhecer que muitas das moedas de troca desejadas, e que estão em poder dos outros, são aquelas que você já tem em abundância. Você não precisa da permissão de ninguém para manifestar reconhecimento, mostrar apreço, dar status, mostrar respeito, ser compreensivo e ajudar o outro. Se a única moeda que a outra parte aceitar for a transferência de verba e você ainda não tiver um orçamento para seu projeto, estará em um beco sem saída – embora às vezes uma negociação criativa possa superar até mesmo esta limitação. Mas a maioria das pessoas tem mais à sua disposição do que reconhecem.

Barreira: *Não fazer o diagnóstico do seu relacionamento com o potencial aliado (nem corrigi-lo, se necessário).* Já mencionamos que ignorar os benefícios de um relacionamento positivo pode bloquear a troca. Se você não é confiável, pode ser muito difícil conseguir um aliado em potencial disposto a correr riscos em um trabalho conjunto. Aqueles que desejam influenciar cometem o erro de focar apenas os benefícios da transação, ou de tentar ser legal de uma hora para outra, no último minuto, o que soa falso.

Por outro lado, algumas pessoas que desejam exercer influência fingem ter interesse pelo outro, passam pelo processo inteiro de criar relações, ou se mostram tão úteis em suas abordagens, em cada etapa de sua tentativa de influenciar, que acabam vistas como manipuladoras, gerando desconfiança no processo. Nenhuma técnica funciona bem quando adotada por uma pessoa que é percebida como alguém que tem interesse apenas em si mesma. Nosso modelo de influência não funciona se for usado de uma forma que parece servir exclusivamente para o benefício do influenciador, e não para as verdadeiras necessidades da organização. Este problema é agravado pelos jogadores maquiavélicos, que encobrem todas as solicitações com o manto do "é bom para a empresa", como se ninguém percebesse sua intenção.

Barreira: Não conceber como quer realizar suas trocas. Novamente, não conseguir criar credibilidade se torna um obstáculo importante para a influência. Surgir como uma pessoa que só faz suas trocas na base do "olho por olho" – alguém que é compulsivo e que nunca se apoia na boa vontade recíproca e na empatia – pode até provocar a rejeição das melhores ofertas. De vez em quando, um influenciador avança demais na outra direção, entendendo que as trocas positivas já feitas e um relacionamento decente deveriam ambos fazer com que a pessoa – a quem se pede uma cooperação – siga totalmente contra seus próprios interesses; depois, esse influenciador fica irritado quando seu aliado diz que o pedido é excessivo. A raiva, em seguida, interfere no relacionamento, determinando que tanto a influência presente quanto futura se percam.

Outro obstáculo comum é não adaptar seu modo de interagir com o estilo preferido por seu aliado em potencial. Isso pode ser causado pela cegueira interpessoal, quando, por exemplo, você não percebe que a outra pessoa gosta de soluções concisas e fica tagarelando sobre a complexidade do problema. Às vezes, você pode até reconhecer a maneira preferida do interlocutor interagir, mas mantém teimosamente suas próprias preferências como uma maneira equivocada de "ser fiel a si mesmo". Ao definir o estilo de interação como uma questão de integridade pessoal, as pessoas acabam com os direitos dos outros de ter suas próprias preferências, e causam incômodo, ou coisas piores.

Veja o exemplo de um gestor competente que não conseguiu o que pretendia por não ter um modelo adequado de orientação para ajudá-lo a determinar sua ação. A seguir, começamos uma série de cinco capítulos que ajudam a pormenorizar o modelo da influência sem autoridade. Começamos com uma discussão mais aprofundada das moedas de troca e seus significados.

Por que ele não quer me ouvir? Um exemplo bastante comum de falha na lei de reciprocidade – e como um modelo de influência poderia ter ajudado

Bill Heatton[*] é diretor de pesquisa em uma divisão de US$ 250 milhões de uma grande empresa na costa oeste dos Estados Unidos. A divisão, que fabrica componentes não usuais de telecomunicações, já é conhecida pelo desenvolvimento de muitos avanços

---

[*] Todos os nomes neste exemplo são fictícios, mas todo o restante é real.

O modelo de influência: negocie o que eles querem com o que você tem 35

técnicos. Nos últimos anos, entretanto, o desempenho da divisão tem sido irregular, na melhor das hipóteses. Apesar dos muitos esforços para se tornar mais lucrativa, já acumulou prejuízos de milhões de dólares em alguns anos. Vários contratos grandes se transformaram em enormes perdas, fazendo que cada parte da divisão começasse a culpar as outras. Bill acredita que uma das principais causas do problema é Roland, um gerente de programa da área de marketing.

Observe as frustrações de Bill enquanto ele comenta sobre seus esforços para influenciar Ted Lowry, seu colega e diretor de marketing da divisão. Ted é o supervisor direto de Roland, a quem foi dada a responsabilidade de um contrato novo e importante, no qual o marketing e a pesquisa (junto com a produção) trabalharão em conjunto:

> Outro programa está prestes a começar. Roland, o gerente de programa, é um cara legal, mas não sabe construir e nunca saberá. Ele foi responsável pelo nosso último grande prejuízo, e agora vai ser novamente o cara que manda. Eu continuo lutando com seu gestor, Ted Lowry, para retirar Roland desse programa, mas não consegui nada. Ted não chega a dizer que Roland é capaz, mas com certeza não tenta encontrar alguém para o seu lugar. Em vez disso, vem falar comigo sobre suas preocupações com a minha área.
>
> Tenho tido o maior espírito de equipe. Respondi às solicitações deles de mudar minha equipe, colocando as pessoas que eles queriam para fazer a pesquisa do programa de Roland. Até cheguei a desconsiderar a opinião da minha equipe sobre quem eles julgavam que eu deveria colocar nesse programa. Mas ainda não recebi os relatórios de progresso que preciso de Roland, e ele nunca está "disponível" para fazer o planejamento. Não tenho ouvido muitas reclamações, mas também não vejo ações para corrigir os problemas. Isso é ruim, porque estou respondendo, mas não obtive nenhuma resposta deles. Não há maneira de resolver isso. Se eles discordam, é o que fica. Eu poderia adotar uma estratégia de "olho por olho". Podia até lhes dizer que, se não fizessem o que eu quero, iria ferrá-los da próxima vez. Mas não sei como fazer isso sem prejudicar a empresa. Isso seria pior do que a satisfação que eu teria em ferrar o Roland!
>
> Ted, o chefe do Roland, é tão melhor do que o cara que ele substituiu que eu odiaria ter de pedir que fosse removido do cargo de diretor de marketing. Poderíamos ir juntos conversar com nosso chefe, o gerente geral, mas eu realmente detestaria ter de fazer isso. Você é um incompetente se precisa do chefe para decidir as coisas. Tenho de tentar ainda mais antes de jogar esse problema no colo dele.
>
> Enquanto isso, sou forçado a insistir para que Ted se livre do Roland, mas tenho medo de que isso vá para um lado destrutivo. Tudo o que eu quero fazer é gritar. Não quero esperar até que o programa fracasse para me dizerem que estraguei tudo.

Bill está claramente irritado com a situação e frustrado com sua incapacidade de influenciar Ted Lowry. Ele se vê tendo um comportamento no qual não se sente bem. A falha de Bill em usar a lei da reciprocidade está no cerne de sua incapacidade de influenciar Ted. Já que Bill acredita ter feito bem mais que sua obrigação para ajudar Ted, espera algo recíproco da parte dele, retirando Roland do projeto. Como Ted não age, a raiva de Bill reflete sua crença de que, por ter mexido nos padrões de sua própria equipe, criou uma obrigação para Ted. Ele acredita ter conquistado um "crédito" com Ted, que deveria honrar essa "dívida" e concordar em substituir Roland.

Bill também está preocupado com uma troca negativa – ser injustamente acusado por falhas no projeto, após já ter feito sua parte. Ele tem uma convicção sobre o crédito que deveria merecer por seus esforços; ser julgado de forma severa depois de tanto esforço extra seria ofender seu senso de justiça.

Não ver o outro como um potencial aliado

Assim como outros gestores que desejam influenciar alguém que não está cooperando, Bill reduz seu leque de possibilidades ao ver Ted, seu potencial aliado, como um inimigo intratável, atribuindo a ele motivações negativas. Já que não sabe como conseguir o que precisa de Ted, Bill começa a tirar conclusões perigosas sobre os motivos de ele ignorar seus esforços.

Além disso, ele já havia descartado Roland como um aliado que valesse a pena; também viu seu chefe, o gerente geral, apenas como um tribunal de última instância, em vez de acioná-lo como um recurso possível para a solução do problema. Assim, Bill se isolou de potenciais aliados e parece incapaz de sugerir e construir uma solução satisfatória para todos.

Não deixar claros seus objetivos e prioridades

Bill teve vários problemas na classificação de seus objetivos e prioridades. Queria se livrar do Roland, mas isso era na verdade o caminho para objetivos mais importantes: melhorar o processo de gestão do projeto e reverter o atual prejuízo da divisão. Bill gostaria que Ted reconhecesse suas necessidades, mas concentrou-se em uma resposta específica, e não em uma solução conjunta para os problemas. Ele queria vingança, mas ao mesmo tempo não pretendia prejudicar a companhia. Almejava ver o problema resolvido, mas não tinha intenção de envolver o gerente geral, pois isso demonstraria fraqueza. Não é de admirar que Bill seja incapaz de reunir forças para exercer influência; ele ainda não descobriu justamente o que mais importa para ele. Como resultado, foi incapaz de desenvolver um plano de ação.

Não fazer o diagnóstico do universo do seu aliado e das moedas de troca resultantes

Como resultado da tendência tão humana de se concentrar em seus próprios interesses, Bill deixou de ver a questão sob o ponto de vista do universo do seu aliado em potencial. Por exemplo, Bill nem pensou sobre que tipo de custos Ted incorreria ao retirar Roland do projeto.

Bill poderia facilmente ter descoberto esses interesses de Ted:

- Minimizar os custos de gestão do projeto.
- Usar os talentos existentes.

O modelo de influência: negocie o que eles querem com o que você tem 37

- Evitar que seu departamento sentisse que ele não o protegia de ataques externos.

Se tivesse pensado sobre o diagnóstico, Bill poderia, em primeiro lugar, ter feito a si mesmo as seguintes perguntas sobre a situação:

- Ted tem alguém melhor para o lugar de Roland?
- Ted acredita que consegue treinar Roland para obter um desempenho melhor nesse projeto?
- Ted ao menos concorda que Roland fez um péssimo trabalho no último projeto, ou ele joga a culpa do fracasso nas carências de outros departamentos?
- Ted está tentando salvar seu prestígio diante de seus outros subordinados?
- Será que ele está com medo de abrir um precedente ao permitir que o departamento de pesquisa e desenvolvimento determine quem deve fazer parte de sua equipe?

Tão decidido a dizer a Ted que ele deveria se livrar de Roland, Bill nunca se preocupou em avaliar qual poderia ser a percepção do outro sobre o assunto, nem se importou em considerar como isso poderia afetar o diretor de marketing.

Por fim, nem mesmo chegou a perguntar a Ted por que não havia atendido a seus pedidos. Talvez Ted estivesse sendo avaliado por critérios diferentes ou pressionado pelo gerente geral de alguma forma que tornasse impossível atender à solicitação de Bill. Em vez de ficar com raiva e sonhando com vingança, Bill poderia ter feito uma investigação para saber o que poderia usar como moeda de troca que fosse interessante tanto do ponto de vista de Ted quanto do seu.

Bill poderia ter abordado Ted de uma maneira amigável, que não parecesse ameaçadora, e dito: "Ted, estou realmente confuso. Parece-me que você está relutante em levar em conta as minhas preocupações com Roland. Está óbvio que meu ponto de vista sobre ele é diferente do seu, então me ajude a entender como você encara isso". Tal medida teria, no mínimo, quebrado o gelo. Sem o conhecimento do universo do seu potencial aliado, fica difícil descobrir o que poderia facilitar a resposta desejada.

Não conceber uma estratégia de troca

Bill está tão frustrado que perde muitas possibilidades de troca. Embora acredite ter agido de boa-fé ao mexer nas atribuições do pessoal em sua área, criando assim uma obrigação de retribuição, não fica claro que Ted tenha notado que Bill reagia aos seus pedidos, ou que tivesse algo que ele queria. Nem mesmo está claro se Ted sabia que seu colega esperava algo em troca. Ao alterar a organização de sua equipe na expectativa de uma resposta comparável de Ted, Bill não explicitou quanto estava incomodado por causa dessa reformulação. Como resultado disso, Bill cedeu, mas não recebeu. E qual é o resultado de uma única pessoa realizando a troca? Ressentimento.

Foram seus valores pessoais que impediram Bill de partir para um ataque pudesse prejudicar a empresa, mas ele parecia completamente inconsciente dos recursos que conseguiria reunir para realizar uma troca positiva. Seu relacionamento com o gerente geral era uma carta que ele odiaria ter de usar, apesar de haver uma maneira de fazer isso sem parecer fraco nem demonstrar falta de capacidade gerencial. Ele não poderia ter usado o gerente geral como uma caixa de ressonância sobre a melhor forma de abordar Ted? Ou sugerido que o gerente geral se reunisse com ambos, não como o árbitro final, mas como um consultor para a resolução do problema?

Além de tudo isso, Bill parecia ter apenas dois estilos de interação: agradável ou desagradável. Quando o modo agradável não funcionou, só lhe ocorreu ser desagradável. Outros estilos mais moderados – curioso, de leve insistência ou especulativo – não passaram pela sua cabeça. Por ter formação científica, Bill provavelmente seria capaz de reconhecer esses estilos alternativos, mas não chegou a olhar com carinho para essas opções de comportamento de modo que pudesse fazer uso delas. Assim, conseguiu um impacto muito menor do que poderia ter obtido.

Pelo fato de não ter nenhum modelo de como exercer influência e, portanto, nenhuma maneira útil de preparar um diagnóstico da situação, ele só poderia mesmo se consumir em sua própria frustração. Bill não sabia o que pedir a Ted nem como iniciar um diálogo sobre Roland que pudesse guiá-lo a uma estratégia funcional. Esta é uma boa ilustração da máxima do psicólogo social Kurt Lewin: "Não há nada tão prático como uma boa teoria" – ou, poderíamos acrescentar, nada tão pouco prático quanto a falta de uma boa teoria.

3

Bens e serviços: as moedas de troca

Assaltante: A bolsa ou a vida.
Jack Benny, comediante famoso por ser muquirana: (silêncio)
Assaltante: Bem, e aí?
Jack Benny: Calma, ainda estou pensando...

Moeda corrente: o conceito de moedas de troca

O modelo de influência Bradford-Cohen é baseado na troca e na reciprocidade – ou seja, obter aquilo que você deseja em troca daquilo que os outros querem. A influência se torna possível quando você tem o que os outros desejam. A metáfora das moedas de troca – que significa algo que é valorizado pelo outro – pode ajudar a determinar o que você poderia oferecer a um potencial aliado em troca de cooperação.

Como as moedas representam recursos que podem ser trocados, formam a base para a aquisição de influência. Se você não tiver em sua tesouraria nenhuma moeda que outras pessoas valorizem, então não há nada para trocar.

Neste capítulo, vamos olhar mais de perto como funcionam essas moedas, quais são as mais comuns na vida corporativa e como compreender seu uso.

Moedas de troca frequentemente valorizadas

Para fazer trocas, você precisa estar ciente das muitas coisas com que as pessoas se importam e de tudo o que você tem de valor para oferecer. Há pelo menos cinco tipos de moedas de troca em uma variedade de situações:

1. Relacionadas à inspiração.
2. Relacionadas à tarefa.
3. Relacionadas à posição.
4. Associadas ao relacionamento.
5. Pessoais.

Embora não seja abrangente e tenha sido agrupada de forma um tanto arbitrária, por uma questão de conveniência, a lista proporciona uma visão mais ampla das moedas de troca do que muita gente nas empresas geralmente avalia como interessantes. Manter essa lista sob os olhos pode alertá-lo sobre as possíveis moedas de troca que são cobiçadas pelos outros ou que estão à sua disposição para oferecer aos demais. A Tabela 3.1 resume nossa lista inicial de moedas de troca.

Moedas relacionadas à inspiração

Estas refletem objetivos inspiradores que atribuem significado ao trabalho que uma pessoa faz. Estão cada vez mais valorizadas pelas pessoas em todos os níveis da vida corporativa.

Visão. Talvez seja a maior de todas as moedas. Retratar uma visão estimulante do futuro da empresa, ou do departamento, e transmitir uma noção de como a cooperação de seu aliado vai ajudar a alcançar esse futuro podem ser altamente motivador. Isso poderá ajudá-lo a superar objeções pessoais e inconveniências se você conseguir inspirar o potencial aliado a ver o significado maior que está por trás da sua solicitação.

Excelência. A oportunidade de realizar um trabalho realmente bom e o orgulho de ter a chance de fazer algo importante, com um verdadeiro nível de excelência, podem ser muito motivadores. Nesse sentido, a habilidade e a capacidade pessoal não estão mortas, mas apenas escondidas, esperando a vez de ser aproveitadas. Há muitas pessoas que querem fazer um trabalho de alta qualidade; saber como lhes oferecer essa chance pode ser uma moeda de troca valiosa.

Correção moral/ética. Provavelmente, a maioria dos membros de uma organização gostaria de agir de acordo com o que percebe ser ético, moral, altruísta ou a coisa certa a fazer. Mas essas pessoas geralmente sentem que isso não é possível na sua empresa. Justamente pelo fato de exibirem um padrão mais elevado do que só a eficiência ou a conveniência pessoal, elas respondem àquelas solicitações em que sentem que estão fazendo o "certo". Sua autoimagem é tal que preferem ficar pessoalmente incomodadas a fazer qualquer coisa que considerem inadequada. Isso faz que se sintam bem a respeito de si mesmas, de modo que a virtude se torna a própria recompensa.

Tabela 3.1 Moedas de troca mais valorizadas nas empresas

Moedas relacionadas à inspiração	
Visão	Estar envolvido em um trabalho que tem maior relevância para a unidade, organização, clientes ou para a sociedade.
Excelência	Ter uma chance de realmente fazer bem as coisas importantes.
Correção moral/ética	Fazer o que é certo por um padrão mais elevado do que a eficiência.
Moedas relacionadas às tarefas	
Novos recursos	Conseguir verba, aumento no orçamento, mais pessoal, mais espaço, e assim por diante.
Desafios/aprendizagem	Fazer tarefas que ampliem as competências e habilidades.
Assistência	Receber ajuda em projetos existentes ou em tarefas indesejadas.
Suporte corporativo	Receber apoio aberto ou sutil, ou uma ajuda direta na execução de uma tarefa ou projeto.
Resposta rápida	Conseguir algo mais rapidamente.
Informação	Obter acesso a um conhecimento técnico ou institucional.
Moedas relacionadas à posição	
Reconhecimento	Reconhecimento de um esforço, realização ou habilidades.
Visibilidade	A chance de ser conhecido por seus superiores ou pessoas poderosas na empresa.
Reputação	Ser visto como alguém competente, comprometido.
Importância/inclusão	Um senso de centralidade, de pertencimento.
Contatos	Oportunidades para ter conexão com os outros.
Moedas associadas ao relacionamento	
Compreensão	Ter suas questões e preocupações ouvidas.
Aceitação/inclusão	Sentir intimidade e amizade.
Apoio pessoal	Receber apoio pessoal e emocional.
Moedas pessoais	
Gratidão	Apreço ou expressão de reconhecimento.
Propriedade/envolvimento	Deter e influenciar tarefas importantes.
Autoconceito	Afirmação dos valores, da autoestima e da identidade.
Conforto	Evitar aborrecimentos.

Moedas relacionadas às tarefas

Estas estão diretamente relacionadas ao cumprimento de um trabalho. Elas dizem respeito à capacidade de uma pessoa de executar suas tarefas ou à satisfação que surge a partir dessa realização.

Novos recursos. Para alguns gestores, especialmente nas empresas em que os recursos são escassos ou difíceis de obter, uma das moedas mais importantes e valiosas é a possibilidade de conseguir novos recursos para ajudá-los a atingir seus objetivos. Esses recursos – diretamente ligados ou não à questão orçamentária – podem incluir o empréstimo de pessoal, espaço ou equipamentos.

Desafios. A chance de trabalhar em tarefas que envolvam desafios é uma das moedas mais valorizadas nas empresas modernas. O desafio sempre aparece entre os cinco itens mais citados nas pesquisas que avaliam o que os colaboradores acham mais importante em seus trabalhos. Levando ao extremo, algumas pessoas fariam qualquer coisa para ter uma chance de trabalhar em tarefas difíceis. Em muitas empresas técnicas, uma piada comum diz que a recompensa por se matar 80 horas na semana em um projeto difícil será – caso você seja bem-sucedido – a chance de trabalhar em outro ainda mais difícil e importante. Para essas pessoas, o desafio em si é a recompensa.

Normalmente não é difícil descobrir formas de oferecer um desafio. Convidar seu potencial aliado para participar do grupo de resolução de problemas ou repassar uma parte difícil do seu projeto para ele fazer são dois exemplos de como você pode retribuir com a moeda de troca do desafio (e, se a pessoa for competente, provavelmente receberá de volta um trabalho muito melhor do que esperava).

Se seu chefe é daqueles que valorizam desafios, seria sensato compartilhar com ele informações sobre questões difíceis que você esteja enfrentando, ou levar-lhe decisões delicadas que precisam ser discutidas, ou ainda sugerir assuntos importantes para que ele resolva com os colegas ou superiores. (O chefe que odeia desafios, porém, vai preferir ser protegido para não ter de lidar com questões complexas.)

Assistência. Embora um grande número de pessoas queira desafios e responsabilidades maiores, a maioria costuma encarar tarefas em que precisa de ajuda, ou ficaria contente em poder dividir a responsabilidade. Talvez, pessoalmente, elas nem gostem dessas tarefas, ou estejam atoladas por um grande número de dificuldades naquele momento, ou enfrentem trabalhos excessivamente exigentes, ou por algum motivo tenham se desinteressado da empresa. Seja qual for a razão, essas pessoas responderão de forma positiva àquele que puder lhes dar algum alívio.

Outro tipo importante de assistência envolve produtos ou serviços prestados por um departamento a outro. Esses produtos ou serviços podem ser personalizados para atender às necessidades dos beneficiários, em vez de projetados para satisfazer à conveniência de quem o ofereceu. A equipe, por exemplo, pode criar essa moeda de troca de assistência fazendo, em primeiro lugar, uma tentativa sincera de aprender e se adaptar às necessidades do departamento antes de exigir o cumprimento de um novo programa.

Suporte corporativo. Este tipo de moeda de troca costuma ser mais valorizado por alguém que trabalhe em um projeto e precise de um apoio declarado ou de uma ajuda de bastidores para a venda da ideia aos demais. Também pode ser valiosa para quem esteja se debatendo com um conjunto de atividades em curso e que poderia se beneficiar de uma palavra de apoio da chefia ou de seus pares. Como a maioria dos trabalhos de relevância costuma gerar alguma oposição, a pessoa que tenta conseguir a aprovação de um projeto ou plano estratégico pode ter grande ajuda com um "amigo no tribunal". Uma palavra favorável dita no momento certo para a pessoa certa pode ser muito útil na promoção da carreira ou dos objetivos de quem quer que seja. E esse tipo de apoio se torna ainda mais valioso quando a pessoa que o recebe está na linha de tiro e um colega assume uma posição pública de apoio a ela ou ao seu projeto.

Resposta rápida. Para um colega ou chefe, pode ser um ótimo negócio saber que você atenderá rapidamente a pedidos urgentes. Os gestores responsáveis por recursos pedidos para "ontem" logo descobrem que ajudar alguém a evitar a "fila de espera" acaba gerando um crédito valioso que pode ser utilizado mais tarde. Algumas vezes, porém, quem está nessa situação passa da medida e tenta sempre parecer que está fazendo um grande favor, mesmo quando tem capacidade de sobra. Esta tática só funciona enquanto as pessoas que estão com pedidos urgentes não conhecem seu verdadeiro "estoque"; este é um segredo que provavelmente perderá o sigilo em breve. Tenha cuidado: exagerar os fardos não apenas desvaloriza sua moeda, como também gera desconfiança.

Informação. Por reconhecer que informação é poder, algumas pessoas valorizam qualquer informação que possa ajudá-las a moldar o desempenho de sua unidade. Respostas para perguntas específicas são moedas valiosas, mas uma informação mais ampla pode ser igualmente recompensadora. O conhecimento das tendências da indústria, das preocupações do cliente, da visão estratégica da chefia, ou ainda saber o planejamento dos outros departamentos, tudo isso é valorizado pela sua contribuição ao planejamento e à gestão de tarefas-chave. E a informação privilegiada pode ser ainda mais preciosa. Quem está na frente e quem está em apuros? Quais são as novas preocupações da alta administração? Quais são as tendências mais quentes do mercado ou as novidades em desenvolvimento dos clientes? Aqueles maníacos por informação até deixarão de lado suas rotinas para ajudar alguém que lhes possa dar uma informação privilegiada, mesmo que não vá ajudá-los com as tarefas do momento.

Essa fome de informações cria oportunidades para qualquer um com acesso a um conhecimento valioso e disposto a compartilhá-lo. Se seu chefe valoriza este tipo de informação, você tem um incentivo extra para desenvolver relacionamentos mais amplos dentro da empresa. Além disso, ficar de ouvido atento lhe fornecerá uma abundância de moedas ultravaliosas para oferecer a um chefe faminto por informações. Paradoxalmente, quanto mais alta for a posição dele na hierarquia, menor é sua probabilidade de saber o que realmente acontece na empresa, e maior será sua gratidão por ter sido informado.

Moedas relacionadas à posição

Estas reforçam a posição de uma pessoa na organização e, assim, *indiretamente*, ampliam sua capacidade de realizar tarefas ou de avançar na carreira.

Reconhecimento. Muitas pessoas vão se debruçar alegremente sobre um projeto quando acreditam que suas contribuições serão reconhecidas. No entanto, é impressionante observar quantos não conseguem distribuir esse reconhecimento ao seu redor, ou fazem isso apenas em ocasiões muito especiais. Provavelmente não é coincidência que praticamente todos os gestores, identificados em uma grande pesquisa como os que obtiveram mais sucesso em introduzir a inovação em suas empresas, tenham sido os mesmos que tiveram o cuidado de partilhar esse crédito e repassar os louros assim que a inovação foi implantada.[1] Eles todos reconheceram a importância de retribuir usando essa moeda valiosa.

Visibilidade diante dos superiores. Colaboradores ambiciosos percebem que, em uma grande organização, as oportunidades de trabalhar para pessoas poderosas, ou de ser reconhecidos por elas, podem ser um fator decisivo para a conquista de oportunidades futuras, de informação ou de uma promoção.

É por isso que, por exemplo, os membros de uma força-tarefa podem brigar para ver quem terá a permissão de apresentar as recomendações do grupo para os tomadores de decisão.

Reputação. Outra variação no reconhecimento é a generalizada moeda da reputação. Uma boa reputação pavimentará o caminho para diversas oportunidades, enquanto uma ruim pode rapidamente excluir a pessoa ou dificultar seu desempenho.

A pessoa que tem boa reputação vive sendo convidada para reuniões importantes, é consultada sobre novos projetos, e todos a querem do seu lado na hora de vender ideias. Já a pessoa que tem talento, mas passa uma imagem ruim, pode ser ignorada e nem ser convidada a emitir opiniões antes que seja tarde demais para fazer alguma diferença. Note que a verdadeira capacidade de alguém é apenas parcialmente relacionada à reputação, ao menos nas grandes empresas, porque poucas pessoas têm um conhecimento direto das capacidades reais de quem quer que seja. Mas, independentemente de sua precisão ou não, a reputação traz consequências poderosas. E não ter nenhuma reputação – ser essencialmente invisível – significa não ser convidado a participar mesmo quando você poderia ser muito útil.

Muitas vezes, as pessoas em níveis mais baixos, que pensam ter pouco poder, nem percebem quanto são capazes de influenciar a reputação de um gestor que tem mais poder formal. Falar bem ou mal do gestor pode fazer uma enorme diferença em termos de reputação e, portanto, de eficácia. O pessoal de vendas que sabe disso costuma fazer bem mais do que a sua obrigação para ser agradável com as secretárias e com outras pessoas de apoio da equipe. Todos percebem que um comentário desagradável sobre eles vindo de uma secretária para o chefe pode criar má impressão difícil de superar.

Senso de pertencimento. Para algumas pessoas, fazer parte do círculo íntimo pode ser uma moeda das mais valorizadas. Um sinal de quem possui essa moeda é ter informações privilegiadas; outro é estar conectado a gente importante. A chance de ser incluído em eventos, tarefas ou planejamentos relevantes tem valor em si. Certas pessoas adquirem seu próprio sentido de relevância ao estar perto de onde a ação acontece, e se esforçam para conseguir esse tipo de acesso.

Importância. Uma variação daquela moeda relacionada ao acesso a informações privilegiadas e contatos é a chance de se sentir importante. A inclusão e a informação são símbolos disso, mas apenas ser reconhecido como um membro importante já conta bastante para aquelas pessoas que sentem que seu valor é subestimado.

Contatos. Associada a muitas das moedas anteriores, a oportunidade de fazer contatos cria uma rede de relacionamentos que pode ser acionada quando for necessário realizar uma troca útil para ambas as partes. Algumas pessoas confiam em sua capacidade de construir relacionamentos satisfatórios assim que têm acesso aos contatos. O colaborador hábil em se aproximar das pessoas tem vantagens pela facilidade nas apresentações.

Mestre em fazer contatos

Nossa amiga Alice Sargent, consultora corporativa, foi a maior facilitadora de contatos do mundo. Seu livro de endereços – construído por meio de sua experiência, de um estilo franco e simpático, da sua vontade e disponibilidade de dar a mão a quem precisasse, e de sua profissão, que a colocava em contato com muita gente – estava a serviço de centenas de pessoas, o que nos inclui, e ela sempre conhecia alguém com quem "deveríamos falar", não importando em que trabalhássemos no momento. Seu desejo de ser útil era desinteressado, e sempre lhe fomos muitos gratos por saber quem estava fazendo o quê. Sua energia era inesgotável em querer ampliar seu leque de conhecidos e também sua disposição de compartilhá-los. Mesmo enquanto estava em seu leito de morte, prematuramente, ela continuava procurando o contato certo para ajudar a filha de um amigo a decidir se devia ir para Pomona ou Bryn Mawr, auxiliando um autor a encontrar o público para sua mensagem e uma empresa para embalar seu programa de treinamento. Muitos consultores e executivos se beneficiaram de sua generosidade e ainda sentem sua falta. Entre as muitas coisas que aprendemos com Alice, descobrimos o poder inerente de ajudar as pessoas a se conectarem umas com as outras.

Moedas associadas ao relacionamento

Estas estão mais vinculadas ao fortalecimento da relação com alguém do que com o cumprimento das tarefas na empresa. O que em nada diminui a importância das tarefas.

Aceitação e inclusão. Algumas pessoas dão mais valor à sensação de maior proximidade com os outros, seja um indivíduo, um grupo ou departamento. Elas se mostram receptivas a quem oferece compreensão e afeto como moedas de troca. Embora não possam colocar a intimidade acima de outras moedas mais relacionadas a tarefas, no mínimo serão incapazes de sustentar trocas satisfatórias com alguém que trate das discussões sérias do trabalho sem um pouco de afeto e aceitação.

Compreensão, atenção e simpatia. Os colegas que se sentem assoberbados pelas exigências da empresa, isolados ou sem o apoio do chefe são os mais propensos a valorizar um ouvido solidário. Quase todo mundo fica feliz em poder falar de vez em quando sobre aquilo que o perturba, principalmente quando seu ouvinte se mostra especialmente interessado ou não está tão enrolado com seus próprios problemas para lhe dar atenção. Na verdade, ouvir de forma simpática, sem pretender dar conselhos, é uma forma de agir que muitos gestores não reconhecem, já que, pela própria natureza de seus cargos e personalidades, eles são orientados a sempre "fazer alguma coisa".

Eles não conseguem reconhecer que o ato de ouvir e ser ouvido, por si só, pode ser uma moeda de troca muito valiosa.

Apoio pessoal. Para algumas pessoas, em determinados momentos, contar com o apoio de outros é a moeda que mais valorizam. Quando um colega se sente estressado, chateado, vulnerável ou carente, ele apreciará duplamente – lembre-se disso – qualquer gesto de carinho, como passar por sua mesa para perguntar como vai, uma palavra gentil ou uma mão sobre o ombro. Intuitivamente, algumas pessoas são brilhantes em descobrir de imediato como lidar com um colega que passa por uma crise pessoal, percebendo quem apreciaria flores, quem gostaria de ser convidado para jantar e quem preferiria receber a cópia de um livro ou de um artigo que tivesse a ver com seu problema. O item em si é bem menos importante do que o gesto, não importando quão desajeitado seja o modo de expressá-lo.

Infelizmente, esses gestos podem errar o alvo ou ser mal interpretados, passando a impressão de um interesse mais íntimo ou de uma amizade pessoal. Um convite para jantar em sua casa, por exemplo, pode parecer invasivo para uma pessoa muito reservada. Embora seja preciso ter cuidado, a gentileza de movimentos autênticos costuma transcender qualquer interpretação errônea.

Moedas pessoais

Essas moedas de troca podem formar uma lista quase infinita de necessidades idiossincráticas. São tão valorizadas porque melhoram a impressão que o indivíduo tem de si mesmo. Podem ser derivadas de tarefas ou da atividade interpessoal. Mencionamos apenas algumas que são comuns para muitos indivíduos.

Gratidão. Embora a gratidão seja outra forma de reconhecimento ou de apoio, trata-se de uma moeda não necessariamente relacionada ao trabalho e que pode ser bem valorizada por gente que faz questão de se mostrar útil aos outros. Por seus esforços, algumas pessoas esperam reconhecimento do receptor, expresso em termos de agradecimento ou deferência. Esta é uma moeda complicada porque, mesmo para aqueles que a desejam, fica facilmente desvalorizada quando usada em excesso. Ou seja, a expressão de gratidão pelo primeiro favor é mais valorizada do que uma manifestação similar para o décimo.

Propriedade e envolvimento. Outra moeda muitas vezes valorizada pelos membros das organizações é a chance de sentir que estão, em certa medida, no controle de algo importante ou que podem ter a oportunidade de dar alguma contribuição significativa. Embora seja similar a outras moedas de troca, a chance de colocar suas mãos em algo interessante é a própria recompensa para alguns. Eles não precisam de outras formas de pagamento.

Autoconceito. Já nos referimos à correção moral e ética como uma moeda de troca. Outra maneira de pensar sobre moedas autorreferenciais é incluir aquelas que são consistentes com a imagem que a pessoa faz de si mesma. Os "pagamentos" nem sempre precisam ser feitos por outra pessoa. Podem ser autogerados, por meio de uma ação coerente com seu conceito de quem você é, e ajustados à sua crença pessoal sobre o que é ser virtuoso, benevolente ou comprometido com o bem-estar da empresa. Você pode atender ao pedido de alguém porque isso reforça seus valores mais prezados, seu senso de identidade ou seus sentimentos de autoestima. O pagamento ainda é estimulado de forma interpessoal, gerando esse tipo de autopagamento quando se pede cooperação para atingir objetivos da empresa. Mas a pessoa que atende porque "é a coisa certa a fazer" e se sente bem sendo o "tipo de pessoa que não age só em prol dos próprios interesses" imprime uma moeda (virtude) para a própria satisfação.

Rosabeth Kanter, uma das principais pesquisadoras sobre mudanças, descobriu inúmeros gestores inovadores de nível intermediário que trabalharam duro, durante bastante tempo, para realizar mudanças significativas, sabendo que não seriam recompensados por fazer isso.[2] Muitos deles foram punidos pela empresa por lutar em favor de mudanças importantes que abalavam as crenças mais caras da organização ou seus principais executivos. Mais do que isso, eles estavam bem cientes de que seus esforços os deixariam em apuros, mas seguiram em frente porque se viam como o tipo de pessoa que faria o que fosse necessário (tudo o que eles achassem), mesmo que ninguém mais concordasse.

Conforto. Por fim, alguns indivíduos dão alto valor à zona de conforto. Amantes da rotina e avessos ao risco, eles farão praticamente qualquer coisa para evitar incômodo ou constrangimento. O simples pensamento de ter de fazer alguma agitação pública, ou ser alvo de notoriedade, ou ainda de raiva ou confrontação, será suficiente para fazê-los fugir para os confins da Terra. Eles estão muito menos interessados em qualquer tipo de avanço do que em fazer seu trabalho com a menor perturbação possível; você lhes faz um grande favor protegendo-os de incômodos ou restringindo o acesso de gente de fora até eles.

Moedas negativas

Moeda de troca é aquilo que as pessoas valorizam. Mas também é possível pensar em moedas negativas, coisas para as quais as pessoas não dão valor e preferem evitar (Tabela 3.2). Estas são menos desejáveis para usar, porque podem desencadear repercussões que você não quer, mas às vezes são potentes ou necessárias. Moedas negativas surgem de duas formas:

1. Com a retenção do pagamento de uma moeda valiosa conhecida.
2. Com o uso direto de moedas indesejáveis.

Tabela 3.2 Moedas negativas mais comuns

Retenção de pagamentos
Não dar reconhecimento.
Não oferecer suporte.
Não proporcionar desafio.
Ameaçar abortar a situação.
Diretamente indesejáveis
Levantar a voz, gritar.
Recusar-se a cooperar quando solicitado.
Levar o assunto para o chefe em comum.
Levar a questão a público, tornando visível a falta de cooperação.
Atacar a reputação da pessoa, sua integridade.

Quando uma moeda se torna valiosa para um aliado, sua ausência e a ameaça de sua remoção também podem ser algo motivador. Uma vez que a maioria das pessoas só pensa nos possíveis efeitos negativos quando busca exercer influência, procuramos sempre enfatizar o lado positivo do uso das moedas de troca; mas seria uma limitação desnecessária não enxergar o poder de reter uma moeda valiosa que você possui. A recusa em oferecer recursos, reconhecimento, desafio ou apoio pode fazer que um aliado se mexa para cooperar. Usada no momento certo, a ameaça de virar as costas – removendo os benefícios ligados à sua permanência na situação – será poderosa.

As moedas diretamente indesejáveis são perigosas, porque podem ser formas de pagamento bastante desagradáveis para o receptor. Embora pessoas diversas valorizem moedas diferentes, poucas gostam de ouvir um grito, ter seu comportamento criticado para o chefe ou para outros, ter esse comportamento e atitudes expostos, e muito menos ver um colega atacando sua reputação. Essas moedas negativas, ou a ameaça de usar uma ou mais delas, podem ser exatamente o fator necessário para despertar a outra pessoa para a ação.

O perigo é que essa ação será retaliada – na hora ou no futuro. Você não quer irritar alguém que tenha mais munição ou disposto a se queimar e arrastá-lo junto com ele. O uso de moedas negativas envolve o risco de deflagrar uma guerra, ou o de ganhar influência apenas a curto prazo, criando um inimigo que estará sempre à espera de uma chance de retaliação quando você menos esperar.

Portanto, vale sempre a pena, mesmo quando se emprega a variação negativa da troca, procurar uma forma positiva de enquadrar essa moeda. "Eu sei que você não vai querer ficar de fora" provavelmente receberá uma resposta mais positiva do que "se você não cooperar, vou fazer que seja deixado de fora". Em ambos os casos, contudo, temos a ausência ou a retenção da moeda usada como base de troca. Se você tiver de aplicar essa moeda negativa de forma direta, tente conectar seu uso com um estado futuro que seja mais desejável, no qual as negativas não serão mais necessárias.

Usando moedas: complexidades e restrições

Mesmo que você não subestime o número de moedas que tem à disposição, ainda existem questões complexas em torno de sua implementação.

Estabelecendo as taxas de câmbio das moedas de troca: como equiparar maçãs e laranjas

Se é verdade que todo mundo espera ser pago de uma forma ou de outra, então é importante analisar esta questão de "uma forma ou de outra". O que torna necessário fazer a oferta de uma moeda que a outra pessoa considere equivalente?

No mercado financeiro, tudo é traduzido em equivalentes monetários, o que torna mais fácil definir o que é um pagamento justo. Será que uma tonelada de aço tem o mesmo valor de um kit de tacos de golfe? Ao traduzir as duas moedas em dinheiro, pessoas que nem se conhecem podem chegar a um acordo justo. No mercado corporativo, entretanto, calcular o pagamento certo é mais complicado. Como devo pagar por sua disponibilidade ao me ajudar na conclusão do meu relatório? Um simples "obrigado" é o bastante? Será suficiente eu dizer algo positivo sobre você para seu chefe? E se sua ideia de reembolso justo for muito diferente da minha? Podemos identificar valores muito diferentes sobre uma mesma coisa. Com a ausência de um valor padrão estabelecido, a troca por influência é um processo complicado.

Uma maneira útil de conceituar o que é importante para os aliados em potencial é examinar os bens e serviços que eles usam para troca. O que parece lhes importar? O que a linguagem deles sinaliza? Sobre o que comentam primeiro quando começam a explicar por que não querem cooperar? Será que sua análise sobre seus mundos e sobre como são avaliados e recompensados ajuda em alguma coisa? Será que se pode perguntar diretamente – e de forma colaborativa – buscando lhes dar apoio para que eles possam vir a ajudá-lo mais tarde? Tenha cuidado para não colocar suas próprias medidas nas moedas deles. Não se trata de como *você* avalia os produtos e serviços, mas como *eles* o fazem.

De vez em quando, os colaboradores da empresa sabem exatamente o que querem em troca de favores ou de uma ajuda no serviço, mas, em geral, contentam-se com equivalentes aproximados – desde que identifiquem uma boa vontade razoável. Portanto, pode ser mais importante identificar a moeda que seu potencial aliado prefere trocar – e oferecer-se para pagar em bens que você traduziu como equivalentes – do que tentar determinar o montante exato. Em outras palavras, pense sobre a natureza (qualidade) da moeda em cada transação antes de se preocupar com a quantidade.

Ataques diferentes: poucas moedas universais

Uma vez que os interesses variam de pessoa para pessoa, as moedas também são valorizadas de formas diferentes. *O valor de uma moeda está unicamente no olho do observador.* Enquanto um gestor pode considerar uma nota de agradecimento como um sinal de apreço, outro pode entender isso como uma tentativa de lisonjear, e um terceiro ainda pode rejeitá-lo por achar que é uma maneira barata de tentar retribuir favores e serviços.

Além disso, a mesma moeda que dá certo várias vezes com a mesma pessoa ou grupo pode uma hora ser desvalorizada por eles, deixando de funcionar. Depois de um tempo, por exemplo, o elogio pode soar oco se você o dá em troca de favores constantes que demandam muito tempo para serem realizados.[3]

Um ato: várias moedas, múltiplas formas de pagamento

As moedas do tipo discutido aqui não são exatas e fixas; dependem de percepção e linguagem:

- Um "bem" em particular, como uma proposta de criar um relatório analítico especial, pode ser traduzido em várias moedas diferentes. Para o receptor, pode ser uma moeda de desempenho ("quando tiver o relatório, serei capaz de determinar quais produtos devo trabalhar"), uma moeda política ("esse relatório vai melhorar minha imagem diante do presidente da minha divisão"), ou uma moeda pessoal ("além do fato de não prejudicar minha tomada de decisões, o mais significativo é que esse relatório realmente demonstra que você reconhece a minha importância"). O mesmo bem pode ser valorizado por razões diferentes por pessoas diversas – ou até pela mesma pessoa.
- *Uma moeda pode ser paga em muitas formas diferentes.* Por exemplo, você pode pagar em apreciação, verbalizando seu agradecimento, elogiando, fazendo

uma declaração pública de apoio em uma reunião, comentários informais com seus pares ou ainda com uma observação para o chefe da pessoa.

- *A natureza mutável do valor da moeda torna ainda mais necessário compreender tanto quanto possível o que é importante para cada potencial aliado – não somente o que ele valoriza, mas também a linguagem que reflete a moeda valorizada.* Às vezes, uma forma diferente de falar sobre sua oferta – com base no que você sabe sobre o estilo e as prioridades do aliado – pode deixá-la ainda mais atraente. Mas não exagere sem necessidade; se você não tiver as mercadorias certas, esse estardalhaço só vai ofender. Ainda assim, vale a pena refletir com cuidado sobre como mencionar os bens que estão disponíveis.

Moedas podem ser corporativas, não apenas pessoais

Por conveniência, discutimos as moedas em termos do que é importante para a pessoa que você deseja influenciar. Mas outro tipo de moeda, menos direta, é de benefício para o departamento ou para a empresa. Quando um colaborador se identifica fortemente com o bem-estar de seu grupo, departamento ou empresa, as trocas que beneficiam mais a organização do que o indivíduo podem ser muito importantes.

Ao mesmo tempo, a pessoa ganha a satisfação psicológica de "ser do bem" ou de "fazer a coisa certa", que são moedas nem um pouco triviais. A percepção de si mesmo como alguém leal, benevolente e bom cidadão é de fato uma moeda poderosa para muita gente. Essa é uma recompensa forte para tais pessoas, mesmo que à primeira vista aquilo que elas devem dar não pareça ser de seu interesse.

De fato, em algumas organizações, a conquista de uma reputação de ser alguém disposto a fazer coisas que não são de benefício pessoal imediato é justamente o que desenvolve um conceito positivo e a capacidade de influenciar. Estamos falando do tipo de empresa em que o altruísmo reina supremo. Temos visto um grande número de gestores de nível médio na Blue Cross Blue Shield, de Massachusetts, colocar o foco naquilo que a empresa pode fazer para os membros e os não segurados, resistindo em discutir assuntos restritos aos interesses pessoais ou departamentais. Os gestores capazes de pensar criativamente sobre como ajudar os clientes são ouvidos e apreciados.

Em tais situações, uma estratégia de encorajar o potencial aliado a cooperar apenas para obter um ganho pessoal constitui uma grave violação da etiqueta. O fato de que a reputação da pessoa poderá melhorar com determinada atitude é considerado um subproduto, algo que não deve ser abertamente elogiado.

Embora existam situações em que trocas bruscas, do tipo "farei isso se você fizer aquilo", são esperadas, como em uma firma de construções de Nova Jersey que conhecemos, na maioria das empresas trata-se mais de saber *como* você vai apresentar aquilo que necessita de um jeito que agrade ao seu público. É importante prestar atenção à cultura da empresa assim como ao indivíduo. Mas se você estiver lidando com alguém de pensamento independente, então uma abordagem contracultural pode ser a ideal.

Reformulando: adapte a linguagem à cultura

O nível de evidência que você pode dar a seus próprios interesses varia de organização para organização. Por exemplo, em várias empresas de alta tecnologia, espera-se que os colaboradores sejam diretos sobre o que querem dos outros. Eles falam abertamente sobre suas negociações em busca de recursos. Mas, na IBM, a linguagem precisa ser bem menos direta, com pedidos expressos em termos de benefícios para a empresa, e não de ganhos pessoais. Ninguém na IBM é capaz de dizer "se você me ajudar neste projeto, sua carreira vai deslanchar". Em vez disso, vão dizer algo como "a ajuda do seu departamento aumentará o valor agregado do produto, e isso ajudará seu grupo a receber o reconhecimento que merece pelos seus grandes esforços". O resultado pode ser o mesmo, mas a linguagem utilizada para obtê-lo é diferente.

Às vezes uma boa ideia pode ser adiada por ter sido descrita em uma linguagem carregada – palavras cuja conotação afasta as pessoas cujo apoio era necessário. Uma linguagem imprópria pode converter o que seria valioso para um aliado em potencial em moeda indesejável. Um dos autores lembra-se vividamente de ter ficado fora de sintonia com a velha e polida Hewlett-Packard por ter conversado com as pessoas de recursos humanos sobre "formas de se conseguir poder". Elas queriam formar uma prática gerencial, mas a palavra "poder" lhes soou muito bruta. (E foram muito gentis em lhe dizer isso a ele depois de o terem descartado do programa.)

Faça investimentos de longo prazo

É muito fácil esquecer o futuro quando você está se concentrando em seu emprego atual e em todas as maneiras de conseguir influência. Mas tente pensar a longo prazo, antecipando as moedas futuras de colegas de relevância (de possíveis colegas futuros). Caso seu trabalho, por exemplo, tenha interface com operações e você esteja ciente de que a empresa, além de enfrentar pressões de custos, terá de terceirizar atividades para a Índia ou a China, talvez seja importante aprender um pouco sobre as dificuldades da terceirização, ainda que ninguém lhe peça isso. Se você construir o conhecimento com antecedência, terá algo de valor para a pessoa de operações que se veja diante do problema de uma hora para a outra. Assim, você cria um crédito que vai lhe servir mais tarde.

Autoarmadilhas no uso das moedas

Embora a noção de troca pareça simples, existem muitas maneiras de fazer a coisa errada e errar por muito (confira a seguir o *checklist* do quadro para evitar armadilhas com moedas).

Checklist para evitar armadilhas com as moedas de troca

Não subestime o que você tem para oferecer. O que sua experiência e o seu treinamento lhe proporcionam?

Seus recursos   *Quem os valorizaria?*
- ☐ Técnicos   _____
- ☐ Informações da empresa   _____
- ☐ O conhecimento do cliente _____
- ☐ Informações políticas   _____

O que você controla e não exige nenhuma autorização para usar?
- ☐ Reputação   _____
- ☐ Apreço   _____
- ☐ Visibilidade   _____
- ☐ Gratidão   _____
- ☐ Reconhecimento   _____
- ☐ Respeito   _____
- ☐ Sua ajuda pessoal em tarefas _____

Pague com o que a outra pessoa valoriza, não com o que você valoriza.
- ☐ Ajuste com o que você sabe sobre a pessoa.
- ☐ Adapte para a maneira como a pessoa prefere ser abordada.
- ☐ Dê o que a outra pessoa quer, mesmo que você não goste da coisa.

Você está disposto a fazer mais do que é necessário?
- ☐ Ir além da descrição do cargo.

Não exagerar ou mentir.
- ☐ Você pode entregar o que prometeu?

Subestimando o que você tem a oferecer

Comece com o que você sabe. Avalie o que sua formação e experiência lhe deram e o que poderá ser valioso aos outros:

- Conhecimento técnico fora do comum.
- Informações corporativas, tais como onde estão os peritos, quais departamentos estão interessados nas atividades da sua área, ou quem detém recursos que não estão sendo usados.
- O conhecimento do cliente, como com quem um cliente importante joga golfe, quais problemas os clientes têm com os produtos de sua empresa, como eles têm improvisado novos usos para seus produtos que possam ser do interesse de outros clientes ou quais são os potenciais que não foram atendidos até agora.
- Informações políticas, tais como quem está infeliz, ou planejando ir embora, quem está em ascensão na empresa, ou próximo de pessoas de destaque na companhia.

Que tipos de moeda você controla e não precisa de autorização para "gastar"? Como sugerido, às vezes as pessoas que se sentem impotentes pensam pequeno sobre os recursos que possuem. Elas só pensam no dinheiro do orçamento ou em promoções como recursos relevantes; e, na falta deles, acham que não têm mais nada para trocar. Você pode mostrar gratidão, reconhecimento, valorização, respeito e ajuda – ou seja, muitas coisas que são valiosas para outras pessoas. Nenhum superior ou diretor precisa passar uma autorização para que você escreva uma nota de agradecimento, elogie alguém publicamente ou acelere o atendimento a uma solicitação. Muitas vezes, bens ou serviços valiosos surgem ao alcance da mão quando você olha de verdade ao seu redor.

Pague em moeda que os outros valorizem, e não apenas com aquilo que você valoriza

Esta é uma armadilha completamente compreensível, uma vez que é bem mais fácil saber o que você mesmo gosta e achar que, por ser algo tão valioso para você, todo mundo deve desejar a mesma coisa. Claro, há algumas coisas tão universais que quase todo mundo quer – autoestima, reconhecimento por um trabalho bem-feito, contatos –, mas, mesmo para esses fatores, pode haver um risco. Muitas pessoas gostam de atenção positiva e gratidão, mas algumas não gostam de ficar sob os holofotes ou receber agradecimentos por favores que consideram parte da rotina de seu trabalho. Outras querem ser deixadas em paz. Pior ainda, as pessoas muitas vezes estão tão preocupadas com o que querem que não prestam muita atenção ou ignoram totalmente os sinais que o outro envia sobre o que realmente importa. Estes sinais são ouvidos como desculpas ou obstáculos, ou simplesmente não são captados.

Temos visto muitas pessoas, até mesmo nos cargos mais altos, que têm tanta certeza de que seria impossível influenciar seu chefe que deixam passar algo tão óbvio quanto o desejo do gestor de receber suas propostas por escrito. Por exemplo, a subordinada quer um *feedback* inicial, mas está tão certa de que o chefe não vai gostar da sua ideia que nem se preocupa em colocá-la em um memorando resumido e enviá-lo antes da reunião. Criar esse memorando está dentro do controle dessa subordinada, mas ela nunca percebeu como isso é fundamental para seu chefe ocupado e reflexivo, de modo que falha ao não dar um passo simples e eficaz para ganhar influência. (Para saber mais sobre como sintonizar os sinais enviados, consulte o Capítulo 4.)

O pior de tudo é quando influenciadores frustrados ouvem o que o outro quer, mas não lhe oferecem nada disso, só por não gostarem do que ele deseja. O colega que almeja *status*, por exemplo, desagrada a todos, que passam a fazer tudo para que ele seja visto como alguém insignificante. Ou, por falta de ambição, tentam impedir o crescimento alheio em vez de trabalharem com isso, ajudando o colega ambicioso a progredir. Lembre-se, a reciprocidade diz respeito a pagar com algo que a outra pessoa valoriza.

Ofendendo-se por ter de sair do caminho

Há pessoas que limitam sua influência recusando-se a fazer o que é preciso para estimular o outro a se mexer, de uma forma desejável, apenas porque essa iniciativa não faz parte da sua função na empresa. Apegam-se ao seguinte princípio: "Isso não é meu trabalho, e meus colegas deveriam ser convencidos pela força dos meus argumentos e pelo que (eu acho) é certo!". É claro que existem certos princípios que não devem ser violados, mas este ponto – "isso não é meu trabalho" – provavelmente não é um deles. Pense nisso como a construção de uma linha de crédito que você pode querer utilizar um dia, ou apenas como uma forma de ser eficiente. Se for de interesse da empresa que você descubra o que os outros precisam para começar a cooperar, então, no final das contas, será do seu interesse também.

Uma advertência: cuidado com a propaganda enganosa

Conforme já falamos, a linguagem que você usa para descrever sua oferta pode aumentar as chances de que esses produtos ou serviços atendam às necessidades da outra parte, ou seja, mostrem-se como uma moeda desejada. Uma comunicação cuidadosa e bem pensada acrescenta a precisão necessária ao processo impreciso de igualar sua oferta às necessidades do outro.

No entanto, há perigos nesse processo. Ter jeito com as palavras é útil em qualquer atividade de vendas, mas evite dourar a pílula e exagerar nos seus argumentos. Mesmo dentro da sua empresa, uma promessa impossível, uma afirmação que se prova falsa e mesmo um pensamento ilusório podem prejudicar sua credibilidade e se tornar um obstáculo em futuras transações. Como tentamos tornar bem claro, sua reputação é uma moeda preciosa em termos corporativos. Proteja este bem valioso, mesmo que tenha de ultrapassar limites para realizar trocas importantes.

Moedas não conversíveis

O fundador presidente de uma companhia *high-tech* e o presidente que ele havia contratado cinco anos antes estavam cada vez mais descontentes um com o outro. O presidente, com um MBA em Harvard, assumira o compromisso de criar o valor máximo para os acionistas – a moeda de troca mais preciosa para ele. E previu que a linha de produtos da empresa, composta de componentes raros, em breve saturaria o mercado, de modo que seria necessário fazer altos e arriscados investimentos em pesquisa para uma mudança estratégica, em direção a produtos para o consumidor final. Portanto, ele concluiu que a empresa estava em uma posição perfeita para fazer dinheiro, apertando as despesas e maximizando os lucros, para então poder lançar ações no mercado.

Mas o fundador não ficou convencido, porque valorizava uma moeda diferente: a diversão dos desafios tecnológicos. Homem rico e independente, ele não estava nem um pouco interessado nos 10 milhões de dólares, ou mais, que receberia se a empresa maximizasse os lucros com a pesquisa e as vendas. Queria um lugar para testar sua intuição criativa, e não um espaço inerte para guardar capital.

As discordâncias passaram das disputas para a hostilidade. Mas ambos foram capazes de dar um passo adiante e, em uma avaliação posterior, perceber que nunca seriam capazes de chegar a um acordo. Suas moedas de troca não eram conversíveis dentro de uma taxa de câmbio aceitável para ambos. Esse entendimento permitiu que concordassem que o presidente deveria sair – em bons termos – assim que encontrassem um substituto mais compatível. Ele logo saiu e foi para outra empresa, onde conseguiu fazer uso de suas habilidades com sucesso.

Por último: algumas moedas realmente não são conversíveis

Outro alerta: nem tudo pode ser convertido em moedas equivalentes. Se duas pessoas têm diferenças fundamentais quanto ao que elas valorizam, pode ser impossível encontrar um denominador comum. Uma avaliação aberta e honesta só garante que, se houver qualquer chance de mutualidade, isso será descoberto, e o relacionamento provavelmente não será prejudicado por não se chegar a um acordo. Mas, às vezes, não é possível converter as moedas. Saiba então quando deve guardá-las, e faça isso com toda classe.

As moedas de troca são importantes, embora nem sempre óbvias. No Capítulo 4, mostramos como descobrir quais são as moedas de troca de uma pessoa quando você não as descobre automaticamente, ou quando não tem acesso direto ao outro ou ao grupo que deseja influenciar.

4

Como saber o que eles desejam: compreendendo seus mundos (e as forças que atuam sobre eles)

Não faças aos outros o que gostarias que fizessem a ti. O gosto deles pode não ser o mesmo. — George Bernard Shaw (1856-1950)

Você tem influência à medida que pode dar o que as pessoas precisam. Mas como saber do que elas precisam? Conhecer as preocupações, os objetivos e estilos de quem você quer influenciar – todos os grupos e pessoas importantes – é fundamental na decisão sobre o que oferecer para obter cooperação. Quanto mais se sabe, melhor é para determinar as moedas valiosas, a língua que eles falam e o estilo em que preferem interagir. Algumas dessas coisas você pode perceber automaticamente e prosseguir com eficácia. Mas se estiver inseguro sobre o que importa para uma pessoa ou grupo, confuso em função da resistência, frustrado porque as abordagens "razoáveis" não estão funcionando, ou ainda zangado e já pensando o pior sobre os motivos e personalidades deles, talvez precise fazer uma análise cuidadosa do(s) mundo(s) que eles habitam. Quanto maior o número de pessoas que você precisa influenciar para um determinado objetivo ou quanto maior sua dificuldade em descobrir a abordagem certa, mais precisa fazer um planejamento com antecedência. Este capítulo concentra-se no processo analítico para determinar o mundo daqueles cujas forças propulsoras não vemos imediatamente e construir relacionamentos presentes e futuros em que todos ganham.

Continuar a olhar para a situação apenas a partir do seu próprio ponto de vista facilita o tropeço na desastrosa repetição da pressão que não deu certo ou no deslize para a tortura do silêncio. O desejo intenso de realizar alguma coisa significativa ou fazer uma mudança importante tem um jeito de cegar os influenciadores esperançosos diante do que é fundamental para seus aliados em potencial. O aliado resistente parece difícil, impossível ou até mesmo irracional por apresentar um comportamento que não faz sentido para o influenciador determinado. Não caia nessa armadilha.

Duas forças que podem explicar todo comportamento

Se você quer descobrir uma técnica para influenciar, é bom entender o que pode determinar o comportamento do outro. Poucos cientistas sociais diriam que dá para explicar todo comportamento com apenas duas coisas, mas nós dizemos: *personalidade* e *todo o resto*. Personalidade é claramente importante para entender o que é significativo para alguém, e se você crê que entende a psique da outra pessoa e o que a faz funcionar, pode bolar uma técnica de influência de acordo com isso. Mas, cuidado. A pesquisa mostra que geralmente simplificamos demais a avaliação que fazemos dos outros. Não conseguimos entender a personalidade de alguém se não o conhecemos extremamente bem, e mesmo que tenhamos um contato extenso com ele, às vezes ainda é difícil sondar sua identidade pessoal. Além do mais, não se trata de um objeto fácil de mudar. Por essas duas razões, sugerimos que você gaste pouca energia nesse campo.

As outras forças, porém, que motivam o interesse dos outros surgem da situação em que atuam. No trabalho, por exemplo, há inúmeros fatores que influenciam o comportamento. Vamos examiná-los depois, mas considere como ilustrativo um dos mais óbvios: a maneira como as pessoas são avaliadas e recompensadas molda muito seu comportamento. O artigo clássico de Steve Kerr, "On the Folly of Hoping for A When Rewarding B" ("Sobre a loucura de esperar uma nota A quando se dá um B"), deixa claro que as recompensas habituais da empresa importam mais que as exortações da administração.[1]

A premissa deste capítulo é que, ao identificar o contexto de trabalho (sobretudo a uma certa distância e sem sequer conhecer o indivíduo ou o grupo), você tem uma boa leitura de uma parte importante do que impele o comportamento de quem você quer influenciar. Então pode desenvolver um bom sentido funcional das moedas que provavelmente mais importam. De vez em quando, a personalidade de um indivíduo importante passa por cima de todas as forças em operação, mas isso ocorre com menos frequência do que muitos acreditam. (Uma das definições de saúde mental é a capacidade de alterar o comportamento para se adequar à situação, o que sugere: quem trata todos da mesma forma – patrão, mãe, amante, filho, colega, subordinado – não é tão saudável assim.)

Com este pano de fundo, voltamos aos fatores mais universais em ação que compõem o mundo da pessoa ou grupo e, em geral, oferecem pistas fortes sobre aquilo que lhes interessa e sobre o que estariam dispostos a negociar (veja um resumo gráfico das forças comuns na Figura 4.1).

Figura 4.1 Forças contextuais que moldam o comportamento juntamente com a personalidade

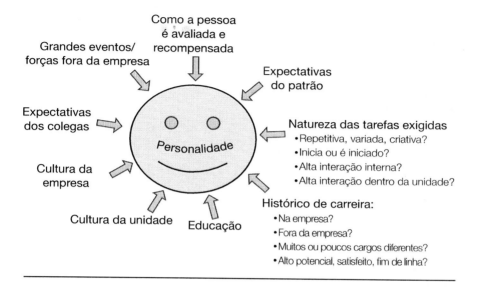

Como saber o que pode ser importante para a outra pessoa

Inúmeros fatores ajudam a determinar o que é valorizado pela pessoa que você quer influenciar.

As tarefas do aliado em potencial

Compreender os deveres e responsabilidades de um potencial aliado pode ser uma chave para influenciá-lo. Pense no impacto sobre o trabalho que esses cinco fatores corporativos simples, porém básicos, podem ter:

1. A pessoa lida com números ou com pessoas o dia todo?
2. O trabalho é repetitivo ou varia muito?
3. O trabalho exige uma precisão cuidadosa e muita repetição, ou a pessoa é recompensada por originalidade e improvisação?
4. A pessoa está sujeita a constantes exigências de outros ou é ela quem faz as exigências na empresa?
5. A pessoa ocupa uma posição de alto risco e grande visibilidade ou tem uma função protegida e segura?

Esse tipo de informação fornece um guia para iniciantes sobre as moedas de troca que o aliado valoriza, como ele vê o mundo, ou sobre o estilo certo de abordá--lo. Por exemplo, as tarefas de um gerente de produto, que controla cada aspecto do posicionamento do produto, sua apresentação e preço, diferem das do pesquisador de mercado, que trabalha com estatísticas, validade, método científico, grupos de foco e coisas assim. O gerente de produto é chamado para reunir muitos elementos em várias partes da empresa; já o pesquisador de mercado geralmente trabalha sozinho ou com um colega da mesma função, em um ritmo mais lento, para descobrir resultados significativos.

O ambiente do potencial aliado

Outros fatores que moldam as exigências da tarefa incluem o contato com:

- O ambiente fora da empresa.
- A alta administração.
- A sede.
- A força de vendas.
- O "chão de fábrica".
- Equipamento exótico ou temperamental.
- A imprensa.

É provável que cada um desses contatos, ou a falta deles, crie pressões que afetem a maneira como a pessoa enxerga problemas e solicitações. O gestor que cuida das queixas do consumidor de forma constante talvez se mostre muito mais receptivo a apelos que envolvam melhoria da qualidade do produto do que o gestor que jamais vê os clientes, mas tem estreito contato com o departamento financeiro.

As incertezas do serviço

Outros indicadores importantes talvez sejam os aspectos mais incertos do serviço desse potencial aliado.

Na vida empresarial, valoriza-se o controle. Quanto maior a incerteza, mais difícil é manter o controle – por isso as áreas com maiores incertezas recebem atenção máxima. Muitas vezes você pode ganhar um aliado descobrindo uma forma de ajudá-lo a controlar parte da execução do seu trabalho em um momento de hesitação e dúvida.

Só as exigências das tarefas, porém, não explicam todas as pressões e preocupações dos indivíduos alvos de influência. Assim, é útil pensar em muitos outros aspectos que podem ser importantes para quem você deseja influenciar.

Disparidades provocadas por diferenças no sistema de recompensas

A gerente de hipotecas do banco, furiosa porque o colega de investimentos não recomenda a um bom cliente o uso da instituição para grandes hipotecas, talvez não perceba que o investimento típico é pago pela retenção do cliente. Se o banco não tem tarifas de hipoteca competitivas, o cliente pode julgar que o consultor não é imparcial e acabar fazendo seus investimentos em outra parte. A resposta do consultor de investimentos não resulta necessariamente de algum desrespeito pela gerente de hipotecas ou pelas metas totais de vendas do banco, mas do sistema pelo qual é avaliado.

Em situação semelhante, a administradora do sistema de informações gerenciais (MIS, em inglês), que resiste ao plano preferido do gerente de fábrica pelo sistema automatizado de custeio, talvez responda de acordo com o padrão pelo qual ela é julgada. Projetos menos complexos, que não exigem projeções a partir do zero, às vezes facilitam o planejamento e controle, de modo que talvez isso seja o que a faz evitar um plano desejável, mas necessariamente extenso. Por sua vez, o diretor financeiro que refuga diante dos pedidos da gestora do MIS por tecnologia de ponta pode ser avaliado por certos índices financeiros que serão prejudicados com o acréscimo de equipamento caro, investimento que levará muitos meses para começar a dar um retorno proporcional.

Quem faz a contagem? Sistema de avaliação e recompensa

Como sugerimos, o comportamento das pessoas é fortemente determinado pela maneira como seu desempenho é avaliado e recompensado. Os que agem de uma forma "difícil" ou negativa podem apenas estar fazendo o que lhes disseram ser visto como um bom trabalho naquela função.

Você precisa entender os critérios de desempenho dos outros para decidir como acrescentar valor ou mudar a forma de solicitação, de modo a se enquadrar nas exigências deles. Há casos em que é possível questionar se a avaliação é razoável, pois medidas departamentais que vêm de cima, ou restos do passado, podem ter consequências negativas ou imprevisíveis. A empresa pode até decidir mudar seu sistema de avaliação se ficar provado que exerce um impacto negativo sobre as pessoas. Mas, a curto prazo, a forma pela qual o outro é avaliado é um dado com o qual se tem de trabalhar.

Duas culturas diferentes: banco de investimentos e companhia de seguros

As pessoas em bancos de investimentos (que fazem negócios de alto risco e elevados ganhos) e em companhias de seguros (que miram retornos previsíveis e de baixo risco) geralmente têm uma opinião diferente sobre como ser intensas, como falar abertamente de dinheiro e ambição, como se vestir, tratar os colegas, ou que tipo de conhecimento é respeitado na instituição. Mas há firmas em que cada um desses segmentos diferem da maioria, e em qualquer grande empresa haverá subculturas diferentes (e até conflitantes). As pessoas do suporte, nesses dois tipos de organização, não gozam de alto *status* nem são tão obcecadas por dinheiro; são mais voltadas para o detalhe, mais perseguidas e, talvez, mais diretas. Veem-se obrigadas a pensar em metas de curtíssimo prazo – fecham as contas ao fim de cada dia – e a adotar um comportamento adequado. Em empresas de qualquer tipo, colegas de diversas unidades tendem a reforçar a cultura da qual fazem parte, porque os que não se comportam segundo as suposições de bom comportamento são vistos como uma ameaça à manutenção de qualquer cultura. Assim, quando você encontra alguém brusco, direto, sarcástico e impulsivo, percebe que isso tanto pode resultar da cultura da companhia e da função dele quanto de uma personalidade do tipo A. Do mesmo modo, a gentileza, interesse pessoal e paciência podem ser produtos do trabalho em uma unidade que se orgulha de muitos aspectos de camaradagem ou tem uma forte cultura de corresponder aos desejos do cliente.

Unidade e cultura corporativa

A maioria dos profissionais é afetada pela cultura da empresa e, às vezes, por uma subcultura própria do seu grupo de trabalho imediato. A cultura é o conjunto de suposições automáticas que grupos de pessoas fazem sobre como o mundo deve funcionar.

Forças importantes fora da empresa

As forças externas que podem impulsionar o comportamento incluem:

- O estado da economia.
- Até que ponto as pessoas se sentem ameaçadas em relação a seus empregos e mobilidade.
- Grande concorrência.
- Sistemas de regras legais que afetam a indústria ou a empresa.

Essas forças afetam todos na empresa, mas de modo diferente entre os departamentos. A ameaça de um processo da Comissão de Seguridade e Câmbio (SEC, em inglês), uma intimação por discriminação na política de contratação e promoções ou a queda do preço de uma ação podem causar fortes reações. Por exemplo, os membros do departamento jurídico de uma firma de software processada pela aquisição de um grande concorrente podem contestar agressivamente práticas de colegas que antes eram ignoradas. Por outro lado, organizações isoladas em termos geográficos ou com posições dominantes no mercado talvez se comportem de forma muito diferente da maioria das outras empresas.

Para onde eles estão indo?
Aspirações de carreira e origens pessoais

Além dos fatores empresariais que integram o mundo do aliado em potencial, muitas questões pessoais serão levantadas com base na sua experiência anterior de trabalho e em seus objetivos atuais. Você talvez não conheça a pessoa suficientemente para saber toda a sua história, mas pode conseguir um *insight* valioso se por acaso tiver facilidade de perguntar onde ela trabalhou antes e quais eram as suas funções. Embora você não pretenda arrancar revelações embaraçosas, muitas vezes a pessoa deixará escapar comentários sobre experiências passadas que fornecem pistas sobre o que é importante para ela.

Amistoso ou antagônico, familiar ou desconhecido, o mundo do potencial aliado será mais transparente se você conseguir respostas para algumas perguntas essenciais:

- Seu aliado está em ascensão constante ou empacou para sempre no cargo?
- Em que medida essa pessoa sofre pressão para dar uma sacudida no departamento e produzir mudança interna, ou simplesmente quer preservar um clima tranquilo no trabalho?
- Por quanto tempo essa pessoa ficará por perto para viver as consequências da cooperação (ou da recusa em cooperar)? É provável que logo siga em frente e, portanto, não ligue muito para as consequências?

Embora tenha o cuidado de evitar estereótipos, você também deve examinar o que sabe da história pessoal do aliado. Ele foi criado em outra parte do mundo? É natural de que região? A origem educacional às vezes ajuda, incluindo o que a pessoa estudou e onde. Gestores sem diploma universitário ou, em algumas empresas, sem um MBA ou outro diploma avançado, talvez se mostrem sensíveis ao que os outros percebem como deficiência ou possíveis deslizes da sua inteligência.

Formações de carreira que fazem a diferença

Vice-presidente de recursos humanos de uma empresa relacionada na revista *Fortune 500*, Stan falava pouco nas reuniões de executivos e nunca dizia qualquer coisa polêmica, mesmo em questões que afetavam diretamente sua área. Um novo membro da equipe ficou intrigado. Stan viera para aquele emprego de uma posição na linha de frente, de modo que sua origem talvez sugerisse uma atitude mais assertiva, de correr riscos. O outro recebeu um *insight* quando um colega lhe disse: "O CEO anterior ficou furioso um dia com o que ele disse e o despediu na hora. Mais tarde, naquele mesmo dia, o CEO revogou a decisão, mas Stan acabou ficando desse jeito desde então, embora Bill, o novo CEO, seja muito mais receptivo a ideias diferentes".

O sujeito diplomado em artes pelas universidades de elite talvez dê mais importância à alta cultura e às maneiras polidas do que faria um engenheiro formado por uma universidade estadual. Por sua vez, um engenheiro e um contador às vezes preferem discussões minuciosas sobre os dados e detalhes do que o especialista em marketing. Seria tolice basear sua abordagem inteiramente nessas ideias preconcebidas, mas elas podem fornecer pistas úteis para o início de um diagnóstico mais cuidadoso.

- Qual o grau de sucesso da pessoa nos empregos anteriores?
- Ela se vê como extremamente competente ou ainda aprendiz?
- A pessoa já atua em alto nível e foi contratada para dar um jeito em tudo, ou ela vai subindo devagar, permanecendo bastante tempo em cada posição?
- A pessoa se queimou (ou teve êxito) com um projeto anterior semelhante ao que você toca?
- A pessoa foi vítima de uma demissão arbitrária e de um mau gerente?
- A pessoa ficou decepcionada com um subordinado numa situação importante ou lhe deram uma facada nas costas após uma promessa de apoio?

O gestor que trabalhou na IBM ou na GE não olhará os problemas do mesmo jeito que alguém que passou toda a carreira numa mesma empresa familiar de porte médio. E quem trabalhou algum tempo em subsidiárias europeias ou japonesas de uma indústria automobilística na certa terá uma perspectiva diferente de um outro que jamais saiu de Detroit. Todas essas situações provavelmente afetam a maneira como a pessoa reagirá a novas ideias, grandes mudanças ou projetos importantes.

As preocupações do potencial aliado

Além de olhar para as forças ambientais que afetam seu potencial aliado, você pode pensar em quais seriam as suas ansiedades. Pergunte a si mesmo quais são as questões relacionadas ao trabalho que fazem a pessoa a quem deseja influenciar se revirar na cama às duas da manhã. No mínimo, todos na empresa deveriam ser capazes de responder sobre isso ao chefe. Se não sabe, pense nisso agora. Jamais conseguirá o que quer do seu gestor se não identificar o que mais o preocupa:

- Concorrência da China a longo prazo ou questões de terceirização?
- Cobrir a folha de pagamento da próxima semana?
- Rumores sobre fusão?
- Medo da ira do chefe por não alcançar um item no orçamento?
- Impacto das novas tecnologias?
- Como enfrentar pessoas resistentes, agarradas aos mesmos jogos políticos perversos de sempre?

Como o potencial aliado define o mundo

Embora nem sempre fácil de identificar a distância, as suposições do aliado sobre questões-chave como liderança, motivação, concorrência ou mudança, uma vez conhecidas, ajudam a determinar o que esse indivíduo valoriza. Frequentemente, as pessoas fazem muitas declarações abertas sobre assuntos básicos apenas para tornar conhecidos seus pontos de vista. Aquele gerente, por exemplo, que acha que todos são preguiçosos e precisam ser vigiados de perto, na certa valoriza controle e previsibilidade, enquanto o gerente que acredita que a maioria quer fazer um bom trabalho tem maior probabilidade de valorizar moedas como desafio e crescimento. O aliado que acredita que tudo pode ser negociável atua de forma bem diferente daquele que se apega a verdades eternas, não importando qual seja a situação.

Como forma de dar vida aos conceitos anteriores, pense em um colega difícil de influenciar e preencha o mapa de perguntas (Figura 4.2) a seguir. Após a conclusão, defina quanto sabia sobre ele, e até que ponto tem certeza de que está com a razão. Esse conhecimento foi o suficiente para determinar o mundo e as prováveis moedas de troca da pessoa? Se não, como descobrir mais? E, com base no diagnóstico, quais as moedas com maior possibilidade de serem valorizadas pela pessoa?

Figura 4.2 Mapa de perguntas

Áreas de pesquisa	O que eu sei	Escala de certeza	Melhores fontes para confirmar
Responsabilidades--chave		Alta ⊢+++++⊣ Baixa	
Tarefas prioritárias		⊢+++++⊣	
Como a pessoa é avaliada		⊢+++++⊣	
Como ela avalia os demais		⊢+++++⊣	
Departamentos e pessoas com os quais ela interage		⊢+++++⊣	
Aspirações de carreira		⊢+++++⊣	
Estilos de trabalho e comunicação		⊢+++++⊣	
Preocupações, áreas de incerteza ou pressões do trabalho		⊢+++++⊣	
Experiências anteriores de trabalho		⊢+++++⊣	
Formação		⊢+++++⊣	
Interesses externos		⊢+++++⊣	
Valores		⊢+++++⊣	

Reunindo dados em tempo real sobre o mundo dos outros

Primeiro, um aviso: todos os métodos descritos, incluindo as perguntas diretas, fornecem informação útil, mas você deve ter cautela ao tirar conclusões definitivas antes de agir. Trate o que aprender como hipóteses de trabalho que poderão ser confirmadas no futuro, não como decisões finais que o façam saltar de olhos fechados. Para cada coisa que descobrir, pergunte-se até onde vai sua certeza sobre esse pedaço do mundo do outro e também sobre como conferir isso. Muitas vezes, é justamente no ato direto de influenciar que você descobre novas moedas importantes para a pessoa. Por isso, ouça com atenção.

O que foi que você disse? A linguagem como pista para moedas valorizadas

Como é mais provável que qualquer argumento ou pedido tenha sucesso se for enquadrado na moeda valorizada pela pessoa a quem você quer influenciar, qualquer pista para moedas importantes será útil. Um dos melhores caminhos para entender rapidamente qual seria essa moeda é prestar atenção à linguagem que a pessoa costuma usar. Quando perceber isso, você ficará espantado ao ver com que frequência e repetição os outros transmitem quais são suas moedas – o que importa para eles.

A escolha de metáforas muitas vezes revela as preocupações. Ele usa exemplos militares e de esportes sobre batalhas, competição e destruição de seus opositores? Usa exemplos de jardinagem que mostram sua preocupação com a aprendizagem e o desenvolvimento dos talentos da empresa? Fala de tudo em termos impessoais e mecânicos, ou usa imagens exuberantes para falar das fraquezas e conquistas das pessoas? Tecnicamente, as duas frases seguintes sobre manutenção da mudança empresarial referem-se à mesma coisa, mas quem escolhe uma ou outra vê o mundo de forma diferente.

1. Procuro uma marcha que trave a cada passo do avanço e impeça a reversão.
2. Precisamos conquistar o coração das pessoas, a fim de que não escorreguem para trás.

Quando se atende imediatamente a um pedido de ajuda com uma pergunta sobre quem mais estará envolvido, você sabe que os interesses políticos fazem parte da moeda de troca da pessoa. Alguém poderia fazer uma pergunta direta, como "o que ganho com isso?", o que revela preocupação consigo mesmo e sugere que uma resposta incisiva e sem rodeios na certa funcionará melhor. Pode haver outro executivo que responderá com perguntas, questionando como a solicitação se encaixa nas metas da empresa, o que indica que ele valoriza mais os objetivos corporativos que os pessoais – e talvez receba de bom grado a oportunidade de se mostrar bom para a organização.

Quando as preocupações reveladas são pistas

É notável a frequência com que o influenciador esperançoso deixa de notar totalmente as pistas óbvias de quais são os pontos sensíveis do seu potencial aliado. Muitos dos que se mostram resistentes telegrafam as moedas de troca por meio das preocupações que suscitam: "o que me preocuparia se fizéssemos isso...", ou "eu não acho que o pessoal do financeiro aprovaria...", ou "minha única preocupação aqui é...". É bem fácil interpretar essas frases como sinais de teimosia, mas também podem ser ouvidas como questões que importam para a outra pessoa e, portanto, como um convite ao diálogo. Em vez de fazer perguntas investigativas que indiquem as moedas de troca que poderiam ser usadas, o ouvinte discute, e isso põe fim à influência esperada.

O estilo de linguagem usado – metáforas, imagens, jargões – é revelador, mas o tom e recursos não verbais também dão pistas importantes para explicar sentimentos e atitudes. Conectar-se às emoções dos outros é uma tática de comunicação que você deve praticar, por ser muito informativa, especialmente quando se tenta imaginar o que importa para um potencial aliado. Seja aprendendo a suavizar o tom quando o chefe fica com o pescoço vermelho, ou a perceber olhos arregalados com interesse crescente no que você faz, o fato é que uma atenção cuidadosa às pistas não verbais talvez o ajude a determinar que moedas usar e como fazer os pedidos numa linguagem que provoque a resposta desejada

É mais fácil falar do que fazer quando se trata de ser sensível às pistas não verbais. Diversas vezes, em nossos *workshops* de treinamento de gestão, encontramos participantes ávidos por demonstrar como são talentosos na interpretação das preocupações dos outros, mas logo essas pessoas caem na venda de seus próprios pontos de vista em vez de tentar identificar as opiniões de seus aliados.

Outras fontes de dados

Mesmo quando a pessoa a quem você pede ajuda é um estranho, ela pode deixar as coisas tão evidentes que fica até difícil ignorar o que lhe importa. Quem nunca encontrou um colega de trabalho que consegue citar seu colégio de elite ou a escola onde fez o MBA nos primeiros cinco minutos de conversa, independentemente do assunto? Não é preciso ter um *insight* psicanalítico para imaginar que o *status* provavelmente seja uma moeda de troca importante para essa pessoa.

Vendendo as próprias opiniões e ignorando as pistas para as moedas dos outros

Mark quer que Rajesh entre numa força-tarefa encarregada de resolver os problemas que prejudicam a empresa no recrutamento de talentos de ponta. Mas Rajesh responde: "Ah, claro, e passar horas e horas falando sobre 'melhores condições de trabalho' quando todos nós sabemos que a diretoria jamais concordará em dar bônus e prêmios em forma de ações". Mark, que já ouviu muitas vezes as afirmações de Raj sobre o poder dos incentivos monetários, esboça uma tentativa de dizer que a tarefa é importante e, logo em seguida, cruza os braços, afastando-se do colega que encara como um engenheiro obcecado por dinheiro. Agindo assim, não percebe que Raj envia mensagens importantes sobre como prefere chegar rapidamente às decisões, sua frustração com a dificuldade para obter aprovações da diretoria da empresa e, talvez, um certo ceticismo em relação aos outros envolvidos – assim como sua crença no poder do dinheiro para superação de outras objeções. Todas essas moedas de troca poderiam ter sido debatidas – com algumas sendo aceitas e outras excluídas por não se aplicarem à situação – se Mark de fato escutasse em vez de se preocupar com o próprio desafio de conseguir os membros certos para a força-tarefa que, obviamente, julga importante.

Há colegas que talvez possam fornecer informações sobre gente que você não conhece ou que não lhe permite identificar suas moedas tão facilmente. Como disse um gerente de comunicação de uma importante empresa de computadores: "Quando tenho de abordar alguma pessoa que não conheço, vou perguntar a alguém que já a conheça sobre como ela é, com o que se importa, quais são seus pontos sensíveis e o que não devo falar para ela de jeito nenhum. No mínimo, não quero pisar em terreno minado".

Sempre é possível encontrar alguém em quem você confie para ser uma fonte útil.

Pergunte diretamente

Nem sempre é fácil conseguir acesso para perguntar diretamente a uma pessoa sobre o que ela valoriza e quais são suas preocupações. E se o relacionamento já for complicado, pode parecer muito arriscado, mas mesmo assim não queremos menosprezar as vantagens de uma abordagem direta. Depois discutiremos como superar problemas de relacionamento que atrapalham essa abordagem sem rodeios, mas pense nos benefícios de dizer à pessoa a quem você deseja influenciar: "Eu gostaria de entender melhor a pressão que você está sofrendo, para tentar ajudar ou pelo menos não atrapalhá-lo com o que vou lhe pedir. Nossas áreas dependem umas das outras, de modo que ambos tiraríamos vantagens de uma ajuda mútua maior". É impressionante a resposta que virá até de um adversário difícil, mesmo com a expectativa de que, tão logo compreenda, você vá embora. Sempre é possível descobrir a impossibilidade de trocar as moedas desejadas, mas isso não é pior que não saber – lembrando que sua descoberta pode, no final, ser positiva.

Uma solução extrema para a compreensão do mundo de gente importante: fazer parte do grupo por um tempo

Christopher Panini é um gerente de marketing que trabalha em uma empresa de alta tecnologia que está em rápido crescimento e na lista da revista *Fortune 500*. Disseram-lhe várias vezes que precisava aprender a entender melhor a equipe de vendas para ser eficaz. Nas palavras dele, eis o que aconteceu:

> Percebi que, para agregar valor ao marketing, eu teria de aprender vendas. Por isso fiz uma entrevista e consegui minha transferência para um emprego em vendas, quando me vi em um mundo novo. Por dois anos e meio, fui o representante que visitava os escritórios dos clientes na Filadélfia, em Baltimore e Washington. Minha função era localizar novos clientes e roubar negócios dos concorrentes. Isso significava ligar para executivos durante a explosão das empresas *ponto.com* e tentar passar nossa proposta a quem estivesse disposto a me ouvir. Parte do estilo de vida do gerente de contas consistia em conquistar pessoas, jogar golfe, entreter executivos no jantar, recebê-los em eventos especiais – tudo para construir uma rede de relacionamentos com clientes e aliados em tudo o que eu fazia. (Seria um emprego maravilhoso dentro de qualquer organização!) De repente, passaram a me ver na empresa como alguém que fazia um papel estratégico nas infraestruturas de informação dos meus clientes... Eu aprendia no caminho, e improvisava metade do tempo.
>
> Um dia, percebi que não era mais um cara de marketing, e sim um vendedor. Essa compreensão aconteceu após várias das seguintes mudanças em minha vida: acordava com suores frios pensando na minha onipresente e apavorante cota, gastei minha primeira comissão em compras feitas no impulso, programei os eventos da minha vida pessoal em torno de cada quadrimestre fiscal, troquei o carro econômico japonês por um sedã esportivo alemão, a gerência aumentava minha cota toda vez que eu estava prestes a alcançá-la, tinha reunião todo dia às sete da manhã com o gerente regional, duas horas de reunião à frente de um grupo de 20 gerentes que buscavam qualquer furo em meu plano de negócios, etc. Passar por essas experiências fez que eu entendesse realmente as pessoas a quem tinha de dar apoio. São coisas reais e engraçadas, mas meio tristes. Quando voltei ao marketing, minhas opiniões e meus pontos de vista de repente foram validados pelo que aprendi no departamento de vendas. Eu era uma pessoa diferente.

Só porque ginga e grasna como um pato não significa que seja um pato: os perigos do estereótipo

Peneire tudo o que ouve e trate apenas como pistas, não como informação segura. Tenha o cuidado de não julgar que um fator único determina todas as moedas de troca; as pessoas reagem a diversas pressões complexas. O escrivão que afia os dentes em números pode na verdade preferir comunicados secos e estatísticos, mas já trabalhamos com alguns de alto nível que se mostraram eloquentes em relação aos limites da análise numérica e à necessidade de intuição quando tomam decisões importantes.

Não estamos sugerindo que seja necessário produzir um dossiê completo de cada potencial aliado que você tente influenciar. Muitas vezes, tudo de que você precisa é um punhado de informações para já ter uma boa ideia de onde manter seu foco. Porém, quanto mais difícil a situação, mais sensato será fazer um diagnóstico cuidadoso.

Barreiras à atuação com base no conhecimento do mundo de pessoas importantes

Há diversos fatores que atrapalham o uso do conhecimento que você adquire ao entender o mundo da pessoa ou do grupo que você quer influenciar.

O ciclo de atribuição negativa

A dificuldade para conseguir a influência desejada pode levar a um desastroso ciclo de atribuições negativas em relação às intenções, aos motivos e mesmo à personalidade da outra pessoa.[2] Suponha que você enfrente uma resistência que julga irracional, e todos os seus esforços sejam ignorados. Por ter sido tão desagradável lidar com essa pessoa, você passa a evitar toda interação com ela. Mas você ainda precisa encontrar algum tipo de explicação para essa resistência. A tendência é pensar o pior, algo do tipo *ela quer me bloquear*, e depois *é um asno egoísta e sem consideração*. É nessa hora que você ocupa um espaço onde será extremamente difícil influenciá-lo. A Figura 4.3, com o ciclo de atribuição negativa, descreve esse processo mostrando a razão para tal ocorrência.

Afastando pessoas difíceis

As pessoas interagem mais com aqueles de quem gostam (e mais ainda com gente que se assemelha a elas). Por sua vez, tendem a evitar a interação com os que são mais diferentes. Embora isso torne a vida mais agradável e previsível, por evitar o desconforto de tentar superar a falta de familiaridade ou beligerância do outro, tende a isolá-lo de informações sobre alguém cuja ajuda você talvez venha a precisar.

Pode ocorrer que as pessoas de quem seria mais importante descobrir os interesses sejam justamente as menos prováveis de serem compreendidas. Potenciais aliados difíceis também podem valorizar moedas que tornam a troca possível, mas será complicado saber disso se houver pouco contato ou discussão.

Figura 4.3 O ciclo de atribuição negativa

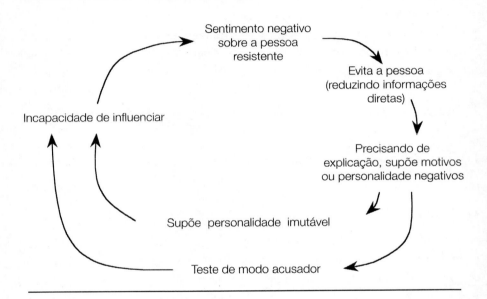

Supondo motivos e intenções: a pressuposição do mal

Uma das formas naturais de as pessoas explicarem o comportamento enigmático de outras é atribuir-lhes motivos que o tornem compreensível. Explicam a conduta com a suposição de que é impulsionada mais por forças internas do que pelos tipos de fatores corporativos mostrados anteriormente. (Na Figura 4.1, as forças contextuais que moldam o comportamento junto com a personalidade.)

Quando alguém age de um modo que lhe desagrada, você tende a demonizá-lo e rotulá-lo de "babaca" ou coisa pior. Embora todos façam isso, o hábito de rotular prematura e negativamente torna difícil conseguir algum *insight* das moedas do potencial aliado. E jamais importa quem começou com as atribuições negativas; uma vez iniciadas, elas geralmente assumem vida própria.

> Aprenda a entender os outros; não seja um daqueles que dizem: "Ele é tão inteligente que não entendo por que não concorda comigo".
> – Pat Hillman, diretor de tecnologia da Fidelity Capital

Outros declínios na interação

Quando as suposições sobre a personalidade começam a ganhar corpo, quaisquer inclinações à interação diminuem. Por que perder tempo com quem você julga ter traços negativos e que não pode mudar? Como já concluiu que uma pessoa tão irredutível só pode ficar magoada ou furiosa por se ver diante de um comportamento que considera insultante, você elimina para sempre esse potencial aliado.

No caso improvável de você levantar a questão, porém, é extremamente difícil não fazê-lo de uma forma negativa e acusadora. Isso mais alivia suas frustrações do que ajuda o colega a aprender alguma coisa útil. A essa altura, mesmo que esteja errada sua crença original sobre a inabilidade do aliado para a mudança, seu ataque já excluiu qualquer chance de resposta positiva, e você se afasta do sentimento de mudança justificado por suas crenças negativas. Embora tal explosão proporcione um alívio momentâneo da frustração, não se trata exatamente de uma fórmula para construir uma relação de confiança na qual a influência possa fluir nos dois sentidos.

Alternativas para criar distância e limitar a influência

Uma das formas de evitar a entrada no ciclo negativo que limita a influência é reconhecer seu padrão assim que surge. Ao perceber que atribui traços de personalidade negativa a um colega ou chefe que não coopera, tome isso sempre como um aviso de que precisa investigar mais. Essa pessoa difícil pode realmente se tornar um objeto que não vai se mover de jeito nenhum, mas você não saberá se isso é verdade até fazer um teste completo dessa hipótese.

Para obter informação a respeito de outra pessoa, é só perguntar a colegas se a veem do mesmo jeito que você. Essas opiniões talvez sejam mais detalhadas, mais independentes e cheias de observações, de modo que o protegerão de conclusões imprecisas. Assegure-se de que eles sabem que você não procura os podres da outra pessoa, e sim tenta entendê-la para fazer que as coisas funcionem.

Mútua interpretação equivocada – levando a uma diminuição da interação e do entendimento: Oliver e Mark

Como exemplo triste (e nada incomum) de espiral descendente, veja a interação que observamos entre Mark Buckley e Oliver Hanson. O primeiro fora promovido pouco tempo antes para a posição de presidente da Vitacorp, recém-adquirida subsidiária de seguros do grupo Magnacomp. Logo depois de assumir o cargo, Mark ficou cada vez mais insatisfeito com o comportamento de Oliver, vice-presidente da Megacomp, responsável direto pela Vitacorp, um astro meteórico do grupo que não tinha familiaridade com o campo de seguro de vida e, por diversas vezes, procurava os subordinados de Mark atrás de informação. Este achou o fato enlouquecedor porque, com base nessas conversas aparentemente naturais, Oliver tirava conclusões e lhe fazia perguntas irritantes sobre "os problemas" da Vitacorp.

Como Oliver desconhecia as operações da empresa, Mark sempre achou as perguntas meio distorcidas. Pareciam refletir mais a política da Magnacomp e os negócios de seguro patrimonial e contra acidentes do que os verdadeiros problemas que a Vitacorp enfrentava. Após várias experiências desse tipo, Mark decidiu tomar providências, mas suas tentativas indiretas de tocar no assunto com Oliver eram recebidas com irritação. Oliver resmungava alguma coisa sobre a necessidade de ter uma ideia sobre o que acontecia.

Mark concluiu que a carreira meteórica de Oliver talvez fosse consequência do fato de ele ser um enxerido inveterado, que procurava saber os podres de todo mundo para sair bem na foto. Assim, Mark passou a ter extrema cautela com ele, e deu todas as desculpas possíveis para reduzir o contato entre os dois. "Quanto menos informação eu der àquele desgraçado faminto por poder, menos mal ele poderá me fazer", pensava. O relacionamento entre ambos ficou tenso, e Mark começou a se perguntar por que um dia desejara ser presidente.

Já Oliver via os fatos de maneira bem diferente. Havia sido colocado no comando da Vitacorp com uma tarefa voltada para o desenvolvimento. Ele tinha ideias, baseadas em um conhecimento geral sobre seguros, e planos para melhorar o desempenho da empresa, mas esses resultavam mais de uma expertise financeira que de um conhecimento em profundidade do negócio de seguro de vida. Antes, sentira a resistência de Mark às suas conversas com outros na empresa, mas, como não era perito no negócio, achou que precisava saber em primeira mão o que os gerentes e executivos pensavam. Ele não tinha intenção de interferir, mas queria um embasamento maior para julgar como poderia avaliar o progresso da Vitacorp. Além disso, como a Magnacomp tinha uma cultura muito política, Oliver supôs que a Vitacorp fazia o mesmo tipo de manobra para conquistar posição que ele tinha visto no grupo. Acreditava que apenas um executivo muito ingênuo deixaria de criar fontes próprias de informação para decifrar as manobras políticas em uma empresa pela qual era responsável.

Com esse conjunto de suposições, Oliver acabou surpreso e perturbado pelo que percebeu ser uma mania de segredo e recolhimento de Mark. "O que ele precisa esconder?", perguntou-se. "É melhor passar ainda mais tempo conversando com as tropas, ou vou acabar voando às cegas." Assim, a resposta de Mark ao comportamento de Oliver só piorou a situação (veja o esquema seguinte para ter um resumo do padrão).

Gestor (Oliver): "Preciso saber o que se passa."
Pressão por informação antecipada
Retenção de dados para impedir "interferência"
Subordinado (Mark): "Quero que me deixem dirigir minha área".

Oliver poderia mudar de atitude, mas Mark jamais lhe deu essa chance. Tão logo concluiu que Oliver era um político e um fanático enxerido, Mark decidiu que não tocaria nesse assunto por receio de vê-lo usado contra si. Por que ser franco com alguém em quem não se pode confiar?

Infelizmente, os colegas nem sempre se revelam as fontes mais úteis, embora as opiniões deles, quando diferem das suas, possam evitar a insensibilidade prematura das conclusões arbitrárias. Há dois problemas em potencial nas opiniões dos colegas. Primeiro, as pessoas com os pontos de vista em que mais confiamos geralmente são aquelas com visão de mundo parecida com a nossa. Compartilhar tendências e suposições com colegas em quem confiamos muito aumenta o conforto, mas reforça as distorções.

Segundo, mesmo quando a pessoa a quem pede opinião não se assemelha tanto com você, a ponto de partilhar e reforçar preconceitos, muitas vezes ela pode não apresentar uma prova melhor do que a que você já tem. As respostas às perguntas talvez se baseiem mais em observações e rumores do que em conhecimento de primeira mão. Assim, nem sempre é tão fácil obter indícios úteis dos colegas quanto parece.

Achei que você nunca iria perguntar: o questionamento direto como alternativa

Como já sugerido neste capítulo, uma boa maneira de entender os outros é tomar o caminho direto – a informação direta da fonte. Apesar do receio natural de levar uma patada, pergunte apenas quando estiver em dúvida. Contudo, você deve realizar uma tentativa genuína de resolver o problema, e não tentar fazer uma acusação mal disfarçada (veja a Tabela 4.1).

Tabela 4.1 Exemplos de perguntas que não supõem atitudes negativas

Eu gostaria de entender mais as forças nas quais você está envolvido.
Poderia me ajudar a entender o seu trabalho e as demandas relacionadas?
O que no seu trabalho faz você ficar acordado à noite?
Fale-me mais a respeito.
Você parece preocupado com _____; o que torna isso uma preocupação?
Como posso ajudar para diminuir esse problema?

Para fazer isso (e não apenas fingir interesse, o que raras vezes engana alguém), você deve afastar qualquer julgamento negativo e adotar a suposição de que o potencial aliado não encara o próprio comportamento intencionalmente como mau. A maioria das pessoas vê sua própria conduta como razoável e justificada, não importando como pareça aos outros.

O segredo para se livrar de suas visões negativas é supor que o aliado julga o próprio comportamento como razoável, e você tem como tarefa entender o raciocínio dessa pessoa para chegar a uma sugestão em que todos ganhem. Em outras palavras, você consegue ver o mundo pelos olhos do outro? Tente recuar e (no momento) adotar uma nova abordagem, questionando-se: "Vou imaginar que se trata de uma pessoa inteligente e razoável que, por algum motivo que ainda não compreendo, não está cooperando. Estou começando a agir como se esses motivos fossem propositalmente maus. Mas, se este não for o caso? Como posso entender isso melhor?". Que perguntas você pode fazer para começar o diálogo? Fornecemos na Tabela 4.1 alguns exemplos que não pressupõem motivação negativa.

Muitas vezes, só é preciso uma pergunta direta. Mas você se encrenca quando tem uma visão tão negativa a ponto de pensar numa única pergunta que acabaria piorando tudo. Perguntas pesadas só provocam o ouvinte, em vez de iniciar um diálogo investigativo.

Tão logo se chega a uma conclusão negativa sobre alguém, fica difícil voltar à condição de fazer um questionamento neutro. Esforce-se para entender o mundo do aliado enquanto ainda estiver intrigado, e não depois de prejulgar e tomar uma decisão pela condenação da pessoa na sua cabeça.

As vantagens de perguntar

Apesar do temor natural de admitir abertamente que há alguma coisa que não entende (sobretudo em relação a uma pessoa que estaria atrás de você para prejudicá-lo), esse tipo de franqueza funciona bem por uma série de motivos. Em primeiro lugar, o potencial aliado provavelmente ficará surpreso com o seu interesse genuíno.

Como as pessoas nas empresas raras vezes se dão ao trabalho de perguntar aos outros o que acham das coisas, eles muitas vezes ficam agradecidos. Apreciam sua honestidade ao demonstrar sua confusão e, em troca, dão a informação de que você precisa.

Segundo, a maioria das pessoas agradece pela chance de "contar sua história" e explicar a situação em que vive. Isso só dá certo, porém, se você tiver um interesse verdadeiro pelo que o outro vai dizer, e não apenas fingir, usando uma técnica que aprendeu em algum livro. É curioso o fato de tantas pessoas no setor empresarial julgarem poder enganar alguém quando querem, enquanto acham que ninguém teria sucesso em enganá-las. (Se fosse assim, haveria muitas que nunca são ludibriadas.) Em geral, poucos se enganam com a falta de sinceridade, então, não finja interesse se não o tem (ou não pode abandonar as suposições negativas que fez).

Por fim, a pergunta sincera e direta constrói uma abertura e uma confiança no relacionamento, o que ajuda em todas as trocas futuras. É fácil insistir tanto na tentativa de influenciar potenciais aliados que você acaba sem aprender nada sobre eles. A pergunta sobre o que realmente importa a essas pessoas ajuda a manter uma postura mais aberta e influenciável, o que aumenta a confiança deles em você.

Se você julga saber o motivo

Às vezes, você pode não estar completamente perdido em relação ao que motiva aquele seu aliado, mas não quer se precipitar e tirar conclusões que poderiam fortalecer a oposição ao seu pedido. É possível testar sua intuição de forma investigativa.

Quanto mais valorizar o relacionamento com a pessoa que pretende influenciar, mais difícil será dizer exatamente o que deseja. Ainda assim, se você recuar, poderá tornar tudo pior, de modo que será um enorme alívio deixar as coisas a céu aberto. Com frequência, aquela posição irritante do aliado se torna mais do que razoável quando ele explica tudo.

Barreiras à objetividade

O que impede as pessoas de chegarem a acordos tão satisfatórios para ambas as partes em certas situações? Por que é tão difícil fazer perguntas diretas e obter respostas em última análise cruciais? Se você puder examinar as preocupações e situações das outras pessoas diretamente, será bem mais fácil descobrir possibilidades de troca. Por que isso não acontece com mais frequência?

Como puxar conversa com colegas difíceis e misteriosos

Suponha que você tenha o palpite de que um potencial aliado sofre pressão do chefe. Alguma coisa na forma como ele vive sempre nervoso sugere que a mão pesada do superior o atrapalha. Você pode dizer algo assim:

> Casper, fiquei intrigado com sua hesitação em apoiar o projeto, sobretudo porque acho que tem tudo para trazer vantagens para nossas áreas. Eu estava imaginando se parte do problema é sua ideia de que Otto vai montar em cima de você se fizer alguma coisa que afete as finanças do seu quadrimestre. É por isso que ainda não conseguimos nos entender?

Mesmo que seu palpite esteja errado, é provável que esse tipo de pergunta direta sirva de abertura para uma conversa interessante. Se a indagação parecer autêntica e não pressupor que uma resposta negativa vá confirmar sua convicção de que ele é um incompetente, qualquer que seja a resposta você terá criado a possibilidade de saber mais. Se ele confirmar sua suspeita, você poderá ajudá-lo em uma estratégia para superar as preocupações com o chefe. E se responder que o superior nada tem a ver com isso, considere como um convite para perguntar qual é de fato o problema.

Outra forma de atrair aliados à discussão direta de seus interesses, preocupações ou moedas de troca é examinar o que parecem ser mensagens confusas. A pessoa diz uma coisa e faz outra, ou diz coisas bonitas em um tom carregado de hostilidade? Por exemplo, sua chefe proclama que o futuro da unidade depende de as pessoas tomarem mais iniciativas e ser mais empreendedoras, mas depois faz uma microadministração e exige que você peça a aprovação dela para cada coisinha? Em vez de concluir que se trata de uma hipócrita (ou alguém que fala sério, mas não consegue pôr em prática) e desistir, tente uma abordagem direta, como:

> Linda, estou muito confuso, e como essa confusão interfere em minha capacidade de fazer o que julgo que a empresa quer de mim, preciso entender melhor o que você quer de verdade. Em nossas reuniões de equipe, você sempre enfatiza que gostaria que tomássemos mais iniciativa e fizéssemos o que tem de ser feito. Mas em várias situações você ainda insiste para que eu peça sua aprovação antes de seguir em frente. Parecem-me ocasiões em que eu poderia tomar providências de uma forma responsável e empreendedora; mas, quando chega a hora, não tenho muita liberdade de ação. Podemos discutir o problema, já que está me confundindo tanto? Eu poderia ser mais eficaz se resolvêssemos isso.

Acusação, não questionamento

Barreiras são erguidas quando o outro não se comporta como devia e as primeiras abordagens não produzem os resultados desejados. Então as conclusões negativas começam a ganhar corpo, com um poder espantoso de marasmo. As perguntas seguintes virão em forma de afirmações com fortes sobretons negativos. Como quando o pai "pergunta" ao filho: "Por que você não mantém o quarto limpo?" – a indagação mesclada com acusação raras vezes resulta em informação útil.

Confusão entre compreensão e concordância

Embora se exija alguma investigação quando não se compreende bem o comportamento do outro, é tentador discutir quando ele diz alguma coisa que não é "correta" do nosso ponto de vista. Se não houver diálogo, a outra pessoa pode chegar a conclusões incorretas – ou, Deus nos livre, acabar convencida por elas. O perigo de ouvir realmente alguém é a possibilidade de precisar mudar de opinião, o que é perturbador quando é você que está tentando modificar a dele.

Apesar disso, podemos manter bom entendimento no trabalho sem necessariamente transmitir concordância. Nossa língua não nos permite o conveniente "ah, é" dos japoneses, no sentido de que o ouvinte entende, mas não toma posição no assunto, por isso precisamos ter mais cuidado ao tornar explícita nossa posição. Ajuda dizer alguma coisa do tipo: "Creio que não vejo as coisas como você, mas, se queremos trabalhar juntos e bem, acho fundamental entender de onde vem sua posição. Se eu ficar calado, não quer dizer que concordo ou discordo, estou apenas me concentrando muito para compreender como você vê essa questão – ou calando a boca para não pedir explicações antes de entender direito! Diga-me se acha que não captei suas opiniões". Um resumo das barreiras que nos impomos à compreensão do mundo dos outros está disponível na Tabela 4.2.

A paciência de trabalhar com esse tipo de compreensão permite encontrar oportunidades de troca onde a princípio não parecia haver nenhuma chance. Conhecer o mundo do potencial aliado, porém, é só parte do necessário. Você também precisa ser bem claro sobre suas próprias necessidades e seus interesses para aumentar a probabilidade de encontrar as moedas de troca para oferecer entre aquelas que são valorizadas pelo aliado. A compreensão do seu próprio mundo e do poder que você controla é o tema do Capítulo 5.

Tabela 4.2 Barreiras autoimpostas à compreensão do mundo dos outros

Fatores que só exigem nosso conhecimento para a mudança
Preocupação demasiada com o que você deseja, que não lhe permite sintonizar.
Suposição de que toda resistência se deve à personalidade, não a fatores corporativos, seguida da demonização do caráter, dos motivos ou da inteligência da outra pessoa.

Desconhecimento do mundo da outra pessoa, de modo que não tem a mínima ideia ou fica cheio de suposições.

Não ouvir com atenção a linguagem do outro, sobretudo em relação às suas preocupações.

Não perguntar.

Fatores em que você e suas atitudes são o problema

Perguntar, mas de uma forma acusadora que provoca uma postura defensiva ou raiva.

Evitar a pessoa de comportamento difícil ou resistente à influência.

Chegar a conclusões a partir de poucas informações.

Desaprovação do mundo da outra pessoa, em vez de compreendê-lo, e como isso afeta o comportamento.

5
Você tem mais a oferecer do que pensa quando conhece suas metas, prioridades e seus recursos (o segredinho sujo do poder)

...[Eu faço parte de uma organização voluntária,] A Sociedade de Columbus, um grupo de 16 CEOs. O grupo me escolheu como líder. Em meu discurso inaugural, eu disse: "Não tenho nenhuma autoridade. Todos vocês estão aqui voluntariamente – seu interesse é a comunidade. Vou tentar liderá-los, mas entendo que posso apenas influenciá-los. E sou muito sensível a isto, ao fato de que todos vocês são presidentes de empresas. Alguns são presidentes de negócios maiores do que os nossos, logo há uma disparidade de interesses, mas só posso liderar pela influência. Então, a noção de um modelo de influência, um modelo de autoridade, capacidade de entendimento, capacidade de organização, capacidade de visão... [etc.] são coisas que os líderes querem praticar, exercitando sua arte e ciência. É maravilhoso tentar esse tipo de coisa em comunidades, sem falar no seu conjunto particular de habilidades... Isso enriquece sua carreira e faz que ela avance. — Les Wexner, CEO da The Limited, discurso na Kennedy School Universidade Harvard, outono de 2003

Fontes de poder: você está conectado

Nossa premissa básica é que sua habilidade de influenciar – tanto o poder que tem devido a suas habilidades quanto, se não mais, a posição que ocupa – vem de ter acesso a recursos que os outros querem. Isto funciona porque você ganha influência ao se envolver em trocas mutuamente benéficas; quanto mais recursos tem para oferecer, maior influência você consegue. Esta percepção é o gatilho, em sua cabeça, para o conceito geralmente aceito do que é necessário para ter influência. Muitas pessoas focam somente na autoridade formal e acreditam que o poder se limita à habilidade de dizer *não*. Ainda que, às vezes, seja necessário assumir uma abordagem negativa, abusar dela pode, na verdade, diminuir a influência. O poder real vem de saber quando e como dizer *sim*, e de ter foco em outras maneiras de poder dizer isto.

Como descobrir coisas valiosas para oferecer, de forma a poder dizer sim e fornecer as moedas de troca necessárias? Adquirir o poder de dizer sim exige que você conheça seu próprio mundo – seus interesses, potencialidades, realizações –, bem como o mundo do seu potencial aliado. Até este ponto, supomos que seu mundo é perfeitamente claro para você; mas, infelizmente, temos visto muitos colaboradores que não têm clareza a respeito do que querem e do que trazem à mesa de negociações – ou seja, de seus próprios recursos. Ainda que desejem ter influência, não estão atentos ao fato de que, sem perceber, fazem certas coisas que minam seu potencial.

Você provavelmente é mais poderoso do que imagina. Diagnósticos cuidadosos revelam seus recursos adormecidos, que podem ser usados para ajudá-lo a obter influência mesmo em situações difíceis. Neste capítulo, mostramos como aumentar seu leque de recursos e repertório de influência, examinando cuidadosamente os elementos disponíveis em seu próprio mundo e no mundo do seu potencial aliado.

O que você quer, afinal? Tendo clareza sobre seus objetivos

O primeiro passo para aumentar seu poder é descobrir exatamente o que você quer, coisa que é mais fácil falar do que fazer. A maior parte das tentativas relevantes de se obter influência tem, geralmente, mais de um objetivo. O problema está em decidir qual objetivo é mais importante e qual pode ser deixado para depois.

Em geral, é importante pensar cuidadosamente sobre o que você quer da outra pessoa ou grupo que você tenta influenciar. Decida antecipadamente o mínimo que você precisa de cada um. Porque, na maioria dos casos, sua lista de desejos vai ter mais do que o potencial aliado estaria disposto (ou apto) a dar. É importante saber a diferença entre o que seria legal e o que é absolutamente necessário ter (veja Tabela 5.1).

Tabela 5.1 Tenha clareza sobre seus objetivos

Quais são seus objetivos principais?
Quais fatores pessoais estão atrapalhando?
Seja flexível em relação a alcançar seus objetivos.
Ajuste as expectativas dos papéis desempenhados por você e por seu aliado.

Quais são seus objetivos principais?

Pense nos objetivos de Les Charm (veja o exemplo no quadro a seguir) quando percebeu que não gostava de seu trabalho na Prudential. Ele queria conhecer muitas pessoas que pudessem ajudá-lo depois, quando tivesse seu próprio negócio. Pretendia adquirir experiência no intricado mundo dos negócios financeiros. Desejava ficar livre da papelada e dos constrangimentos habituais da companhia. Também queria poder trabalhar de forma mais informal, sem sentir que tinha vendido sua alma para uma grande empresa.

Ainda que Les, em algum momento, estivesse apto a fazer todas essas coisas, ele precisava descobrir quais eram suas prioridades.

Les Charm, recém-chegado na Prudential Insurance, descobre moedas valiosas para negociar a liberdade que deseja

Para resolver uma situação desconfortável, nosso amigo Leslie Charm, na qualidade de jovem com um MBA, logo descobriu moedas valiosas para trocar pela experiência que queria. Era um novato na área, mas achou um meio de conseguir influência. Embora fosse extremamente diferente dos outros na sua organização, ele direcionou suas habilidades, ambição e impaciência para receber oportunidades incríveis.

Agora empreendedor de sucesso, detentor de uma franquia e especialista em mudanças de carreira, Les sempre esteve cheio de energia, garra e disposição para correr riscos. Ele adora fazer análises financeiras complexas e enxergar nelas possibilidades incomuns. Depois de terminar sua graduação no Babson College, conseguiu um MBA na Harvard Business School. Seu primeiro emprego após Harvard foi como um dos cinco analistas responsáveis pelo departamento de empréstimos privados na Prudential, que na época era uma companhia de seguros burocrática e conservadora. A grande incompatibilidade entre sua personalidade e a cultura da companhia ficou evidente logo no começo.

Les trabalhara desde a adolescência para a empresa de manufatura de couro de seu pai, e sempre começou o expediente bem cedo. No seu primeiro dia na Prudential, Les chegou às sete e meia da manhã, ansioso por começar, mas ainda não havia ninguém na empresa. Ele não perguntara, e ninguém pensou em lhe contar como funcionava o cavalheiresco horário de funcionamento da empresa, que ia das 9 às 17 horas. E, quando finalmente todo mundo apareceu, Les ficou insatisfeito com a atmosfera conservadora e inflexível da companhia.

Dick Gill, vice-presidente sênior da divisão e um colaborador de longa data da Prudential, chamou Les em seu escritório naquele dia e o cumprimentou, dizendo:

"Seja bem-vindo à Pru. Quando você vai embora?". Perplexo, Les perguntou o que Gill queria dizer.

Gill respondeu: "Um rapaz judeu e ambicioso como você não pode estar planejando fazer carreira em um lugar como este. Então: quanto tempo planeja ficar?"

Tomado pela surpresa, Les decidiu rebater a sinceridade com mais sinceridade. "Quanto tempo você quer que eu fique?", perguntou.

"Dois anos", foi a resposta franca de Gill. "Nesse tempo você terá aprendido o negócio e feito transações suficientes para me pagar por tê-lo deixado aprender."

Les achou aquele um acordo bastante justo, mas, no prazo de duas semanas, já estava impaciente. Ele odiava lidar com a papelada e o jeito burocrático, atrelado à rotina, que os outros colaboradores pareciam aceitar tão bem. Queria conhecer empreendedores por toda a parte leste de Massachusetts, criar uma rede de contatos para si, e não mais ter de lidar com empréstimos complicados. O que ele poderia fazer para aquele período de dois anos se tornar suportável, ou melhor, apreciável e educativo?

Quando Les pensou nas suas alternativas, deu-se conta de que era o cara novo no pedaço, um alienígena em terra conservadora. Na hierarquia do lugar, seu cargo ficava dois níveis abaixo do ocupado por Gill, e não tinha ninguém abaixo dele. A situação não lhe prometia a liberdade de fazer o que quisesse, da forma que bem entendesse.

Então, Les se lembrou de sua única experiência fora dos negócios da família. Uma semana após conseguir seu bacharelado em administração de empresas, seu pai morreu. Les tirou um ano de folga para vender a empresa paterna antes de começar o MBA. Passados seis meses, o negócio foi vendido e Les estava desempregado. Depois de apenas um mês, a vergonha de ainda estar desempregado o levou a conseguir um trabalho temporário na divisão de compra de *ativos* financeiros no First National Bank of Boston. O entrevistador, que contratou Les, o colocou em um cargo subalterno no setor de aprovação de crédito.

Durante sua primeira semana no banco, o chefe de Les, Richard Ajamian, o convidou para um tomar uma bebida. No meio de uma conversa amena, Richard perguntou: "Você sairá em setembro para se graduar, não é?". Como Les não tentou negar, Richard prosseguiu: "Por mim, não tem problema. Não se preocupe com isso. Olhe, você pode fazer seu trabalho atual vindo duas vezes por semana. Eu tenho 31 anos, e quero galgar degraus no banco. Quero que você me ajude, que seja minha ferramenta para seguir em frente. Vou colocá-lo em nosso programa de treinamento de gerência, o que lhe permitirá ter contato com todos os departamentos do banco. Você conhecerá muitas pessoas, e isto não vai tirar muito do seu tempo. Usarei o programa de treinamento como um pretexto para enviá-lo a todos os setores que envolvam aquisição de ativos. Você vai procurar cada fraqueza do sistema e se reportará a mim toda semana. Desta forma, poderei reforçar meu departamento, e você achará seu trabalho mais interessante."

Les concordou prontamente e, por ser um novato sem os vícios da área e com um ponto de vista arejado, foi capaz de localizar grandes buracos no sistema. Melhor ainda: conheceu várias pessoas importantes do banco, que se tornaram contatos muito úteis em suas aventuras posteriores.

O melhor de tudo é que Les aprendeu que as pessoas podiam iniciar uma negociação por algo desejável oferecendo a perspectiva do ganha-ganha, instigando os interesses da outra parte. As oportunidades que Richard Ajamian lhe dera no banco serviram como um modelo para que ele chegasse aonde queria na Prudential.

Ainda que Les se reportasse nominalmente ao subordinado de Dick Gill na Prudential, seu chefe preferia trabalhar em suas próprias negociações a supervisionar os outros. Les percebeu que Gill seria quem ele deveria influenciar, já que era o especialista da empresa na obtenção de novos negócios. Assim, Gill poderia se interessar em ter alguma ajuda para encontrar novas contas, especialmente os negócios que não seriam, normalmente, de interesse da companhia. Se Les pudesse fazer um acordo com Gill, não ficaria mais preso às burocracias que achava tão irritantes naquele trabalho, conheceria todo tipo de empreendedores e financistas e, em troca, repassaria negócios valiosos para a área de Gill.

Como o departamento era pequeno, o que tornava fácil o contato direto com qualquer um, Les disse para Gill: "Dick, vejo que você conhece todo mundo, mas aposto que gostaria de uma ajuda para trazer novos negócios para a empresa. Posso fazer isso por você, desde que concorde com duas condições: ninguém me dirá em que horas devo trabalhar e alguém deverá cuidar de toda a papelada, excetuando-se os negócios atuais. Não quero ter de lidar com nada dessa bobagem de escritório, tampouco perder meu tempo preenchendo formulários. Se você concordar com isso, trarei mais negócios do que qualquer um que já tenha conhecido. E se os negócios parecerem bons para você, deixe que eu brigo lá em cima pelas aprovações".

Gill prometeu que apoiaria Les se seus esforços dessem resultado. Até isso acontecer, Les estaria por conta própria. Quando Les disse que entendia as condições, Gill concordou com a troca.

Les passou os cinco anos seguintes com a Prudential, agindo do jeito que gostava e gerando o mais alto número de empréstimos na divisão. Ainda que trabalhasse muito, raramente ia no escritório, e não precisava lidar com as exigências do lugar. Quando aparecia, vestia blusas de gola olímpica, e circulava aqui e ali, para depois almoçar no refeitório executivo. Sua conta de despesas, usada para pagar jantares e conquistar clientes – potenciais ou nem tanto assim – era sempre a mais alta no escritório. Les adorava provocar Gill. Uma vez chegou às 9 horas da manhã e, após ouvir a pergunta de Gill sobre o que faria naquele dia, respondeu: "Oh, eu terminei por hoje. Já fechei dois negócios".

Até mesmo a partida de Les envolveu trocas importantes. Após cinco anos, ele foi até Gill para dizer que estava deixando a empresa. Não sabia exatamente o que iria fazer, mas cogitava começar seu próprio negócio. "Tenho uma proposta para você", Gill respondeu. "Fique por mais cinco meses, o que lhe permitirá terminar o negócio grande no qual está trabalhando e lhe dará tempo para treinar seu substituto. Em troca, eu lhe darei um dia de folga extra a cada mês para trabalhar em seu próprio negócio – um dia no primeiro mês, dois no segundo, e assim por diante – sem prejuízo de pagamento. Eu cobrirei você." Les concordou. Ainda que não se mencionasse este acordo no manual de práticas da Prudential, ambos conseguiram o que queriam, e a companhia foi beneficiada.

Se seu objetivo principal fosse ser informal, Les poderia ter focado apenas nisso e criado uma relação antagônica com Dick Gill. (Muitos jovens habilidosos irritam seus chefes por falharem em entender a forma como as coisas funcionam na organização.) Se agisse assim, ele perderia a chance de sair e explorar novos negócios. Ao fixar a meta de se livrar da papelada burocrática da empresa, ele conseguiu tempo para conhecer candidatos potenciais a novos empréstimos. A oportunidade de se comportar de uma forma não convencional viria quando ele provasse seu valor, o que logo aconteceu.

Uma das primeiras exigências em qualquer trabalho é cumprir o que a empresa espera de você. Les teria sido só mais um novato MBA exageradamente confiante e falastrão se não tivesse sucesso em encontrar novos acordos financeiros. Ao combinar a clareza sobre o que queria com uma *performance* excelente, ele se moldou às outras exigências de seu trabalho.

Refrear suas necessidades pessoais, mesmo que temporariamente, não é fácil. Com muita frequência, vemos pessoas consumidas por suas próprias exigências, que as desviam de seus objetivos de trabalho e fazem os outros ficar com um pé atrás ao ouvir o que elas desejam. Não é uma questão de suprimir todos os seus desejos, mas de obter clareza na definição das suas prioridades.

Fatores pessoais que atrapalham

A questão aqui não é apenas o insucesso em separar as questões pessoais do objetivo maior, mas os problemas que podem surgir de necessidades e desejos pessoais bloqueando sua capacidade de obter influência. Tome como exemplo a forma como Carl Lutz acabou frustrado (veja o caso no quadro a seguir).

A lição a ser aprendida não é deixar suas necessidades pessoais completamente de lado; isso é impraticável e contraproducente. Você precisa se envolver pessoalmente para realizar os processos e mudanças que este livro defende. Sem um investimento pessoal, não terá o dinamismo necessário para estabelecer objetivos e ver através deles. Reconheça suas necessidades e as aceite como legítimas em vez de negá-las, afastando-as para além do controle de sua consciência. Mas não seja controlado por elas. Decida, de forma deliberada, quanto trabalhar diretamente em suas necessidades; não as deixe como um subproduto de uma boa *performance*.

Na maioria das situações em que as pessoas buscam uma influência mais acentuada, elas têm necessidades acima e além de seus objetivos de trabalho. Podem precisar de visibilidade para si ou seu departamento, uma associação com um projeto – forma de "fazer meu nome" – e obter aprovação ou respeito. Essas necessidades pessoais extras podem fornecer a energia necessária para enfrentar os momentos mais difíceis, mas também ajudar a empresa. Para ter tempo de atingir as metas de empréstimos com as quais se comprometera, Les Charm precisou se livrar das demandas burocráticas e atuar com autonomia maior que a convencional. Atingir os objetivos, portanto, justificou a concessão de maior liberdade por parte da empresa. Suas necessidades pessoais se encaixaram com seus objetivos profissionais e as exigências do trabalho. No lado oposto, as necessidades pessoais de Carl Lutz estiveram à frente das tarefas relacionadas ao trabalho, o que produziu um conflito desnecessário.

Os perigos de perder contato com suas próprias necessidades e habilidades

Carl era vice-presidente de sistemas de informação em uma grande companhia de serviços financeiros. Ele subira de forma estável na hierarquia da organização e, ambicioso como era, cobiçou o posto de vice-presidente sênior.

Com um misto de perplexidade e incômodo, por duas vezes, foi preterido nesta promoção. Ainda que fosse brilhante, aqueles que trabalhavam com Carl o achavam mal-educado, egoísta, e suspeitavam de sua falta de capacidade para assumir um trabalho que pedia uma considerável habilidade política e grande sensibilidade pessoal.

Carl tinha pouca paciência com o estilo delicado e impessoal usado nos altos escalões. Atacava aqueles que usavam este tipo de estilo sutil, dizendo que estavam "sempre à procura de barganhas, sempre preocupados com a forma – nunca com o conteúdo –, sem coragem de defender suas convicções".

Na primeira vez em que Carl foi preterido, seu chefe tentou explicar-lhe por que não tinha sido selecionado. Mas tão apegado à sua busca por *status*, Carl não conseguia ouvir. Com teimosia, insistia em reclamar do tratamento injusto. Seu rompante raivoso e intempestivo só serviu para aumentar a convicção dos outros de que era "impossível" trabalhar com ele. Como resultado de sua incapacidade de aprender, Carl acabou convidado a se retirar da empresa.

Pior ainda, a incapacidade de pensar sobre suas prioridades o impediu de perceber que realmente gostava de tarefas técnicas e complexas, muito mais que do trabalho de gestão. O mais irônico nessa história é que a divisão onde Carl trabalhava teria ficado satisfeita em lhe dar mais responsabilidades em grandes projetos de desenvolvimento de sistemas, atividade na qual teria se destacado e gostado mais.

Outra forma pela qual necessidades corporativas e pessoais podem entrar em conflito, ou apoiar uma à outra, surge quando há dificuldades interpessoais com alguém de quem você particularmente gosta e está hesitante em ofender, ou quando você teme a pessoa e não quer despertar a ira dela. Seu trabalho exige que lide de forma direta com as dificuldades interpessoais, ou pode ser realizado de forma a lhe permitir certa área de manobra no campo dessas relações? Você precisa colocar de lado seus sentimentos para fazer a coisa certa ou é absolutamente necessário primeiro abordar as questões delicadas? Se trouxer à tona sua infelicidade com a atuação da outra pessoa, você o fará de um jeito habilidoso (discutido adiante no Capítulo 9, sobre influenciar subordinados difíceis), ou será impossível lidar com as questões sem criar um incêndio? A triagem cuidadosa de suas prioridades é muito mais complicada quando sentimentos pessoais e trabalho estão entrelaçados, mas isso é necessário se você quiser realmente ser eficiente – ou se quiser evitar ficar doente de tanto engolir sentimentos que tem medo de pôr para fora.

Mais uma barreira ligada às necessidades pessoais surge quando você é guiado por um desejo de visibilidade e reconhecimento em momentos nos quais assumir uma posição discreta é, de longe, o mais apropriado. Por exemplo, você tenta conseguir que pessoas independentes e poderosas cooperem com a execução de um novo processo com o qual ainda não se sentem confortáveis. Se estiver focado em manter o apoio delas só nos bastidores, para que você ganhe o devido crédito pela ideia, pode ser que sua necessidade de se destacar torne os outros ainda mais relutantes. Você precisa tanto assim de crédito que tem de ser o centro das atenções? Será que você não pode fazer sugestões, mostrando os benefícios que o projeto trará, e depois dar um passo atrás para deixá-los sentir que também têm responsabilidade pelo negócio?

Outro problema ocorre quando seu desconforto pessoal com uma moeda de troca ou outra o impede de usá-la. Por exemplo, algumas pessoas ficam tão desconfortáveis com uma possibilidade de confronto, que não se envolvem em nada que esbarre nisso, não importa quão necessário seja: "Oh, eu não posso lhe perguntar isto. Fará que ela fique cheia de argumentos e me ataque". Da mesma forma, outros têm tanta necessidade de ser queridos que não conseguem discutir nada que possa vir a causar desconforto. Existem ainda os que não gostam de intimidade e, por consequência, têm problemas em lidar com pessoas que queiram trocar sentimentos e que precisem de maior proximidade.

O último problema refere-se a um tópico já mencionado: você se recusa a pagar em uma determinada moeda de troca porque não gosta dela ou não a aprova, e acha que ninguém deveria valorizá-la. Talvez você seja afastado pelas pessoas que batalham por *status* porque crê que todo mundo precisa tratar os outros de forma igual. Ou pode ser que, ao ver um colega desejando reconhecimento, despreza esse tipo de postura. Talvez sejam aqueles que querem poder e áreas cada vez maiores de influência que fazem seu sangue ferver. Mas influência refere-se àquilo que tem de ser feito para conseguir que cooperem com você, e não à imposição de seus valores aos outros. Você tem todo direito de nutrir sentimentos tão fortes a respeito de algumas moedas de trocas a ponto de se recusar a usá-las ainda que isto lhe custe a influência que deseja. Você pode escolher estar *certo*, em vez de eficiente. Apenas faça isso sabendo das consequências.

Seja flexível em relação a atingir objetivos

Mesmo quando conhecem seus objetivos principais, as pessoas podem perder influência por serem inflexíveis na forma como tentam alcançá-los. Às vezes, indivíduos com uma ideia empolgante e grande comprometimento se tornam mais fixados nessa finalidade do que o necessário. Eles se fecham na idealização detalhada que criaram e ignoram as variações que também podem funcionar. Desta forma, perdem a chance de conseguir pelo menos a metade do pão – e às vezes um pão até melhor, só que diferente – por se negarem a aceitar as ideias de seus aliados.

Uma pesquisa mostrou que pessoas que realizaram mudanças importantes em suas organizações eram, ao mesmo tempo, persistentes e flexíveis.[1] Elas se apegavam à essência dos resultados que almejavam, mas estavam dispostas a mudar sua abordagem quando lidavam com as muitas partes interessadas cuja cooperação era necessária. Às vezes, até a visão fundamental mudava quando o contato com a realidade trazia à luz novas possibilidades e limites; embora, com maior frequência, fossem os detalhes e caminhos que mudavam, enquanto a visão permanecia intacta.

Les Charm, por exemplo, sabia que queria começar seu próprio negócio, e desejava usar suas habilidades e contatos para isto. Inicialmente, ele pensou que trabalharia para a Prudential por apenas dois anos, mas tinha bem claro que experiência e uma sólida rede de contatos eram importantes. Por isso, ficou mais de cinco anos na empresa, para que continuasse a aprender e a construir sua rede de contatos.

Ajuste as expectativas quanto ao seu papel e ao de seu aliado

As pessoas podem limitar seu poder e perder opções quando definem arbitrariamente as fronteiras de trabalho entre elas mesmas e aqueles potenciais aliados.

As funções convencionais, quando descritas, podem restringir as pessoas de uma forma mais acentuada. Há várias razões para tanto. Uma é a natureza inconstante do mundo do trabalho. O contrato (ou troca) convencional entre organizações e indivíduos sempre foi "faça seu trabalho, e a companhia tomará conta de você". Havia grande ênfase na necessidade de o colaborador permanecer dentro das linhas e fluxogramas da empresa e não interferir no trabalho cuidadosamente delimitado de outras pessoas. Mas os indivíduos agora têm de fazer mais do que está listado em suas descrições de trabalho, pois um único conjunto de regras não consegue antecipar todas as mudanças vigentes no mundo profissional. Assim, hoje em dia, é exigida iniciativa do colaborador, em vez de acomodação.

Outra razão pela qual as pessoas tendem a restringir de forma excessiva sua capacidade de atuação relaciona-se a atitudes fora de moda no que tange à autoridade. Uma coisa é passar dos limites ao lidar com seus pares, outra é fazer a mesma coisa com um superior que exerce poder formal sobre você. Tradicionalmente, também tem havido uma *troca* explícita entre chefe e subordinado: "Deixe-me tomar as decisões importantes porque eu, o chefe sábio, farei as coisas como elas devem ser feitas". Subordinados aceitam esta troca porque, assim, jogam as decisões difíceis nas mãos de outros. Quem não sonha com o gestor perfeito: atencioso, mas nem por isso se esquece do trabalho, consegue corrigi-lo sem ser grosseiro, é capaz de dar autonomia aos colaboradores sem deixá-los à deriva? Mas esse superior inteligente e onipotente só existe na nossa imaginação, o que deixa o subordinado cheio de esperanças preso em uma armadilha corporativa. Se os gestores não fazem "o que é esperado que eles façam", o que esperar então de alguém inferior na hierarquia?

As vantagens em relaxar os limites das definições de trabalho

O chefe de Arthur, Theo Snelling, ainda que competente em muitos aspectos, tinha grande dificuldade em produzir memorandos. Isso significava que as decisões não eram comunicadas de forma adequada à organização. Theo era europeu, sentia-se inseguro quanto ao seu inglês, e teimava em criar a mensagem perfeita, para a qual nunca havia tempo suficiente.

Essa questão deixava Arthur profundamente frustrado. Discutir o assunto com Theo gerava desculpas, mas nenhuma ação. Ainda que não fossem a questão mais importante no departamento, os memorandos eram um incômodo crescente.

Arthur finalmente percebeu que estava preso em uma visão de propósito rígida demais: "Esse é o trabalho do Theo, e ele deveria realizá-lo".

Quando Arthur compreendeu isso, foi até seu chefe e se ofereceu para rascunhar os memorandos para ele. Para ele, esta não era uma grande tarefa. Essa troca positiva, porém, resultou em múltiplos ganhos: os memorandos não apenas passaram a ser produzidos e divulgados rapidamente, ajudando a reforçar as decisões do departamento, como também Arthur acumulou crédito com Theo; crédito que se tornou muito útil, fazendo que obtivesse apoio do chefe mais tarde, em projetos mais polêmicos.

Você pode influenciar até seu chefe

Ainda que o Capítulo 8 seja inteiramente dedicado a como influenciar seu chefe, exploraremos rapidamente o tópico aqui, pois essa é uma área-chave, na qual a maioria das pessoas age com menos influência do que poderia. Com muita frequência, os colaboradores se limitam a "fazer um trabalho de qualidade dentro do prazo" ou "manter o nariz limpo" e ignoram as outras moedas de troca que poderiam oferecer aos seus gestores – e das quais estes precisam. Eles também raramente agem como

Les Charm fez: ver as necessidades fundamentais do chefe e depois descobrir como atendê-las.

Quando está genuinamente alinhado com os objetivos e interesses do seu gestor, você tem tudo para ir atrás do que quer. Pode discordar de seu chefe e ser elogiado por isto. Na maioria dos casos, dar ao seu gestor o que ele precisa pode lhe garantir a oportunidade de fazer exigências, conversar francamente com ele e efetuar mudanças.

Mas o que você tem que seu chefe precisa? Quais são suas moedas de troca? Ainda que todo chefe tenha interesses particulares que são únicos, há algumas moedas de troca universais além daquelas que mencionamos no Capítulo 3, que a maioria dos chefes se deliciaria em receber. Pense naquelas que tem a oferecer.

Ainda que a lista na Tabela 5.2 esteja longe de esgotar o tema, a consciência de como gerar esses tipos de moedas de troca permite que você passe do patamar no qual apenas "faz um pedido" (deixando-o dependente da boa vontade alheia) para o ponto em que é possível associar suas solicitações aos objetivos do chefe ou criar créditos que, mais tarde, poderão ser trocados por resultados que você almeja.

Conheça suas necessidades e desejos, mas não se esqueça da pessoa que você quer influenciar

Na primeira seção deste capítulo, frisamos a importância de ter objetivos claros e uma imagem bem nítida do que você precisa. Ainda que fundamental, esta atitude serve apenas como primeiro passo para lidar com quem se quer influenciar. Se restringir o foco ao que você quer, a mudança será definida segundo as suas necessidades, em vez de abranger as preferências da pessoa influenciada, o que é uma estratégia com mínima possibilidade de sucesso.

Se você enxergar claramente o que quer (e se essas exigências estiverem razoavelmente de acordo com o que as pessoas podem oferecer), estará livre para direcionar seu foco ao que os outros precisam dessa transação. Depois, examinando quais recursos possui, você decide como a troca atenderá às suas necessidades. Não ter moedas de troca valiosas a oferecer é a fórmula infalível para a perda de poder.

Autoarmadilhas: a perda de poder na realização de trocas

Nem todas as dificuldades em realizar trocas são causadas pelas necessidades da outra pessoa. Por diversas razões, você pode criar o problema sozinho.

Relutância em fazer exigências legítimas

Logo adiante, mostramos um exemplo (veja o quadro na página 96) em que Jim começa a criar moedas de troca que seriam valiosas para seu chefe. Algumas pessoas, entretanto, experimentam falhas de poder porque não sabem cobrar as obrigações que os outros lhes devem. Quando alguém que "lhe deve" não reconhece isso, você se frustra e desiste? Tem medo de prejudicar a relação por causa da insistência? Já considerou a possibilidade de que a outra pessoa não se dá conta de tudo o que você fez, ou ela sabe, mas não presta atenção nisso no momento? Talvez seu colega presuma que foi meramente seu trabalho, e você precise mostrar quanto esforço foi necessário para ajudá-lo. E considere também a probabilidade de que você seja valioso para seu colega, e ele esteja tão preocupado em perder a sua boa vontade quanto você em não prejudicar a relação. No mínimo, vale tentar.

Tabela 5.2 Moedas de troca que você possui e são valiosas para qualquer chefe

Atuar acima e além do que é exigido é uma forma tradicional de acumular créditos com qualquer chefe, mas continua fundamental. Quando Les Charm (no caso descrito anteriormente) pediu para buscar, de forma mais direta, oportunidades de negócios diferentes e rentáveis, uma amplitude extraordinária de campo de ação lhe foi dada; e isso ocorreu porque um gestor apreciava os resultados obtidos e se dispôs a flexionar as regras para acomodar a atuação de um colaborador de alto desempenho e que trazia mais do que o esperado.

Não ter de se preocupar com a área do subordinado, sabendo que ele cumpre suas tarefas, como Les Charm fez quando encontrou novos clientes.

Saber que o colaborador levará em conta fatores políticos nas questões corporativas (o que Les Charm, por viver perigosamente, se recusou a fazer quando torceu o nariz para o código de vestimenta da empresa).

Poder confiar no subordinado como uma caixa de ressonância; o chefe agradece se puder contar com alguém em seu departamento que se certifique de que ele não dê um tiro no próprio pé.

Poder confiar no subordinado como uma fonte de informação sobre outras áreas da organização, assim como da parte de baixo.

Manter o chefe informado dos problemas; certificar-se de que não haja surpresas. Como tantas pessoas distorcem o que contam a seus chefes na crença de que eles querem ouvir apenas o que lhes agrada, os gestores estão sempre na posição de querer e precisar de informação realmente confiável sobre o que acontece na companhia. O subordinado é valorizado e recebe confiança quando prova ser uma fonte confiável de informações, demonstra eficiência em antecipar a reação dos outros, alerta o chefe a respeito de eventuais campos minados e também o informa sobre os problemas potenciais.

Representar o chefe (da forma correta) junto às demais partes da empresa, o que o libera para outras atividades importantes.

Você tem mais a oferecer do que pensa... 95

Ser uma fonte de criatividade e novas ideias.

Defender e apoiar as decisões do chefe (e da empresa) entre seus próprios subordinados. Já que muitos colaboradores colocam a culpa de qualquer decisão complicada no "chefe" ou nos "eles" invisíveis do topo da hierarquia, os gestores ficam agradecidos quando um subordinado atua junto aos colegas deixando claras suas ações, em vez de sutilmente minar a credibilidade do chefe sugerindo que todas as decisões impopulares são simplesmente impostas de cima para baixo.

Fornecer apoio e encorajamento, "ser do time do chefe". Estar no topo da hierarquia nem sempre é uma posição solitária, mas a pessoa no comando frequentemente acha impossível explicar por que tem de tomar determinadas decisões. Além disso, muitos acham que o poder de afetar a vida dos outros é um fardo pesado. Gestores apreciam especialmente a lealdade de seus subordinados, e também seu encorajamento ou a disposição em lhe dar o benefício da dúvida. Até líderes fortes e ousados valorizam ter por perto alguém que cerre fileiras com eles, aconteça o que acontecer. Isso só funciona se você gostar genuinamente do seu chefe; mas, se for assim, é uma força potente.

Tomar iniciativa com novas ideias, prevenindo problemas em vez de esperar que eles aconteçam. Em uma época de mudanças rápidas, há ainda maior necessidade de que os subordinados tomem iniciativas, em vez de esperar instruções que, inevitavelmente, chegam tarde demais. A disposição de tomar a frente das questões para prevenir problemas é valiosa, e com frequência notável.

Iniciativa inesperada de uma colaboradora de baixo escalão valorizada por seu chefe

Betsy Barnes tinha só 19 anos quando começou a trabalhar como recepcionista em uma firma de consultoria gerencial. Uma tarde, durante sua primeira semana no emprego, descobriu que não recebera um conjunto de *slides* para a apresentação de um cliente importante. Betsy ligou para o laboratório fotográfico e foi informada de que os *slides* nunca chegaram lá. Quando insistiu que sim, que haviam sido entregues em mãos dois dias antes, o supervisor do laboratório respondeu que era impossível e que Betsy teria de procurar pelo filme dentro do seu escritório.

Betsy vasculhou a pilha de papéis ainda não arquivados e encontrou o recibo do laboratório. Ligou de volta e repetiu que eles deveriam procurar melhor. O funcionário do laboratório, mais uma vez, disse que ela estava errada, mas a recepcionista bateu o pé, insistindo em falar com o gerente, e pelo telefone guiou-o na busca do filme perdido. Quando ele finalmente o localizou, Betsy persistiu na pressão para que o trabalho fosse feito imediatamente, e ainda disse que um mensageiro poderia pegar os *slides* prontos naquela tarde, a tempo de o presidente da companhia levá-los à sua apresentação.

Por acaso, o presidente passava perto da mesa de Betsy enquanto ela pacientemente, mas de forma assertiva, exigia que o laboratório procurasse pelo filme. Ele ficou impressionado ao ver aquela colaboradora, jovem e nova na empresa, antecipando-se de forma tão eficaz e certificando-se por conta própria de que os *slides* estariam prontos, consciente do fato de que a apresentação de seu chefe seria um desastre sem eles. Ele não apenas a premiou com um bônus instantâneo, como também disse ao gerente do escritório que Betsy tinha grande potencial. Passados dois meses, ela foi promovida a uma posição de maior importância, gerenciando vendas de materiais.

Nesta situação, não foi por premeditação que Betsy avaliou as necessidades de seu chefe e as satisfez para conseguir o que queria. Mas sua iniciativa funcionou nesse sentido. A troca não precisa ser um ato consciente para ser precisa e efetiva.

Você não tem de se tornar um sovina, acumulando favores devidos e lembrando constantemente as pessoas de que elas estão em débito com você, para fazer valer pedidos legítimos quando os outros falharem em perceber seu esforço. Pelo menos comece uma conversa direta e pergunte sem rodeios, mas educadamente, se é real sua impressão de que seus esforços em prol do departamento e da empresa estão sendo ignorados. Até que seu colega entenda seu lado, você já lança a bola antes de começar a partida. Levantar a questão não garante a resposta que você deseja, mas ao menos põe a bola em jogo.

Recompondo uma necessidade pessoal em um possível benefício ao chefe

Jim tinha um problema com Wes, seu chefe, que tendia a reter informação. Isto significava que Jim, com frequência, era informado sobre os planos da diretoria da empresa por seus próprios subordinados, o que enfraquecia sua credibilidade e sua influência diante deles.

Por exemplo, Jim soube por meio de um dos membros de sua equipe que a empresa planejava extinguir um dos departamentos. Ao perceber que Jim ainda não possuía aquela informação, o subalterno ficou claramente surpreso e, depois, desconcertado.

As tentativas anteriores em que Jim pediu para Wes mantê-lo mais bem informado não surtiram efeito. Jim começou a temer que Wes o visse como alguém exigente e inseguro. Para obter melhores informações, Jim precisou fornecer a Wes algo valioso. Em vez de colocar sua solicitação como algo necessário somente para si mesmo, Jim foi até Wes e disse: "Já conversamos anteriormente sobre a importância para nosso departamento de ser visto como bem informado e no controle da situação. Como você disse muitas vezes, nós temos credibilidade quando 'detemos conhecimento'. Concordo com isso e quero atuar dessa forma, mas às vezes não consigo. Quando as coisas estão ruindo e não fico sabendo disso por você, nosso departamento acaba passando por tolo. Poderíamos estabelecer uma reunião de dez minutos todas as terças de manhã, nas quais você resumiria para mim o que está acontecendo e quais são as novidades?".

Ao expressar seu pedido demonstrando que *também* atenderia aos interesses de Wes (e da organização) – em vez de mirar apenas os próprios interesses –, Jim finalmente conseguiu o que queria. Ele ofereceu uma moeda de troca – a reputação do departamento – que Wes achava valiosa o suficiente para concordar em participar de reuniões regulares.

Relutância em exigir o que você precisa

Uma variação do fato de não convencer as pessoas a cumprirem obrigações legítimas é não conseguir fazer exigências claras que atendam aos seus objetivos principais. Isso acontece quando você sabe que não pode sair dando ordens e espera resistência da outra parte. Então fala apenas indiretamente sobre o que deseja, em vez de dizer o que quer com clareza e confiança. Se é importante e você não realiza esse projeto para sua glória pessoal, e sim por razões legítimas ligadas ao negócio, não precisa se conter e parecer dissimulado, ou tentar, a cada instante, provar o valor de seu pedido. Se você não puder ajudar os outros a ver como a cooperação será útil para obter o que eles desejam, talvez não seja suficiente só afirmar que sua causa é justa – mas pedir com confiança sempre ajuda.

Relutância em cobrar dívidas

Sheila Sheldon, curadora de uma exposição importante em um museu de arte, reclamava por atender às necessidades de vários chefes de departamento sem que eles respondessem bem aos seus pedidos. "Sempre saio do meu caminho por eles, cedendo membros de minha equipe para projetos deles, pesquisando para tirar suas dúvidas, ou cedendo espaço de armazenagem. Mas não consigo me obrigar a alertá-los quando preciso de algo. Eles deveriam saber! É o mínimo que posso esperar se forem bons colegas. Por que eles não conseguem cumprir suas obrigações?", pensava.

O modelo de influência e relacionamentos de Sheila dependia unicamente da atenção de seus colegas em relação ao que ela havia feito, seu valor para eles e sua boa vontade, coisas nas quais não se pode confiar. Eles percebiam quantas inconveniências ela enfrentava para ajudá-los? Achavam que apenas fazia o trabalho dela? Que os gestos e favores tinham bem menos utilidade do que ela imaginava? O fato de Sheila sempre sofrer em silêncio tornou-os insensíveis aos seus esforços e à sua necessidade de reciprocidade, levando-os a acreditar que ela estava satisfeita em se sacrificar por eles? Como Sheila não levantava a questão, não havia jeito de descobrir.

Conhecendo a moeda de troca apropriada – mas sentindo-se desconfortável em usá-la

A maioria das pessoas não se sente à vontade em lançar mão de alguma das moedas de trocas que possuem. Para alguns, elogiar ou louvar algo faz que se sintam fracos ou falsos. Para outros, o desconforto pode estar associado a futuros objetivos ambíguos. Também tem gente que prefere ficar em sua zona de conforto, sem correr o risco de ver sua ideia rechaçada ou um projeto rejeitado. Se existe uma área onde você sempre tenta contornar, procure descobrir como superar sua aversão ou passará a ser muito menos influente do que poderia. Se necessário, faça exercícios práticos com um colega confiável ou amigo.

Conhecendo a moeda de troca apropriada – mas não querendo satisfazer a outra pessoa

O problema surge quando você descobre o que a outra pessoa deseja, mas não suporta a ideia de agradá-la, devido ao histórico entre ambos ou a sentimentos negativos em relação a ela. Por exemplo, trabalhamos com um grupo de cientistas que lidavam com reguladores do governo vistos como intrusivos e detalhistas. Os cientistas deduziram que fornecer mais informação, antes de ser solicitada, tornaria o trabalho dos reguladores mais fácil e, provavelmente, faria que fossem menos exigentes ("afinal, é o trabalho deles ficar informados"). Mas odiaram a ideia. Tão acostumados a pensar nos reguladores como inimigos, eles tiveram problemas em cooperar, ainda que soubessem que isso serviria aos seus interesses.

Pagar com atenção a necessidade alheia de reconhecimento por seus feitos é outro caso em que vemos muita gente fracassar: "Sei que, se tivesse reconhecido a importância do trabalho de determinada pessoa, obteria maior cooperação. Mas eu não consigo conceber a ideia de ajudar aquele egomaníaco a conseguir qualquer glória que seja". Como já dissemos, esta é uma escolha sua, mas tome uma decisão consciente, e não reclame se o custo for a perda de influência. Tenha suas prioridades sempre em mente.

Monitore sua autoconsciência

Para ser capaz de adquirir maior poder, você precisa entender a si mesmo bem como o seu aliado potencial. Use a Tabela 5.3 para monitorar sua autoconsciência.

As questões dessa lista requerem muita atenção se você estiver decidido a se tornar tão poderoso quanto possível. Você, então, terá a capacidade de conseguir cada vez mais influência ao fazer trocas bem-sucedidas.

Essa tabela deve ajudá-lo a tirar o máximo de sua capacidade de influência. Mais adiante, no Capítulo 6, discutiremos com maior profundidade como conquistar, construir e restaurar as relações que são necessárias para a influência.

Tabela 5.3 *Checklist* **de autoconsciência**

- ☐ Quais são exatamente seus objetivos na tarefa ou no projeto?
- ☐ Quais são os objetivos de maior importância, e quais podem ser colocados de lado, se necessário?
- ☐ Quais são seus objetivos pessoais e de carreira? Eles o ajudam ou atrapalham a ser bem-sucedido nessa tarefa?
- ☐ Você usa todos os recursos disponíveis?
- ☐ Enxerga as moedas de troca que pode ganhar ou ter disponíveis para negociar?
- ☐ Você consegue ser colaborativo ou combativo, dependendo da necessidade?
- ☐ Está disposto a fazer valer seus legítimos direitos, exigindo o que lhe é devido?
- ☐ Reluta em usar algumas moedas de troca, mesmo sabendo que elas seriam extremamente úteis? Você sabe o que o impede de fazer isso?

6

Construindo relacionamentos eficazes: a arte de encontrar e desenvolver aliados

O estranho para o lado de dentro do meu portão
Ele pode ser verdadeiro e gentil,
Mas ele não fala a minha língua...
Eu não consigo sentir o que ele pensa.
Eu vejo o rosto e os olhos e a boca,
Mas não a alma por trás.
Os homens em quem confio
Podem estar doentes ou sãos
Mas contam as mentiras com as quais estou acostumado,
Eles estão habituados às mentiras que eu conto;
E nós não precisamos de intérpretes
Quando vamos comprar e vender.
Os homens em quem confio
Amargos e maus, podem ser
Mas, ao menos, eles ouvem as coisas que eu ouço,
E veem as coisas que eu vejo;
O que quer que eu pense sobre eles e seus semelhantes
Eles pensarão o mesmo sobre mim e os meus.
– Rudyard Kipling, "O Estranho"

Relacionamentos importam

Não é difícil construir relacionamentos com aqueles que você conhece bem e com quem compartilha objetivos, valores e gostos similares. Suas premissas e maneiras de enxergar o mundo são familiares. Seu comportamento, mesmo aquele que gera discordância, é previsível, e eles podem ser influenciados por métodos conhecidos.

Mas as empresas estão cheias de pessoas que chamamos de "estranhos". Que veem o mundo de forma distinta porque trabalham para diferentes funções e gestores; diferem de nós em sexo, idade, raça, etnia e país de origem; ou receberam treinamentos e tiveram experiências diferentes. Tudo isso é resultante da exigência de trazer uma expertise diversa para lidar com problemas corporativos complexos. Hoje em dia precisamos de uma gama maior de indivíduos, conhecimentoss e enfoques do que no tempo de Rudyard Kipling (1865-1936). Naquela época, membros dos Serviços Administrativos Britânicos eram treinados para "pensar como a Rainha", porque assim saberiam o que fazer quando mensagens e instruções levassem muito tempo para chegar às colônias. E como eram recrutados da mesma estreita classe social e compartilhavam as mesmas limitações, já tinham uma boa base para construírem entre si relacionamentos próximos e sem grandes atritos. As condições atuais exigem maior esforço para construir relacionamentos eficazes com a vasta gama de pessoas cuja cooperação é necessária.

Em quaisquer circunstâncias, relações confiáveis, abertas e francas trazem diversos benefícios:

- A comunicação é mais completa, portanto, é mais provável que você entenda as necessidades e os costumes da outra pessoa.
- É mais provável que a outra pessoa aceite sua palavra ou esteja aberta a ser influenciada.
- Você pode pagar mais tarde com uma gama muito maior de moedas e de forma mais livre.
- Moedas pessoais onde já existe algum tipo de conexão tornam-se mais importantes, o que aumenta a variedade de moedas com as quais você pode pagar.

Ainda que as transações possam ser tão claramente benéficas para ambas as partes que a relação entre elas se torne irrelevante, na maior parte do tempo há muitas formas de uma relação enfraquecida afetar a probabilidade de influência.

A seguir, exemplos do que ocorre em uma relação enfraquecida.

- Diminui o desejo da outra pessoa de ser influenciada.
- Desvirtua a precisão das moedas de troca e as intenções de cada um.
- Aumenta o ônus da prova:
  - Na atuação da outra pessoa.
  - Na entrega daquilo que o outro se comprometeu a realizar.
  - No valor do que é oferecido a você em troca.
  - No tempo esperado de retribuição.

- Diminui a tolerância à ambiguidade inerente a estimar bens e serviços para troca.
- Reduz a disposição de as partes se empenharem, e aumenta a má vontade: "Eu prefiro arder em chamas a ajudar esse rato!".

Estes são grandes obstáculos quando se tenta conseguir influência. Se todas as relações começassem com essas desvantagens, a vida nas empresas seria paralisada. Por sorte, apenas os mais desafortunados não têm relacionamentos sólidos e confiáveis. A maioria dos membros das organizações conhece uma ou mais pessoas com quem se pode ser aberto e direto, e percebe os benefícios desse tipo de relação. Problemas surgem com todos aqueles colegas que não são tão confiáveis. Negociar com estranhos já é complexo o suficiente. As complicações se multiplicam quando você tenta influenciar alguém que ouviu algo negativo sobre a sua reputação ou alguém com quem você, previamente, passou uma má experiência.

O que você pode fazer quando não tem um bom relacionamento como ponto de partida, ou quando não tem nada de relevante em comum com o outro?

Adapte-se ao estilo de trabalho preferido da outra pessoa ou do grupo

O estilo de trabalho é uma das áreas mais acessíveis para construir relações. Todos têm certo estilo de trabalho – um jeito de resolver problemas, lidar com os outros e realizar suas tarefas. Algumas pessoas preferem analisar cuidadosamente antes de agir; outras gostam de explodir e remendar o buraco depois. Alguns gestores só querem que os subordinados cheguem até eles com as soluções já prontas, enquanto outros desejam que os colaboradores busquem ajuda quando o problema ainda está no começo. Na construção de uma relação de trabalho, há quem goste de conhecer o colega antes de discutir a tarefa, mas outros não estabelecem qualquer relação de proximidade até que haja alguma interação de sucesso.

Estilos preferidos vêm de treinamento e experiência, das exigências em empregos anteriores e da personalidade de cada um. Culturas criam estilos de trabalho também. Em muitos países asiáticos e latinos, nenhum serviço pode ser executado antes que os colegas tenham tomado café e chá juntos e conversado. Em regiões dos Estados Unidos, entretanto, nota-se certa impaciência por parte dos colaboradores se eles não começam o dia enfrentando logo seus afazeres, deixando a sociabilidade para depois.

Objetivamente não há uma "forma correta" de interação ditada pelos céus ou gravada em pedra. De forma subjetiva, porém, as pessoas geralmente sentem que há um jeito certo – o delas! Frequentemente, não estão conscientes quanto aos seus estilos. Parece tão natural que deve ser inerentemente correto. Mas, ao lidar com os outros, é importante estar consciente sobre o seu estilo e o da pessoa que você quer influenciar.

Você já viu um gestor que exige solicitações precisas por escrito, mas fica enlouquecido com um colaborador que lhe diz o que vem à cabeça quando vê o chefe no corredor? Um gestor que observamos repetidamente pedia propostas formais concisas, mas geralmente recebia as mesmas solicitações vindas do nada de um subordinado teimosamente informal. Esse subordinado achava que tudo era burocracia desnecessária.

Não estar atento ao seu estilo pode impedi-lo de considerar outras possibilidades de abordagem e limitar sua habilidade de se conectar.

Plano de ação

Ao checar a lista de diferenças comuns no estilo de trabalho (veja Tabela 6.1 na página 104), você identifica seu predileto e pode compará-lo com as preferências da pessoa que quer influenciar. As diferenças no estilo encaixam-se em algumas das dificuldades que ambos têm trabalhado juntos? Se a resposta é sim, você tem uma escolha. A opção é adotar o estilo preferido pela outra pessoa. Mas, se ela estiver disposta, vocês podem iniciar um diálogo sobre seus estilos diferentes e ver se há um modo de proceder que satisfaça aos dois.

Ainda que estilos de trabalho diferentes sejam uma causa frequente para o surgimento de problemas sérios, às vezes o conflito resulta de diferenças genuínas de caráter e modos de agir. Pessoas muito astutas e fortes podem ter visões opostas sobre, por exemplo, uma direção estratégica fundamental.

Com tanta intensidade em suas certezas, essas pessoas passam a acreditar que o problema é a teimosia do outro, em vez perceber que há uma legítima desavença de trabalho, e se tornam incapazes de alcançar um entendimento. Não queremos minimizar esses desacordos honestos como fontes de disputas de influência, mas eles não deveriam ser criados por problemas de comunicação provocados por diferenças ainda não reconhecidas de estilo de trabalho. Solucionar desacordos legítimos de trabalho já é tarefa importante demais para que o peso extra de estilos conflitantes seja adicionado à equação.

Para todas as ocasiões: aumentando seu repertório de estilos de trabalho

Embora a maioria limite seu poder de influência em função de uma definição demasiadamente estreita do entendimento das moedas de troca que pode oferecer, essas pessoas também se prejudicam por colocar em foco apenas um estilo de interação.

104 Influência sem autoridade

Já ressaltamos a importância de um estilo de negociação aberto e colaborativo com os potenciais aliados. Mesmo no caso de usar o estilo preferido (especialmente com pessoas que serão necessárias em futuras interações), às vezes é preciso manter um pouco de distância, como descobriu a gerente de recursos humanos (veja quadro na página 106), ou adotar a atitude contrária, partindo para a confrontação e ameaça, desde que seja de forma cuidadosa. Fazer isso com êxito exige mais do que disposição para ser duro, pois ameaças infundadas são vazias e mera autodefesa. O exemplo de um estilo combativo (no quadro da página 107) ilustra como a própria atuação habilidosa suporta o confronto. Você não quer estar na posição de incitar uma ameaça só para ouvir a resposta sarcástica: "Conseguiu algum dinheiro? Chame alguém que se importe!".

Tabela 6.1 Diferenças de estilo de trabalho

Foco nos problemas (copo meio vazio, o que não foi cumprido, o que falhou).	Foco no sucesso (o que foi cumprido).
Pensamento divergente (explora novas opções; expande o que está sendo considerado).	Pensamento convergente (reduz opções; leva rapidamente a soluções).
Quer estrutura (gosta de regras e rotinas; previsibilidade, sem surpresas).	Confortável com ambiguidade (poucas regras e regulamentos).
Análise, depois ação (estuda opções antes de agir).	Ação antes da análise (age rapidamente; reúne dados de resultados).
Foco no quadro global.	Foco nos detalhes.
Lógico/racional (quer fatos/dados, não confia na sua intuição nem na dos outros).	Intuitivo (segue seus palpites, e sua própria intuição – coloca menos confiança em fatos e dados).
Busca riscos (gosta de arriscar, disposto a falhar, tenta novas aproximações).	Evita riscos (tende a ser muito cuidadoso, prefere o que já foi testado e provado).
Respeita autoridade (apoia a autoridade estabelecida, pode adiar e não repelir).	Rebate autoridade (discorda, repele a autoridade).
Relações em primeiro lugar (às vezes disposto a sacrificar a qualidade da tarefa por bons sentimentos).	Tarefa em primeiro lugar (maior ênfase no sucesso do trabalho do que em boas relações).

Busca/valoriza/encoraja conflito (e desacordos).	Evita/suprime conflito (e desacordos).
Competitivo (gosta de competir, transforma as situações em testes de vencer-perder).	Colaborativo (prefere colaborar; busca resultados em que todos ganham).
Responde primeiramente às próprias necessidades (e preocupações).	Leva em conta, primeiro, os outros (necessidades e preocupações).
Gosta de estar no controle (determina a direção, natureza das atividades, quer aprovar todas as decisões).	Gosta que outros assumam o controle (determina a direção, a natureza das atividades, aceita decisões).
Otimista (a respeito de como as coisas vão sair; vê probabilidade de sucesso).	Pessimista (a respeito de como as coisas vão sair, vê probabilidades de falha).
Gosta de trabalhar sozinho (em projetos).	Prefere trabalhar com os outros.

Uma completa divergência de estilos de trabalho e as consequências negativas

Como em uma tragédia grega, Jack Walters e Alexander Athanas levaram esse tipo de divergência a um final infeliz. Jack fora recentemente nomeado vice-presidente de marketing. Essa foi uma transferência lateral, pois ele vinha do setor de produção, com os objetivos de tanto ampliar sua experiência quanto usar suas habilidades consideráveis em marketing, uma área fundamental, mas subdesenvolvida na empresa. Com seu treinamento de engenharia e conhecimento de produção, Jack foi escalado para lidar com problemas e levá-los ao seu chefe somente quando fosse algo que não conseguisse resolver sozinho. Ele gostava das coisas organizadas e queria estar por dentro de todas as questões.

Alex, o presidente da companhia, subira na empresa por meio do marketing. Com experiência (e estilo pessoal), habilitou-se a lidar com problemas complicados. Ele queria saber das dificuldades assim que surgissem. Não tinha necessariamente que resolver pessoalmente cada problema e aceitava quando um subordinado dizia, após uma discussão com várias opiniões: "Eu ouvi o que você disse e certamente vou levar em consideração, mas quero cuidar disto sozinho". O que Alex mais precisava era ficar informado e sentir que o tinham escutado.

Os estilos tão diferentes de Alex e Jack, que os colocavam em lados opostos, alimentaram em ambos suspeita, desconfiança e até paranoia. Quando Alex se preocupava com algo, ele perguntava a Jack se havia algum problema. Mas Jack entendia essa pergunta como "há algum problema que você não seja capaz de resolver?", e respondia que não. Alex, por sua vez, pensava que Jack estava retendo informação e passou a investigar a situação. Jack sentia sua competência questionada e se tornou mais cauteloso.

Do ponto de vista de Jack, o problema era Alex. "Droga", pensou, "ele está me pagando um bom dinheiro para ser o chefe de marketing. Por que não me deixa gerenciar essa área então? Acho que ele prefere tocar o marketing sozinho". A falha de Jack em reconhecer a parte que seu próprio estilo desempenhava nesse conflito fez o problema crescer mais e mais, até o ponto em que Alex viu Jack não apenas como desleal, mas também como indigno de confiança e desonesto. O problema "terminou" quando Alex entrou no escritório de Jack e o demitiu.

A gerente que preferia um estilo de maior proximidade aprendeu a manter distância para lidar com o novo chefe

Na Levi Strauss, tivemos a oportunidade de observar uma gerente de recursos humanos, expressiva e entusiasmada, lutar para se dar bem com um novo chefe, o gerente geral da divisão de marketing. Diferente do anterior, com quem ela tinha uma relação de trabalho bastante próxima, fruto de uma visão compartilhada de fazer da companhia um lugar humano e afetivo, o novo chefe era frio, orientava-se por regras rígidas e números. Além disso, não tinha facilidade de interagir de forma cordial ou de manter conversas amenas com seus colaboradores, e preferia distância à proximidade.

A gerente de recursos humanos, ao contrário, gostava de tratar de problemas ambíguos e não estruturados "olho no olho" e informalmente. Quanto maior sua tentativa de aproximação, mais o novo chefe a evitava. Além de se sentir incomodada, ela acreditava que o estilo dele não era adequado para as necessidades da divisão. Após muitos encontros rápidos e frustrantes, finalmente percebeu que só obtinha mais respostas enviando-lhe anotações concisas. Ela não gostava disso, preferia um estilo mais próximo e afetivo, mas descobriu que poderia obter mais resultados mantendo-se distante. Assim, escolheu a eficiência em vez de conforto pessoal.

A escolha entre um estilo colaborativo e outro combativo é apenas uma das alternativas para aumentar seu repertório de influência. Outra opção envolve a pressão do tempo por resultados. Chris Hammond estava sob pressões externas extremas que a forçaram a mudar rapidamente. Entretanto, Paul Wielgus teve sucesso devido à sua disposição para ser paciente, e ao seu entendimento de como transformar oponentes potenciais em aliados (veja os exemplos nos dois quadros a seguir).

Diferente de Chris Hammond, Paul Wielgus era paciente e nada ameaçador. Ainda assim, não desistia quando abraçava uma causa que seria benéfica para a companhia. Apegava-se às suas convicções mesmo quando atacado, e encontrou formas de falar sobre o programa que envolvia moedas de troca para uma pessoa que se caracterizava por cumprir regras e cortar custos. Ele focou seu discurso no aumento de produtividade, entusiasmo pelo trabalho e ideias de maior impacto. Desta forma, construiu um bom relacionamento e criou uma nova moeda de troca (ajudando outros departamentos a alcançar melhor desempenho), o que lhe dava algo mais para negociar com seus pares.

Uso bem-sucedido de um estilo combativo para ganhar influência

Chris Hammond nos contou que foi forçada a tomar atitudes mais rígidas devido à intransigência de seu chefe.* Perceba a forma como ela mobiliza recursos e usa um estilo de confronto para obter ganhos mútuos:

> Quando era *trainee* de vendas, sabia que, se não ganhasse o Prêmio de Vendas Computex, minha carreira na Computex estaria acabada. Ainda que eles não me demitissem, eu seria só maisuma representante de vendas, marcando passo pelo tempo que ficasse na empresa. Em uma empresa como essa você tem de se esforçar. Então, lá estava eu com um gerente com uma lista de 20 itens para cumprir e atingir seu orçamento até o fim do trimestre, fazendo todo possível para me impedir de ganhar o Prêmio de Vendas Computex. Ninguém espera que *trainees* de venda ganhem esse prêmio, de modo que, se eu conseguisse, ele teria de me promover a representante de vendas. Então, perguntei à sus secretária quais seriam os números que o gerente precisava no orçamento. Eu não estava sendo malandra; realmente tentava ajudá-lo. Queria que ele tivesse êxito, porque era a única forma de *eu* poder ter êxito. Mas tinha de fazer isso com uma alguma carta na manga; caso contrário, ele não me trataria com seriedade.
> Li os números e disse a mim mesma: "Tudo bem, ele não vai conseguir atingir essas metas nas seis áreas". Quando isso aconteceu, eu tinha uma conta que alcançaria os números em quatro daqueles setores. Então, telefonei para cada pedido em aberto para saber por que ninguém havia retornado as ligações, identifiquei as contas que fechariam em um mês e localizei 15 delas. Como *trainee* de vendas, não era paga para fazer aquilo, e sim para aprender. Mas, cansada do cargo que ocupava, estava determinada a ser uma representante de vendas, ganhar o Prêmio de Vendas Computex e ser a única *trainee* a conseguir isso naquele ano.
> Além do mais, havia lá um garoto de cabelo loiro, o único representante de vendas que meu gerente contratara pessoalmente e queria que ganhasse o prêmio. Com base no fato de que eu sairia, em 1º de julho, para trabalhar na matriz, meu gerente entendeu por bem que eu deveria dar 50% de quaisquer

---

*Extraído de um caso dado como aprendizagem, "Chris Hammond" (A) em Allan R. Cohen, et al., *Effective Behavior in Organizations*. 5. ed. Homewood, IL: Mc Graw Hill-Irwin, 1992.

negócios que fechasse para o tal representante de vendas. Disse-lhe que não achava isso justo, a menos que ele estivesse disposto a me dar 50% de todas as reservas do representante de vendas, já que havia feito uma parte considerável do trabalho, e isso poderia ser documentado em duas grandes ordens de pagamento bancárias. Se desse ao representante uma parte do movimento que eu fizera, ele venceria o prêmio de vendas. Eu não ganharia nada por isso. O ponto-chave da minha estratégia era saber que expor meu gerente não seria vantajoso para ele nem para ninguém.

Fui ao gerente de departamento e perguntei se ganharia o prêmio de vendas caso fechasse tais e tais contas. Ele afirmou que sim, mas retruquei: "Não foi o que meu gerente me disse. Segundo ele, eu teria de dar 50% para o representante de vendas". O gerente de departamento perguntou a razão disso e, quando respondi, ele olhou para mim com total desconfiança. Expliquei que não achava justo que o representante de vendas conquistasse o prêmio usando meus esforços, e que, se este fosse o caso, a empresa não ganharia nada dos negócios que eu havia fechado.

Eu pediria que me pagassem o que deviam em férias acumuladas e deixaria a companhia naquele mesmo dia. O gerente de departamento disse que voltasse ao meu departamento e conversasse com meu gerente. O que ninguém sabia era que eu já tinha toda a estratégia pronta. Poderia me dar bem em qualquer negociação, e sabia o que eles precisavam para fazer seus números parecerem bons para seus chefes.

Havia duas semanas restantes no trimestre, e meu gerente estava assustado porque não alcançaria suas metas. Eu disse a ele: "Tenho um problema. Realmente quero voltar para a matriz e preciso da sua ajuda. Quero ganhar o prêmio de vendas. Você sabe disso, e eu também sei. Não posso retornar à matriz como uma incompetente que não conseguiu ganhar o prêmio de vendas. Acredito que coloquei em prática todo o esforço exigido para conseguir. Também acho que deveria voltar para a matriz como representante de vendas. Acredito que mereci. Acho que posso fazer que seus números do orçamento alcancem a meta e acho que posso trazer essas duas contas. Tudo o que preciso é a certeza de que vou receber o Prêmio de Vendas Computex se agir assim. Do contrário, não trabalho aqui nem mais um dia".

Ele olhou para mim e finalmente disse: "Se você conseguir aqueles pedidos, pode ganhar o prêmio de vendas, e, sim, se trouxer mais essas duas contas, estará mais do que qualificada para ser uma representante de vendas". Ele nunca achou que eu conseguiria. Mas, dois dias depois, entrei no escritório dele com os dois pedidos assinados na mão.

O que me motivou na maior parte do tempo foi que eles não me levavam a sério nem prestavam atenção em quantas contas eram fechadas como resultado dos meus esforços. Também queria que eles soubessem que eu estava alerta para qualquer tentativa deles de me ludibriar. Esse tipo de abordagem é um jogo de poder muito forte e uma estratégia que envolve alto risco, mas, se você obtiver êxito, será respeitado e receberá níveis mais altos de credibilidade gerencial.

Chris seguiu uma estratégia de alto risco que poderia ter surtido efeitos contrários em diversas conjunturas. Em algumas companhias, passar por cima do chefe e ir direto ao gerente de departamento teria sido visto como algo inapropriado, uma insubordinação e, possivelmente, até poderia provocar a sua demissão. O gerente de vendas que ela encostou na parede poderia retaliar, recusando-se a recomendar sua promoção a representante de vendas ou espalhando rumores negativos pela empresa, junto às pessoas com as quais ela lidaria no futuro. Além disso, ela poderia ter criado uma inimizade permanente com o representante de vendas a quem prometeram crédito pelo trabalho dela. Estes são os custos potenciais que precisam ser levados em conta antes de escolher uma estratégia dessas.

Não obstante, ao se deparar com uma situação na qual havia pouco a perder e tudo a ganhar, Chris diagnosticou corretamente a moeda de troca mais atraente que tinha a oferecer ao seu chefe (sua cota de vendas), deixou bem claro possuir essas moedas e que saberia lidar com elas (as vendas para clientes que ainda não haviam sido abordados por ninguém na Computex, a reputação de seu chefe com o gerente de departamento), e fez uma troca que lhe deu o que queria, ajudou seu chefe e foi boa para a empresa. (Ela não foi insensível à cultura corporativa. Gerentes na Computex são valorizados exatamente por fazer esse tipo de "jogo pesado", e Chris continuou seguindo muito bem na empresa.)

Transformando um ataque em apoio, com um estilo paciente e colaborativo, na Allied Domecq

Paul Wielgus era o líder de um departamento especialmente formado para treinamento e desenvolvimento na multinacional de bebidas alcoólicas Allied Domecq. Paul deveria encontrar uma forma de transformar gestores de mente estagnada em colaboradores criativos. Apesar da ordem do CEO para que promovesse uma mudança dramática, ou talvez por causa disto, depois de dois anos de sucesso havia ainda muitos céticos que não enxergavam valor naquilo que o grupo de Paul fazia. Por exemplo, um executivo sênior do departamento de auditoria interna, David, chamou Paul para repreendê-lo pelo que considerava despesas desnecessárias.

Paul poderia facilmente ficar na defensiva. Em vez disso, respondeu de forma amistosa e educada, explicando seu programa para o executivo em termos que ele compreendesse e valorizasse. Fez que David entendesse como os *coaches* ajudavam os *trainees* a alinhar suas atitudes e valores com a estratégia da empresa. "Você não acreditaria nas mudanças, David", disse com entusiasmo. "As pessoas saem dessas palestras se sentindo tão mais empolgadas em relação ao próprio trabalho, encontram mais significado e propósito nele, e consequentemente ficam mais felizes e muito mais produtivas. Perdem menos dias de trabalho por doença, chegam ao trabalho mais cedo e as ideias que têm são muito mais fortes." Isso ajudou David a entender os benefícios do programa, que foi adotado, e se tornou peça fundamental numa transformação positiva da auditoria interna. David se tornou um grande entusiasta do trabalho de Paul.*

---

*Debra Meyerson, "Radical Change, The Quiet Way", *HBR*, outubro de 2002, 79, 9, p. 92-101, trecho do livro *Tempered Radicals: How People Use Differences to Inspire Change at Work*. Boston: Harvard Business School Press, 2001.

Outras abordagens para quando o relacionamento não vai bem e precisa melhorar

O que mais você pode fazer se a tentativa de combinar o estilo de trabalho não for suficiente? Seja qual for a origem dos problemas de relacionamento – disputas anteriores com a pessoa, má vontade entre os departamentos, incompatibilidade de gostos pessoais, ou suspeita geral de "estranhos" –, o desafio que você enfrenta é como transformar pessoas difíceis em aliados. Como estabelecer o importante princípio que o ajudará a desenvolver a relação de trabalho? O objetivo não é construir intimidade, quando, por um passe de mágica, seu inimigo mais rancoroso é convertido em seu melhor amigo. Lembre-se: a natureza da aliança consiste em ambos os lados reconhecerem ter objetivos e estilos muito diferentes e, apesar disso, conseguirem encontrar um denominador comum no qual conduzam transações limitadas e mutuamente benéficas. Embora, às vezes, as amizades cresçam com a superação de antigas feridas e a realização de negócios juntos, o objetivo é apenas criar relações de trabalho suficientemente satisfatórias para cumprir as tarefas a contento, e para não prejudicar a empresa.

Há três áreas focais:

1. Verifique suas próprias atitudes e seu comportamento. O que é culpa sua?
2. Certifique-se de que avaliou as causas do comportamento da outra pessoa. Você conhece o mundo dela?
3. Altere sua estratégia ao atuar no relacionamento ou na tarefa.

Você é parte do problema?

Por mais desesperador que seja lidar com alguém que não o trata do jeito que você gostaria, e por mais fácil que seja culpar a outra pessoa pelas dificuldades, analise suas próprias atitudes e seu comportamento. Você dispensou a outra pessoa logo de saída, tornando-lhe impossível entender como se aproximar? Como já destacamos, mantenha a mente aberta em relação ao valor do outro. Tirar uma conclusão definitiva e negativa afetará o jeito com o qual você interage com a outra parte. Além disso, é provável que você irradie sentimentos negativos, afastando o outro ainda mais.

Problemas geralmente surgem porque o relacionamento foi afetado por uma desconfiança ou porque alguém supõe que o comportamento alheio é causado por más intenções. Quando isso acontece, a tendência natural de evitar a pessoa que é alvo da desconfiança reduz o contato que poderia injetar dados novos e mais favoráveis à relação. A ausência de pontos favoráveis, por sua vez, torna-se então solo fértil para a reprodução de mais desconfiança e suposições desfavoráveis em relação ao outro, e assim fica estabelecido um ciclo vicioso negativo. De alguma forma, este ciclo deve ser quebrado.

Um problema semelhante é que, assim que fizer o julgamento de alguém, é humano enxergar somente as evidências de que você está certo e ignorar o restante. As pessoas veem o que esperam ver e se tranquilizam ao provar a si mesmas que tinham toda razão. Monitore-se para ter certeza de que não está tão preso à autojustificativa a ponto de evitar uma melhoria da relação.

Além do problema da percepção unilateral, preste atenção à possibilidade de ser você o provocador do comportamento que desagrada no outro. Falaremos disso depois, mas, por enquanto, só não ignore esta hipótese.

Avalie o mundo da outra pessoa para entender as causas do comportamento desagradável

Se já leu o Capítulo 4, sabe que defendemos que você olhe atentamente para a situação da outra pessoa na empresa. Fazendo isso, será mais fácil não apenas identificar as prováveis moedas de troca do outro, mas também entender as causas por trás do comportamento em questão. Quanto melhor entender o que guia o comportamento da outra parte, mais provável que você seja paciente e solidário. Em vez de se sentir indignado, você desenvolverá sua empatia e a usará para promover uma ligação positiva com seu colega. Conhecer as causas não desculpa um mau comportamento, e você até pode desaprová-lo, mas isso geralmente não ajuda ninguém a fazer conexões melhores.

Escolha uma estratégia de melhoria centralizada na tarefa – ou na relação

Se você analisou com cuidado seu próprio comportamento e suas atitudes, além de se esforçar para entender o que guia a outra pessoa, embora ainda precise trabalhar no aperfeiçoamento da relação, veja, a seguir, três abordagens básicas para melhorar o convívio:

1. Na medida em que haja algo que esteja fazendo (não fornecendo informações, usando um estilo de trabalho incompatível, etc.), modifique seu próprio comportamento.
2. Você pode discutir diretamente a natureza da sua relação. Só conversar sobre as dificuldades melhoraria o clima? Ou tem de haver uma modificação no comportamento do estilo dos dois (outra forma de troca)?
3. Você pode querer trincar seus dentes, baixar a cabeça e se atirar na tarefa. Isto pode ser bastante desafiador, então precisamos explorar os prós e os contras desta terceira abordagem.

Minimize sentimentos pessoais e comece a trabalhar

Talvez a tentativa mais comum para consertar qualquer problema de relacionamento seja ignorar os sentimentos e se concentrar no trabalho em conjunto em algumas tarefas. Sucesso a dois e a realização de um trabalho bem-feito podem melhorar a confiança entre os membros da equipe e promover uma relação melhor. Quando o relacionamento é ruim e nenhuma das partes pode pedir o envolvimento da outra em um esforço articulado, fica complicado encontrar uma tarefa colaborativa. Pessoas insatisfeitas geralmente evitam as outras ou criam barreiras. Mas mesmo quando dois combatentes concordam em enfrentar alguma tarefa juntos, não há garantia de que vão aperfeiçoar a relação.

Infelizmente, é provável que os problemas que criam as dificuldades originais sejam um obstáculo para a cooperação. Essa situação é parecida com a enfrentada por um casal que, em meio a uma crise, tenta negociar alguns termos de seu divórcio. Se eles tivessem uma boa conversa, não seria difícil dividir os bens; por outro lado, se eles fizessem isso de maneira razoável, é provável que não estivessem se divorciando.

Contudo, as circunstâncias forçam as pessoas a trabalharem juntas, e elas descobrem que as exigências da tarefa são tão envolventes que colocam de lado suas diferenças, e, como subproduto, emerge uma relação aperfeiçoada. Quando isso acontece, as duas partes são prazerosamente surpreendidas e podem continuar a partir desse ponto. Mas, de fato, não há muitas probabilidades de que um resultado feliz saia daí.

Fale diretamente sobre os problemas da relação

Se, por sua natureza, relacionamentos ruins dependem de contatos cada vez mais reduzidos, a solução óbvia é aumentar a quantidade de contatos e fazer uma tentativa direta de remendar as dificuldades. Quando isso é bem-feito, pode fazer uma grande diferença no relacionamento entre duas pessoas.

Durante o curso de nosso trabalho em empresas, observamos que as pessoas relutam em discutir abertamente suas relações fragilizadas. Muitos fatores apontam para o acerto de lidar diretamente com os problemas da relação em vez de insistir com as tarefas.

Quando prosseguir com uma tarefa ou iniciar uma discussão direta para melhorar a relação

A Tabela 6.2 relaciona as condições para colocar mãos à obra no trabalho *versus* as condições para fazer uma relação funcionar antes de o trabalho começar.

Tabela 6.2 Aperfeiçoando relações pela tarefa ou com uma abordagem sobre o relacionamento

Começar enfrentando a tarefa	*Começar consertando a relação*
A animosidade é amena.	A animosidade é forte.
A tarefa pode ser cumprida mesmo com animosidades.	Sentimentos negativos bloqueiam o sucesso da tarefa.
O sucesso da tarefa provavelmente aperfeiçoa os sentimentos.	Mesmo com o sucesso da tarefa, os sentimentos não melhoram.
Há pressão cultural para sermos explícitos.	Há estímulo cultural para que sejamos explícitos.
O aliado não consegue lidar com franqueza.	O aliado sabe lidar com franqueza.
Você não faz o gênero franco.	Você faz o gênero franco.
Fracassar na tarefa prejudicaria os dois.	A falha na execução da tarefa não prejudicará a outra pessoa.

Grau de animosidade. Se a animosidade prévia entre duas pessoas é grande demais, torna-se um obstáculo para o trabalho em conjunto de qualquer tarefa. Os sentimentos afloram com a provocação mais sutil e desviam os aliados do trabalho real. Qualquer desacordo bloqueia a tomada de decisão, e as duas partes procuram formas de provar como o outro é ruim – e como elas próprias são cheias de virtudes. Quando a animosidade é moderada, o começo de uma tarefa complicada pode levar as duas partes a superar seus sentimentos. Elas ficam interessadas, e o trabalho prossegue apesar das reservas de uma em relação à outra.

Quão difícil é trabalhar apesar dos sentimentos negativos? O sucesso faz diferença nos sentimentos? Alguns trabalhos podem ser feitos quando um não gosta do outro, mas sabem que precisam da ajuda recíproca. Eles se controlam e lidam com a tarefa em conjunto, ou conseguem dividir o trabalho para evitar muito contato, mas o completam. Essa abordagem pode funcionar onde a interdependência é baixa ou as tarefas são de fácil divisão. Em vários casos, entretanto, o esforço para superar os desprazeres do trabalho em conjunto torna-se uma tarefa muito complexa. Caso seja impossível realizar qualquer troca devido aos sentimentos negativos, será necessário primeiro consertar a relação.

Ironicamente, se de alguma forma um bom trabalho é feito, pode ser que as partes se sintam melhor a respeito uma da outra. Apesar do conceito geral de que o apreço produz um trabalho de equipe bem-sucedido, o oposto é uma verdade mais frequente: os membros de times vencedores terminam gostando de seus companheiros; perdedores não gostam muito uns dos outros. Isso nem sempre acontece, mas um bom remédio para uma relação debilitada costuma ser a realização de um bom trabalho em conjunto.

Grau de transparência aprovado pela cultura. É bem-aceito pelo aliado? Um número crescente de empresas promove uma cultura que estimula o estilo aberto e encoraja o confronto de diferenças de todos os tipos, seja nas tarefas ou na relação interpessoal. Espera-se que os membros permitam que o outro saiba o que se passa na cabeça deles, enquanto aqueles que não explicitam seus pensamentos são considerados fracos e reprimidos sem motivo. Nesse modelo, caso esteja infeliz com o que o colega ou chefe fez ou disse, você busca uma aproximação direta, olho no olho, e dá vazão aos seus sentimentos de forma absolutamente franca. Essas organizações geralmente são expressivas e animadas. Os problemas são resolvidos rapidamente e todo mundo segue para a próxima etapa. Dentro das empresas, há um nome especial para essas sessões aonde vão os colegas envolvidos em um mesmo projeto, e onde ocorrem essas trocas, tais como "reuniões de confronto", "abrindo o coração", "reuniões *off-line*", "sessões da luz verde", "tiroteio", "venha para Jesus" ou "seminários de mangas curtas". Empresas como Intel, Microsoft e General Electric dão apoio a este tipo de franqueza. Ainda que de vez em quando essa discussão direta possa se tornar um tanto áspera e gerar comportamentos defensivos, sua frequência e familiaridade geralmente permitem autocorreção.

Infelizmente, uma cultura aberta e direta é menos comum do que aquelas que desencorajam a conversa franca. Muitas organizações tradicionais, como bancos, companhias de seguro e empresas de serviços, estimulam que seus membros sejam cautelosos, escondam desacordos e evitem confrontos pessoais. Nesse tipo de cultura, desacordos são "administrados" para que não haja embaraço, e falar diretamente com seus colegas a respeito da relação não é visto com bons olhos. Dessa maneira, até gente propensa a conversar abertamente aprende que é melhor não agir assim. Eles aprendem, sim, a enviar mensagens sutis, codificadas, que protegem o receptor e podem ser negadas por quem envia caso haja um confronto. A comunicação interpessoal já é difícil, mesmo sob a melhor das circunstâncias. Sem franqueza para guiá-la e corrigi-la, é natural que ocorram graves distorções.

Equilibre-se entre os estilos. No começo do capítulo, discutimos que misturar seu estilo ao de seu colega pode aumentar a efetividade. Mas a maneira de interagir com seu aliado em potencial é também um fator importante para determinar a forma como a relação de vocês se dará. Algumas pessoas têm habilidade para construir relacionamentos, mas outras são ásperas e acabam ofendendo a outra parte, mesmo quando tentam consertar as coisas. Há os aliados que lidam bem com uma discussão direta de relacionamento, enquanto outros são tímidos demais ou se sentem desconfortáveis em participar de uma discussão franca sobre suas diferenças com a outra parte. E pode ainda existir uma dificuldade adicional: nem todos são capazes de descobrir o que a outra pessoa realmente prefere. Muitas vezes, alguém fica relutante quando há impaciência, ou impaciente quando há grande reticência.

Les Charm, o empreendedor que fez MBA e que você conheceu no Capítulo 5, era adepto da abordagem direta buscando criar o tipo de relação de trabalho que queria. Teve sucesso porque o chefe de divisão com quem conversou era um negociador, e apreciou a franqueza do novato. Imagine se Les Charm conversasse desse jeito com um auditor cauteloso e cheio de regras. É possível que, neste caso, a empresa lhe mostrasse (talvez educadamente) a porta da rua.

O objetivo deve ser avaliar que tipo de estilo seu colega receberá melhor e depois usar isso de forma que se encaixe em suas intenções. Se não identificar qual é a melhor forma de abordar alguém, tente levantar uma questão sobre o assunto e examine a resposta. Adotar esse modelo pode ser a saída para que você recue sem causar um prejuízo maior caso se encontre diante de uma forte resistência.

Medo da discussão direta dos problemas no relacionamento. Há muitas outras razões, além da resistência do aliado em conversar, que tornam as pessoas resistentes quanto a encarar seus problemas de relacionamento com colaboradores difíceis. Existe a preocupação de magoar o outro, o medo de retaliação, a possibilidade de um desconforto em negociações futuras, o receio (daquele que inicia a abordagem) de estar errado e ouvir isso em termos não muito claros – ou em encontros muito desagradáveis. Ouvimos frequentemente todas essas razões. A questão que você deve responder é se a possível dor causada por uma tentativa de contar a seu aliado suas preocupações será pior do que o sofrimento de continuar em um caminho insatisfatório. Em geral, acreditamos que o confronto efetivo raramente é ruim se for antecipado. Por essa razão, encorajamos a franqueza – mas ela só deve ser empregada se acompanhada das habilidades que você aprenderá neste livro, claro!

Há risco em colocar todas as cartas na mesa logo de cara, mas também é perigoso deixar a tensão, desconfiança e animosidade se fortalecerem. Questões de relacionamento não discutidas têm grande chance de explodir no momento mais inconveniente. Mesmo sem ver o perigo imediato de não fazer nada possa não estar imediatamente visível, isso não significa que ele não exista e não seja tão real quanto o risco que você assume quando confronta o problema. Além do mais, a tendência de negociar diretamente com tais problemas trará resultados mais rápidos e completos. Desse modo, demonstramos neste capítulo como administrar e minimizar o risco quando você enfrenta os problemas nas relações com seu chefe e seus colegas.

Usando princípios de troca para lidar com os problemas de relacionamento

Não queremos sugerir que a conversa seja um substituto integral para a ação. A conversa precisa estar respaldada pelo comportamento, e os dois juntos devem integrar uma boa base para restabelecer o entendimento. Você não quer ser visto pelos outros como alguém falastrão, que na hora da ação desaparece.

Trabalhar diretamente sobre o relacionamento para facilitar a troca de experiências é muito parecido com o processo de influência em tarefas descrito anteriormente. Ele envolve:

- Conhecer seu próprio mundo (seus objetivos e intenções) e deixá-lo claro para o aliado.
- Entender o mundo do aliado, livrando-se de suposições a respeito da personalidade dele e depois explorando o que é importante para ele.
- Fazer trocas que eliminem as dificuldades que impediram dividir as tarefas no passado.

Conheça-se

Inicie o processo de conhecer seus próprios objetivos e intenções com uma observação cautelosa de si mesmo, e descubra o que quer fazer com essa relação de trabalho. Você procura uma forma de discutir necessidades mútuas de um jeito que não soe como uma acusação? Quer que desacordos sejam trazidos à tona mais cedo (e de forma mais direta)? As discussões tendem a se arrastar e leva muito tempo para que as decisões sejam aplicadas? Só o fato de saber o que se quer já pode poupá-lo de um aborrecimento considerável e impedir uma abordagem confusa e desnecessariamente irritante de seu aliado.

Diga o que você quer

Uma vez que conhece seus objetivos e intenções, exponha-os explicitamente a seu potencial aliado. Ao ser direto a respeito de seus objetivos, você quebra a predisposição negativa que a pessoa tem a seu respeito. Isto ajuda a evitar desentendimentos sobre o que está disposto a fazer e aumenta a possibilidade de que a comunicação entre vocês no futuro seja mais precisa. Inicie com algo do tipo: "Não parece que estamos trabalhando bem juntos. Eu gostaria de saber se poderíamos encontrar uma maneira de sermos mais produtivos, e fazer que nossas negociações fiquem menos tensas". Então, quando abordar as questões, mostre-as como uma necessidade sua, tentando formulá-las sem parecer julgamento ou acusação.

Estime o custo de um relacionamento ruim

É útil ser explícito desde o começo sobre quanto custa uma relação hostil entre você e seu aliado. O que tolhe suas realizações e o que seu colega perde como resultado da dificuldade que vocês têm de trabalhar juntos? Quais são os custos para a organização? Essas perguntas ajudam a assentar as bases para uma discussão posterior e motivam seu aliado a também fazer algo em relação ao problema. Depois de tudo, se puder mostrar ao seu aliado quanto custa a todos a dificuldade que vocês têm de trabalhar juntos, ficará mais difícil para ele classificar o problema como uma "diferença de personalidades" que simplesmente não vale a pena discutir (veja a Figura 6.1).

Uma solicitação bem direta

Tom Jeeter ficou incomodado com algo que seu chefe lhe contou sobre o que um colega, Mark Stobb, havia dito a respeito dele. Por isso, ligou para Mark e disse: "Você tem um tempinho agora? Acabei de saber que você tem um problema comigo, e quero resolver isso de uma vez por todas. Gostaria de ter ouvido seus comentários diretamente, Mark, e parece que deveríamos conversar. Tudo bem?". Mark rapidamente concordou em encontrá-lo para esclarecer as coisas, e foi isso o que eles fizeram.

Por exemplo, Tom também poderia ter dito a Mark que tentava abordar problemas de qualidade, mas o fato de Mark ignorá-lo tornou mais difícil enfrentar uma empresa resistente a isso, o que provocou a má vontade de Tom em aceitar os pontos de vista de Mark (veja o quadro anterior). Tom poderia ter acrescentado: "Já que minha reação instintiva de evitá-lo torna menos provável que suas ideias sejam incluídas em nosso trabalho, achei que você gostaria de resolver nossos problemas, de modo que eu tenha a chance de dar um passo na direção correta".

Figura 6.1 Avaliando custos e benefícios do comportamento

1. Identificar o problema de comportamento.
2. Identificar as consequências do comportamento. Considerar tanto os custos quanto os benefícios.
3. Para os custos, considerar quais são os mais críticos.
4. Para os benefícios, quais são os mais importantes. Pense em alternativas de comportamentos.
5. Identifique os benefícios surgidos com os novos comportamento.

Avaliando custos e benefícios

	Custos	*Benefícios*
Tarefas	Quais são os custos deste comportamento quando se tenta cumprir uma tarefa?	Quais são os benefícios deste comportamento para o cumprimento das tarefas?
Relações de trabalho	Quais são os custos deste comportamento para relacionamentos de trabalho eficientes?	Quais são os benefícios deste comportamento para relacionamentos de trabalho eficientes?

Deixe suas suposições negativas em casa

Especificar custos pode ser um processo complicado. Você está em uma posição mais segura se detalhar imediatamente o impacto que as ações dos outros lhe causam.

("Tess, se você não retornar as minhas ligações, isso certamente não me deixa ansioso para responder às suas, e faz a gente perder tempo.") Entretanto, uma das armadilhas do negócio é supor que algo é um custo para o seu aliado, quando na verdade não é. Pode ser ótimo para um colega que queira ser deixado sozinho ouvir a seguinte frase: "Quando você discute cada ponto, faz que meu pessoal e eu relutemos em ir ajudá-lo". Neste caso, uma pergunta (e não uma acusação) seria mais apropriada: "Jed, o pessoal e eu percebemos que você começa a discutir toda vez que uma questão é levantada. Você pode dizer o que está acontecendo? Pergunto isso porque essa atitude diminui nossa disposição em querer encontrá-lo para saber sobre suas ideias".

Há uma segunda armadilha relacionada a custos: fazer suposições sobre o motivo pelo qual os outros agem de uma determinada maneira. (Por exemplo, Jed se comporta desse jeito por ser inseguro a respeito da aceitação de seu departamento.) É fundamental desvencilhar-se de qualquer suposição negativa sobre os motivos de seu aliado. Você tem de aceitar que provavelmente há uma explicação perfeitamente razoável para a reação difícil daquela pessoa, mesmo sem conceber o que poderia ser. Outra vez: ponha de lado suas conclusões e, no lugar delas, tente formular uma pergunta para descobrir o que está acontecendo. Desta forma você tomará uma atitude correta.

Já discutimos como é fácil atribuir os piores motivos possíveis a alguém com quem você tem problemas. Shirley sai abruptamente de reuniões quando há confronto durante as conversas. Isto significa que as decisões importantes são adiadas, o que se torna cada vez mais frustrante. Antes de declarar que ela é *grossa* e *relapsa*, pergunte-se: "Se Shirley estivesse aqui agora e pudesse falar, ela também acharia que foi desatenção da sua parte, ou pensaria que tem excelentes motivos para agir como fez?". Será que ela se comporta assim porque teme se tornar polêmica, ou não se acha capacitada para enfrentar um confronto direto? A saída sem-cerimônia da sala pode não ter nada a ver com você, mas o comportamento de Shirley lhe parecerá uma afronta se acredita que as pessoas deveriam primeiro participar dos eventos e depois se retirar dos lugares com educação. Você não sabe dos motivos dela, e não será fácil descobri-los, a não ser que busque as respostas, depois de se livrar de seus sentimentos negativos em relação a Shirley, e de sua certeza de que ela é simplesmente uma pessoa egoísta.

Pergunte à pessoa as causas do comportamento que o incomoda

Colocar de lado suas suposições negativas o libera para explorar de verdade o mundo do seu aliado. Assim, você pode começar de forma mais objetiva a diagnosticar os fatores, dentro da situação, que causariam as dificuldades entre vocês, e fazer perguntas diretas (nunca em tom de julgamento) sobre isso. Perceba a diferença entre fazer críticas a Shirley – "você não sabe quão rude parece para mim quando sai como um furacão das reuniões?" – e lhe perguntar: "Estou intrigado a respeito de nossa relação. O que acontece no fim das nossas reuniões? Você muitas vezes fica de pé e sai rápido, sem dizer nada, e isso me incomoda. O que está acontecendo?".

Melhor ainda, sugira a possibilidade de que você seja o responsável: "Estou fazendo algo que leva você a querer ir embora?". De forma geral, se está disposto a reconhecer que poderia ser parte do problema, você reduz a probabilidade de contestações defensivas e torna possível a exploração da causa real. Isto nem sempre funciona. Às vezes, a pessoa não está disposta nem a admitir que há um problema. A relação pode parecer tão forçada, o colega estar tão convencido de que você é incorrigível, ou ele ser tão resistente à discussão de sentimentos negativos, que até sua admissão aberta de possível culpa não chega a lugar algum. Entretanto, a franqueza permanece como a melhor aposta para explorar um problema de relação. (Para saber mais a respeito de diálogo direto, veja a seção de *feedback* como troca no Capítulo 9, que tem como título "Influenciando subordinados difíceis".)

Passando para a solução dos problemas em conjunto

Após abrir a possibilidade de um diálogo com Shirley, talvez você tenha uma noção melhor do que está por trás do comportamento dela. Seria ótimo se isso levasse automaticamente à resolução conjunta de um problema (o objetivo eventual), mas haveria algumas dificuldades anteriores.

"*Você é o problema*". Ela diz: "Sua voz fica mais alta e você assume um tom agressivo. Você só quer dominar e vencer". Agora a coisa mudou de figura. Se antes era você quem se deixava levar pelas suposições negativas sobre Shirley, agora é ela quem faz isso com você. E em vez de "assumir qualquer responsabilidade", sua colega agora coloca toda a culpa sobre seus ombros. Os mesmo pontos discutidos anteriormente se aplicam aqui. Você consegue não ficar na defensiva diante dessas acusações e não entrar em uma discussão de reprovações mútuas?

Será que você consegue, em vez disso, tornar visível seu próprio mundo? Quais são as forças e suposições que o levam ao comportamento ou estilo com o qual esta potencial aliada de trabalho não se sente à vontade? Você pode ajudá-la a enxergá-lo da mesma forma como a viu, ou seja, com entendimento, ou mesmo aceitação? É bem mais fácil conseguir isso se, primeiro, você demonstrou entender as posições do outro.

Sim, pode parecer que você apenas quer inventar desculpas, mas seu objetivo é ser claro sobre o que se passa e, assim, auxiliar seu aliado na busca de informações mais precisas sobre o seu mundo e como ele o afeta. Isso permitirá que vocês dois encontrem formas de vencer as diferenças e alcancem um acordo para trabalhar juntos.

Seu objetivo é apresentar razões aceitáveis, e não uma desculpa evasiva. Elas ajudarão seu aliado a ver que qualquer atribuição negativa que havia feito a seu respeito pode não estar correta.

"Você começou isso". Mesmo que os dois sejam parcialmente responsáveis, não caia na armadilha de tentar avaliar "quem começou" ou "quem é mais culpado". Pode ser suficiente reconhecer que em muitos casos, ou até na maioria deles, as dificuldades *inter*pessoais têm uma causa *inter*pessoal. As duas partes contribuíram e alimentam a atual situação, seja ela qual for. Também pode ser útil, depois que as questões estiverem todas sobre a mesa, dizer: "Não vamos nos preocupar com o passado. Vamos tentar construir o futuro". Descrever os lucros potenciais que essa interação trará para ambos servirá para afastar o jogo da acusação mútua.

"Eu não quero falar sobre isto". Outra armadilha é a recusa em aprofundar a discussão. Há poucas coisas mais perigosas do que concordar em discordar. Isso não resolve a questão, só a ameniza. Sentimentos e comportamentos tidos como inapropriados e não discutidos são, então, varridos novamente para debaixo do tapete e explodirão mais uma vez em um momento inapropriado.

Em vez disso, esta é a hora de falar sobre moedas de troca. Quais são os custos que vocês dois pagam por manter a situação da forma como está? Quais são os benefícios de uma solução bem-sucedida? Shirley também reclama do agravamento de ter as decisões adiadas? Há questões que ela mencionou querer lidar, mas hesitou em levar à mesa de discussões? O objetivo é aumentar nela o desejo de lidar com suas dificuldades de relação. Você descreve um novo tipo de troca, no qual o benefício da solução supera o custo de se manter ali e lidar com esses difíceis problemas interpessoais.

Chegando a um acordo

Às vezes, basta entender o lado da outra pessoa. Dar-se conta de que Shirley não é rude de propósito, nem desgosta de você, pode torná-lo mais tolerante a uma retirada brusca das reuniões de vez em quando. E o entendimento por parte dela de que você não quer dominá-la, e que erguer sua voz é apenas um sinal de seu envolvimento exaltado, poderia mantê-la na sala. Esse entendimento mútuo também poderia servir para modificar o comportamento de um de vocês, ou até dos dois. Será que você consegue se aprofundar na questão e mudar seu comportamento? Assim talvez seu aliado concorde em estabelecer um relacionamento profissional entre ambos que vá além daquela tarefa específica. Há coisas para as quais precisa da ajuda de Shirley? O objetivo é exercitar seu relacionamento interpessoal para que ambos se envolvam de forma produtiva em trocas voltadas para alcançar os objetivos de diferentes tarefas.

Autoarmadilhas ao encontrar e desenvolver aliados

Há algumas atitudes que fazem você mesmo atrapalhar sua criação e o aprimoramento da relação.

Esperar que os problemas surjam antes de se preocupar com a construção do relacionamento. É muito mais difícil construir uma boa relação quando há um problema entre a outra pessoa e você. Pessoas competentes em influenciar os outros usam cada oportunidade – incluindo a participação em comissões, em forças-tarefas, na compilação de informações, no contato incidental, e até conversar com estranhos no almoço – para construir as ligações antes de terem de pedir algo.

Supor que nenhuma abordagem vai funcionar, ficar na espera por longo tempo. Todo mundo conhece pessoas com as quais julgam impossível estabelecer qualquer forma de ligação. São indivíduos mal-humorados, intimidatórios, colegas aparentemente distantes, companheiros muito confiantes e ambiciosos, ou qualquer coisa assim. É tentador deixar-se levar pela suposição de que aquela pessoa difícil é, na verdade, insensível e evitar qualquer abordagem. Mas sempre há um ser humano emotivo escondido até mesmo dentro da pessoa mais difícil, e afastar-se de quem quer que seja só dificultará uma conexão posterior.

Guardar as frustrações até explodir. Com frequência, o medo de dizer algo negativo para uma pessoa difícil leva à repressão dos sentimentos até você espumar de raiva. Mais cedo ou mais tarde, algum evento de menor importância pode causar uma explosão capaz de exterminar totalmente uma relação que era apenas distante. Talvez contar até dez antes de dizer alguma coisa seja uma boa ideia quando você está muito irritado, mas não espere chegar em 12 milhões. Dê um jeito nos seus problemas de relacionamento tão logo surjam.

Ter suposições negativas diante de um comportamento que não entende. Nunca é demais alertar: se você tentou influenciar outra pessoa e não chegou a lugar algum, resista à tentação de supor que há algo errado com ela. Se escutar a si mesmo julgando alguém como estúpido, egoísta, desinteressado na empresa, ou inadequado de alguma forma, pare imediatamente, dê um passo atrás e se pergunte (ou à outra pessoa!): "O que está acontecendo para explicar esse comportamento, e quais moedas de troca ainda não vi, mas poderiam criar uma área de interesses em comum, mesmo pequena, com a qual poderíamos negociar?".

Aliados fazendo trocas para aperfeiçoar o relacionamento

Amigos desde o segundo grau, Brian Woods e Dennis Longworth são sócios de longa data em uma *holding* internacional de serviços financeiros com uma dúzia de subsidiárias.* Cada um cuidava de uma das duas maiores subsidiárias e compartilhava, em variados níveis, a gestão das outras. Embora fossem muito bem-sucedidos, eventos recentes cristalizaram a insatisfação de Brian em sua relação com Dennis.

Há tempos Brian sentia que Dennis não se preocupava com a sociedade e até o evitava. Dennis, advogado por formação, não estivera disponível quando Brian precisou de sua ajuda e experiência. Extremamente ocupados, ambos viajavam para países diferentes durante boa parte do tempo atendendo a seus clientes internacionais. Nos primeiros anos da sociedade, eles haviam encontrado formas de sempre estar disponível um para o outro quando precisassem. Mais recentemente, entretanto, Brian percebeu que Dennis estava tão envolvido com suas atividades que, mesmo quando precisou de ajuda, ele estava inacessível.

Uma crise na subsidiária principal de Brian trouxe questões à baila. Como ele precisava do auxílio de Dennis para lidar com um problema muito complicado, deixou recado em seu hotel na Dinamarca pedindo que voltasse o mais rápido possível para participar de uma reunião importante. Mas Dennis não apareceu, e nem mesmo se incomodou em ligar. Brian ficou tão chateado que passou a considerar a proposta de terminar a longa parceria, fazendo uma compra de controle acionário. Em uma tentativa derradeira de consertar o que não ia bem na relação, Brian ainda marcou uma reunião no fim de semana com Dennis. Eles convidaram um amigo antigo com considerável habilidade de mediação para ajudá-los.

Foi muito difícil para Brian expressar exatamente o que o incomodava. Ambos haviam percorrido um longo caminho juntos, como amigos e aliados profissionais. Com alfinetadas, Brian revelou que se sentiu abandonado por Dennis e finalmente conseguiu dizer quão desapontado e com raiva tinha ficado quando Dennis não apareceu nem ligou. Dennis, atordoado, respondeu: "Tentei ligar quando percebi que não conseguiria voltar a tempo. Como não consegui falar com você, enviei uma mensagem para minha secretária Marsha. E supus que ela tivesse falado com você".

Isso aborreceu Brian ainda mais. Marsha era prima de Dennis, e Brian não acreditava nela de jeito nenhum. Ele já tinha ficado irritado quando Dennis a contratou e, por algum tempo, reclamou que ela era uma criadora de intrigas, que só queria ver o circo pegar fogo. Então, para ele, ali estava a prova. Devia haver alguma razão para que Dennis tentasse usar alguém que Brian desgostasse tanto para enviar uma mensagem sobre sua ausência em uma reunião decisiva. Dennis, calmo e imparcial como sempre, tentou explicar mais uma vez a mecânica dos diferentes fusos horários, os problemas que enfrentara com as ligações internacionais, e sobre como enviara a mensagem ao colega.

---

*Os nomes são fictícios para proteger os envolvidos, mas os eventos e sentimentos descritos tiveram como observador em primeira mão um amigo de Brian e Dennis que participou como mediador informal e que nos relatou essa história.

Várias rodadas de conversação aconteceram sem que Brian ficasse satisfeito. O distanciamento de Dennis aumentava sua irritação acerca do que, para ele, parecia uma falta de comprometimento. Por outro lado, o conflito crescente de Brian fazia que Dennis se retraísse cada vez mais.

Finalmente, com uma pequena ajuda de seu amigo, eles puderam encarar o abalo no relacionamento. Brian queria ter certeza de que poderia contar com o apoio de Dennis quando surgissem problemas complexos, considerando que estar fisicamente presente nos momentos de crise do aliado era uma demonstração de boa vontade e de companheirismo. Para Brian, a presença e o apoio moral de Dennis importavam mais que a sua experiência jurídica.

Dennis não notara até então quão importante era para Brian que ele se fizesse presente, demonstrando comprometimento em momentos decisivos. Para Dennis, a combinação de parceria com 50% para cada lado, sem nenhum controle de voto, mostrava quanto valorizava e confiava em Brian. No que lhe dizia respeito, a combinação incomum de uma sociedade igualitária, com atribuições flexíveis e variadas, era uma prova muito positiva de seu apoio. Além disso, Dennis achava irracional a reação de Brian a suas ausências, bem como a falta de apreço dele por Marsha. O que eram as implicâncias dele com uma secretária diante dos enormes acordos financeiros com os quais eles tinham de lidar juntos? Dennis supunha que Brian tivesse entendido quão ocupado ele estava em sua subsidiária principal e que poderia resolver sozinho os problemas quando não pudesse estar presente. Como resultado dessas diferentes suposições, os custos da tensão no relacionamento foram tão altos que fizeram que Brian quisesse terminar a parceria, coisa que Dennis não desejava de jeito nenhum.

Quando exploraram suas suposições e sentimentos, entenderam que seria possível que se adequassem. Brian disse que seria tolerante com Marsha, e que aceitava ser conveniente para Dennis usá-la como canal de comunicação quando estivesse fora. Também concordou em ser mais claro sobre a necessidade de ter uma resposta pessoal e direta, ou sobre quando isso fosse bom, mas não estritamente necessário. Dennis comprometeu-se em telefonar para o sócio quando assuntos importantes surgissem, mesmo se tivesse de fazê-lo no meio da noite. Concordou também em fazer um esforço extra para estar presente quando fosse importante para Brian. A sociedade e a amizade sobreviveram.

Por ser uma questão carregada de tanto envolvimento emocional para Brian, foi difícil para ele tentar entender o mundo de Dennis e se esforçar para aceitar seus motivos, em vez de tirar conclusões precipitadas. Custou muita discussão acalorada e alguma ajuda do amigo em comum para que cada lado entendesse o outro e, com isso, compreendesse quais as trocas que poderiam acontecer naquela relação. Eles conseguiram evitar um potencial desastre, pois foram capazes de conversar de forma franca e direta, atentos a tudo o que precisava ser consertado em sua relação e, com isso, negociar as concessões necessárias de parte a parte.

Que dicas você pode revelar para a outra pessoa que sejam moedas valorizadas por ela? Você pode eventualmente chegar à conclusão de que o outro ou o grupo é mesmo inadequado. Mas são poucas as chances de isso ser verdade. E uma vez que você insista nesse ponto, verá que se torna extremamente complicado sustentar um relacionamento de confiança ou encontrar uma forma de fazer negociações satisfatórias.

Conclusão

O objetivo não é fazer que todos sejam os melhores amigos. E, sim, é possível concluir um trabalho mesmo quando há dificuldades interpessoais. Mas os problemas de relacionamento podem ser uma barreira séria para o sucesso de qualquer tarefa, e geralmente vale a pena o esforço de transformar essas relações turbulentas em, pelo menos, condições de trabalho aceitáveis. Você pode aperfeiçoar suas abordagens e tentativas de influenciar o outro para fazer isso acontecer.

Completamos a elaboração do modelo da influência olhando para o processo de trocas que pode gerar influência. O Capítulo 7 foca as formas de realizar trocas que sustentem e aperfeiçoem suas relações enquanto se adquire influência.

7

Estratégias para fazer trocas mutuamente vantajosas

Quando as pessoas se sentem apreciadas, elas são prestativas. Você pode forçar a barra uma vez, mas nunca mais vai conseguir ajuda. A verdade é que você pegará mais moscas com mel. Ser colaborativo muitas vezes toma mais tempo, mas, se vivo aqui na empresa, as chances são de que encontre as pessoas de novo e que tenha de conviver com elas no futuro. — Mary Garret, vice-presidente de marketing, IBM Global Services

Já examinamos os passos que levam ao processo de troca, incluindo conhecer o mundo do seu aliado, ser claro em seus objetivos, construir relacionamentos de confiança e combinar seus recursos com os resultados desejados por seu aliado. Em capítulos anteriores, demos alguns exemplos dos processos de troca. Neste, abordaremos em detalhes as estratégias a serem seguidas para se atingir um resultado no qual todos ganham.

Trocas podem se manifestar de várias formas e se tornar complicadas porque há muitos jeitos de "dar o troco". O pagamento pode ser um simples entendimento de seguir adiante com um pedido que não é penoso e está entre as expectativas do cargo, ou envolver um custo considerável de tempo e recursos. Muitas, se não a maioria, das transações se dão em série com o tempo; por isso, uma troca não é apenas um pedido em retorno a um pagamento.

A troca começa a acontecer antes de estar declaradamente começada. Na verdade, ela vem ocorrendo em todos os passos anteriores, e é só porque não podemos discutir tudo de uma vez que separamos o processo em dois capítulos diferentes. *Todo contato relacionado à influência que você tem com alguém que possa se tornar um aliado é parte da troca.* Seja um sorriso na primeira vez em que você é apresentado ou um esforço verdadeiro de perguntar sobre os interesses da outra pessoa e achar algo para lhe oferecer em troca da cooperação que quer, cada interação aumenta a probabilidade de uma troca de sucesso.

Não apenas sua reputação em geral e suas relações com um aliado em potencial afetam a troca, como também o processo de descobrir o que é importante; tudo isso já molda a recepção que terá quando finalmente fizer seu pedido e sua oferta. Fazem parte do processo de troca: como e o que você pergunta, se e como ouve, além do tipo de interesse que demonstra e a sinceridade da sua preocupação em abordar os interesses reais de seu aliado. O terreno é amaciado ou se torna mais pedregoso de acordo com seu diagnóstico precoce e o desenvolvimento do relacionamento.

Como em qualquer tipo de negociação, a parte mais importante é o planejamento. Se você diagnosticou muito mal a situação, técnicas inteligentes não vão resolver. Por sua história e constante competitividade, o Boston Red Sox provavelmente não vai aliviar com seu arquirrival New York Yankees, não importando quão impecável seja a apresentação. Dessa forma, você tem de planejar com cuidado. Mas também precisa ver as verdadeiras discussões sobre trocas de um modo que leve em conta seu prévio relacionamento com a outra pessoa ou grupo, pois isso facilita a transação e deixa o relacionamento melhor para o futuro. Este pode ser um processo complexo, mesmo que a transação em si seja breve.

Planejando suas estratégias para a troca

Embora muitas estratégias de abordagem nas discussões de troca sejam mencionadas em capítulos anteriores, vale a pena revisá-las agora para que você possa focar cuidadosamente quais condições são determinantes para sua escolha. Ser um influenciador eficiente requer versatilidade na seleção das diferentes estratégias.

A dificuldade de se fazer uma troca depende em parte de quanto os interesses coincidem. É sempre mais fácil começar com uma estratégia de troca que demonstre para a outra pessoa os benefícios que serão dados a partir do seu pedido. Exploramos essa estratégia primeiro, mas depois avançamos para modos de lidar com os interesses do aliado quando os benefícios da cooperação não são tão evidentes. (Veja a Tabela 7.1 para um resumo das estratégias e quando usar cada uma.)

Trocas de livre mercado: ganho mútuo evidente

Se os dois lados prontamente veem vantagens no resultado e acreditam que cada investimento de tempo, incômodo ou recurso usado é aproximadamente o mesmo, a troca é equivalente a ir até uma loja e trocar dinheiro por um item desejado que tenha preço justo. E, se já há um bom relacionamento entre as partes, nenhuma delas tem qualquer razão para desconfiar dos motivos ou da integridade da outra. Nenhum dos lados faz um favor excepcional ao outro; valor é trocado por valor. Trocas de livre mercado podem funcionar mesmo quando não existe um relacionamento bom ou antigo, e envolvem muitas moedas diferentes, desde que sejam vistas como equivalentes.

Uma troca de livre mercado ainda requer um bom diagnóstico e um planejamento cuidadoso, porque pode não ser evidente de imediato, para a outra parte, quanto o pedido supre as suas necessidades. Assim, quase sempre é importante ter um bom conhecimento do mundo e das necessidades da outra parte.

Tabela 7.1 Estratégias de troca e quando usar cada uma

Estratégia	Condições para usá-la
Trocas diretas (trocas de livre mercado).	Cada um tem algo que o outro quer.
	Valor aproximadamente igual.
	Boas relações existentes.
Mostrar como a cooperação ajuda a atingir os objetivos do aliado.	Seus interesses coincidem.
Demonstrar valores escondidos.	Você pode encontrar benefícios inesperados.
Compensar os custos.	Você não tem os recursos desejados.
	Você conhece os custos e pode pagar com alguma moeda.

Mostrando como a cooperação ajuda o aliado em potencial a atingir seus objetivos

Ainda pode haver benefício mútuo se você mostrar como a cooperação com seu pedido ajudará o aliado em potencial a atingir outros objetivos (como pagar em uma moeda valorizada). Por exemplo, um gerente de área que queria informações mais atuais de seu gerente regional sem dar a impressão de que se intrometia, ou criticava o estilo mais introvertido do outro, decidiu moldar o pedido em termos da sua necessidade genuína – precisava de informação para ajudar a defender as decisões regionais junto aos gerentes céticos das filiais. Como essa mesma moeda era um dos objetivos do gerente regional, a sugestão de que houvesse uma reunião periódica entre os colaboradores foi vista como uma ajuda, em vez de um problema que tomasse tempo. O gerente de área sabia o suficiente sobre as moedas de troca de seu chefe para colocar seu pedido de um modo que seria visto como positivo pelo gerente regional.

Revelando – e trocando por – valor oculto

Às vezes, os benefícios mútuos não estão aparentes de imediato, e dá certo trabalho descobri-los. Foi este o caso com um gerente de produção inovador que queria obter a aprovação de seu gerente geral para introduzir tecnologia automatizada na fábrica. Ao saber que a análise de retorno padrão, com base na economia de trabalho, não seria totalmente convincente, ele analisou o impacto do tempo de execução mais rápido na prevenção de pedidos perdidos. Usando esse método inovador de dispêndio de capital, conseguiu convencer o gerente geral de que a automação seria do interesse da divisão.

Tal abordagem está se tornando incrivelmente comum. Veja exemplos de medidas que revelam benefícios escondidos:

- O custo do giro de colaboradores.
- Custos de armazenagem para excesso de estoque.
- A ligação entre colaboradores satisfeitos e vendas elevadas.
- O valor da lealdade do cliente.
- O custo de gargalos ou atrasos nos serviços.

Custos compensados

Uma estratégia alternativa pede o reconhecimento de que haverá custos e o desenvolvimento de um plano para compensar o aliado em potencial. Embora mais difícil de encontrar pagamentos equivalentes, esta abordagem pode ser o único caminho de arquitetar uma troca quando não for possível mostrar à outra pessoa o benefício do seu pedido. Por exemplo, alguém que precise de um relatório especial de um grupo analítico poderia se oferecer para fazer um esboço desse relatório com dados não analisados já existentes, o que reduziria ao analista o peso de fornecer-lhe o acesso às informações.

Em qualquer circunstância, é necessário determinar quanto custa a condescendência do aliado em potencial para você descobrir como compensar esses gastos. Por exemplo, uma secretária quer ter flexibilidade de horário na chegada ao serviço, enquanto seu chefe prefere que ela já esteja lá quando ele chegar. A secretária sabe que, ainda mais importante para o chefe, é que ela esteja disposta a ficar até tarde quando houver um trabalho urgente para terminar.

Assim, ela concorda em ficar até tarde quando necessário, em troca de que lhe seja permitido ter liberdade de manhã, quando os arranjos para a creche necessitam de uns 10 ou 15 minutos a mais. Ambos conseguem o que querem fazendo a troca na mesma moeda: tempo disponível para trabalhar. O custo para o chefe é compensado pelo ganho de tempo em situações mais críticas.

Como tornar visíveis os custos ocultos

Para determinar o que é uma troca equivalente, a outra parte precisa saber quanto seu pedido é importante – quanto a falta de cooperação dela custará para você e a organização. Da mesma forma, você precisa saber quanto seu pedido custa para a outra parte. O aliado em potencial vê apenas a inconveniência para si mesmo, não o custo para quem está do seu lado. Isso pode ser especialmente difícil quando você deseja algo do seu chefe e não quer parecer "reclamão" ou ameaçador ao enumerar as consequências. Colegas precisam da informação de custo porque não fizeram o trabalho de diagnóstico que você fez, e com frequência não estão cientes do seu mundo e das suas necessidades, nem mesmo daqueles aspectos que parecem óbvios do seu ponto de vista.

Se você reagia muito no passado, os outros podem não saber das complexidades da sua situação (e o tempo a mais que tem dedicado). Nessas circunstâncias, planeje um jeito de deixar claro quais são os custos que você já paga e ainda vai pagar se não tiver seu pedido atendido. Por exemplo, você pode preparar uma planilha com os passos dados até chegar a esse ponto? Pode mencionar de modo casual as noites em que trabalhou até tarde e os finais de semana que gastou no trabalho do seu aliado? Pode brincar sobre como você precisa fazer as coisas simplesmente usando sua vara de condão? Nem todos os aliados, quando ficam cientes disso tudo, responderão ao fato de você ter tido mais trabalho, mas quando se tem um relacionamento razoável, este tipo de informação pode ajudar a gerar respostas positivas.

Esta ideia de fazer os custos ocultos ficarem visíveis é especialmente relevante quando outros iniciam a troca para lhe fazer pedidos. Enquanto concordar é normalmente uma boa tática, cuidado para que isso não esconda o custo para você. Sua resposta, do tipo "sem problema", pode não corresponder à verdade. Sem passar por uma longa liturgia sobre como o pedido é inconveniente, é importante que ambas as partes entendam o que está sendo solicitado. Você poderia, por exemplo, "pensar em voz alta" sobre os passos necessários para cumprir o que é pedido, o que teria de contornar ou deixar de fazer, e depois concordar. De outra forma, o pagamento em retorno pode ser menor do que você acha que merece, o que pode ser nocivo ao seu relacionamento.

Estratégias que usam o valor do tempo como moeda

Em um bom relacionamento de trabalho, há uma distância considerável em relação ao tempo e à forma como o pagamento será feito. Entretanto, quando há um relacionamento ruim e histórico de dificuldades, a confiança em baixa faz cada transação ficar sujeita a um exame mais detalhado. Um observador externo pode ficar intrigado com a razão pela qual o pedido de ajuda de uma pessoa é respondido com sorrisos e esforço verdadeiro para agradar, enquanto a solicitação de outra enfrenta resistência – educada ou não. O histórico entre as partes, ou mesmo entre os grupos que se complementam, altera muito o valor e o custo dos pedidos e pagamentos. Com frequência, a economia complexa das trocas é tão difícil de desvendar que as pessoas interessadas em algo importante supõem que isso será impossível e desistem.

O tempo pode entrar nas trocas de três maneiras:

1. *No presente imediato.* Você pode pagar agora pelo que pede, seja pelo benefício direto do seu pedido ou por um pagamento compensatório aceitável.
2. *Do passado.* Você acumulou crédito por causa de coisas que fez anteriormente, então recebe por um comportamento prévio. Por outro lado, você pode estar em dívida por causa do seu histórico e precisa superar o passado.
3. *Promessa para o futuro.* Você concorda com o débito – especificado ou não – e pagará em algum momento no futuro. Aqui, mais uma vez, o passado pode estar relacionado à disposição da outra parte em acreditar na possibilidade do seu pagamento futuro com uma taxa satisfatória.

Assim, um conjunto-chave de considerações estratégicas envolve o modo de utilizar obrigações passadas ou futuras para atingir os objetivos desejados. O uso estratégico do tempo também aumenta o que é possível atingir com alianças.

Construindo crédito: poupando para os dias difíceis

Uma piada antiga sobre o sistema bancário diz que os bancos querem emprestar dinheiro apenas quando você pode provar que não precisa dele. A pontinha de verdade no chiste diz respeito à necessidade de poder pagar o empréstimo, pelo menos em algum momento vindouro. Por esta razão, é bem inteligente investir recursos no presente para, quando houver necessidade no futuro, ser possível pegar um empréstimo ou retirar da poupança. A mesma lógica se aplica às trocas em empresas: *sempre que possível, acumule obrigações de outras pessoas muito antes de ter qualquer ideia de pedir alguma coisa em troca. Até chegar à* troca *propriamente dita, ajuda muito ter feito pagamentos ao banco do favor – são investimentos em considerações futuras.*

Isto é mais fácil quando seu trabalho o coloca em uma posição de comandar recursos valiosos que outros querem, de modo que possa fazer favores de trabalho naturalmente para muitas pessoas. Aqueles que decidem as prioridades do sistema de informação, o controle de agendamento de produção ou fornecem serviços valiosos a gerentes de produto são constantes construtores de crédito, especialmente quando alteram prioridades ou fazem serviços extras para ajudar os outros. O melhor jeito de construir crédito é cumprir tarefas úteis em troca de obrigações futuras que o ajudarão a fazer seu trabalho melhor. Assim, você mantém o foco no trabalho de verdade, não na influência para proveito próprio.

Embora nem todos os empregos tenham este posicionamento vantajoso, você pode muitas vezes descobrir modos alternativos de ajudar os outros. Já que pessoas diferentes valorizam tipos de moedas diferentes, existem muitas oportunidades de se fazer um esforço a mais para ser útil, atencioso ou amável antes de precisar da ajuda de alguém. Se tiver energia, um pouco de habilidade para descobrir o que pode ser valioso para os outros em seus respectivos trabalhos e uma inclinação para criar múltiplas alianças, você encontrará oportunidades diárias de ganhar crédito por ser útil.

É possível olhar, por exemplo, para o caso de um gerente de nível médio que, inadvertidamente, construiu crédito por ter selecionado e mandado artigos de potencial interesse para diversos membros da organização que conhecia. Naturalmente interessado nas pessoas e nas ideias, deu-se ao trabalho de conversar com os outros e de se lembrar no que eles estavam trabalhando ou sobre o que os agradava. Uma vez que já era leitor de muitas revistas e jornais, foi capaz de converter seus interesses naturais em uma atividade genuinamente agradável e sempre apreciada. Embora ele nunca tenha mandado os artigos cinicamente apenas para construir apoio, o resultado foi um ganho real de crédito com os outros pela sua consideração; e seus pedidos subsequentes para o próprio departamento e seus projetos sempre receberam o benefício da dúvida.

Pense em qualquer vantagem natural que você tenha – conhecimento a mais, bom humor, boa memória, empatia instintiva ou qualquer outra coisa que possa ser valiosa para outros – e espalhe a riqueza cedo e com frequência.

Alerta de fraude

Há situações em que o aliado que quer influenciar não valoriza nenhuma moeda relacionada ao trabalho, ou você não tem acesso a nenhuma que ele deseje de verdade. Isso significa que será forçado a achar mais moedas pessoais para depositar em sua conta se quiser construir crédito. Muitos presentes pessoais, tais como gentileza, bom humor ou trazer lanchinhos para todo mundo, são bons lubrificantes sociais e podem criar boa vontade.

Há um perigo, entretanto, em procurar caminhos para criar obrigações não relacionadas ao trabalho, mesmo que muitas vezes isso seja necessário. Infelizmente é tentador, para colaboradores que percebem o poder de ter crédito de reciprocidade no banco, usar o processo de fazer favores para uma autopromoção, criando obrigações para proveito próprio. Mesmo quando isso funciona, muitas vezes há custos consideráveis para a reputação, o que não dá para deixar de lado.

Você pode facilmente ir além dos favores não solicitados, especialmente se os destinatários suspeitam que eles são feitos só para criar obrigações, ou se não valem muita coisa para a pessoa que os recebe. Muitos anos atrás, Dale Carnegie aconselhou as pessoas a, entre outras coisas, fazer amigos e influenciar o outro aprendendo prontamente seus nomes e usando-os com frequência nas conversas iniciais – todos gostam do som de seu próprio nome. Qualquer um que tenha tido um novo devoto dessa tese, enchendo a conversa de repetições – do tipo "sim, Seymour, este é mesmo um dia maravilhoso, Seymour"; "você, Seymour, por acaso sabe que é um cara ótimo, Seymour?" –, sabe como é rápida a desvalorização da moeda. Falta de sinceridade pode cancelar os benefícios previstos em um caminho eficiente para construir créditos de troca.

O que leva a um paradoxo interessante sobre "construir créditos para o futuro". Por um lado, é sempre útil ter "dinheiro no banco" para usar em caso de necessidades futuras. Mas depósitos evidentes podem criar falta de confiança e suspeita sobre suas intenções. Se os outros estão preocupados com o tempo que você vai levar para "pressioná-los" e cobrar a devolução, eles ficarão cautelosos quanto às suas ofertas.

Qual é a saída para esse paradoxo? Duas regras podem ajudar:

1. *Seja transparente.* Às vezes, dizer "gostaria de ajudá-lo agora porque estou com uma folga e sei que vou ter de fazer pedidos no segundo trimestre, quando os prazos ficarem apertados" pode acabar com as suspeitas, porque você abre suas intenções. Isso também sinaliza antecipadamente a natureza da troca, deixando clara uma obrigação implícita.
2. *Ponha a empresa em primeiro lugar.* Como já insistimos antes, se a impressão das pessoas é de que você vai ajudá-las em prol dos objetivos da empresa, então o fato de que há ganhos secundários para você e para sua área é algo mais provável de ser aceito.

Usar recursos de modo questionável, resultando no efeito contrário ao desejado

Chefe de manutenção manipulador

O chefe da área de manutenção de uma empresa de serviços, uma posição que nem sempre tem grande poder, oferecia-se toda vez para organizar a festa de final de ano. Como parte das festividades, ele sempre escalava um fotógrafo para tirar fotos dos gestores e de suas famílias. Algumas semanas depois, as pessoas que controlavam os recursos, ou que de alguma maneira eram essenciais, acabavam ganhando uma foto grande com os cumprimentos do chefe da área de manutenção.

Como havia dúvidas se era uma gentileza, ou um plano para construir obrigações futuras, muitos colegas de trabalho agiam cautelosamente com esse chefe. Sua boa vontade era valiosa para conseguir que o equipamento de escritório fosse mudado ou consertado, então ninguém o questionava a respeito desse joguinho, mas muitos não se sentiam confortáveis ao lidar com ele.

Embora nunca mencionasse abertamente as fotos quando fazia pedidos para o seu departamento, seu propósito era construir boa vontade para se beneficiar em outra ocasião. Quando precisava de alguma coisa durante o ano, raramente recebia uma recusa, embora as pessoas reclamassem por se sentirem encurraladas. Como resultado, ele conseguia o que queria, mas jamais confiaram nele de verdade, e ele nunca foi promovido na empresa.

Robert Moses, mestre manipulador

Em uma escala muito maior, foi noticiado que Robert Moses usou recursos de sua posição como comissário de parques de Nova York para criar obrigações sutis entre repórteres, comissários e políticos. Quando queria aprovar um projeto, as pessoas favorecidas achavam difícil se opor a ele. Moses usava passeios de limusine, jantares chiques e reuniões em lugares espetaculares para cortejar quem o apoiava ou neutralizar os oponentes antes de dar a "mordida". Como resultado, construiu ruas e parques em uma escala sem precedentes. Ao mesmo tempo, pisoteou a vizinhança pobre e gastou enormes somas de dinheiro público para promover sua visão pessoal de Nova York.

Moses usou muitas técnicas de influência, incluindo as encobertas e indiretas, tais como ocultar cláusulas em legislações complexas, que posteriormente lhe deram um poder quase ilimitado; mas ele também sabia como era importante ter uma poupança de relacionamentos no banco para sacar em momentos críticos. Aparentemente, Moses também era charmoso o suficiente – e lidava com aliados de fácil sedução – para superar as preocupações quanto à sinceridade de suas intenções.* É possível que, em situações públicas complexas, com tantos interesses e interessados diferentes, só um manipulador habilidoso pudesse fazer alguma coisa acontecer; mas o processo produz enorme cinismo e custos públicos que tornam a empreitada questionável. O uso de qualquer tipo de ferramenta pode se tornar abusivo.

---

* Para conhecer a história completa e fascinante de Robert Moses em ação, leia *The Power Broker*, de Robert A. Caro (Nova York: Knopf, 1974). Os livros de Caro sobre Lyndon Johnson também revelam um mestre manipulador/influenciador sênior.

Cobrar débitos antigos

Se a pessoa a ser influenciada calhar de ser aquela para a qual você já fez coisas em outra ocasião e o nível de débito for suficiente para cobrir o que você estiver pedindo, a troca deve ser relativamente fácil – supondo que o colega reconheça o débito feito anteriormente e acredite que o valor seja equivalente ao novo custo. Se o relacionamento é bom, você pode até receber a mais do que o débito existente, porque, entre colegas que confiam um no outro, as contas podem oscilar de superávit para déficit, e ao contrário também, dependendo das circunstâncias.

Embora os conceitos neste livro sejam relevantes para qualquer tentativa de influência, grande parte da troca corporativa acontece mais ou menos automaticamente como parte natural de fazer um trabalho. Discussões mais elaboradas sobre troca acontecem apenas quando você precisa de algo fora do comum. Neste caso, é útil sinalizar cedo para seu aliado em potencial que a transação não é comum e demanda atenção especial. Não se trata de parte da sua rotina e é importante o suficiente para você ter de gastar algum tempo com ela.

O que fazer quando os outros não admitem o que devem?

Problemas relevantes surgem, entretanto, quando seu sinal é ignorado. O que acontece quando você faz um pedido a um devedor, mas ele não reconhece que há uma obrigação? Pode surgir confusão em empresas refinadas ou de alta lealdade, nas quais há fortes normas contra tornar as trocas explícitas. Aquele que emprestou no passado acredita que uma obrigação foi criada, mas, para quem está pedindo, a ajuda anterior é vista como mera rotina do trabalho daquele que emprestou – e, portanto, não percebe nenhum débito. Pode ser desanimador sugerir que um favor do passado merece uma resposta no presente, e ouvir: "Grande coisa. Você só fez o seu papel". É especialmente desencorajador quando isso vem do seu chefe, que não está ciente de quanto lhe custou fazer o que foi pedido.

Em algumas organizações, pode ser considerado rude dizer abertamente "você agora me deve uma" – então, é melhor usar sinais mais sutis. Em outras (como em muitas companhias e hospitais de Nova York), seria ingênuo não insistir com os colegas sobre suas expectativas em relação às obrigações deles, porque todos acham que o mundo trabalha em interesse próprio e por contrapartida. Tenha certeza de adaptar sua linguagem à cultura. Se você for novo no local, fique alerta para perceber frases que deem pistas sobre qual é o nível apropriado para ser direto.

Se discutir esses assuntos não é uma prática aceita em sua empresa, você pode achar difícil resolver as diferenças sem falar de forma elaborada sobre o ponto. Em vez de reclamação e cobrança – do tipo "trabalhei muito duro em seu favor de um jeito que nem imagina porque não queria deixar o fardo para você; que tal um pouco de consideração em troca?" –, as tentativas de influenciar são abordadas indiretamente, com frases como: "Bem, tecnicamente não é parte do meu trabalho, e nós realmente temos outras coisas pelas quais somos responsáveis". Estas referências sutis tendem a ter baixo impacto (a não ser que a outra pessoa seja muito ligada para entender o que está nas entrelinhas) e, com frequência, levam o influenciador a desistir prematuramente por frustração.

O problema de assegurar expectativas recíprocas geralmente é mais bem trabalhado antes que o presente seja dado, não depois. Cada organização tem sua própria linguagem para demonstrar a grande expectativa de uma resposta. Em uma companhia de bens de consumo, os membros demonstram a importância de uma questão afirmando, por exemplo, "isso é motivo para greve", mesmo não tendo nenhum sindicato envolvido. Em outra empresa, as pessoas dizem: "Eu vou para a briga por esta aqui". "Este é grande" pode ser outro jeito de funcionários de uma companhia sinalizarem que não se trata de um pedido comum. De um jeito ou de outro, terá de usar o jargão ou a linguagem das organizações para indicar a seriedade do que você oferece. Mas não faça estardalhaço; tenha certeza de falar a verdade, e que o custo para você seja tão grande quanto o anunciado.

E se a moeda de pagamento não for valorizada? (Eu sei que você disse que me ama, mas nunca me traz flores)

Mesmo quando a discussão direta é autorizada, surgem ideias muito diferentes sobre o que é devido. As moedas de troca são tão imprecisas que, mesmo quando você diz "você me deve" e o aliado em potencial concorda, é possível ocorrer um desentendimento genuíno. Às vezes, o esforço aplicado para cumprir um pedido é invisível para o outro, que, como recebedor, não lhe dá o devido valor. Já vimos situações nas quais alguém respondeu a um pedido que não era urgente como se o futuro da organização dependesse disso. A pessoa que move céus e terra para atender a uma outra pode não ser totalmente apreciada se o pedido não foi assim tão importante para quem o fez. Neste caso, uma tentativa de cobrar um débito anterior pode provocar a seguinte reação: "Ei, calma, eu só estava dando uma sugestão. Não espero que você se vire do avesso, então não tente me fazer sentir culpado".

Por outro lado, vimos membros de organizações que fazem grandes sacrifícios pelos outros, mas não valorizam o próprio esforço, pois dizem coisas como "não foi nada" em resposta aos agradecimentos que recebem. Quando os favorecidos são sensíveis, as pessoas que se esforçaram por eles são apreciadas da forma correta, mas não é todo mundo que entende essa demonstração de modéstia. Sem uma valorização adequada, aqueles que se sacrificaram passam a se sentir usados, enquanto os que receberam seus favores seguem em frente, sem perceber o ressentimento latente.

Se você fez um esforço por um aliado em potencial, demanda um certo tato deixar isso claro sem parecer grosseiro. Mas esconder sua luz debaixo de uma capa pode ser um desperdício. O truque é deixar o aliado vê-lo suar um pouco, sem reclamar, para que o esforço seja visível, mas não alardeado.

Contudo, você não quer ser visto como alguém excessivamente preocupado com os registros das obrigações. A habilidade de fazer um pedido sem chamar a atenção para cada depósito no banco das obrigações é rara, mas decisiva, e você deveria cultivá-la. O colaborador de uma empresa – dos mais influentes que já observamos nesse tempo todo – fazia milagres com regularidade para os outros usando seu papel de "assistente de", mas nunca se comportava como se fosse um esforço tremendo. Como os colegas sabiam quanto era difícil lidar com a burocracia, valorizavam suas ações, e ele acumulava um grande respeito e muitos favores. Quando surgiu a oportunidade de assumir como diretor de uma nova divisão importante, esse profissional teve muito apoio e foi escolhido para o cargo, apesar do fato de ter menos credenciais que outros candidatos.

Pegando emprestado a crédito: pagamento adiado/efeito colateral

Se não houve chance de construir uma rede de favores antecipadamente e você também não detém o controle sobre as moedas que o aliado em potencial quer, ou não tem tempo de mobilizá-las, pode ser necessário pedir um empréstimo. Se tiver uma reputação razoavelmente boa, pode propor a retribuição para mais tarde, seja com bens específicos ou em uma moeda indeterminada, a ser escolhida em data posterior. Onde há falta de confiança anterior, não é provável que você consiga usar esta abordagem, pelo menos não sem um considerável efeito colateral; mas se o relacionamento existente não for negativo, então pode ser possível obter cooperação com base em uma promessa de pagamento posterior.

De maneira similar, em seus estudos sobre inovadores de sucesso em organizações, Rosabeth Kanter[1] encontrou muitos exemplos de gestores que fizeram promessas de pagamento futuro em retribuição por uma ajuda momentânea, por uso de recursos ou transferência de verba. Eles ofereceram melhores serviços de apoio no futuro, reconhecimento caso o projeto fosse um sucesso, ou outra forma de contrapartida mais adiante. Às vezes, tudo que pediam era uma promessa de recursos ou apoio, a serem pagos somente se outros favores fossem necessários. Então, bancariam o compromisso da promessa com compromissos posteriores, já que podiam demonstrar amplo apoio e, no final, pagar os "investidores" iniciais. Os patrocinadores que anteciparam empréstimos ou promessas não apenas receberam os bens ou serviços que queriam, mas também ganharam uma reputação positiva pela capacidade de visualizar boas ideias e apoiá-las.

> **Pagando com uma promessa para o futuro**
>
> Marcia Allen, gerente de produtos de uma companhia de bens de consumo, precisava fazer um pedido urgente de embalagens de tamanho especial para a chegada dos produtos às lojas ao mesmo tempo que a campanha publicitária já estava marcada. Este pedido poderia causar dificuldades para o gerente de compras, cuja cooperação ela queria. Apressar a solicitação dela faria outras prioridades demorarem mais, o que o gerente de compras deixou claro quando Marcia o abordou. Ansiosa em ver sua campanha importante ter sucesso, Marcia fez seu pedido em troca de um pagamento posterior: ela ofereceu colocar o gerente de compras em futuras reuniões de planejamento e, assim, reduzir a necessidade de pedidos urgentes. Ele obteria informações com antecedência, o que lhe permitiria fazer sugestões sobre os prazos e custos de materiais alternativos, e participaria da finalização dos planos. Ela conseguiu seu material, e o gerente de compras foi incluído nas reuniões, nas quais fez contribuições significativas para as decisões sobre promoções especiais.

Se há dúvidas sobre o que fazer ou a pessoa não confia completamente em você, será preciso pesquisar se é possível estabelecer uma forma de "conexão de segurança" ao tentar tomar algo emprestado. Pode, por exemplo, oferecer-se para apoiar publicamente o aliado antes de fazer o que está sendo pedido, com a anuência de que o apoio é apenas uma demonstração de boa-fé, não o pagamento pela cooperação. Isso pode ser embaraçoso de discutir, mas é preferível a ter seu pedido recusado ou colocado na fila de espera. Será reconfortante para um relacionamento falar algo como: "Vejo que você não está à vontade comigo e eu quero mudar isso. O que posso fazer para demonstrar boa-fé? Seria útil se eu fizesse _____?". Este tipo de reconhecimento direto dos problemas abre a discussão sobre as dificuldades ou ajuda para viabilizar os negócios mesmo quando o relacionamento está aquém do desejável.

Outras considerações estratégicas: quem e onde?

Há muitos outros fatores que podem dar forma às trocas de influência.

Decidir com quem tentar trocas

Muitas tentativas de influência envolvem apenas outra pessoa, mas em situações complexas geralmente há várias partes interessadas, cada uma com sua própria moeda. Uma das escolhas estratégicas nestes casos é com quem falar diretamente, com quem só ter um breve contato, com quem trabalhar com cautela e a quem evitar de todo jeito. Influenciar já é difícil o suficiente sem ter de controlar o mundo. Mas projetos que envolvem mudanças de larga escala não podem ser concluídos sem trocas sensatas com todos os participantes.

Considerações para decidir como fazer trocas diretamente com o aliado em potencial incluem:

Centralidade do aliado

- Quão poderosa é a outra pessoa? Poder significa mais do que posição hierárquica: que recursos necessários ela controla? Quão exclusivo é o controle desta pessoa sobre os recursos? Quão dependente desta pessoa você é para ter sucesso? Até que ponto a opinião desta pessoa afeta os outros? Se a pessoa ficar brava com você, ela pode prejudicar seu projeto?

Quantidade de esforço/Créditos necessários

- Você já tem um relacionamento com as pessoas ou vai começar do zero? Há algum jeito de estabelecer rapidamente um relacionamento de trabalho ou este processo é intrinsecamente lento?
- É provável que a pessoa insista em fazer as trocas em moedas que você não controla ou não pode ter acesso? Quão caro será para você pagar nas moedas desejadas?
- A pessoa ficará satisfeita se você pelo menos reconhecer a ajuda e ficar em contato, sem pedir algo em troca diretamente?

Alternativas disponíveis

- Você conhece alguém cuja ajuda pode lhe render o apoio do aliado em potencial? Em outras palavras, quem pode influenciar o aliado se você não puder fazê-lo diretamente?
- Se você não pode influenciar a pessoa na direção certa, consegue achar um jeito de neutralizá-la? Você pode remodelar seu projeto para levar em conta a oposição da pessoa ou para contornar suas piores preocupações?

Geralmente, as dimensões importantes dão o grau de seu poder real em relação ao conjunto de aliados e a medida de sua dependência em cada uma dessas coisas. Isso pode ser representado, como na Figura 7.1, por uma tabela tipo dois por dois, com quatro estratégias resultantes.

Quando você é relativamente poderoso comparado ao seu aliado, deve planejar como conduzir discussões sobre troca mútua, como explicamos ao longo deste livro.

Se, entretanto, você está em uma posição relativamente menos poderosa (mesmo tendo explorado as possibilidades de como aumentar seu poder descritas no Capítulo 5) e é dependente da cooperação de seu aliado, então precisa seguir uma estratégia submissa ou procurar outras pessoas para ajudá-lo a influenciar seu aliado em potencial. Nas estratégias submissas, em essência, você se põe à disposição da boa vontade do aliado. Poderá conseguir blefar em uma posição de menor poder, mas, quando lida com fatores de dentro da sua empresa, o blefe raramente funciona por muito tempo – e você reduz a probabilidade de conseguir uma audiência receptiva.

Figura 7.1 Estratégias que adaptam seu poder em relação ao aliado

	Dependência do aliado	
Seu poder em relação ao aliado	Alta	Baixa
Alta	Faça troca mútua	Isole-o
Baixa	Prometa, peça ajuda	Ignore-o (com educação)

Quando seu poder é relativamente alto e você não é dependente da cooperação do aliado, evite (isole) a pessoa e crie pouca necessidade de interação. No final, quando tiver baixo poder, mas pouca dependência, pode ignorar o aliado em potencial; ou, melhor ainda, manter uma postura amigável e passar informação, mas com um esforço menor para influenciar. Como já frisamos, nunca há uma boa justificativa para não ser amigável ou para ser estúpido, pois a pessoa pode se tornar importante mais tarde – mas seu propósito nesse momento é alocar sua energia necessariamente limitada.

Sua casa ou a minha? Escolhendo o lugar

Outro fator estratégico é a localização da discussão sobre as trocas. Com bons colegas que você conhece bem, a escolha do lugar é menos importante. Os negócios podem ser feitos durante o voo, sem perda de impacto. Há pessoas acostumadas a conversas rápidas no corredor, preferem que essas abordagens iniciais sejam breves. Outras querem ver primeiro alguma coisa escrita. O local pode importar bem pouco se o pedido é relativamente fácil de cumprir. Mas quando não se conhece a pessoa ou há histórico de sentimentos negativos em qualquer dos lados, o lugar pode ser de grande importância.

Em geral, as pessoas se sentem mais relaxadas em seus territórios, com seu próprio ritmo. Às vezes, entretanto, o escritório do aliado será um antro de interrupções sem fim, o que tornaria impossível que vocês dois se concentrassem. Nessas circunstâncias, tente combinar o encontro em uma sala de reuniões qualquer, durante um almoço longe do escritório ou, si isto se encaixar nas normas da empresa, depois do trabalho para tomar uma bebida. Qualquer dessas opções seria melhor do que pedir ao aliado em potencial para vir ao seu escritório. Marcar um horário, especificando quanto tempo você acha que a discussão vai levar, é outro jeito de manter o relacionamento em pé de igualdade.

Quase nunca é apropriado influenciar colegas usando táticas baratas de negociação, tais como diminuir a pessoa, fazendo com que se sente em uma cadeira desconfortável do seu escritório, com o sol nos olhos. Lembre-se, provavelmente você terá de trabalhar com ela de novo em algum momento.

Cinco dilemas a enfrentar durante as trocas

Cinco possíveis dilemas com os quais você pode ter de lidar são:

1. Ir adiante ou se afastar?
2. Sinceridade ou meias verdades?
3. Seguir o plano ou reagir ao momento?
4. Argumentos de troca positivos ou negativos?
5. Apegar-se à tarefa ou melhorar o relacionamento?

Ir adiante ou se afastar?

Tentar receber débitos antigos de pessoas que não reagem bem aumentará a pressão gradualmente. A não ser que o aliado em potencial esteja deliberadamente levando vantagem sobre você, use a menor pressão possível para induzir a cooperação. Se perceber que o aliado não quer retribuir por razões meramente egoístas, aumente a aposta até o ponto em que estiver disposto a ser visto como durão, ou se arriscará a ser alvo de uma raiva permanente.

O primeiro passo para ir adiante é mostrar explicitamente a obrigação como você a vê e insistir para que o aliado em potencial responda. O próximo passo é levantar a voz ou perder a educação em uma tentativa de deixar o aliado desconfortável o suficiente para concordar. Fazendo assim, você altera os valores de troca, introduzindo o controle sobre seu temperamento como uma nova moeda: você está disposto a deixar a raiva de lado se a outra parte concordar (minimamente) com o pedido.

Este tipo de chantagem emocional só funciona quando o aliado em potencial não gosta de confrontos emocionais; o tiro pode sair pela culatra quando aplicado sem adequação e causar uma resistência maior. Você tem de decidir se vale o risco de explodir e dar fim ao relacionamento. Mas, ao decidir antecipadamente que nunca vai usar esse tipo de pressão, ficará em desvantagem se quem você quer influenciar costuma fazer trocas usando a dureza como moeda. Esses negociantes muito emocionais tendem a se fiar na expectativa e na ideia de que os oponentes sejam demasiadamente acanhados para lhes dar uma resposta à altura. Dessa forma, se você se contiver, ficará na mão de seu aliado. Solte a pressão só um pouco, fazendo seus pedidos em público, de modo amigável em primeiro lugar ou com irritação, se a boa educação não funcionar. Uma acusação sorridente na frente dos colegas, mostrando que o aliado relutante não aprendeu a dar e receber, ou só quer receber sem dar nada em troca, pode fazer com que seja muito difícil para o outro continuar se recusando a colaborar. Como isso não é jeito de se mostrar simpático com ninguém, esse método deve ser usado apenas quando estiver muito convencido de que o outro tenta deliberadamente desgastá-lo.

Sinceridade ou meias verdades?

Nas melhores trocas, tanto você quanto seu aliado conseguem tudo o que querem a baixo custo. Quando cada lado quer muito aquilo que o outro tem, e cada parte fica feliz com a troca, ambos obtêm um lucro considerável com a transação – e podem ir embora bem satisfeitos com o acordo e o relacionamento.

As três regras para ser um diplomata

1. Nunca conte uma mentira
2. Nunca conte toda a verdade
3. Na dúvida, vá ao banheiro

Fonte desconhecida

Entretanto, há uma tentação embutida para que você exagere. Se conseguir fazer seu aliado imaginar que seu custo é maior do que realmente é, ele pensará que foi um acordo melhor ainda e sentirá que tem mais obrigações futuras. Assim, a tentação de fazer seu quadro parecer mais extremo (e minimizar o do aliado) sempre existe com o interesse de obter o que se quer com o menor custo possível.

E se você tem mais para dar do que seu aliado percebeu? Por que revelar tudo o que está disposto a oferecer, especialmente aquelas coisas que lhe são caras, se pode conseguir por menos? Assim, haverá mais para gastar em outras tentativas de influência. Porém, se você acumular moedas de troca e só as distribuir quando forçado a isso, ou for pego exagerando seus custos, acabará reduzindo todas as chances de uma troca rentável.

Esconder ou alterar informações pode ter dois efeitos negativos: (1) o aliado em potencial pode não saber exatamente o que é importante para você, nem ser criativo para encontrar caminhos para lhe ser útil; ou, ainda pior, (2) ele pode sentir que você não é inteiramente honesto e se recusar a colaborar, ou se sentir forçado a aceitar só depois de um acordo difícil para ter certeza de que não há mais nada escondido no seu tesouro. Embora haja um ganho potencial em ser astuto, o ato de exagerar ou esconder pode desencadear justamente o comportamento que você não quer em seu aliado em potencial.

Alguns executivos são ótimos atores e escondem seus verdadeiros sentimentos dos outros, mas há muito mais gestores que acreditam em seus talentos teatrais do que pode ser verdade – pois quase todos têm certeza de que podem perceber a falta de sinceridade nos outros. De fato, em praticamente todas as organizações que observamos, os gestores dissimulados e pouco comunicativos acabam tachados de indignos de confiança, e são lentamente excluídos das transações importantes. Pode ser duro de acreditar quando uma pessoa grosseira ganha uma promoção ou faz com que o chefe preste atenção nela, mas, com o tempo, poucas delas vingam em suas empresas. *Caras legais nem sempre vão ao topo, mas caras grosseiros raramente chegam lá, pelo menos não em situações nas quais não conseguem fazer quase nada sem a cooperação de outros. Ninguém quer ser um trouxa, ainda assim o processo de autoproteção pode ser frustrante.*

Em qualquer troca, a tentação de exagerar os custos estará presente em ambos os lados. Infelizmente, se um dos negociadores fizer isso, é provável que o outro sinta a necessidade de também agir assim, aumentado a desconfiança. Mas, se um lado faz e o outro não, aquele que exagera pode ganhar uma vantagem, então a tentação permanece.

Seguir o plano ou reagir ao momento?

O terceiro dilema surge da dupla necessidade de se preparar para as discussões com seu aliado para encaixar seu caso nas necessidades e no estilo dele, e, ao mesmo tempo, estar pronto para mudar de rumo se novas informações aparecerem durante o contato.

Há um perigo real de deixar passar dados importantes sobre o aliado durante um diálogo de troca se você estiver muito focado em levar seu plano adiante.

As trocas podem fracassar com frequência porque uma pessoa que quer influenciar não faz o dever de casa e, então, tropeça nas moedas valorizadas pelo aliado ou em suas preferências sobre estilo de interação. Com um plano meticulosamente fechado, ela não percebe as mensagens óbvias sobre o que é importante para o outro.

A cegueira em relação aos sinais dados pode ser monumental quando o aliado resistente explica de dez jeitos diferentes o que tem de ser feito primeiro para obter seu apoio, mas o influenciador teima em manter a abordagem errada porque o objetivo é importante demais e o plano de voo dizia: insista no jogo pesado.

Planeje como abortar sua abordagem

O desafio é estar tão bem preparado a ponto de dispensar sua pauta em um piscar de olhos e sintonizar-se nas dicas sobre interesses, objetivos e preocupações que qualquer aliado dá durante a conversa. Isto significa tratar objeções como pistas, não como algo irritante, e estar preparado para explorar pistas valiosas assim que aparecerem. Planejar uma caminhada no campo, mas recusar-se a dar a volta em uma pedra gigante só porque não estava no mapa é um bom jeito de estragar o passeio. Você chegará ao destino se responder a barreiras inesperadas como se fossem pontos de referência na trilha.

Argumentos de troca positivos ou negativos?

O quarto dilema envolve decidir quando se ater aos pontos positivos para cooperação ou usar argumentos negativos sobre custos potenciais – e reconhecer quando mudar de um para o outro. Nunca usar trocas negativas pode deixá-lo vulnerável diante de aliados teimosos e resistentes, mas usá-las todas as vezes pode criar inimigos desnecessários ou lhe dar uma reputação de antipático, o que pode dificultar futuras negociações. É duro equilibrar-se na linha que existe entre a ingenuidade e o cinismo.

A relação entre seu poder e sua dependência deveria ajudá-lo a decidir se vale a pena ameaçar com moedas negativas uma eventual falta de cooperação do outro. Se você tiver pouco poder, não faça ameaças. A honestidade e a receptividade do aliado também ajudarão a determinar se você precisa, e efetivamente pode, focar os custos negativos, tais como não oferecer sua cooperação no futuro. Enquanto alguns aliados precisam ser lembrados de que trabalham para a mesma organização, outros ficariam ultrajados se você pensasse que é necessário mencionar isso.

Apegar-se à tarefa ou melhorar o relacionamento?

O quinto dilema aparece ao se aproximar de um aliado em potencial com quem tem um relacionamento conturbado. Será que você é capaz de focar a tarefa sobre a qual quer fazer a troca, ou parar e melhorar diretamente o relacionamento, para deixá-lo em um ponto no qual a tarefa pode ser imediatamente abordada? Como sugerimos no Capítulo 6, esta pode ser uma escolha árdua, exigindo que você siga adiante e recue em várias rodadas.

Se conseguir a cooperação que precisa sem mencionar diretamente o relacionamento, você economiza um bom tempo, mas muitas vezes o relacionamento não está confiável o suficiente, o que torna impossível pular as preliminares. Esta situação pede sutileza; o longo tempo gasto para construir uma relação pode cansar um colega, torná-lo inquieto e dar a impressão de que não está realmente interessado em terminar o trabalho. Em geral, sugerimos que as dificuldades de relacionamento sejam resolvidas somente quando estão no caminho da discussão direta sobre moedas de valor. Então, comece as discussões sobre a tarefa assim que for possível. Diversas interações, entre trabalhar na tarefa e melhorar o relacionamento, serão necessárias para concluir com sucesso uma troca complexa.

Devemos notar que nesta questão há vastas diferenças culturais, bem como individuais. Em muitos países, você é considerado rude se não gasta um bom tempo inicial com atos sociáveis, conhecendo e se deixando conhecer pelo outro. Os norte-americanos às vezes se esquecem disso e vão adiante, começando discussões diretas sobre a tarefa, para grande desconforto da outra parte e com danos para suas próprias reputações. Mas, em outras situações, não ir direto ao assunto e perder tempo com discussões pessoais podem parecer evasivo e ferir o relacionamento. Preste atenção ao lugar em que trabalha.

Começando e terminando o processo de troca

Saber quando insistir em fazer trocas e quando recuar é uma arte, não uma ciência, mas vale a pena explorar o assunto. É preciso levar em conta o poder relativo da outra pessoa, a importância do tema para cada um, a futura interdependência entre vocês e a avaliação da sua habilidade de não ser sugado para dentro de uma guerra competitiva.

Provavelmente não é nada sábio entrar em uma batalha quente com alguém que é bem mais poderoso e cuja boa vontade no futuro lhe será importante. Se o que você quer está provocando sentimentos negativos, é bom considerar quão importante é a cooperação do aliado e examinar outras possibilidades. Caso não exista alternativa razoável, então é melhor seguir em frente devagar, trabalhar com mais afinco para entender por que o aliado tem tanta animosidade e ouvir as preocupações dele com todo respeito – ou avaliar se são os sentimentos dele a *seu* respeito que causam problemas, muito mais do que o assunto a ser resolvido. Todas são estratégias apropriadas.

Também é útil prestar atenção em seus pontos fracos quando participar de transações. Negociadores experientes recomendam que nunca se perca a educação, exceto quando deliberadamente pelo efeito desejado – embora este tipo de conselho normalmente diga respeito a um confronto com um oponente ocasional e não um potencial aliado, não é completamente fora de propósito. Se for fácil atingir você, um aliado durão o provocará instintivamente com assuntos delicados.

É de seu interesse saber o que o faz ficar bravo ou até grosseiro de um modo que se arrependerá mais tarde, e também aprender a reconhecer quando está propenso a arranjar problemas. Se for assim, você pode tirar um tempo para decidir se quer brigar pelo assunto, se pretende deixar a coisa mais esquentada ou prefere se acalmar para não fazer nada imprudente.

Embora algumas vezes seja necessário encarnar o tipo durão para fazer trocas (veja o Capítulo 16, sobre aplicação prática e uso de meios drásticos), quase nunca é sábio ser desagradável ou atacar a *pessoa*, em vez de sua posição sobre o *assunto*. Saia e conte até dez – ou até mil, se necessário – assim que sentir vontade de ofender deliberadamente um aliado. Você pode ser durão e honesto sem partir para a ofensa; a dor provocada por uma troca honesta não causa a mesma reação – tão negativa – que uma tentativa consciente de machucar por vingança.

Depois da troca: o processo de relaxamento

> Eu consegui perpetuar o que meu pai começou... Ele sempre me disse para deixar o outro cara achar que ganhou em qualquer negociação. Não tire a última moeda da mesa.
> — Brian Roberts, presidente e chefe executivo da Comcast
> *New York Times*, seção de negócios de domingo (8/8/2004)

Ninguém gosta de se sentir inferior, mesmo quando a pessoa traz isso consigo. Portanto, após sobreviver a uma negociação difícil de troca, pense em como deixar seu aliado com alguma dignidade. Conversar sobre temas pessoais é um jeito, mas há outros, tais como deixá-lo ensinar algo a você ou mesmo demonstrar conhecimento superior sobre algum tópico. Como outras ferramentas que já discutimos, esta também não pode ser usada com cinismo. Na verdade, a não ser que você seja um ator profissional ou golpista, não dá para fingir, mas uma dose de gentileza no final de uma troca complicada é um encerramento elegante.[2]

Mesmo quando o aliado não "perdeu", mas houve intensa atividade de troca por conta de um problema, a demora para reconstruir o relacionamento, criando satisfação mútua e confiança, não é algo que se perde. No mínimo, poupará um tempo valioso quando você se envolver na próxima troca.

Para um relato detalhado do caso em que um administrador, Warren Peters, abriu seu caminho pelos intrincados bancos de areia de um conjunto de trocas muito perigosas, veja o exemplo em nosso website: http://influencewithoutauthority.com/warrenpeters.html.

Fazendo trocas satisfatórias e evitando autoarmadilhas

Fazer trocas pode ser muito simples quando a confiança e o conhecimento mútuo já existem. É quase automático, então, ajustar pedidos para se encaixarem ao aliado em potencial, de modo que cada um esteja disposto a ceder ao outro um campo de ação considerável.

Se não existe esta confiança anterior ou se o pedido é mais custoso do que o habitual para o aliado, então é necessário usar outras estratégias de troca.

Teóricos de jogos descobriram que a estratégia de longo termo de maior sucesso é uma negociação que combine com a resposta do oponente – confiar até que seja invadido, mas então retaliar com rapidez, seguida de um retorno à confiança, se o oponente também voltar a se comportar de um modo confiável. Também é apropriado fazer trocas com colegas de um modo análogo.

Mas, ao lidar com alguém que tenta encurralá-lo, você precisa ser durão. Erguer a voz pouco a pouco, ir a público ou pagar para ver o blefe da pessoa são ferramentas que você precisa ter em seu repertório – porém, prefira não usá-las. Apele a elas apenas quando absolutamente necessárias, mas deixe-as de reserva tanto quanto possível.

Enfim, sua abordagem deve ser moldada pelo tamanho de sua dependência em relação ao aliado – e somente nele –, de modo a conseguir exatamente o que você pediu, sem aceitar substituições e com uma contínua boa vontade da parte dele. Sua disposição para arriscar também é um importante determinante da estratégia, modificada pelas consequências de longo termo *versus* as de curto termo que você aceitar.

Como a probabilidade de fazer trocas satisfatórias em termos razoáveis aumenta muito quando há relacionamentos positivos já existentes, comece tão cedo quanto possível a construir sua rede de relacionamentos. Não há alguém com quem você poderia se encontrar agora?

Evite estas armadilhas quando fizer trocas:

Autoarmadilhas na realização de trocas
- Deixar de fazer seu dever de casa sobre aquilo que provavelmente importa para a outra pessoa.
- Insistir na sua análise prévia mesmo diante de novas evidências que acontecem em tempo real.
- Blefar, estando em uma posição de poder inferior.

- Ficar com tanto medo de reações negativas a ponto de não usar todas as ferramentas de troca possíveis.
- Esquecer que você provavelmente verá a outra pessoa novamente, e fazer de tudo para ganhar à custa deste relacionamento.

Parte III

APLICAÇÕES PRÁTICAS DA INFLUÊNCIA

Esta seção do livro pretende ajudá-lo a identificar rapidamente o tipo de problema de influência com que você lida, dando conselhos práticos e específicos para resolvê-lo. Utilizamos os conceitos elaborados nos capítulos 2 a 7 e os aplicamos diretamente aos desafios de influência encontrados frequentemente nas organizações. Os problemas apresentados se tornarão, conforme o transcorrer da seção, mais complexos no aspecto corporativo. E muitas vezes citamos outros capítulos e exemplos mais detalhados, também encontrados em nosso *site*, que podem contribuir para as soluções práticas aqui oferecidas. Desejamos sucesso na luta para derrubar as barreiras de influência que o impedem de conseguir maior eficácia no trabalho.

8

Influenciando seu chefe

Você conseguiria ter mais sucesso na relação com seu chefe para garantir mais espaço, apoio e tarefas mais desafiadoras? Ou você gostaria de influenciar algum aspecto do seu estilo de administração, para melhorar a relação dele com a diretoria? O desafio é conseguir influenciar seu chefe de modo a estabelecer um bom relacionamento com ele em vez de ameaçar essa relação. Há muitos gestores e líderes que não são bons chefes, e outros que já são bons, e podem ser ainda melhores.

O que talvez o surpreenda, porém, é a nossa convicção de que a eficácia do seu chefe é parte do seu trabalho. Começa com você. Você é, em parte, responsável por ajudar seu chefe a administrar melhor e a ser um chefe melhor para você. Se você e seu chefe entenderem a questão dessa forma, serão parceiros em fazer com que seu departamento ou equipe trabalhe bem:

- Seu chefe tem apenas metade da informação relevante. Seria o máximo se todos os chefes soubessem exatamente do que precisamos e providenciassem tudo sem que fosse necessário pedir, mas não é assim. Seu chefe não lê pensamento – é você quem sabe melhor que ninguém o que fazer para atingir todo o seu potencial.
- O mundo cresce de maneira tão complexa que os chefes não conseguem cuidar de tudo, mesmo que queiram. Eles estão sobrecarregados, e os subordinados têm estilos muito diferentes, além de, em geral, deterem conhecimento e competências especiais que devem ser utilizados para se alcançar a excelência.
- Você tem expertise sobre quanto as intenções do seu chefe de exercer liderança sobre você estão sendo concretizadas. Ele pode querer lhe passar uma instrução clara, mas somente você sabe quanto ela lhe é clara. Em outras palavras, seu chefe precisa de você.

Sugerimos uma mudança na natureza básica da relação *chefe-colaborador* a partir da velha forma de interação *superior-subordinado* (com todas as implicações da dominação que julga saber tudo e da submissão ignorante). Em vez disso, defendemos uma relação de parceria.[1] Embora a diferença de hierarquia permaneça, os aliados subalternos e superiores ainda formam uma parceria.

Como os aliados subalternos agem? Eles não devem deixar seus aliados:

- Cometer erros grosseiros.
- Ficar com uma imagem ruim inadvertidamente.
- Desinformados sobre um assunto que você domine e que seu aliado deveria saber.

Os aliados devem:

- Permanecer leais aos objetivos do aliado.
- Colocar o bem da organização acima do bem pessoal.
- Valorizar e se beneficiar de diferentes habilidades e perspectivas.
- Deixar de presumir que um mau comportamento deriva de más intenções, e sim de informações ou perspectivas equivocadas. (Eles pressupõem que os aliados superiores tentam fazer o melhor para a empresa e são basicamente inteligentes e competentes, de outra forma não teriam reconhecido a parceria antes.)

Aliados que não se respeitam podem, em silêncio, acabar deixando que os demais, não importanto se superiores ou não, cometam um erro oneroso, desperdicem oportunidades importantes ou percam informações essenciais que podem influir no sucesso. É obrigação de um aliado ser o mais responsável possível, mesmo que corra o risco de enfrentar uma situação incômoda ou constrangedora.

Tal obrigação exige muito de qualquer um, mas você não gostaria que as pessoas ao seu lado tivessem esse mesmo tipo de atitude? Aceite a responsabilidade do relacionamento com seu chefe; ambos têm interesse em que você se torne mais produtivo. Este é o ponto fundamental para influenciá-lo.

Aceitar a responsabilidade pode trazer os benefícios que muitos desejam: aumentar a abrangência do seu trabalho, conseguir uma supervisão e treinamento mais eficazes, um relacionamento profissional mais próximo e aberto, além de um chefe mais eficiente. (Nem todos os chefes podem receber bem, no início, essa relação de parceria, mas trataremos deste assunto mais tarde.)

A abordagem

Para conseguir influenciar seu chefe de modo que valha a pena, há quatro coisas a fazer:

1. Encare-o como um aliado em potencial (um parceiro).
2. Certifique-se de que compreende bem o universo dele.
3. Esteja consciente dos recursos (moedas de troca) que você já tem ou pode adquirir.
4. Preste atenção ao modo como os outros querem se *relacionar*.

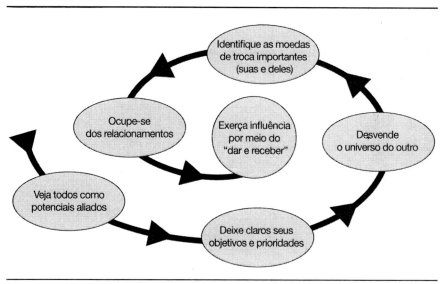

Resumo do modelo de Cohen-Bradford de Influência sem autoridade

Seu chefe é tão exigente quanto Donald Trump? Ele é muito crítico e pula em cima de você por causa dos menores erros? Você preferiria que ele dissesse como você pode progredir em vez de apenas criticar cada ação sua? Em vez de desistir e considerá-lo totalmente perdido, suponha que ele possa ser um aliado em potencial, um parceiro bastante envolvido com o sucesso e muito preocupado com o fracasso (não muito longe do homem ou mulher ambicioso que ele ou ela é). Se pensar assim, talvez você não se encolha diante dos comentários dele, mas tente ver o que pode aprender com eles.

Você gostaria de exercer influência sobre alguém como Trump? Se encarar alguém desse tipo como um parceiro e um aliado em potencial, não tentaria compreender seu universo? Esse mundo é o setor imobiliário de Nova York, um mercado totalmente implacável em uma cidade competitiva, onde se ganham e se perdem grandes fortunas. Não é uma situação em que um empresário precisa saber que trabalha com o mais qualificado, com alguém capacitado e experiente em fazer negócios em vez de ficar gerenciando um negócio atrás de uma mesa? Com tanta pressão, ele provavelmente não será muito paciente com seus subordinados. As moedas de troca de um magnata do mercado imobiliário incluem conhecimento informal (saber o que se passa nas ruas), do mercado financeiro, pessoas em quem ele possa confiar, tenacidade, capacidade de identificar grandes oportunidades e meticulosidade.

Examine o que você pode acrescentar. Suponhamos que tenha conhecimento básico de finanças. Você controla sua disposição para o trabalho, o grau de meticulosidade com que analisa as oportunidades e sua tenacidade. Você consegue ser tão audacioso quanto Trump gostaria, de modo que confiasse no seu jeito empreendedor?

Depois pense no que você observou quanto à maneira como ele interage com os demais – clientes e sócios (especialmente os de *status* inferior). Ele em geral é mal-humorado e brusco? E como interage com as pessoas que são dinâmicas e não submissas? (Com frequência, as pessoas que demonstram ser dominadoras respeitam quem as enfrenta.)

Tenha consciência das moedas de troca do seu arsenal e veja como esse tipo de chefe gosta de se relacionar. Você conseguiria fazer a seguinte abordagem (talvez seja preciso adaptar a linguagem e o tom de acordo com seu chefe)?

> Caro senhor, estou tão ávido quanto o senhor para encontrar bons negócios no ramo imobiliário e proteger seus investimentos. Trabalho várias horas e estou sempre pronto a trabalhar mais caso seja necessário. O senhor tem anos de experiência bem-sucedida em Nova York, portanto, quando notar que fiz algo errado, se além de me repreender, como mereço, me aconselhar para que eu melhore, seu investimento em mim será recompensado. Quero aprender e posso dar conta do trabalho, não importa quanto o senhor seja duro comigo. Contudo, quero ter certeza de que estou aprendendo as lições que vão ajudar a ambos.

Estratégia de influência

Não podemos garantir que esse jeito de falar funcionaria com seu chefe, mas há uma boa chance de dar certo porque segue três princípios fundamentais:

1. *Você mostra a seu chefe que é interesse dele mudar o próprio comportamento.* Perceba a diferença entre dizer que você quer a ajuda do seu chefe para se desenvolver, porque isso vai fazer você feliz, e querer o desenvolvimento porque isso dará ênfase ao retorno sobre o investimento que seu chefe fez em você, retorno com o qual ele verdadeiramente se importa.
2. *Você mostra a seu chefe que é interesse dele que você se saia bem e fique satisfeito, porque assim você trabalhará melhor.* Você admite seus interesses, relacionando-os diretamente ao que seu chefe (quase com certeza) deseja.
3. *Você declara sua preferência com um estilo compatível, que é o preferido pelo seu chefe.* Você usou um tom firme, sem frivolidade, assertivo para dizer que pode suportar tudo que ele despejar em você, mas produzirá mais se ele se preocupar com sua aprendizagem.

A ideia é sempre estar do lado dele, e não ser um antagonista que só quer fazer críticas. Você sempre vai procurar ajudar o chefe a atingir seus objetivos, a menos que de fato não os tolere. Neste caso, nenhuma técnica vai funcionar (se for assim, afaste-se quanto antes.)

Problemas típicos com os chefes

Esta seção utiliza uma série de afirmações reais sobre o que as pessoas querem do chefe como base para perguntas e respostas de como influenciá-lo.[2]

Problema 1: meu chefe resiste a aceitar minhas ideias para melhorar as coisas em nossa área. "Eu sempre tenho novas ideias sobre como fazer as coisas funcionarem melhor por aqui. Porém, quando falo sobre elas com meu gestor, ele resiste em aceitá-las e muitas vezes relaciona todos os motivos pelos quais uma ideia não funcionaria ou por que não valeriam o sacrifício. Acho isso muito desencorajador, especialmente porque meu chefe sempre diz que quer que tomemos a iniciativa."

Resposta: pode ser que existam vários problemas aqui:

- Suas ideias são bem elaboradas?
- Como você as apresenta? Elas correspondem às preocupações do seu chefe?
- A resposta dele reflete o estilo do seu chefe ou a qualidade das suas ideias? Ele de fato rejeita suas ideias ou esta é uma maneira de verificar a qualidade das suas sugestões?

Seu chefe gosta das ideias já totalmente desenvolvidas? Ou prefere receber informações sobre elas antes? Se este for o caso, provavelmente será necessário organizar suas ideias e testá-las com seus colegas antes de se certificar de que são factíveis. Se você sabe, por experiência própria, que seu chefe resiste a novas ideias, não apresente nenhuma proposta que não esteja bem desenvolvida, ou se não estiver certo de que ela trará benefícios.

Mas, suponhamos que você já tenha feito isso e ainda assim ele tenha dado a resposta habitual. Por que um chefe resiste tanto?

- Seu chefe realmente acredita que você está do lado dele? Você apresenta ideias que apenas ajudam sua área ou elas também correspondem às preocupações do seu chefe?
- Você conhece o universo do seu chefe, as circunstâncias que o levam a ser tão resistente? Seu chefe já se sente sobrecarregado e fora de controle, como muitos nas condições atuais? (Esse pode ser o motivo pelo qual seu chefe pede para que tenham iniciativa mas não corresponde direito a isso.) Se sua ideia significar mais trabalho para ele, mesmo que por um tempo limitado, ele pode reagir contra esse fato, não contra a ideia em si.
- Quais pressões atuam sobre ele? Seu chefe recentemente aceitou uma ideia (de outra pessoa) que não deu certo? Ou enfrentou o mesmo tipo de desafio negativo vindo do chefe dele e precisa se garantir?

Se seu chefe está sobrecarregado, o que se pode fazer para ajudá-lo? Há algo que você possa fazer para diminuir o peso em vez de aumentá-lo? Pode preparar melhor a ideia antes, de modo a mostrar como ela já está bem desenvolvida e como você está apto para assumir parte do trabalho, e implementá-la com mais facilidade? Consegue fazer a análise, o *lobby* e reunir as pessoas que a apoiam para tornar mais atraente sua aceitação por parte do seu chefe?

Outra maneira de diminuir a carga de seu chefe é procurar ajudá-lo a desempenhar uma parte do trabalho — algo que seja mais fácil para você realizar graças às suas habilidades ou que gostaria de aprender. Isso aumenta as moedas de troca que terá para oferecer. Se pensar como um aliado influente e não como um subordinado humilde, você conseguirá encontrar maneiras de ajudar.

Talvez o problema seja a maneira de apresentar suas ideias. Você se sente tão irritado e frustrado por causa das respostas que recebeu antes que fica irado, querendo ser rejeitado para provar como seu chefe é hipócrita? Esse não é o caminho para que sua ideia seja recebida como uma boa sugestão.

Fazer o diagnóstico anterior é importante, mas é preciso descobrir o que aborrece seu chefe e o que ele pode querer de você. Sempre o encorajamos a ir direto à fonte.

Você poderia – sem parecer uma acusação, mas como uma necessidade legítima de saber – lhe perguntar *por que* ele responde assim?

Essa abordagem direta pode falhar. Apesar de você ter uma vontade genuína de saber a resposta (e não de fazer um ataque velado à competência do seu chefe), ele pode achar sua pergunta atrevida ou se sentir forçado a se expor mais do que gostaria. Então você precisa confiar no seu diagnóstico inicial.

Se perguntar não for o suficiente, ainda assim você pode tocar no assunto diretamente, mas dessa vez elaborando a questão de modo a enfatizar seu aprimoramento: "Quero muito aceitar seu pedido para termos mais iniciativa, mas tentei várias vezes e o senhor não parece muito animado com minhas ideias. O senhor pode me ajudar e me mostrar como melhorá-las para que elas sejam aceitas?". Essa não é uma atitude hostil, e dá várias oportunidades ao seu chefe: ele pode lhe dizer o que melhorar em suas ideias (por exemplo, calcular as restituições com antecedência ou identificar as partes interessadas em fazer aquisições); assegurar que você deve seguir tentando e pensar na dimensão das ideias para que elas ganhem aceitação; falar sobre as razões que o levam a ser tão desencorajador (isso vai ajudá-lo a saber quais moedas de troca usar para mitigar essas razões); ou até repensar o jeito como ele tem reagido e começar a ser mais receptivo.

Problema 2: meu chefe não executa bem seu trabalho, mas não aceita ajuda.
"Minha chefe não faz construção de equipes nem programação de gestão, o que é seu trabalho, tampouco aceita minhas tentativas diretas de influenciar o que ela executa. Já discuti o problema, tentando usar tudo isso que você falou sobre não vê-la de forma negativa, e lhe disse como esse comportamento sai caro para ela mesmo e prejudica o departamento. Mas ela não quer mudar. Na verdade, ela não se sente bem quando tento falar diretamente sobre assuntos interpessoais."

Resposta: há dois problemas aqui. O primeiro é que sua chefe apresenta uma fraqueza, mas parece não querer ajuda. O segundo é que ela não quer conversar sobre isso.

Vamos analisar o primeiro problema. Grande parte do que sugerimos neste livro é o poder de ser capaz de conversar diretamente sobre os problemas. Quando falamos sobre eles, sem desvio, há maior chance de resolvê-los com sucesso, pois cada um tem uma informação diferente, mas importante, a acrescentar. Somente quando colocamos todos os fatos e sentimentos sobre a mesa estamos prontos para encontrar uma boa solução.

Entretanto, uma discussão aberta é menos provável quando:

- Sua chefe o vê como alguém crítico ou até como um rival em vez de um aliado menos experiente.
- Sua chefe sente que você de fato não compreende seu mundo nem entende suas preocupações.
- Há alguma coisa em seu histórico ou estilo que faz com que ela não se sinta bem em aceitar sua ajuda.
- Sua chefe crê num modelo heroico de liderança, em que ela tem de saber todas as respostas para evitar parecer frágil.
- Sua abordagem reflete seu estilo, mas não a deixa à vontade.

Todos esses fatores podem interferir na comunicação aberta e na solução do problema. Mesmo assim, há pessoas que conseguem (ou não) discutir seus relacionamentos no trabalho abertamente. Nem tudo está perdido. Talvez haja uma maneira de atingir os interesses de sua chefe de modo a se tornar influente.

A situação seguinte é real: um aliado subalterno encontrou uma maneira de lidar com esse tipo de desafio:

Ajudando minha chefe (sem sua ajuda direta)

Tive vários chefes em minha carreira e a sorte de ter supervisores com quem pude aprender e crescer. Em dois anos, depois de ter sido transferido para a Six Sigma, tive quatro gestores. Os dois primeiros eram tudo, menos presentes em termos de gerenciar e ensinar. O terceiro foi um dos melhores gestores que já tive. Ele me deu oportunidades desafiadoras que me ajudaram a crescer, mas, ainda mais importante, encorajou-me a desafiar suas ideias e opiniões. Tivemos algumas discussões excelentes, enérgicas. Quando abriu uma vaga para diretor para a América do Norte, eu e uma colega nos candidatamos. Após várias entrevistas e discussões, ela foi escolhida. Como éramos colegas havia alguns meses, conversamos sobre as frustrações que tínhamos com o sistema, o processo, a liderança e como faríamos tudo diferente. Sou muito franco e, após alguns meses me reportando a ela, nossas conversas se tornaram mais raras e difíceis. Quando lhe sugeri algumas mudanças já discutidas anteriormente, ela evitou o assunto. Durante a reorganização que ocorreu após sua promoção, meu setor e minha equipe dobraram de tamanho e passaram a incluir algumas pessoas que antes se reportavam a ela. Eles ficaram surpresos com a camaradagem e a produtividade da minha equipe. Após conversar com eles, percebi que ela não sabia estimular a equipe nem se comunicar direito. Essa dificuldade se tornou evidente quando ela criou conflitos de agendamento para muitos dos antigos subalternos diretos (meus novos colegas).

Em vez de recuar, tentei entender as pressões e desafios que ela enfrentava. Um exemplo de seu estilo de liderança era enviar uma planilha enorme na quarta-feira e pedir que todos estivessem prontos para discuti-la na sexta-feira em uma teleconferência de seis horas. Depois de ler "Managing your Boss"[3] e o capítulo sobre chefes de *Influência sem Autoridade* (primeira edição), convidei-a para discutir sua solicitação. Eu poderia ter dito que ela estava cavando o próprio buraco, mas lhe perguntei o que precisava como resultado final. Eu me ofereci para organizar a planilha, usando algumas tabelas dinâmicas, e enviei para cada pessoa uma parte do material. Eles deveriam me devolver tudo – assim, eu juntaria todos os dados e poderíamos passar uma hora na sexta-feira resumindo a informação. Ela ficou encantada porque recebeu os resultados que precisava, enquanto meus colegas e eu tivemos bem menos trabalho e frustração. Maravilhoso!

A capacidade de compreender as pressões claras e veladas que seu chefe enfrenta, e também seus objetivos, vai ajudá-lo a alcançar a liberdade e a informação necessárias para desempenhar bem seu papel. Descobri que minha chefe sofria pressões de seus diretores que não estavam incluídas em suas metas. Desde que comecei a trabalhar de maneira mais proativa, ela tem sido mais prestativa e aberta para dividir algumas das razões por trás das decisões que toma.

No exemplo anterior, o administrador por fim descobriu que sua chefe tinha dificuldades com seu jeito agressivo, especialmente porque ele tinha sido colega dela antes e poderia relutar em ser seu subordinado. A chefe provavelmente sentiu que deveria resistir às suas opiniões agressivas para não se sentir oprimida por ele e por suas expectativas. Ao analisar o problema do ponto de vista da chefe e entender a pressão que ela sofria, ele pôde lhe oferecer um trabalho autêntico, que a fez se sentir apoiada e com uma boa imagem para o chefe dela e seus subordinados. Por sua vez, ela respondeu de maneira positiva e todos puderam estabelecer um bom relacionamento de trabalho.

A base dessa abordagem é fazer um diagnóstico preciso sem verificar suas suposições com a outra pessoa. No seu caso, o superior da sua chefe a pressiona para parecer mais forte? O que você viu que o ajudou a diagnosticar a resistência? Apesar de seus esforços para evitar interpretações negativas, há algo em seu estilo de abordagem que sugere que você não a respeita por causa das deficiências dela? Você a rotula como incompetente e depois demonstra desprezo por ela? Sem um diagnóstico preciso você repetirá as mesmas propostas de ajuda, que serão tão mal recebidas como antes. É preciso saber o que ela valoriza (ou teme) para poder pagar com as moedas de troca adequadas.

Problema 3: meu chefe é distante e pouco amistoso. "Minha chefe é inacessível e negativa; acho que se sente ameaçada por mim. Quando sou reconhecido fora da organização (por causa das minhas realizações passadas, servindo forças-tarefas civis), ela grita comigo, porque não a atualizei antecipadamente sobre meus contatos, e tenta me puxar para baixo. Quando envio *e-mails* para consultá-la, nunca responde. Ela foi nomeada por motivos políticos recentemente, tem um belo currículo na sua profissão, mas não tem experiência gerencial. Ela é tão difícil; pretendo ficar na minha e esperar que vá embora."

Resposta: apesar de sua chefe ter um comportamento desagradável e realmente inapropriado, pare um momento antes de começar a demonizá-la (porque demônios não são seres humanos nem podem mudar) e dê uma olhada no universo dela. Pode não ser tão simples para ela quanto parece.

Primeiro, ela ganhou um cargo de grande visibilidade sem ter experiência gerencial, portanto é provável que se sinta pressionada a produzir. Também é possível que mantenha uma atitude heroica que a faz pensar: "Preciso saber tudo e ter todas as respostas". E, para piorar, ela precisa enfrentar e supervisionar um colaborador que está há mais tempo no trabalho, possui conhecimentos e contatos de fora que ela não tem. Como foram esses contatos que lhe arrumaram o emprego? Ela pode estar preocupada com isso. Ela não sabe se você será leal ou tentará miná-la, nem se falará sobre sua dificuldade gerencial com outras pessoas importantes de fora. Lamentavelmente, sua chefe não parece ter confiança suficiente para conversar abertamente sobre a situação. A maioria dos diretores não demonstra esse nível de vulnerabilidade – mesmo que seja justamente o que poderia levá-lo a se aproximar dela. Além disso, ela provavelmente está sobrecarregada de trabalho, sente-se sozinha e tenta fazer tudo por conta própria. Esse tipo de pressão pode fazer qualquer um se comportar de um modo irrefletido, controlador e distante.

Isso não significa, contudo, que não há nada a fazer. Na verdade, você tem muitas moedas de troca para oferecer à sua chefe e que ela pode precisar – veja a seguir uma lista delas:

- Apoio, compreensão e aceitação (de que ela só é inadequada porque lhe falta o conhecimento que você tem).
- Lealdade e o fato de que você está do lado dela.
- Informação antecipada, conhecimento sobre o que está por vir.
- Sua sensibilidade e conhecimento político.

- Capacidade de informá-la sobre os acontecimentos importantes no mundo exterior, de prepará-la para contatos públicos e de avisá-la sobre armadilhas fora da organização.
- Melhorar sua imagem para o chefe dela.

Então, como você poderia ajudá-la? Em geral, aconselhamos a pessoa a ser franca, pois assim é possível resolver os problemas com mais rapidez e diminuir a chance de mal-entendidos. Você assumiria o risco de ir até o escritório da sua chefe para dizer que quer ajudá-la, achando que ela enfrenta uma situação difícil? Provavelmente ela vai perguntar: "O que você quer dizer com isso?". Você consegue, mostrando um interesse verdadeiro, descrever as pressões que acredita que ela esteja sofrendo? Sem dúvida isso exige coragem, mas o que pode acontecer de pior? Ela não ser receptiva?

Outra opção é se esforçar para lhe pagar com algumas das moedas de troca listadas anteriormente, esperando que, com o passar do tempo, ela reconheça sua ajuda – sem pensar em sabotagem – e passe a confiar mais em você. De várias maneiras, essa opção é mais difícil, pois exige tempo, e você pode acabar perdendo a paciência.

Na verdade, o principal desafio nessa situação talvez seja você mesmo. Parece que está bravo por causa da maneira como tem sido tratado. Talvez a última coisa que queira seja ajudar alguém que grita com você e o coloca para baixo. Mas se isso faz que você deixe de escolher uma dessas opções, pelo menos agora está consciente dos motivos que o impedem de melhorar a situação.

Usando a parceria para ganhar responsabilidade e aumentar seu espaço na empresa

Os dois problemas seguintes introduzem perguntas e respostas sobre ganhar responsabilidade e aumentar o âmbito de suas atividades no trabalho.

Problema 4: como posso conseguir que meu chefe me ajude a aumentar meu espaço na empresa, ter mais desafios e autonomia? "Não posso fazer muito mais se ele não deixar. E seria bem mais interessante também."

Resposta: a implicação da parceria para mudar o âmbito das atividades de trabalho é que você deseja dividir a responsabilidade pelo sucesso da sua seção e assumir novas tarefas para alcançá-lo. Isso exige tarefas desafiadoras e repletas de significado; mais que isso, sugere que você seja um aliado na decisão da distribuição das tarefas. Como você conhece suas capacidades e seus interesses – e sabe até onde pode ir –, é aceitável que participe do processo de decisão. Pedir para tomar parte disso não é querer destituir seu chefe do cargo, mas uma maneira de ser incluído no processo, pois você dispõe de dados importantes que podem levar a uma decisão mais embasada no trabalho.

Entretanto, o chefe pode não concordar com essa análise sobre sua capacidade e disposição, especialmente se, na opinião dele, você não se saiu bem em um trabalho anterior. O que fazer, então? Como convencê-lo a deixar que você assuma mais tarefas? Você precisará compreender bem as preocupações do seu chefe para conseguir estabelecer uma troca positiva.

Por que seu chefe não lhe dá um trabalho mais desafiador? É raro encontrar um gestor que queira *subutilizar* as capacidades de seu empregado. Portanto, há uma discrepância entre a maneira como você enxerga sua capacidade de desempenho e a forma como seu chefe a vê.

O importante é começar uma conversa com seu chefe de modo que você ouça bem suas preocupações sobre deixá-lo assumir o tipo de responsabilidade almejada. Isso será difícil porque você se sentirá tentado a rebater o que ele diz. É importante, contudo, manter em mente que o intuito dessa conversa é descobrir com o que seu chefe se preocupa. Ele está apreensivo por causa de algo que você fez (ou deixou de fazer) no passado? O problema é o modo como você trabalha em grupo? Ou ele não está preocupado com você, mas com a visibilidade dos projetos e a exposição que ele mesmo sofrerá caso você não se saia bem? Você pode não concordar com as razões do seu chefe, mas é preciso começar ouvindo suas preocupações – elas são reais para ele, mesmo que não tenham importância para você. Não será fácil ouvir, mas essa abordagem traz duas vantagens: você conhece as preocupações dele e, consequentemente, as moedas de troca que vai fornecer, além de deixar seu chefe tranquilo quanto à sua capacidade de aceitar as coisas negativas que ele talvez venha a lhe dizer.

Se você compreender isso, estará em posição de sugerir mudanças que tragam benefícios para todos. Se seu chefe está preocupado quanto à sua capacidade de lidar com mais funções, não seria bom pedir que lhe dê conselhos para melhorar seu desempenho? Se ele tiver medo de que você seja disperso, que tal combinar com ele a adoção de verificações frequentes em troca de assumir o trabalho? Assim você paga com as moedas que suprem sua preocupação, e consegue o trabalho mais desafiador que tanto deseja.

Problema 5: como posso mudar a qualidade de supervisão do meu chefe e conseguir o aprimoramento e a orientação que tanto desejo? Este problema tem três variantes. (1) "Eu poderia ser mais eficiente se meu chefe me orientasse mais, mas ele parece aplicar a filosofia do 'tudo ou nada'. Tenho medo de pedir ajuda e ele interpretar isso como sinal de fraqueza." (2) "Não tenho medo da minha chefe; na verdade, gosto dela. Mas quase não consigo atrair sua atenção, quanto mais pedir ajuda. Ela é tão ocupada e preocupada que me deixa à deriva. E quando presta atenção, é só para me criticar rapidamente. Ela poderia me orientar e me guiar melhor."

(3) "Meu chefe adora me dar conselhos. Na verdade, esse é o problema: ele deixou de apenas me ajudar e passou a 'me ajudar até dizer chega'. Eu gostaria de receber algumas recomendações, mas ele entra em tantos detalhes que não vai deixar de querer controlar tudo."

Ganhando a confiança do seu chefe mesmo em uma situação difícil

O caso de Monica Ashley descreve em detalhes as complexidades de tentar conduzir o desenvolvimento de um produto revolucionário. Durante o processo, surgiram problemas entre Monica e seu gestor, Dan Stella, que já era seu chefe havia bastante tempo. Como resultado das dificuldades que ela tinha em conseguir apoio – incluindo o dele – e lidar com resistentes poderosos, Dan Stella a retirou da função de gerente de desenvolvimento de projeto e lhe passou funções menos desafiadoras.

O que Monica Ashley poderia ter feito para reconquistar a confiança de Dan Stella? Além de continuar a desenvolver um excelente trabalho nas funções que exercia antes, ela poderia lhe ter pedido que explicasse mais detalhadamente o que queria dizer quando pedia que ela fosse mais devagar; como ele via o equilíbrio entre ir mais devagar para evitar a oposição pública e a possibilidade de perder oportunidades de mercado; por que ele tinha concluído que nunca era produtivo brigar em público; que sinais Monica enviou que o fizeram pensar que ela estava à beira de um ataque de nervos, e assim por diante. Como ambos tinham um bom relacionamento graças ao convívio de dez anos, ela poderia pelo menos ter perguntado ao chefe de que maneira ele controlou a raiva e a impaciência quando os chefes mais antigos lhe fizeram acusações pouco razoáveis e irracionais, ou quais mudanças adotou ao subir de função, e o que fez para se tornar um executivo mais eficiente.

Se Monica realmente tivesse ouvido seu chefe, ela teria demonstrado que não é tão emocional a ponto de não conseguir escutar, que tem interesse em aprender como seguir suas dicas e que leva a sério a necessidade de aprender conforme cresce, além de reconhecer que o jogo muda conforme você chega mais perto do topo.

Além disso, se tivesse admitido a Dan Stella que se deixou levar pelo calor do projeto, como ela mesmo descobriu depois, daria um sinal de maturidade que o deixaria mais tranquilo. Na verdade, aconteceu algo parecido no final das contas, pois sua pena foi suspensa e ela assumiu novamente projetos importantes. Monica continuou sua carreira bem-sucedida – um bom resultado para quem foi tão longe e adquiriu tanta visibilidade. Você pode conhecer mais detalhes dessa história fascinante em nosso *site* na internet (www.influencewithoutauthority.com/monicaashley.html).

Resposta: mesmo que sejam diferentes, essas situações têm em comum a necessidade de você encontrar uma maneira de se dirigir diretamente a seu chefe. Em segundo lugar, enquanto você procura orientação para melhorar, também é vantajoso mostrar por que isso interessa à organização (e até ao seu gestor).

No primeiro cenário – o problema do *tudo ou nada* –, o que impede muitas pessoas de pedir ajuda é o medo de que o chefe as veja como alguém fraco, incompetente, confuso e sem capacidade de liderança. Pode ser que seu chefe tenha dito francamente que ninguém jamais deve admitir que precisa aprender. Ou talvez você apenas tenha deduzido isso do seu comportamento, mas toma como algo sagrado. Embora muitos chefes às vezes se prendam à imagem de durões, muitos subordinados pressupõem que eles estejam envolvidos em funções tão heroicas que qualquer sinal de seus subordinados será tão mortal quanto o beijo da morte.

A primeira pergunta é: *você de fato sabe que essa é a orientação do seu chefe?* Sua afirmação de que ele parece aplicar a filosofia do "tudo ou nada" tem como base evidências convincentes ou trata-se de conclusão pessoal após um ou dois comentários casuais? Mesmo que esteja convencido de que essa é mesmo a postura do seu chefe, você ainda pode conversar com ele sobre o assunto. Porém, antes disso, é preciso fazer um diagnóstico, que será útil para compreender o que pode levar seu chefe a assumir essa posição:

- Ele estaria tão sobrecarregado com a quantidade de coisas que tem para controlar que talvez pense que, se decidir orientar uma pessoa, será alvo de vários outros pedidos?
- Quando ele exerceu anteriormente essa função, a maioria dos colaboradores assumiu uma postura passiva, fazendo-o pensar que muita orientação pode levar a certo grau de dependência?
- O chefe dele também mantém com ele uma abordagem "tudo ou nada"?
- Ele já trabalhou em uma organização em que desenvolver o próprio talento ativamente faz parte do trabalho de um gestor e, por isso, acha que, se você não é capaz disso, outros serão?

Para o bem da discussão, vamos supor que você tenha um pressentimento de que seja o primeiro motivo. Você conseguiria dizer:

Ricardo, sinto que esta empresa realmente valoriza pessoas que tomam a iniciativa em relação ao próprio aprimoramento. Isso não é problema para mim, e já fiz isso nessas e naquelas áreas... E vou continuar a fazer, mas pensei que, além disso, você poderia me dar alguns conselhos. Temos enfrentado muitas reações negativas quanto a nossos planos de mudança, que são novos e audaciosos. Minha capacidade de lidar com pessoas que tornam as coisas mais difíceis não é tão boa quanto gostaria. Você parece ser bom nisso, e quero aprender com você. Sei que você está ocupado com várias tarefas, incluindo nos dirigir, mas você não gostaria de conversar sobre meu encontro com Ulrich? Não defendi o departamento como devia. Poderíamos conversar sobre isso por 15 minutos?

Qual a pior coisa que pode acontecer? Ricardo poderia dizer: "Descubra você mesmo". E você, após um sorriso, diria, "Pode deixar". Contudo, há boas chances de ele aceitar, e se você não trabalhar essa questão, ela se repetirá em determinadas ocasiões. Além disso, se seu chefe parece valorizar seu aprimoramento, talvez sua atitude possa levá-lo a discutir mais detalhadamente as áreas em que acha possível orientá-lo e aquelas em você deva trabalhar por conta própria.

Mesmo com os chefes mais durões dá para pedir ajuda de um modo consistente. Você pode querer aprender como ter um desempenho excepcional, assumindo uma postura de ser forte o suficiente a ponto de poder esperar uma resposta de bom nível. Há frases, como "preciso saber antes para poder desempenhar", que não parecem o pedido de alguém fraco. Essa abordagem pode agradar até um chefe machão, e ele verá sinais de força, em vez de fraqueza, em você.

No segundo cenário, em que a chefe é muito ocupada, analise quais entre as atividades que consomem o tempo dela são menos importantes e quais você acha que poderia cumprir. Tente, então, dizer:

> Ellen, você realmente parece acumular muitas tarefas ao mesmo tempo. Eu poderia ser mais eficiente se você me orientasse, mas percebo que todas essas atividades não lhe deixam nenhum tempo livre. Se eu assumisse tarefas, como a X e a Y, você teria algum tempo disponível para, de vez em quando, me dar dicas de como posso melhorar? Nossas sessões não precisam ser longas. Por exemplo, poderíamos ter ficado apenas dez minutos a mais depois da reunião que tivemos ontem com a contabilidade para você me mostrar como lidar melhor com os pedidos aparentemente insignificantes que eles nos fizeram.

Se ela quiser fugir da questão, você não precisa desistir. Pode perguntar se o assunto a deixa incomodada ou se há uma maneira mais adequada de entender suas percepções. Você pode enfatizar que ajudará muito mais o departamento se aprender a ser mais eficiente em determinada função. Sugira o agendamento de uma reunião para discutir o assunto mais tarde, se for mais conveniente. Uma recusa não precisa necessariamente pôr fim a todas as possibilidades.

No terceiro cenário, em que o chefe ajuda demais, o problema é o oposto: ele está mais do que pronto a ajudar e se envolve demais. O que seria uma fonte valiosa, já que qualquer chefe geralmente sabe de algumas coisas, torna-se um peso enorme. Como aprender o que seu chefe tem de melhor sem ser obrigado a aceitar todos os conselhos e orientações que ele joga em cima de você?

O principal, mais uma vez, é lhe mostrar que o excesso de ajuda vai contra seus interesses. Ser afogado por mais conselhos do que você deseja reduz os desafios do trabalho e também o faz deixar de assumir a responsabilidade pelos seus problemas e soluções. Se seu chefe pilota a bicicleta para você, em vez de apenas dar instruções, apoiá-lo e pressioná-lo de leve, logo você terá de chamá-lo toda vez que precisar resolver qualquer coisa.

Ou pode ocorrer algo pior: se você se sentir sufocado, talvez nem peça ajuda da próxima vez que precisar, só para preservar sua liberdade. Pergunte a seu chefe:

> Sua intenção é fazer que eu evite pedir ajuda? Se não for esse o caso e se você quer que eu julgue quando é necessário pedir seu envolvimento em questões complicadas, então precisa me dar mais espaço para respirar. Quero ser um parceiro responsável, mas quando você tenta me controlar, eu me afasto. Não quero ser passivo e deixá-lo fazer tudo, e não acredito que essa seja a sua vontade. Você não quer que eu me sinta tentado a mantê-lo distante, não é?

Essas perguntas devem, no mínimo, motivar uma boa conversa sobre o que seu chefe quer e o que você precisa para ser o mais útil possível.

Resumindo, se você pensar em si mesmo como um parceiro, poderá tomar a iniciativa de admitir que quer ajuda, pedir algo específico que seja razoavelmente recente e responder com interesse, em vez de ficar na defensiva. Isso facilitará a situação para seu chefe lhe dar o que você deseja.

Todos esses passos são uma tentativa de redefinir a natureza do contrato tradicional entre chefe e subordinado. Antes, a troca costumava ser algo como "farei o que você pedir se você tomar conta de mim", mas agora você deve dizer: "Quero me sair bem, o que significa ser útil para você, mas para isso é preciso que nós dois assumamos a responsabilidade por me ajudar a aprender. Estou disposto a fazer minha parte; não quer se juntar a mim?".

Muitos gestores agora sabem que a aprendizagem contínua é uma maneira de sobreviver nas empresas; os subordinados que reconhecem isso antes e pedem ajuda para crescer têm mais chances de ser bem avaliados. Eles também vão mais longe. Seu chefe pode ser uma exceção, mas o risco de se dar mal ao tentar mudar o relacionamento entre vocês é, no mínimo, tão grande quanto o risco de continuar tentando se antecipar ao seu chefe e, assim, ficar longe de problemas.

Melhorando o relacionamento profissional entre superior e subordinado

Tradicionalmente, qualquer problema de relacionamento entre superior e subordinado era considerado um problema do subordinado, que teria de se adaptar. Era assim e pronto. Já nesses dias atuais de equipes bem informadas, em que nenhum indivíduo tem o monopólio do talento e das respostas, uma boa parceria para o subalterno não pode ser apenas concordar sempre com o chefe. Os chefes não podem permitir clones, mas precisam nomear, valorizar e trabalhar com indivíduos competentes que tenham conhecimentos em áreas que eles não dominam bem, e ambos devem aprender a combinar suas visões em vez de brigar para ganhar ou chegar a um acordo à base de força.

Além disso, há forças poderosas que pressionam os profissionais em cargos de supervisão a procurar subordinados que sejam seus parceiros. Os chefes precisam poder dizer, por exemplo: "Sou bom em compreender o quadro geral, mas tenho dificuldade em prestar atenção a detalhes importantes; graças a Deus meus subordinados são meus parceiros e prestam muita atenção às pequenas coisas, que são muito relevantes" – em vez de falar com indiferença: "Não quero ser incomodado por esse cara de pensamento curto, que não consegue enxergar um palmo à frente do nariz".

Todavia, nem todos os chefes estão interessados em manter um relacionamento profissional com seus subordinados que inclua franqueza e confiança plena, ou a possibilidade de expressar todos os sentimentos e colaborar com a solução dos problemas. Mas o que fazer caso seu chefe não esteja pronto para estabelecer o tipo de parceria que você deseja?

Problema 6: meu chefe não quer estabelecer uma parceria. "Tentei seguir sua sugestão de ser um parceiro para meu chefe, mas ele não demonstra querer isso. Na verdade, parece bastante irritado e defensivo, como se pensasse que só quero criticá-lo. Até já afirmou uma vez: 'Você foi contratado para fazer seu trabalho; posso fazer bem o meu, obrigado'. Devo desistir?"

Resposta: parece que seu chefe segue um modelo de liderança heroico, em que não saber o que fazer é considerado um defeito terrível. A ideia de que o subordinado deve se manter no seu lugar e deixar o chefe executar seu papel é um modelo antigo, criado na época em que o trabalho era simples, os subaternos não tinham boa formação e precisavam que lhes dissessem o que fazer. É possível que esse chefe não aceite mudanças e, portanto, você terá de aguentar ou deixar o emprego. Pode ser que a situação chegue a esse ponto. Porém, não tire essa conclusão sem explorar duas alternativas:

> Alternativa 1: há alguma chance de você convencer seu chefe de que o modelo de liderança dele está fora de moda e o faz perder a oportunidade de obter

ajuda de baixo ou aumentar o desempenho de todos ao utilizar melhor os seus recursos?
Alternativa 2: sua função (ou uma extensão dela) oferece oportunidades que podem ajudá-lo a valorizar seu trabalho aos olhos do seu chefe?

Vejamos cada uma delas:

1. *Como seu chefe define liderança.* Muitos líderes agem de maneira heroica porque não sabem como fazer diferente. Eles também acreditam que esse estilo é o único modo de obter respeito dos subordinados. Pode dizer-lhes que isso não é verdade para você. No caso de seu chefe ser mais aberto ao mundo das letras, a ajuda pode vir de um livro sobre liderança moderna (e nós apoiamos incondicionalmente) que discute alternativas ao estilo de liderança heroica: *Power up: Transforming Organizations Through Shared Leadership*[4] (leia o Capítulo 2).

    Outra possibilidade é criar uma lista com boas ideias, incluindo conhecimento específico, suas habilidades e as de outros subordinados, para mostrar a seu chefe o que ele perde insistindo em que todos devem conhecer seu lugar e não sair dali.

    Em ambos os casos, preste atenção ao estilo que mais se adapta a quem tem a voz de comando. Muitas vezes, chefes que têm ideias muito estruturadas sobre o papel de cada um tiraram essa perspectiva dos regimentos militares. Se for esse o caso, então adote um estilo mais formal e respeitoso para abordar as questões, enfatizando que ele tem sempre o direito de escolher o que quer ouvir e que você não pretende mudar isso – só quer acrescentar recursos e respeita muito o papel do líder. Talvez seja interessante apontar, com gentileza, que hoje em dia os militares procuram agregar as ideias dos subordinados; por exemplo, o exército americano instituiu uma análise de campo, denominada *After-Action Reviews* (Revisões depois da ação), em que cada combatente conta sua experiência e dá sua opinião. A revista *Fast Company* oferece vários artigos *on-line* (http://fastcompany.com/guides/bizwar.html), em inglês, sobre comandantes militares de alto desempenho que pediram a opinião das tropas. Mas sempre ressalte que nada disso visa diminuir o poder e o controle final daquele que ocupa o cargo superior.

2. *Novas oportunidades.* Se você não acredita que uma conversa direta funcione, então procure maneiras de contribuir dentro do papel que seu chefe lhe determinou. Há tarefas que talvez ele não queira ou evite desempenhar, e você pode fazer (por exemplo, escrever um memorando, um discurso, organizar uma reunião, fazer anotações de *follow-up*, verificar os pontos principais de um projeto)? Você consegue antecipar suas necessidades e preparar as infor-

mações ou relatórios antes? Tem acesso a alguma informação que seu chefe deseje? Não importa qual a descrição da sua função, há várias atividades possíveis – não tão explícitas – que você pode realizar como um subordinado fiel, buscando ganhar o apreço e, talvez, espaço para ser um parceiro.

Tenha em mente que, em alguns casos, você não precisa da permissão do seu chefe para agir como um parceiro subalterno. Você talvez não consiga influenciar diretamente o estilo dele nem discutir a natureza do relacionamento mútuo, mas "parceria" pode ser mais que isso. Significa ver o quadro global e tomar a iniciativa de fazer mais que o mínimo exigido pelo seu cargo. Assim, você terá a influência que deseja e ganhará crédito.

Uma ferramenta para usar na abordagem de negócios: análise de custo e benefício

Alguns chefes se sentem muito incomodados em discutir diretamente seus relacionamentos com os subordinados, mas há maneiras de abordar um assunto de modo a ter uma chance maior de dar certo. O princípio disso é usar uma linguagem mais identificada com a área dos negócios do que com a dos relacionamentos, expressando sua visão de um jeito menos pessoal.

Alguns conceitos da área de negócios implicam análises de custo e benefício. Em geral utilizadas para avaliar investimento e outras grandes decisões, elas podem ser aplicadas em seu relacionamento com seu chefe. Sua análise pode ser mais ou menos assim:

> Chefe, podemos avaliar qual a melhor maneira de nos comunicar e tomar decisões que interferem em nosso desempenho? Há vários benefícios em nosso estilo atual. Você me diz o que eu preciso saber; isso poupa tempo e permite que preservemos nossa confiança. Pede minha opinião quando acha que tenho alguma contribuição a fazer; esse método é eficaz e permite que você controle a comunicação com as pessoas que trabalham ao seu lado. E pode ignorar o que eu digo quando não concordar comigo, o que evita problemas para você e garante que eu dedique mais tempo ao meu trabalho.
>
> Porém, também podemos analisar os custos. As coisas mudam tão depressa que nem sempre você tem consciência daquilo que preciso saber, e às vezes me pego indo na direção errada porque não tenho os dados corretos. Outras vezes, sei coisas que poderiam ajudá-lo, porque o tipo de treinamento que tive e as tarefas que desempenho me dão acesso a diferentes tipos de dados; contudo, se você não conversar comigo antes, vai acabar em um território familiar para mim e totalmente desconhecido para você. Como resultado disso, é difícil para mim investir totalmente nas decisões do nosso departamento.

Eu poderia ter ajudado mais a resolver problemas desnecessários, mas nunca tive oportunidade.

Os benefícios valem os custos? Não seríamos mais eficientes se ambos encontrássemos uma maneira de trocar informações?

Veja que as frases sobre relacionamento, como "compartilhar sentimentos", "confiança" e "franqueza", não aparecem nessa abordagem. Em vez disso, a linguagem é propícia para os negócios e de acordo com a natureza da troca de informação, que é parte do significado de confiança e franqueza. Não há garantias de que funcionará, mas pelo menos ela não agride um chefe cabeça-dura ou quem não se sente bem discutindo assuntos ligados a relacionamento.

Discordando de um chefe que quer estar no comando

Já trabalhamos com um gestor que teve de lidar com um chefe difícil e aparentemente inacessível. Malcolm Miller, controlador de uma grande empresa científica, estava preocupado sobre como lidar com seu novo chefe. O chefe tinha sido um oficial militar de alto escalão antes de entrar para a empresa. Em várias reuniões anteriores com Malcolm, "o general" interrompia repentinamente suas tentativas de discutir um assunto baseado em seu conhecimento da empresa, dizendo bruscamente: "Espere um minuto, vamos deixar claro que eu sou o chefe e você o subordinado. Não quero ouvir mais nada sobre isso."

Extremamente frustrado, Malcolm acreditou que não poderia fazer nada para enfrentar essa atitude hierárquica. Sugerimos utilizar moedas de troca que o chefe valorizasse, em uma linguagem adequada ao estilo dele. Para fazê-lo recuar, seria necessário respeitar o poder do chefe e adotar uma linguagem que se enquadrasse nas experiências do general, demonstrando que seria possível manter o respeito e discordar ao mesmo tempo. A abordagem de Malcolm deveria ser mais ou menos assim:

"Bem, general, nunca tive a intenção de questionar seu posto e respeito muito sua posição de chefe. Sou muito leal e quero ter certeza de que o senhor vai tomar a decisão correta. Parte do meu trabalho como subordinado é proteger o senhor de perigos e, nesse caso, acredito que o senhor esteja perto de cair numa armadilha. Esse é o motivo pelo qual resisto em recuar desta vez... É claro que, se o senhor me mandar desistir, cumprirei seu desejo, já que é o chefe. Mas estou realmente preocupado em garantir que o senhor não seja vítima de uma emboscada nesse assunto."

De fato, Malcolm soube mais tarde que outro colega – na mesma posição dele – se recusou a acatar o general. O colega insistiu em levar o problema ao general e o risco valeu a pena. Ele se saiu bem e estabeleceu um relacionamento mais próximo de uma parceria com o general. Assim, enfrentaram o leão aparentemente invulnerável em seu território, e o desafiante sobreviveu à briga no dia seguinte. Malcolm superestimou a falta de acessibilidade do chefe.

Discordando sem ser insubordinado

Isso não é nada fácil, você diz. E está certo. Há gestores que resistem bravamente em aceitar qualquer opinião diferente de seus subordinados. Mesmo que essa posição lhes saia caro, pois deixam de receber informações importantes, há certas pessoas tão intransigentes que ainda imaginam ter um direito divino – e que suas opiniões devem ser obedecidas cegamente. Alguns desses gestores são mesmo impermeáveis; mas, se você usar o tipo de abordagem que defendemos, terá mais chances de influenciar seu chefe tirano como nunca imaginou.

Existem vários como Malcolm no mundo. Muitas pessoas julgam mal seu chefe, acham inconcebível influenciá-lo e nunca descobrirão que era possível fazer mais do que pensavam. Elas decidem que o chefe é uma pessoa negativa, impossível de lidar, e deixam de manter contato com ele justamente no momento mais importante. Mas saiba que manter e alimentar esse contato torna mais fácil para você reunir informações sobre quais moedas de troca são importantes para seu chefe, demonstra que está do lado dele e que é um parceiro de verdade, fazendo tudo para evitar que ele cometa um erro que possa ir contra os próprios objetivos.

Não é nada fácil passar essa mensagem, mas, se conseguir, você fará um amigo para toda vida. Chefes autoritários que rejeitam qualquer tipo de discordância das outras pessoas são os piores inimigos deles mesmos; tentam dominar todo mundo, e, quando conseguem, sofrem porque deixam de ter acesso às informações que precisam. É arriscado salvar o chefe do próprio autoritarismo, mas também é algo potencialmente recompensador – as recompensas aumentam quando as outras pessoas que lidam com esse tipo de chefe temem testar as possibilidades.

Problema 7: como posso ajudar meu chefe a melhorar? "Meu chefe realmente quer ser um bom líder, mas há coisas que não faz muito bem, como coordenar reuniões. Ele raramente se lembra de organizar os cronogramas com antecedência, inibe discordâncias quanto queria encorajá-las e é menos eficiente do que poderia ser. Quero que ele se saia bem, mas como posso ajudá-lo?"

Resposta: uma das áreas em que as pessoas mais desejam influenciar seu chefe é no desempenho do trabalho dele; ajudá-lo a fazer melhor o próprio serviço significa, no final das contas, ter um resultado mais satisfatório. Muita gente estabelece um bom relacionamento com os chefes, está satisfeita com os desafios e com a autonomia conquistada, além de receber a supervisão desejada, mas acredita que melhoraria o próprio desempenho se influenciasse a maneira como seus chefes exercem suas funções. Nada é mais frustrante que ver o chefe fazer algo malfeito, sabendo que poderia ajudá-lo, mas sem ideia de como fazer isso sem magoá-lo.

Ajudando seu chefe a ser mais eficiente

Catherine Weiler, gerente de pessoal da área de manufatura de uma empresa de alta tecnologia, sabia que seu chefe, o gerente geral da área, frustrava-se com a falta de iniciativa de seus subordinados diretos. Mesmo assim, ele não enxergava sua responsabilidade em reforçar essa passividade. Nas reuniões coordenadas por ele, sua oscilação entre uma abertura total e uma necessidade de controle impaciente, quando decepcionado, levava seus subordinados a acreditar que ele faria as coisas inevitavelmente do seu jeito, não importando quantas vezes pedisse para ouvir outras ideias. Catherine acreditava que, se conseguisse fazê-lo enxergar como seu comportamento enviava uma mensagem errada às pessoas, o chefe poderia ser mais eficiente e explorar melhor o talento considerável da sua equipe.

Inicialmente, Catherine hesitou porque temia ferir o orgulho do chefe e duvidava se ele aceitaria o conselho de alguém sobre seu estilo de liderança. Contudo, no fim, ela decidiu que, como sua função era apoiá-lo lealmente, tentaria ser útil. Ela sabia que seu chefe era impaciente e, portanto, aproximou-se dele com a moeda de troca que ele valorizava: tempo.

Catherine perguntou se ele estava satisfeito com o resultado das reuniões, e ele respondeu que não. Então ela lhe disse que sabia como acelerar o processo de tomada de decisões, e adoraria ajudá-lo a fazer isso, se pudesse. Ela conseguiu atrair sua atenção. O chefe começou a discutir o tema, o que a fez falar com mais facilidade sobre como ele agravava o problema sem querer.

Embora não tenha se tornado um chefe notável, ele conseguiu romper seu padrão autodestrutivo e encorajar as pessoas a ter iniciativa, esclarecendo o que queria delas, além de estabelecer prazo e esperar que os colaboradores cumprissem seus pedidos. E o mais importante para Catherine: ele lhe ficou grato, passando a planejar e rever os resultados com ela depois das reuniões. Quando outros membros da equipe viram que o gerente geral tentava melhorar, eles se esforçaram mais, e a equipe começou a trabalhar com maior eficácia.

Coragem verdadeira: ser um parceiro valioso

Como parceiro do seu chefe, você tem a obrigação de saber se comunicar com ele quanto tiver informações importantes. Você recebe automaticamente informações sobre vários assuntos que lhe podem ser úteis. Por exemplo, sabe o impacto que seu chefe causa em você e, com frequência, em seus colegas. Talvez também saiba como ele é visto pelos subalternos, pessoas de outras seções e até alguns superiores. Além disso, você pode ter alguma habilidade que falte ao seu chefe, como o colaborador mencionado no capítulo anterior, que era bom em escrever memorandos. A Tabela 8.1 mostra como você pode – inconscientemente – restringir suas ações e, com isso, perder oportunidades de influenciar seu chefe.

Tabela 8.1 Aspectos que limitam seu poder de influência sobre o chefe

- Tratar seu chefe como um tolo, e não como um parceiro que precisa de ajuda.
- Reter informações importantes com medo da sua reação a elas, ou porque isso não é parte da sua função.
- Estar tão centrado naquilo que você quer que até se esquece das necessidades do chefe.
- Ter tanto medo de desagradar o chefe que não diz o que sabe e que ele precisaria saber.
- Tentar fazer seu chefe se destacar em vez de ajudá-lo a se mostrar bem.
- Ser submisso demais, mesmo à custa do desempenho.

Parte do que trava as pessoas, impedindo-as de agir como Catherine fez, é sua própria atitude diante da autoridade. O excesso de dependência leva à crença de que o chefe sabe tudo e não precisa de ajuda de ninguém; por isso os subalternos relutam em assumir o risco de magoá-lo ao oferecer ajuda. O chefe também pode ficar decepcionado quando descobrir que esconde muitos defeitos, o que sempre acaba acontecendo.

Ser absolutamente contrário à dependência também não facilita a disposição de oferecer ajuda, exceto de uma maneira sarcástica e punitiva, difícil para qualquer chefe aceitar. Subordinados independentes julgam que o problema é do chefe e, portanto, não requer nenhuma atenção deles. Apenas um subordinado que aceita a ideia de interdependência genuína, repleta de parceria, estará disposto a procurar maneiras de ajudar o chefe a ser mais eficiente.

Muitas vezes, existe uma impressão de que somente com muita coragem é possível dizer a seu chefe que há algo a fazer para ele ser mais eficiente, ou ainda lhe oferecer ajuda. Se a motivação é sincera e você quer mesmo ajudá-lo, e não puni-lo, se de fato se preocupa com a eficiência dele e faz isso munido do espírito de parceria, seu chefe saberá ser grato por isso e não ficará magoado. Um dos motivos da solidão da liderança é que poucos subordinados enxergam o chefe como alguém que também precisa aprender e se aprimorar. Os melhores líderes sabem dar valor a quem tem vontade de ajudar. A oferta de informações acerca do desempenho do seu chefe (ou de um conselho sobre como ele pode melhorar), em troca do apreço que ele terá por você (e, com sorte, poder fazer melhor o seu trabalho), é um intercâmbio benéfico, mas pouco usado.

9

Influenciando subordinados difíceis

Um capítulo sobre como influenciar subordinados é mesmo necessário? Alguém que gerencie pessoas hoje em dia sabe que nem todos os problemas podem ser resolvidos dando ordens ou exercendo diretamente uma posição de poder. Especialmente com colaboradores com boa formação profissional, mas cada vez mais com todos os colaboradores, *comandar e controlar* hoje em dia enfrentam limitações importantes. Você tem noção de tudo que seus subordinados sabem? Consegue observar com facilidade o trabalho deles? Saberia dizer se eles dão o máximo de si? Eles podem ser prejudicados de alguma forma caso decidam se opor à sua liderança? E, por fim, você consegue pensar em todas as contingências de todos os assuntos, de modo a orientá-los com antecedência, de maneira clara, inequívoca e apropriada? Poucos líderes conseguem saber e controlar tanto assim.

Ademais, quanto mais talentosos e criativos forem aqueles que trabalham para você, maior a probabilidade de terem idiossincrasias que podem irritar ou prejudicar outros na empresa. Eles talvez não queiram cumprir um horário fixo, vestir-se como os demais, ir a reuniões, deixar de trabalhar em projetos aos quais se dedicaram, executar tarefas rotineiras ou fazer o trabalho burocrático. Com frequência têm a tendência enlouquecedora de fazer as coisas do jeito deles. Se forem muito talentosos e valiosos, você terá um dilema: não quer perdê-los, mas seria bom influenciar seu comportamento.

Principais conceitos da influência

O modelo de influência de Cohen-Bradford mostra como lidar com subordinados sobre quem você exerce *algum* poder, mas não controle total. A base da influência é a reciprocidade, valorizando o que a outra parte aprecia. A frase "para um dia de trabalho honesto, um pagamento honesto" descreve a relação entre chefe e subordinado.

Contudo, ela é muito simplista e não explica as várias maneiras como os gestores podem influenciar seus colaboradores. Para ter o poder que você deseja, considere dois conceitos do nosso modelo, especialmente relevantes, para lidar com subordinados diretos difíceis, mas competentes.

O primeiro conceito diz respeito à necessidade de ver esses subordinados como potencialmente úteis. Quando outras pessoas nos incomodam com seu comportamento, é fácil estereotipá-las e até demonizá-las. É preciso evitar fazer julgamentos prematuros, como: o estilo de Joe se vestir e se comportar está *claramente* relacionados à sua natureza egoísta; a necessidade de pedir ajuda de Jane vem *claramente* de suas inseguranças básicas; Josh *precisa* mostrar quanto é inteligente, mas Jennifer tem a *necessidade* básica de dominar, o que a leva a querer ganhar em toda discussão, e Jim é intrinsecamente preguiçoso.

O segundo conceito fala sobre a necessidade de compreender o mundo da pessoa que você quer influenciar. Se, como chefe, você mantiver essas atribuições negativas, terá dificuldades em compreender de fato a ação das forças circunstanciais que atuam sobre os subordinados e seu mundo. O que acontece na empresa que pode contribuir para o comportamento problemático? (Veja o Capítulo 4 e a Figura 4.1 para entender melhor os fatores corporativos que influenciam o comportamento.)

Uma das dificuldades ocorre por causa da diferença de poder inerente à sua posição de chefe, que faz subordinados relutarem em se abrir totalmente. Isso não acontece necessariamente por conta de algo que você tenha feito, mas por causa da experiência anterior deles com outros superiores. Como se isso não fosse suficiente, muitas empresas creem em algo parecido com mitos urbanos, que "provam" que nenhum chefe é digno de confiança porque alguém, certa vez, foi demitido por falar o que pensava. Tudo isso pode restringir o fluxo ascendente de informação.

Se você também fizer suposições negativas e acusatórias sobre defeitos de personalidade e de caráter (que poucos chefes conseguem esconder completamente), será mais difícil ainda para os subordinados se abrir totalmente quanto aos erros e preocupações deles. Da mesma maneira, isso pode interferir na sua capacidade de ver as coisas claramente. Deixar-se levar pelos defeitos dos subordinados determina a maneira como você os vê – e isso raramente inclui um comportamento negativo.Com frequência, o comportamento com o qual de fato tem dificuldade de lidar o deixa tão irritado que se torna complicado, para você, conversar abertamente com os subordinados. Por exemplo, você talvez ache que aquela pessoa brilhante, mas que gosta de argumentar, discutirá de forma vigorosa se você tentar falar com ela sobre isso. Da mesma forma, é difícil achar que o subordinado que você vê como inseguro e carente vá responder de outra maneira que não com uma ladainha repleta de autopiedade.

Contudo, se você não sabe o que é importante para seus subordinados, como poderá influenciá-los? É preciso encontrar uma maneira de saber exatamente com o que eles se importam e se preocupam.

Você consegue ver seus subordinados como potenciais aliados?

Atribuir defeitos de personalidade ou de caráter é uma reação natural. Parece a maneira que usamos para explicar comportamentos que não entendemos. Não obstante, isso pode ter um efeito negativo nos relacionamentos, reduzindo nosso potencial de influência.

Esse conceito está relacionado à parte principal da pesquisa sobre "o efeito Pigmaleão", que diz que as pessoas de quem esperamos um desempenho de destaque em geral cumprem as expectativas.[1] Da mesma maneira, as pessoas cumprem as expectativas negativas. Essa situação é mais comum do que pensamos. Você talvez se comporte de um modo que faz seus subordinados terem um comportamento negativo não desejado. Por exemplo, se acha difícil controlar determinado subordinado brilhante, que prefere trabalhar naquilo que gosta, você pode ser mais firme ao lhe passar uma tarefa, voltando sempre aos detalhes para assegurar que ele reconheça a importância do serviço e checando seu desempenho com frequência. Para um subordinado que valoriza a independência e o desafio, e sente orgulho de saber contribuir, seu comportamento pode parecer um tanto insultante e levá-lo a um esforço perverso para trabalhar nos projetos preferidos. Sua necessidade de controlar o subordinado ficaria confirmada, estimulando ainda mais uma atitude insolente.

Você pode fazer um teste ao perguntar à pessoa em questão se ela interpreta seu próprio comportamento da mesma maneira que você. Será que o subordinado dirá que ele é impossível de controlar e irresponsável ao trabalhar em questões importantes? Pouco provável. As pessoas raramente se veem ou se definem de maneira negativa. Continue procurando.

Sua primeira tarefa é olhar para si mesmo – suas suposições e seu comportamento. Você faz algo que cause o comportamento negativo do subordinado? Consegue mudar para quebrar o velho padrão? (Talvez haja outras forças em ação, portanto seu comportamento é provavelmente apenas uma parte daquilo que requer um exame mais minucioso.) O desafio é construir um relacionamento em que você possa ser verdadeiro e manter a cabeça aberta para perguntar sobre o que importa para o subordinado. (Um relacionamento aberto em que seu subordinado direto possa dizer quais das suas atitudes causam o problema também é útil. Essa pessoa pode ajudá-lo a identificar seus pontos cegos.) Não tenha medo de aprender com os subordinados.

Conheça o mundo e as moedas de troca de seus subordinados

Há várias áreas que requerem atenção para que você aumente seu conhecimento sobre o que importa aos seus subordinados.

O que você quer saber? Embora seja melhor ter mais informação porque isso lhe dá mais opções e fornece mais áreas para tentar agradar seus subordinados, existem áreas problemáticas. Comece com as aspirações de carreira conhecidas de cada um. Seus subordinados querem ir em que direção, e onde eles pretendem terminar? Essa ideia é boa porque você pode sempre pensar em quais experiências ajudariam cada pessoa a ir em determinada direção, e permite que você relacione o que quiser às necessidades de cada um para atingir seus objetivos. "Fico contente em saber que você está interessado em se tornar cientista sênior em sua carreira técnica. Levando isso em consideração, você precisará demonstrar que entende os imperativos e prioridades do negócio. Então vamos falar sobre aquelas tarefas que você ignora". Ou: "Você é um grande colaborador, mas costuma discutir tanto que todos se afastam. Se você quiser ser um diretor sênior, precisará aprender a defender sua posição de uma maneira mais acolhedora". Essa abordagem torna o que poderia ser uma discussão "tudo ou nada" em uma orientação em que todos saem ganhando; assim será mais fácil e mais eficaz estabelecer um comportamento diferente.

> O criado conhece mais o senhor do que o senhor conhece o criado.

Também é útil conhecer o estilo de cada subordinado antes de abordá-los. Eles preferem que você reconheça primeiro suas qualidades ou querem ir direto ao ponto? Preferem ter uma ideia geral sem muitos detalhes ou gostam de detalhes específicos? Gostam de falar sobre assuntos pessoais ou apenas de temas relacionados ao trabalho? Se adaptar seu estilo de modo a englobar as preferências dos subordinados, você terá respostas mais satisfatórias.

Chefes e colaboradores divergem sobre quanto querem compartilhar dos assuntos pessoais desses subordinados (em oposição aos desejos no trabalho). Johan Ven Der Werf, diretor da Spaarbeleg, uma subsidiária da empresa de seguros alemã Aegon, estava completamente ligado à vida pessoal de sua equipe.[2] Ele até realizava as entrevistas de emprego na casa deles, com as crianças e cachorros correndo para cima e para baixo o dia todo. Desejava entender de verdade cada pessoa para saber em quem podia confiar, para construir uma relação aberta e de confiança, e poder dar o que seus colaboradores queriam. Ele foi extraordinariamente bem-sucedido com isso, e o desempenho da Spaarbeleg cresceu absurdamente, o que o levou a receber uma grande promoção na Aegon. Muitos gestores, entretanto, temem que os colaboradores falem sobre sua vida, porque não querem deixar de ser exigentes por causa do excesso de problemas pessoais. Não pretendem saber nada a respeito do filho doente, da mãe à beira da morte e de outros problemas pessoais que não podem ajudar a resolver. Você terá de decidir sozinho se quer que seus subordinados discutam a vida pessoal no trabalho.

Quando Renn Zaphiropolous dirigia a Versatec (uma subsidiária da Xerox), fundada por ele, fazia avaliações do desempenho dos colaboradores o dia todo para se certificar de que tudo era feito abertamente e discutido. Achava necessário conhecer os subordinados muito bem para ser um líder eficiente e, assim, obter o melhor deles. Ele também conseguiu ótimos resultados.

Como saber o que é importante para eles? Assim como no caso de Johan e Renn, a melhor coisa é passar bastante tempo com seus subordinados para conversar abertamente sobre o que é importante para eles. Perguntar diretamente o que é relevante para seus colaboradores, com o que eles se importam, quais suas aspirações, e assim por diante, é o caminho mais prático para conseguir informação. Contudo, se a relação não se desenvolver, você terá de usar métodos menos diretos, especialmente a observação.

Do que a pessoa gosta de conversar nas reuniões? Como ela aborda problemas ambíguos? Há algum assunto recorrente, como ver todas as soluções começando com uma compensação maior, ou há outro tema, como *status* e respeito? Que linguagem a pessoa costuma usar? Faz uso de metáforas científicas ou biológicas? Utiliza um vocabulário mais militarista ou mais encorajador? Prefere emoções ou fatos? Ouvir com atenção pode ajudá-lo a identificar o que parece mais importante ao seu subordinado.

Como criar condições para obter informações corretas sobre aquilo que importa a seus subordinados? Não sabemos o passo a passo exato – este não é um livro de receitas – porque depende do seu estilo, da personalidade do seu subordinado e também das circunstâncias, mas vamos lhe dar algumas diretrizes gerais:

- Você consegue tornar o processo psicologicamente seguro para seu subordinado? É capaz de não discordar imediatamente das ideias apresentadas, abandonar o tom depreciativo em resposta a elas e não interromper sempre a pessoa no meio da frase? Em alguns casos, você terá de fazer sua parte se o relacionamento se tornar negativo e tenso.
- Aprenda a fazer perguntas verdadeiras, demonstrando que você realmente quer entender o subordinado; não tente apenas fazê-lo aderir instantaneamente à sua visão. Preste atenção para fazer perguntas que sejam investigativas

("você não acha importante trabalhar bem com marketing?") ou assuma o tom de um advogado de acusação: "E por que você entregou o relatório Williams atrasado?". As indagações surgem porque você de fato não os conhece, e quer mesmo entender o pensamento de seus colaboradores – e não porque quer apenas confirmar seus preconceitos.

- Siga ao máximo a ideia de que seu objetivo é ajudar seus subordinados, pedindo-lhes que façam coisas que vão ao encontro dos próprios interesses; seu objetivo não é provar a si mesmo que você tem poder. Um dos maiores desafios da liderança é unir os objetivos individuais às tarefas e necessidades da empresa, e não fazer os subordinados se submeterem aos seus desejos.

Essas diretrizes supõem um bom conhecimento acerca daquilo que importa para sua equipe; é preciso deixar claro o que você quer mudar para atingir os objetivos da empresa e oferecer algo valioso em troca disso. Os subordinados se importam com moedas de troca diferentes, incluindo as apresentadas na Tabela 3.1 do Capítulo 3. Você pode usar a lista como ponto de partida para identificar o que pode ser importante para um profissional cujo comportamento você deseja modificar.

Mas aquilo que importa às pessoas varia muito. Por exemplo, muitos, ou até mesmo a maioria dos subordinados, odeiam trabalhar em um local isolado, sem ninguém por perto, onde não daria para ter uma conversa informal. Todavia, Allan Cohen coordenava o trabalho de um profissional bastante produtivo que, certa vez, brincou que gostaria de ganhar como recompensa uma guarita sem uso, localizada na entrada do campus. Sua ideia de paraíso no trabalho era não haver interrupções, e lhe parecia uma tortura a rotina de interagir com os colegas, assim como seria um suplício para Allan caso ele ficasse isolado. Pense nas pessoas que você conhece e nas suas preferências pouco comuns no local de trabalho. Se uma delas for o subordinado com quem você tem dificuldades, será útil saber o que ele deseja. E se não descobrir, você tem muita lição de casa a fazer.

Estratégias de influência

Se você conhecer os interesses dos seus colaboradores, poderá oferecer ajuda para que eles alcancem seus desejos. Trata-se de um bom princípio para influenciar qualquer pessoa. No caso dos subordinados, se souber quais as aspirações deles – seja tornar-se CEO, diretor de marketing ou apenas ficar em paz para fazer seu trabalho –, poderá incentivá-los a avançar nessa empreitada. Não dá para garantir uma promoção, mas você pode lhe mostrar quais habilidades devem considerar, ajudando-os a desenvolvê-las.

Lembre-se de que você tenta pagar, com moedas de troca valiosas, o resultado obtido por um novo comportamento ou nível de desempenho. Dar um retorno de uma maneira personalizada, de modo a fornecer orientação visando ao aprimoramento, gera um duplo benefício: você conseguirá o que deseja e pagará ao subordinado com as moedas de troca que equivalem à aprendizagem e ao desenvolvimento.

As conversas para a influência podem surgir de várias maneiras. As duas mais comuns são:

1. *O que é preciso para chegar à nova e desejada posição?* Com certa frequência, as habilidades, o comportamento e a atitude que o subordinado precisa ter para assumir a nova posição vão ao encontro do que você quer. Isso lhe permite dizer: "Se você quer ser um gerente de vendas bem-sucedido, precisa aprender como se relacionar com as pessoas de outras áreas cujo estilo de trabalho seja diferente. Você tem enfrentado dificuldades em trabalhar com Hank na linha de produção. Se precisar de alguma orientação sobre como trabalhar com pessoas como ele, avise-me".

2. *Pagamento em troca da sua oferta.* Ajudar alguém a crescer consome tempo (e crédito). Uma troca visando ao aprimoramento do colaborador lhe permite dizer: "Fico feliz em poder ajudá-lo a crescer, mas preciso que me dê isto em troca". (Você pode encontrar um bom exemplo desse tipo de oferta na história de Leslie Charm, no Capítulo 5, que trabalhava na Prudential e no First National Bank of Boston. Como o chefe lhe deu liberdade para aprender e trabalhar em um horário flexível, ele em troca passou a ficar no trabalho tempo suficiente para dar conta dos temas mais importantes da agenda do chefe.) Essa abordagem permite uma discussão mais direta com uma pessoa complicada, diferente do que costuma acontecer.

Feedback como troca

Uma das ferramentas de influência mais poderosas e disponíveis para gestores é dar *feedback* sobre o aprimoramento dos subordinados. Todavia, muitos hesitam em usá-la por medo de que eles assumam uma atitude defensiva e que isso prejudique o relacionamento da equipe. Embora isso possa acontecer, geralmente o *feedback* falha porque há gente que não pensa nisso como uma forma de intercâmbio. Essa troca assume várias formas. Primeiro, o comportamento da maioria das pessoas representa suas tentativas de fazer uma troca e, segundo, dar um *feedback* sobre o comportamento é uma forma de oferecer as informações que a outra pessoa precisa em troca de um desempenho melhor por parte dela.

Essa ideia de *feedback* como troca baseia-se no seguinte pressuposto:

Os seres humanos são animais *cheios de propósitos*. Exceto quando agem impulsivamente (algo raro), as pessoas se mobilizam por uma determinada razão: causar um efeito. Isso significa que elas se envolvem em uma troca com um objetivo em mente, e esperam que seja resultado do seu comportamento.

Esse pressuposto-chave traz uma série de consequências importantes:

- O comportamento das pessoas é sensato do ponto de vista delas — mesmo se o observador não perceber qualquer bom-senso. Na verdade, pode parecer contraproducente, mas, da perspectiva de quem está agindo, há um motivo para que seja assim.
- Se as pessoas agem esperando um efeito, então você, o destinatário desse comportamento, possui um conhecimento especial. Você conhece o efeito da troca pretendida. Em outras palavras, sabe se a outra pessoa foi bem-sucedida em suas intenções.
- Com frequência, o comportamento de uma pessoa traz consequências não intencionais. Isso pode ser bom, trazer benefícios inesperados, ou se tornar ruim. Mais uma vez: você tem mais consciência dos efeitos não planejados do que o autor da ação.
- O que você conhece é o comportamento perceptível e os efeitos que isso lhe causa. As razões da ação do outro — intenções, motivos e personalidade da pessoa — são apenas suposições. Podem ser até bem fundamentadas, mas não passam de hipóteses.

Por exemplo, Sam — um dos seus subordinados — não lhe fala nada quando os problemas começam a surgir. Na verdade, quando você pergunta se há dificuldades, ele diz que está tudo sob controle. Você já repetiu que gostaria de saber logo das más notícias, mas Sam responde que, se tiver algum problema, avisará. Você se sente cada vez mais frustrado e desconfiado, mas, o que pode fazer? Quer acusá-lo de ser falso, mentiroso e dissimulado. Mas sabe que isso provocaria todo tipo de problemas. Em vez disso, começa a fazer perguntas mal-intencionadas, desconfiadas e minuciosas.

Agora você está em uma situação difícil. Passa, então, a lhe dar todo tipo de atribuições negativas de acordo com suas motivações e personalidade — dificilmente você verá Sam como um potencial aliado. A tendência do ser humano é classificar alguém tão irritante como deficiente e sem valor — e é difícil ajudar alguém assim. Além disso, você sente como se tivesse pouca influência sobre ele; portanto, é provável que confie em seu cargo de poder.

Na melhor das hipóteses, esse sentimento pode levá-lo a isolar o colaborador, dando-lhe trabalhos secundários — e, na pior, mandar que procure outro emprego (e, assim, talvez perdesse um indivíduo potencialmente produtivo). Contudo, se você enxergar o *feedback* como troca, nada disso acontecerá.

- Primeiro, não sabe nem conhece suas motivações, o que o leva a agir de maneira tão irritante (para você). Não sabe quais são suas intenções (por exemplo, a troca que ele quer estabelecer). Depois, é pouco provável que a maneira como o rotula seja a mesma que ele usaria para classificar a si mesmo. Você realmente acha que ele acorda de manhã e diz "acho que vou ser falso, mentiroso e dissimulado"? Não, o comportamento provavelmente é sensato do ponto de vista dele.
- Como descobrir, porém, por que ele age dessa maneira? Sam será honesto com você? Se você explodir e acusá-lo de ter duas caras, ele pode reagir dizendo-lhe exatamente o que está acontecendo. Mas, dada a diferença hierárquica entre ambos, é mais provável que ele fique em silêncio, alimente ressentimento e depois se recuse a mudar como você gostaria.
- Você se esqueceu da sua base de influência, que é bastante ampla. Já conhece o impacto do comportamento dele. Sabe o preço que ele paga. E se por acaso se ativer à sua experiência e informá-lo sobre o alto custo da troca em que ele está envolvido?
- Porém, será preciso mudar sua atitude de maneira que ele receba uma pergunta sincera, não uma acusação. Por um momento, você seria capaz de pensar "por que será que essa pessoa competente, bem-intencionada, age de modo tão custoso para ele mesmo", deixando de ver Sam como uma pessoa desagradável e dissimulada? Use suas próprias palavras para dizer isso, mas elas devem deixar a impressão de que você realmente não sabe o motivo e quer descobrir (em vez levar o outro a supor que você sabe e atua como advogado de acusação, para forçá-lo a admitir que a resposta predeterminada está correta).
- É provável que Sam agora lhe fale sobre suas motivações e por que está agindo dessa maneira:
  - Um antigo chefe lhe disse para resolver todos os problemas sozinho, e é isso que Sam acha que um subordinado responsável deve fazer?
  - Sam quer provar sua competência para você, e esse é o jeito que encontrou para isso?
  - Ele quer autonomia e teme que, se levar o problema a você, perderá sua função?
  - Você tem tendência a resolver os problemas para ele e, com muita facilidade, deixa de apenas orientar e passa a "ajudar excessivamente" as pessoas?
  - Ou, quem sabe, haveria uma dúzia de outros motivos.

- Agora que conhece os objetivos dele, você pode ajudá-lo a mudar completamente. Seu conhecimento abrange: (1) saber se Sam se sai bem ou mal ao buscar atingir seu objetivo ("na verdade, Sam, acho que subordinados responsáveis devem trazer os problemas importantes, assim podemos resolvê-los juntos"); ou (2) saber que ele paga um preço desnecessário ("Sam, você está conseguindo ter autonomia, mas a um custo muito alto. Será que não podemos descobrir juntos uma maneira de você manter a palavra final em uma decisão sem ter de pagar tão alto?").
- Veja que nessa abordagem você não apenas trata a outra pessoa como um aliado em potencial, mas também fala a favor dos interesses dela – o fato de que o comportamento adotado a prejudica. Além disso, faz mais do que ajudá-la a mudar, pois usa o *feedback* como uma moeda de troca ("vou lhe dar informações essenciais para ser mais eficiente e você melhorará seu desempenho"). Os resultados em que todos saem vencedores ajudam a aumentar sua influência de forma significativa.

Terminaremos esta seção com três pontos importantes. Primeiro, Pogo estava certo: "Descobrimos quem é o inimigo; somos nós mesmos". Começamos pensando que Sam era o problema, mas era isso mesmo? Você não perdeu influência porque ele era teimoso e resistente, mas por outras razões:

- Você o trata como inimigo, não como um aliado em potencial?
- Você não usa seu conhecimento (ponderando o impacto que ele lhe causa), mas parte para um território desconhecido e age como se realmente soubesse seus motivos e intenções?
- Faz perguntas em um tom de acusação, em vez de se manifestar com sinceridade?
- Assume uma postura defensiva quando ele diz que a causa do problema é o seu comportamento (seu jeito intrometido)?
- A recusa em mudar seu comportamento causa um ciclo disfuncional?

Segundo, usamos o *feedback* como *troca* com o subordinado Sam, mas a mesma abordagem funciona para o colega Sheldon e a chefe Susan. Vê-los como aliados em potencial, fazer perguntas para descobrir o que realmente está acontecendo, falar a favor do interesse deles, e assim por diante, funciona independente da sua posição hierárquica. Uma dica sobre colegas e chefes: geralmente eles "telegrafam" seus objetivos. Quando Susan diz não entender por que a equipe do marketing a trata com desconfiança, você pode saber qual aspecto do comportamento dela causa o problema, o que a faz agir de acordo com seus próprios interesses.

Terceiro, usar um raciocínio de troca para dar *feedback* é eficiente, mas lembre-se de que uma conversa tem poucas chances de mudar anos de comportamento habitual. Esse é apenas um jeito de começar – e continuar – a negociação. (Para conhecer mais formas de usar o *feedback* como troca, veja "Power Talk: A Hands-On Gide to Supportive Confrontation" em *Power-Up: Transforming Organizations Through Shared Leadership*.[3] Para mais dicas sobre como dar um *feedback*, veja a Tabela 9.1)

Tabela 9.1 Dicas para o processo de *feedback*

- Mantenha-se fiel ao seu conhecimento: qual o comportamento e como ele o afeta.
- Cuidado ao concluir (pressupor) que você conhece os motivos e intenções dos outros.
- O comportamento dos outros vai contra os objetivos deles? (Você consegue ouvir com atenção os objetivos dos seus subordinados e relacioná-los ao comportamento deles?)
- Mesmo que o comportamento deles seja favorável aos seus objetivos, eles pagam um preço desnecessário por isso?
- Você fez algo que causa um comportamento disfuncional no outro?
- Roma não foi feita em um dia. Mostre aos outros quando o comportamento dos seus subordinados não for favorável ao interesse deles.
- A recompensa causa um impacto mais potente e duradouro no comportamento dos outros do que a punição. Ao ver alguém tentando mudar, pode reconhecer isso?

Situações com potencial para problemas

Aqui estão vários problemas típicos ao lidar com subordinados, e ideias para enfrentá-los:

Problema 1: o subordinado competente, mas difícil. "Tenho um subordinado muito competente, mas difícil. Ele parece querer fazer as coisas da maneira e no tempo dele. Quando falo sobre o assunto, ele vem cheio de desculpas e promessas de melhorar, mas as mudanças duram poucas semanas. Ele é muito inteligente. De fato, penso que talvez seu objetivo seja mostrar quanto ele é inteligente. E como ele quase sempre traz soluções muito criativas, não quero perdê-lo. Mas sua atitude de diva incomoda seus colegas. O que eu faço?"

Resposta: esse é um dilema muito comum. Como líder, você não quer ser refém de um membro importante e especial, mas não deseja ser muito rígido em suas solicitações para não afastá-lo. E é um pouco mais fácil suportar um comportamento desafiador quando vem alguém que de fato é uma estrela e não apenas uma pessoa que deseja receber tratamento de estrela. Com o astro – o Michael Jordan da sua empresa –, você gasta muita energia interferindo a favor dele, acha que todos dependem do seu talento de estrela e diz aos outros que, se produzirem como ele, também contarão com privilégios especiais. Porém, os Michael Jordan são poucos e quase não aparecem (mesmo o de verdade precisava de um time com outros ótimos jogadores para vencer); portanto, você terá de lidar com a pessoa difícil diretamente.

Lembre-se do que dissemos antes sobre atribuição. A primeira pergunta é se você mesmo é quem está atribuindo "desejo de mostrar sua inteligência" à motivação da pessoa. Essa é apenas sua interpretação sobre o comportamento dela de fazer longos discursos ao responder uma pergunta, de dominar as reuniões (quando ela quer) e utilizar uma linguagem difícil? Você pode observar o comportamento, mas cuidado ao atribuir-lhe motivações não desejadas. É possível que haja outras explicações para procedimentos irritantes. Por exemplo, um vocabulário vasto pode ser questão de treino, e fazer discursos longos e dominar as reuniões podem ser reflexo de um pensamento mais profundo, que enxerga a complexidade das coisas com clareza. Talvez as normas do grupo sejam olhar superficialmente para os problemas sérios, e ele reage a isso. Quem sabe esteja tão focado no problema que não perceba as reações das pessoas, e não veja que seu comportamento nas reuniões irrita qualquer um.

A ideia não é imaginar explicações alternativas e usar uma delas como resposta, mas aceitar que será preciso um pouco de esforço para descobrir o que acontece com ele. Para isso, talvez seja necessário perguntar-lhe diretamente *por que* age dessa maneira (mas, cuidado, deve ser uma indagação sincera, não uma acusação). Conforme a situação ficar mais clara, você descobrirá se suas suposições iniciais o confundiram. Se tiver sorte, talvez descubra que a pessoa desconhece totalmente o impacto que seu comportamento causa, e sua pergunta será suficiente para levá-la a explorar novas maneiras de agir.

O principal objetivo, então, é criar as condições para conversar sobre seus objetivos, comportamento, aspirações, preocupações e, assim, obter uma compreensão mútua da situação. Como agir de modo a lhe garantir que você não tenta pegá-lo em uma armadilha, e sim querendo, de forma genuína, encontrar maneiras de dar a ele aquilo que de fato importa? Como fazer ele se sentir bem ao discutir esses assuntos com você?

Não é questão de técnica elaborada; em vez disso, o que importa é sua abordagem essencial e sua vontade de não julgar os motivos e o caráter enquanto aborda o assunto com ele. Você precisa questioná-lo de modo aberto, tentando descobrir a resposta, e não determinado a "provar" que estava certo em seu diagnóstico inicial.

Não se esqueça, também, de que você pode aprender muito ao examinar a situação dessa pessoa – o mundo dela no trabalho. Por exemplo, quais as atribuições da sua função? O trabalho lhe oferece desafio suficiente? Ela consegue usar o que aprendeu e suas habilidades para resolver os problemas? Os colegas respeitam suas ideias ou não confiam no que ela diz, e deixam de prestar atenção nela? Ela depende de pessoas de outros departamentos para conseguir as informações necessárias, e sabe como obtê-las? Tem à disposição condições adequadas ao estilo de trabalho dela, como equipamentos, nível de barulho e distrações? Como é seu estilo de trabalho em comparação ao modo preferido por sua equipe? Seus colegas esperam resolver os problemas de um jeito que ela julga limitado?

O que você aprender pode ajudá-la a:

- Tornar mais claro para a pessoa o custo do seu comportamento atual (a troca negativa em que está envolvida).
- Aumentar os custos para ela, dando-lhe mais motivos para querer mudar.

Nesse processo, você pode:

- Conversar sobre o que ela deseja para o futuro; assim ela poderá imaginar uma maneira diferente de atingir seus objetivos.

Prolongar suas atitudes e discussões das maneiras descritas aqui pode levá-lo a se ressentir por ter de gastar tanta energia em benefício de alguém que você julga difícil – transparecerá esse sentimento, o que pode invalidar todas as coisas boas que você tem feito. Você precisará deixar de lado a ideia de que um bom subordinado é alguém que não necessita de atenção, mesmo que isso pareça verdade para quem carrega tanto peso. Se fosse assim, os gestores não ganhariam mais que os subordinados.

Problema 2: *aposentadoria no trabalho.* "Nathaniel era muito importante para o departamento, mas perdeu relevância com a introdução de novas tecnologias. Algum tempo atrás, ele pareceu ter desistido, e agora, aos 58 anos, apenas toca o barco. Ainda faltam quatro anos para se aposentar com direito a todos os benefícios, e não posso mandá-lo embora imediatamente. Ao mesmo tempo, não quero gastar seu salário por mais quatro anos com nosso orçamento tão apertado. Por ser visto pelos outros como um aposentado, já afetou o moral da equipe, que não entende por que têm de cobri-lo no trabalho."

Resposta: uma questão central é saber se Nathaniel está tranquilo em ser um peso para o resto do departamento ou se apenas não consegue encontrar uma maneira de contribuir. É comum pressupor que gente prestes a se aposentar é invulnerável à influência. Porém, orgulho é uma moeda de troca poderosa e costuma ser valorizada por quem trabalha na mesma empresa há muitos anos. Poucas pessoas, ao se aposentar, gostariam que as demais pensassem: "Graças a Deus que aquele peso morto foi embora!". A maioria prefere que os colegas digam que sentirão falta daquele que tanto contribuiu com a empresa. Outra moeda de troca importante é o reconhecimento pelas contribuições passadas. Assim, a pessoa que vai se aposentar pode estar mais vulnerável à influência do que parece.

Para começar, Nathaniel sabe como os outros o veem? Ele de fato não se importa de ser visto desse jeito? Você precisa saber se ele se sente um tanto vulnerável, não gosta da posição que assumiu e deseja reverter isso, caso possa.

Parece que foi a introdução de tecnologia que o desanimou, provocando seu declínio; portanto, talvez seja bom começar por aí. Ele se preocupa com a própria capacidade, em manter sua reputação e respeito, ou gostaria de saber tanto quanto os mais jovens do departamento? Cães velhos podem aprender truques novos, mas demoram um pouco mais. A introdução foi feita rapidamente, de modo que ele se sentiu mais seguro desistindo e preferiu não demonstrar sua ignorância? Será que ele gostaria de aprender determinado aspecto da nova tecnologia de um modo que não se sentisse envergonhado (por exemplo, fazendo um curso de atualização para aprimorar suas habilidades)? Há alguma função nessa nova tecnologia em que ele poderia orientar alguém que também tenha dificuldades?

Segundo ponto: como ele tem anos de experiência, nem todo seu conhecimento está obsoleto. É possível usar uma parte desse conhecimento? Além disso, ele pode trabalhar como mentor de novos colaboradores? Ele tem algum conhecimento antigo que não deve ser desperdiçado? Por fim, ele se sente entusiasmado com alguma função, mesmo que seja algo diferente das suas tarefas normais e que, ainda assim, seja importante para a empresa?

O desafio é conversar abertamente com Nathaniel. Diga-lhe quanto você quer ajudá-lo a obter o máximo dos seus últimos anos na empresa; quanto está preocupado porque ele, aos poucos, começa a ser visto como um peso pelos colegas; como você se sentiria mal se ele saísse para agradar aos outros, em vez de deixar a empresa de cabeça erguida, por ter feito muito "pela casa" em seus últimos anos antes da aposentadoria. Você concorda que uma última injeção de estímulo seria bom para ambos?

Assim você mantém uma atitude positiva, mas também lhe dá um aviso implícito sobre a troca negativa: já que ele está tendo um desempenho indiferente, você o pressiona, dizendo que não vai protegê-lo da reputação que já está adquirindo. Você não quer usar moedas de troca negativas como pressão e desprezo, mas, como último recurso, essa é uma forma legítima de exercer o cargo de gestor.

Em um caso parecido, o chefe teve uma conversa difícil com um colaborador antigo, ouviu bem o que era importante para ele e, no fim, afirmou sem rodeios: "Olha, você pode sair daqui com o rabo entre as pernas ou fazer com que as pessoas elogiem as contribuições que fez nos últimos anos, dizendo 'acho que ele conseguiu manter a energia elevada e uma ótima participação'". O subordinado disse que gostaria de pensar a respeito, e voltou alguns dias depois com novas contribuições. Eles trabalharam juntos para criar tarefas em que seus talentos seriam aproveitados, e impressionaram a todos.

A grande armadilha nesse caso é o medo de envergonhar o subordinado ao falar diretamente sobre o que ambos reconhecem ser um problema. Se você tem medo de magoá-lo, não conseguirá manter uma discussão com base na realidade que cause impacto. Conversar sobre "o elefante na sala" é quase sempre uma boa maneira de discutir o problema até o fim de modo honesto, desde que você se mantenha firme e não recue quando o funcionário se mostrar incomodado. Você tem a vantagem de ser o chefe, portanto pode insistir na discussão, mesmo que não consiga que a pessoa se abra. Contudo, se tiver concentração para encontrar uma maneira de pagar o subordinado com a moeda de troca que ele valoriza, como respeito, dignidade e reconhecimento – talvez até uma última oportunidade de aprender e crescer –, você conseguirá passar por cima do incômodo.

Problema 3: o subordinado quer moedas de troca que você não julga apropriadas. "Tenho uma subordinada que é potencialmente produtiva, mas todo tipo de problemas pessoais atravessa seu caminho. Costuma ficar mais doente que a maioria e usa a licença saúde toda hora. Além disso, toma conta de um parente. Ela pede para ter mais tempo livre. Compreendo sua situação, mas temos trabalho a fazer e não posso fazer o que me pede."

Resposta: sempre há momentos em que é necessário afrouxar um pouco as rédeas e criar exceções. Quando os colaboradores sentem que você está preocupado com o lado humano deles, geralmente redobram seus esforços quando a crise passa. (Em outras palavras, eles se dispõem a pagar a parte que lhes cabe na troca.) Mas há limites para todo acordo, e essa situação parece ter atingido o limite. É sempre mais complicado quando os pedidos do subordinado não ajudam a empresa nem você. Não é necessário dar tudo o que ele pede para influenciá-lo. Existem momentos em que não há saída, e você terá de insistir para obter o que precisa. (O subordinado pode escolher sair da empresa, o que criaria problemas, mas você pode aceitar correr o risco. Apenas faça isso conscientemente.)

O primeiro ciclo de pedidos, porém, não é o fim das possibilidades. Você pode tentar resolver em conjunto o problema sobre o tempo que ela quer livre, de modo a satisfazer as necessidades dos dois. E isso traz o benefício extra de mostrar que você quer fazer um acordo; portanto, se tiver de negar uma reivindicação, não haverá ressentimento por ser inflexível e insensível.

Talvez haja interesse em verificar se o pedido é motivado por uma necessidade pessoal verdadeira ou se é uma desculpa para encobrir outros problemas, como tarefas complicadas, dificuldade de perceber oportunidades na empresa ou mesmo seu estilo de coordenar. Perguntar diretamente não vai ser útil, mas fique alerta para as dicas de outras insatisfações. Em algum momento, pergunte casualmente se há algo que precise de atenção, incluindo a maneira como você se relaciona com ela. Você precisa prestar atenção para ver se ela traz problemas legítimos ou inventados. Se houver mais obstáculos, contudo, poderá encorajá-la a discuti-los, demonstrando que você aceita qualquer tipo de retorno.

Vamos supor que ela realmente enfrente pressões pessoais, não relacionadas ao trabalho, que a motivam a fazer vários pedidos. Para começar, você tenta descobrir quanto tempo livre ela precisa e por quanto tempo. Ela fala sobre um período limitado, que você e seu departamento aceitariam, em troca de trabalho extra na sua volta? Há alguma maneira de ela fazer o trabalho longe do escritório? Alguma tarefa importante que ela possa executar em casa? Ela tem computador e *e-mail* para ficar em contato? Se não, você pode conseguir-lhe um empréstimo para resolver os problemas de trabalho?

Ou ela poderia fazer uma troca com os colegas? Ela sabe se há colegas que poderiam cobri-la em troca de favores futuros? Ela tem bons relacionamentos de modo que outros ficariam contentes em assumir seu trabalho? Somente ela pode realizar seu trabalho ou há outros que podem ajudá-la?

Por fim, será que aceitaria uma licença não remunerada ou trabalhar temporariamente por meio período?

Esse tipo de perguntas pode ajudá-lo a encontrar uma solução satisfatória que não exija abrir mão da produtividade e, ao mesmo tempo, acomode as necessidades da subordinada. Você talvez não consiga encontrar um caminho e tenha de dizer não, arriscando-se a perdê-la (como já vimos acontecer), mas causará uma boa impressão nela e nos demais, que perceberão sua tentativa de atender aos interesses dos subordinados. Pense em pagamentos de longo prazo e em necessidades de curto prazo.

Conselho final

A melhor maneira de usar o poder é quando você não precisa gastá-lo. Você não tentará dar ordens se isso criar uma resistência por parte dos subordinados, mesmo que consiga o que deseja no momento. Seja discreto em relação à sua posição de poder e, na maioria das vezes, trabalhe como se ela não existisse. Aja como se só fizesse perguntas. Seus subordinados se lembrarão da sua posição de qualquer modo.

Você aumentará seu poder e sua influência ao dar mais poder aos outros, e se deixando influenciar. Eles trabalharão mais, o que o ajudará a delegar; e, se eles puderem influir, serão mais receptivos para aceitar sua influência.

Não subestime o uso da visão como moeda-chave para liderar colaboradores bem preparados (e muitos outros). Se conseguir mostrar que o trabalho deles fará uma diferença positiva para os clientes, eles vão querer ir fundo no desempenho. Quando os subordinados se comprometem voluntariamente, fazem mais. (Usar a visão é uma maneira de pagar com uma moeda de troca preciosa.)

Saiba que existem várias outras moedas de troca valiosas: ser franco, compreensivo, interferir a favor de boas ideias, esforçar-se para conseguir recursos, conceder autonomia, distribuir tarefas desafiadoras e orientar os colaboradores mirando seu aprimoramento. Com colaboradores talentosos todos vão longe, e você pode pedir o que quiser em troca.

Como chefe, é sempre positivo conhecer bem seus subordinados porque, se você entender suas aspirações, pode relacionar qualquer pedido à oportunidade de eles adquirirem as habilidades necessárias para realizar seus sonhos. Conhecer o estilo de trabalho preferido de cada um também é útil. Você nem sempre poderá lhes dar o que eles querem, mas, se tentar, será reconhecido.

Você será mais eficiente se for franco e confiável de modo a permitir a discussão, sem medo de uma retaliação, sobre sentimentos, medos, aspirações e preferências. Isso pode ser difícil porque muitos subordinados são naturalmente desconfiados e cautelosos com alguém em posição hierárquica mais alta, mas vale o esforço. Se perceber que os subordinados resistem em discutir abertamente com você, diga isso, e pergunte o porquê. Não tenha medo de indagar se há algo em seu comportamento que os faça ter cautela. E esteja pronto para ouvi-los, mesmo que seja difícil. Suas reações às acusações serão a prova de que você consegue, ou não, falar com eles no mesmo nível.

Como dissemos, um subordinado tem a obrigação de agir como um parceiro (subalterno), portanto, não hesite em dizer aos seus que quer isso deles.

A mudança de comportamento de alguém talentoso, porém difícil, pode recompensar o tempo gasto tentando obter o melhor das pessoas. Atenha-se a isso.

10

Trabalhando de forma multidisciplinar: liderando e influenciando uma equipe, uma força-tarefa ou um comitê

O desafio de conseguir comprometimento

Uma das situações que frustram muitas pessoas por terem autoridade limitada é a gestão de uma força-tarefa ou de equipes multidisciplinares. Não obstante, o número de grupos multifuncionais cresce porque a necessidade de especialistas mais diversificados, junto com a expansão de organizações movidas por uma concorrência globalizada maior, requer empresas mais complexas. Mesmo nas situações em que se é responsável por uma equipe de colaboradores, não é automático obter o total comprometimento deles. Como chefe, você pode agir severamente se os colaboradores não "vestirem a camisa", mas ainda assim será um desafio garantir o pleno empenho de seus subordinados diretos. Quando os membros da equipe não se reportam a você, o desafio é ainda maior.

A questão essencial é como conseguir o verdadeiro engajamento com os objetivos fundamentais da equipe, especialmente o dos colaboradores chefiados por outra pessoa. Nesse caso, os membros dividem sua lealdade entre a tarefa em andamento na sede principal (a fonte de sua identidade, avaliação formal e segurança a longo prazo) e esse novo agrupamento temporário (comitê, equipe multidisciplinar, força-tarefa ou equipe de projeto; veja a Tabela 10.1).

Nos comitês, os participantes costumam ser *representantes* de sua equipe básica. Podem chegar a um consenso, mas todos se esforçam para assegurar que sua área seja representada de maneira justa e receba o crédito adequado pelo resultado. (Essa é uma das razões que tornam os comitês tão enfadonhos, apresentando resultados fracos que muitas vezes comprometem as soluções que deveriam ser criativas.)

Tabela 10.1 Porcentagem de comprometimento entre uma atribuição básica e a de um novo agrupamento

Grupo básico: Nova equipe (%)		
70:30	50:50	30:70
Comitês	Equipes principais	Forças-tarefa, equipes multidisciplinares

As matrizes funcionam melhor quando seus membros estão igualmente comprometidos com sua equipe da sede principal e com o time do projeto. Entretanto, para maximizar o desempenho das forças-tarefa e equipes multidisciplinares, a maioria dos participantes precisa estar engajada no objetivo global do grupo. Obter esse engajamento é extremamente desafiador, porque o salário e as promoções dos membros são de responsabilidade da equipe básica.

Neste capítulo, tratamos do que pode ser feito para construir o comprometimento necessário de 70% da equipe multidisciplinar ou da força-tarefa. Colocamos o foco nesses grupos em razão de sua maior dificuldade, embora os itens abordados se apliquem também às equipes e comitês da matriz (e até mesmo à equipe liderada por você).

O que se deve fazer quando os membros da equipe têm sua maior lealdade, supervisão, providências e, quase sempre, recompensas em outro lugar? O que tornaria atraente para os participantes se comprometer com as metas da sua equipe? Que vantagem isso lhes traria? Lembre-se: o fundamento da influência é trocar benefícios valiosos por aquilo que você quer.

Casos especiais em que liderar uma equipe na sua própria área requer tratamento semelhante ao de equipes multidisciplinares

- Você tem um ou mais membros talentosos (como cientistas interessados apenas em fazer seu trabalho especializado, e não nos objetivos da equipe). Como vincular os interesses individuais com os objetivos gerais?

- Você precisa de um comprometimento profundo de todos os membros para realizar trabalhos constantemente desafiadores e complexos, e não pode mandar que seus colaboradores tenham um comprometimento desse tipo. O que você faz para conseguir?

A escolha dos membros

Para construir o comprometimento do comitê ou da força-tarefa, o primeiro passo é saber quem são os membros. Se, como costuma acontecer, você não tem controle sobre a escolha dos integrantes, pode tentar compreender o que eles querem. Se, porém, a equipe está em formação, deve identificar qual seria a melhor combinação e os critérios que gostaria de usar para escolher – especialmente as crenças básicas –, e depois esforçar-se para influenciar as pessoas de outras áreas que fazem a seleção. Recomendamos que você reúna uma combinação de pensadores originais, especialistas e pessoas experientes, que já demonstraram capacidade de pensar no bem de toda a organização, e não apenas no de suas próprias áreas. Pelo menos alguns deles devem ser pessoas muito conhecidas e respeitadas, de forma que, ao chegar a ocasião de expor as conclusões a que você chegou, terão ajudado na promoção do projeto e a dar respeitabilidade às recomendações.

Se você tem muitos relacionamentos – importantes para obter influência em todos os assuntos –, pode usar suas ligações pessoais para resolver seu caso, seja na opção dos critérios de seleção ou de determinados membros. Demandará muito esforço conseguir as pessoas específicas que você quer porque elas provavelmente já estão plenamente engajadas e são consideradas valiosas onde trabalham, mas utilize suas habilidades de consulta comercial para descobrir quais são as objeções e como resolver o conflito de interesses. O que o chefe da pessoa precisa receber em troca para liberá-la? Você pode aceitar que o membro não trabalhe em tempo integral? Pode ajudar na pendência das tarefas que a pessoa não será capaz de fazer enquanto trabalhar com você? Pode oferecer informações em primeira mão referentes às conclusões da força-tarefa ou um acesso antecipado a um novo produto ou processoSe, entretanto, você receber a atribuição de trabalhar com gente demais, de tal forma que isso impossibilite um trabalho eficaz, pense em formar uma equipe básica de sete ou oito pessoas; e utilize outros participantes, formando com eles um grupo de assessoria ou dando-lhes tarefas separadas, além de convidá-los para reuniões com a equipe básica quando sua especialização específica for necessária para a agenda do dia.

Compreendendo o que importa para participantes

Se você tem a opção de escolher os membros da equipe, esse processo estará estritamente ligado a suas conclusões sobre aquilo com que eles realmente se importam e valorizam: suas moedas de troca. (No Capítulo 3, discutimos extensivamente as predileções.) Cada membro da equipe tem suas moedas favoritas, incluindo as preferências sobre o modelo de funcionamento do grupo. Você precisa saber o que eles mais apreciam para poder fazer as trocas adequadas.

Grande parte dessas informações vem da compreensão dos mundos deles, das situações de trabalho em que se encontram e das pressões de seus empregos. Descobrir os objetivos e interesses da área dessas pessoas na sede principal ajuda a saber o que provavelmente é importante para cada uma delas, ou para os chefes que continuam mantendo contato com elas. Quase sempre é possível definir isso, mesmo a distância, só por tomar conhecimento das informações divulgadas sobre as áreas em que trabalham. (Veja a Figura 4.1, uma representação gráfica de muitos aspectos do mundo do trabalho de qualquer pessoa.) Suas tarefas diárias, a maneira pela qual elas são mensuradas e recompensadas, o lugar que ocupam em suas carreiras e seu histórico educacional fornecem muitas pistas sobre suas predileções.

Com isso, você poderá avaliar os possíveis valores intangíveis de cada pessoa, e provavelmente vai querer uma reunião individual com cada membro da equipe para conhecê-lo bem e confirmar quais os assuntos que importam. Faça várias perguntas. A maioria das pessoas aprecia a oportunidade de contar sua história, de falar sobre seu trabalho e suas aspirações, de modo que você construirá seus relacionamentos e, ao mesmo tempo, coletará informações.

Você também precisa descobrir os interesses e as preocupações dos membros da equipe em relação ao projeto. Os participantes estão empolgados ou temerosos? Será essa a oportunidade única de finalmente fazerem algo em que acreditam, ou o projeto lhes parece um desperdício de tempo? Será que alguma coisa semelhante já foi tentada e não deu certo? O acordo prévio do projeto causaria conflito com os objetivos da equipe da matriz? Eles acham que existem situações políticas delicadas? Vislumbram a oportunidade de aprender numa área importante? Nesse processo, você também perceberá alguma coisa sobre as personalidades deles, e isso também será útil.

Esse tipo de conversa pode igualmente ajudar a impedir estereótipos. Nem todos os engenheiros exigem ver tudo nos mínimos detalhes, nem todas as pessoas que trabalham com marketing são formadores de opinião. Suas percepções preliminares sobre o que é provável que cada colaborador aprecie precisam ser experimentadas, para que você não desperdice as aptidões únicas de cada um dos membros da equipe. Além do mais, essa espécie de compreensão pode ajudá-lo a estabelecer normas de avaliar as diferenças na própria equipe. Você não reuniria pessoas de diversas áreas da organização, com especializações diferentes, se não compreendesse o potencial de excelência que existe no conflito criativo de pontos de vista. Também não gostaria de perder esse potencial se alguns membros não se sentissem valorizados ou não fossem ouvidos só porque têm opiniões divergentes.

Aumentando a atratividade do projeto

Um dos desafios para obter comprometimento é encontrar uma forma de tornar o projeto mais atraente para os integrantes da equipe. Existem várias abordagens possíveis.

Lidando com o acordo prévio

Parte do pagamento por compreender os interesses dos participantes é que isso pode suscitar dúvidas sobre o acordo prévio do projeto. Ele é claro? Você entende o escopo pretendido? O propósito é inadequado ou não tão empolgante quanto poderia ser se os objetivos fossem ampliados ou modificados? Ou é tão geral e amorfo que, seja lá o que sugerir, não se enquadrará nas expectativas de certas pessoas? Você tem certeza da autoridade da sua equipe para resolver, recomendar ou apresentar alternativas? Advertência: nunca aceite esses fatores como verdades indiscutíveis. Se a resposta for não para qualquer dessas perguntas, você tem trabalho pela frente. Pode ser que precise apenas falar com o gestor que formulou a ideia da força-tarefa para obter as respostas, mas se tiver sido determinado pelo comitê executivo, você talvez tenha de exercer influência sobre cada pessoa para conseguir um acordo preliminar mais razoável ou mais inspirador.

Descubra, com o grupo que elaborou o contrato de abertura do projeto, quais os parâmetros visados: se devem ser seguidos ao pé da letra ou, em alguns casos, evitados; se eles têm uma resposta preliminar (ou mesmo final) em mente; se estão prontos para mudar de opinião; quem eles ainda acham que deve ser consultado, e assim por diante. É melhor fazer as perguntas logo no início do processo do que deixar para mais tarde.

Quanto mais empolgante for o acordo preliminar, maior o número de maneiras para ligar as necessidades dos indivíduos com o objetivo da equipe, e mais fácil será conseguir o entusiasmo dos participantes.

Entretanto, há alguns perigos em elaborar um acordo prévio muito extenso. Pense no histórico da empresa. As forças-tarefa ou os comitês costumam se preocupar quando lhes perguntam como solucionar a "fome existente no mundo", e acabam derrotados porque a solução exigiria muito dinheiro ou tempo? Pedem-lhes que pensem de modo convencional, mas, quando o fazem, são criticados por resistirem, e têm dificuldade – justificadamente – em implementar as ideias? O gestor do acordo já sabe o que quer e espera que você implemente? Existe uma tendência de que as recomendações desapareçam na estratosfera da alta administração e nunca mais se saiba delas?

Esforce-se ao máximo para obter o mandato adequado e o apoio à sua tarefa antes de começar. Você pode, de maneira crível, expressar suas preocupações e ajustar algo diferente ao propor soluções específicas para serem impostas aos outros. Você sempre poderá perguntar ao gestor principal, que evitará uma resposta dizendo: "Ora, não se preocupe, vá em frente. Se fizer um bom trabalho, nós o apoiaremos". Ao que você responderá: "Tenho certeza disso, mas minha experiência me diz que é fundamental saber especificamente o que fazer antes de começar a agir. Estou preocupado em não desperdiçar seu tempo nem o valioso tempo de todas as pessoas dedicadas que vão trabalhar no projeto. Você não vai querer receber um relatório que vá parar na lata de lixo, não é?". Poucos gestores dirão que não se importam em desperdiçar tempo. Lembre-se: você quer mostrar como seu pedido vai ao encontro do interesse da outra pessoa.

Conseguindo a participação do executivo sênior

Outra maneira de aumentar a atratividade do projeto é promover uma reunião entre a equipe e o gestor sênior que apresentou a tarefa. Isso possibilita aos membros do grupo fazer perguntas diretas sobre o acordo inicial, o escopo de autoridade e as intenções da alta administração, testando o comprometimento do nível superior. Isso não só ajuda a esclarecer melhor o projeto, como também demonstra o interesse da diretoria pelo trabalho. Se um gestor sênior demonstrar que o projeto é vital e ajudará a empresa, o ceticismo natural será superado e, provavelmente, aumentará o comprometimento dos participantes. (Na verdade, assumir uma atitude pública também costuma elevar o comprometimento do gestor com os resultados, o que é útil para você.)

Unir os objetivos dos participantes com as metas da equipe: pagar em moedas que importam a cada membro

No início, os componentes da equipe costumam ser mais leais aos empregos e departamentos em que trabalham, mas quando você souber, com segurança, alguma coisa a respeito de cada participante, tente designar alguma moeda de troca de sua preferência. Para alguns, isso talvez signifique um desafio maior; para outros, maior visibilidade ou ter sua opinião mais respeitada. (Para ajudá-lo a considerar uma ampla gama de possibilidades, consulte a Tabela 3.1, que lista os valores habituais prediletos dos colaboradores.) Pondere como você pode distribuir o trabalho para satisfazer o que cada pessoa valoriza mais.

Por exemplo, os membros da equipe mais interessados em obter maior visibilidade talvez sejam as pessoas indicadas para entrar em contato com os executivos seniores e pedir informações, ou fazer apresentações para os superiores. Você pode solicitar aos que se interessam por desafios que assumam os setores mais complexos e ambíguos do trabalho, especialmente as áreas onde não existem soluções conhecidas.

Outros participantes podem querer ampliar suas experiências fazendo visitas a outras companhias.

Os debates coletivos podem reduzir ambiguidade e criar empolgação. Uma das formas de aumentar a atração do projeto é eliminar a resistência. Faça que os colaboradores falem sobre os problemas que o trabalho em pauta pode causar no seu grupo da sede principal, e como a equipe (ou o líder) pode ajudar a tratar disso. Isso começa a lhes dar uma participação para solucionar os problemas corporativos com os quais terão de se preocupar de qualquer maneira.

Você pode elevar o valor dessas moedas de troca ao falar sobre as metas da equipe em outras áreas da empresa, e com os chefes dos membros. Nunca é cedo para fazer marketing interno da missão do grupo.

Não negligencie a atração exercida sobre muitos acerca da oportunidade de aprender. Como os grupos multidisciplinares habitualmente têm tarefas desafiadoras, para as quais a empresa ainda não tem soluções, haverá possibilidades para as pessoas participarem em novas áreas e aprender informações valiosas ou habilidades. Da mesma forma, não receie expressar os benefícios de ser capaz de fazer relacionamentos estratégicos com os membros da equipe que venham de diferentes áreas ou especialidades. Isso cria novos aliados em potencial, que podem ajudar em tarefas futuras, e ainda serve como contato para novas atribuições e gera defensores uns dos outros.

Diga aos membros em potencial e aos atuais que *participar de uma força-tarefa importante é uma autorização para aprender e construir reputação e contatos*. Existe melhor maneira de construir capital para uma influência futura? Quase sempre, com alguma imaginação, é possível recompensar a todos com uma ou duas de suas moedas. A ideia básica é encontrar elos entre os objetivos e interesses individuais dos participantes, e as necessidades da equipe de realizar suas metas.

Usando a percepção, uma moeda valiosa em comum

Como sugerido, uma moeda poderosa para conseguir o comprometimento dos membros da equipe é a visão, um panorama dos maravilhosos resultados possíveis do trabalho em conjunto. Devido ao fato de terem uma sede principal que consideram seu verdadeiro emprego, eles não se comprometerão com a equipe sem uma percepção das recompensas. (Ainda que você gerencie uma equipe com subordinados diretos seus, eles trabalharão melhor se tiverem uma visão clara do que é especial e exclusivo no que a equipe faz, do que vai além das atribuições que têm no trabalho).

Você precisa pensar nos objetivos da equipe e como expressá-los de forma inspiradora. Os participantes precisam acreditar que a tarefa tem importância e faz uma diferença real para um grupo ou inúmeras pessoas: consumidores, clientes, outros departamentos ou a sociedade como um todo. Se a principal meta da equipe for expressa dessa maneira, é mais fácil conseguir que os participantes se convençam e abracem dedicadamente um comprometimento. A percepção inspiradora pode superar a resistência natural dos membros em assumir um novo trabalho. Mesmo se forem designados em tempo integral, durante um período substancial, para o time liderado por você, eles se perguntarão se o resultado vale o esforço. Também podem refletir sobre o que virá a seguir, se seu emprego antigo ainda será deles. A percepção pode superar esse retorno à sede principal.

Pessoa de baixo *status* liderando uma equipe de desenvolvimento de produto de forma eficaz

Terry Wheeler é um aluno de MBA que fez seu estágio de verão em uma companhia de alimentos naturais, a Healthy Bites, e verificou que a recomendação de um colega de sala para ler *Influência sem autoridade* (primeira edição) o ajudou mais do que ele esperava:

> "Eu tive experiência relacionada e diversificada antes do MBA, mas, para minha surpresa, em pouco tempo me designaram para liderar um projeto-chave de alto nível sobre produtos alimentícios, que exigia gerir e coordenar mais de 20 pessoas de todos os níveis e funções da organização. A expectativa é de que o produto gere um faturamento de vários milhões de dólares logo no primeiro ano, e que seja superior às ofertas da concorrência."

A seguir, algumas das maneiras usadas por Terry para obter influência e reciprocidade.

Mantendo as pessoas atualizadas

> Cada tarefa tinha um responsável e, como grupo, nós éramos a força-tarefa encarregada de criar o novo produto, em quatro meses e meio. As pessoas se ocupavam da tarefa nos estágios iniciais, e depois sua participação diminuía. Por exemplo: Marcus, do setor financeiro, era responsável por avaliar os custos no início do processo, para ajudar a determinar se o produto poderia satisfazer às margens de contribuição desejadas. À época, ele trabalhava com as melhores informações disponíveis. Quando as avaliações dos custos ficaram prontas, reuni-me com Marcus para compreender bem sua metodologia e as fontes dos números que apresentou. Conforme o projeto progredia, as suposições sobre as quais ele baseou seus cálculos de custos mudavam quase diariamente. Pude fazer os ajustes e, uma vez ou duas a cada semana, eu o atualizava quanto à nova estrutura de custos. Embora Marcus fosse basicamente responsável pela tarefa de previsões financeiras do projeto, ele estava às voltas com o orçamento e não podia dar ao projeto a atenção necessária. Consegui retirar essa carga

de trabalho dele, mas mantendo-o a par de tudo, de tal forma que, quando lhe perguntavam, ele tinha condições de falar sobre o *status* da situação financeira. Isso deu muito certo porque tive a capacidade de perceber rapidamente como as decisões influenciariam as cifras, sem precisar "perturbá-lo" constantemente, pedindo apenas atualizações; e ele foi elogiado por ter sempre a situação financeira pronta.

Como lidar com dona abelhuda

Anne, uma das principais participantes da equipe, era responsável por inúmeras tarefas do nosso plano de trabalho. Infelizmente, ela tem uma necessidade absoluta de saber tudo o que está acontecendo; caso contrário, fica ofendida por "não estar por dentro". Seu papel era básico para o projeto, mas num escopo limitado. Logo me dei conta de que qualquer coisa que ela soubesse chegava rapidinho ao conhecimento de todo mundo. Além disso, sentia-se insultada ao saber das decisões relacionadas ao projeto só depois de outras pessoas; ela precisava ser a primeira a transmitir o que acontecia. Isso era mais difícil porque ela não trabalhava às sextas-feiras, e muitas das nossas decisões eram tomadas no final da semana.

A princípio, lidar com ela era, para mim, muito frustrante. Mas acabei compreendendo que precisava dela e que Anne não tramava nada contra o projeto; eu apenas precisava adaptar minhas interações com ela e com outras pessoas da companhia. Percebi que Anne não era alguém com quem se podia trocar ideias; só se conseguia sua colaboração quando as decisões finais já estavam tomadas. Também soube que Anne fazia parte de uma "igrejinha" que lhe passava informações, de modo que eu precisava controlar os dados que lhe transmitia. Dei-me conta de que divulgar formalmente as decisões por *e-mail*, em vez de verbalmente ou em reuniões, funcionava bem, porque ela sempre abria seus *e-mails* com atraso. Por isso, se ela se ofendesse por não ser mantida a par do que ocorria, eu poderia dizer: "Mas você não recebeu o *e-mail*?". Isso reverteu a situação, e ela agora se sentia culpada por não se manter atualizada com as decisões; isso a punha um pouco na defensiva, e a responsabilidade era sua. Além disso, eu me assegurava de, vez ou outra, passar-lhe uma novidade quentinha (isto é, deixava que ela fosse a primeira a saber de uma decisão), e também fazia que recebesse rapidamente o crédito por processos e decisões dos quais participasse. Era uma recompensa com a moeda que ela mais apreciava.

Abrangendo todos os níveis de autoridade

Quando você começa a trabalhar como estagiário, seu instinto é impressionar a gerência. Como resultado, você se inclina a concordar com as opiniões deles no tocante a questões em que a experiência predomina, e a lhes mostrar todas as frações de sabedoria que possui. Graças, principalmente, à leitura de *Influência sem autoridade* antes de começar meu estágio, tomei um caminho diferente e muito mais bem-sucedido: concentrei-me nos colaboradores do nível operacional. Ao procurá-los para obter informações, discutir ideias e processos, e utilizar a experiência deles, pude apresentar fases muito mais embasadas do processo à administração. Conforme avançávamos, eu tomava muito cuidado para dar crédito a quem me ajudava, não só para que eles confiassem em mim, mas também como forma de justificar meus resultados. Ao agir assim, conquistei o respeito e a confiança das pessoas que realmente executavam os projetos na empresa, e também consegui o endosso delas quando a diretoria perguntava como eu estava me saindo. Essas aprovações trouxeram maior responsabilidade e autonomia para o meu projeto.

Conquistando a equipe

Ao beber uma cerveja com uma colaboradora transferida para a área de vendas havia pouco tempo, vinda do escritório onde eu trabalhava, soube que, no início, houvera certo ressentimento em relação a mim e à minha função. O fato é que a gerência do meu projeto era um papel desejado por vários colaboradores com muito tempo de casa. (A tarefa me foi dada por causa da grande carga de trabalho dos outros colaboradores, do meu histórico na área e do fato de eu ser imparcial. O projeto abrangia a coordenação de muitas facetas da companhia, e eu não era nem um "cara de marketing" nem um "cara de operações"; portanto, não tinha nenhum histórico político.) Quando o projeto foi dado a um humilde estagiário, houve ressentimento e, sem o meu conhecimento, "a tropa" toda ficou contra mim. Felizmente, de certa forma já tinha previsto isso e, por meio de uma combinação desses fatores, em pouco tempo consegui convencer os céticos. O produto está de acordo com o cronograma e com o orçamento, e deve ser lançado no mês que vem. Continuo participando de certa forma, e recebi a proposta de voltar a trabalhar na Healthy Bites depois de me formar.

Nesse contexto, os membros que não aceitarem a percepção devem ter a oportunidade de se justificar. É possível modificar ou ampliar a percepção para que todos se sintam "vestindo a camisa"? Se as vontades deles não puderem ser atendidas pelo acordo prévio, ou se representarem um desvio significativo, você deve tentar encontrar um outro lugar para eles. Não é nenhuma vergonha dizer a um participante ou a superiores hierárquicos que uma pessoa não deve trabalhar numa tarefa sem estar comprometida com as metas e aspirações dessa realização.

Seu estilo de gerenciar

Liderar uma equipe multidisciplinar requer exigências especiais do seu estilo de gestão. Você joga foco no controle prático e, se está acostumado a conduzir reuniões para conclusões predeterminadas, ou a abafar discordâncias no que toca a problemas difíceis, corre o risco de desmotivar o grupo. Todo participante precisa achar que suas ideias são valorizadas, que existe uma razoável autonomia no trabalho do dia a dia e que pontos de vista divergentes serão levados a sério. É aconselhável que você obtenha um consenso coletivo quanto aos grandes problemas – em vez de apenas considerar as opiniões das pessoas – porque isso ajuda a construir o comprometimento. O acordo – estabelecido por você – prevê o comprometimento dos participantes com o projeto, para que em troca sejam plenamente ouvidos na tomada das decisões importantes.

Parte de sua responsabilidade será legitimar os conflitos relativos ao trabalho, às informações e às opiniões, mas não quanto às diferenças pessoais. Você precisa usar o conflito para energizar, obter todos os dados, conseguir soluções criativas, e permitir que todos colaborem. Você é quem determina o ambiente: mostre que não faz mal discordar, mas, se a discussão se encaminhar para ataques pessoais, interfira e volte a focalizar os problemas do trabalho. Não é preciso criar uma equipe na qual todos adorem trabalhar uns com os outros, mas você deve assegurar que as pessoas sejam francas e diretas, porque isso garante os melhores resultados.

Ao mesmo tempo, haverá muito trabalho a fazer nos bastidores, além das reuniões. Esporadicamente, precisará ter encontros individuais para coletar informações, supervisionar o andamento do projeto, fazer muito *lobby* em relação aos problemas fundamentais em análise, e assim por diante. É realmente tentador que você ofereça suas próprias soluções quando alguns participantes não estão engajados ou transferem a carga de trabalho para alguém que realize as tarefas que lhes cabem. É possível haver ocasiões em que a interferência seja necessária. Entretanto, se você fizer esse tipo de coisa com frequência, os membros da equipe rapidamente perceberão uma troca negativa, delegando o trabalho de volta para você, sacrificando as próprias razões de ser das tarefas. Eles tampouco se envolverão nas soluções finais, e podem – propositalmente ou não – solapar as conclusões ao comentar com os chefes ou com outros participantes essenciais.

Não seja ortodoxo, querendo que tudo seja decidido por unanimidade pelo grupo; você – ou outros membros da equipe – pode fazer muitas coisas oficiosas que serão recebidas com gratidão, por facilitar o trabalho da equipe. Assegure-se apenas de que você está capacitando membros da equipe para se concentrarem no que sabem e naquilo que mais lhes importa, mas não assuma o controle de tudo.

Vendendo a ideia das soluções antes de apresentá-las formalmente

Um erro comum de influência das equipes de projetos e forças-tarefa é supor que, após conceber uma ótima solução, a receptividade será fantástica, pelo fato de (a tal solução) já ter sido completamente trabalhada e apresentada. Contudo, quando ela muda algumas normas de trabalho, a estrutura corporativa ou o poder e o *status* de membros essenciais, não é uma boa ideia surpreender os tomadores de decisão. Você e os membros da equipe devem testar suas ideias com as partes interessadas e os tomadores de decisão durante todo o processo. Esse teste não apenas ajuda a melhorar os planos, mas também dá a essas pessoas a oportunidade de se acostumar a novas ideias e sinaliza quando tabus são quebrados, para que elas não se sintam pouco à vontade com o que vocês estão planejando. A troca implícita com os tomadores de decisão é: "O fato de nós consultarmos vocês neste estágio preliminar quer dizer que vocês apoiarão aquilo que lhes apresentarmos depois, sem surpresa para nenhum dos lados".

Isso nos leva de volta aos membros da equipe. Uma coisa que você deve considerar ao formar o time é descobrir, pelo menos, alguns participantes que tenham influência com os tomadores de decisão e os formadores de opinião. Embora precise de pensadores originais, você não será levado a sério se apenas os rebeldes e os iconoclastas participarem do grupo. Se a composição da equipe foi feita sem as suas informações, você talvez precise formar um grupo de assessores ou de membros da empresa que sejam respeitadíssimos e ligados à alta administração. Esse grupo também pode servir como recrutadores de talentos e formadores de opinião, transmitindo as ideias e testando-as antes da decisão final.

Porém, preste atenção ao problema da lealdade dividida dos membros da força-tarefa. Embora você queira o comprometimento deles com as conclusões e recomendações, isso às vezes coloca as pessoas em oposição às próprias áreas ou aos chefes – essa é uma situação difícil para qualquer um. Portanto, quando houver esse tipo de dilema de lealdade, reúna-se com os participantes para planejar as abordagens. Em troca do seu comprometimento contínuo com o projeto, você talvez tenha de conversar com os chefes deles, explicar a situação e convencê-los das conclusões, além de proteger um participante ou pedir a um superior para lhe ajudar. É possível que você ajude o chefe a compreender os benefícios – não apenas os custos – de ter um subordinado valioso como membro da força-tarefa, não só pela oportunidade de ter as opiniões do departamento no processo, como também pela aprendizagem em potencial que será incorporada à área. Essa permuta pode ajudar a conseguir apoio.

Em troca, você pode incentivar o participante a definir com o chefe – implícita ou explicitamente – o que ele deve esperar por ter sido liberado para o projeto. Quem fará o trabalho dele? Que relatórios da força-tarefa o chefe espera receber? Existe algum problema específico do departamento que deve ser considerado pela força-tarefa?

Você deve evitar que os participantes se sintam em um beco sem saída e de repente deixem de apoiar as recomendações; ou, pior ainda, que digam ao chefe, por baixo dos panos, que o relatório está todo errado, ajudando dessa forma a criar um adversário que trabalhará contra o projeto.

Por mais complicado que seja gerenciar equipes multidisciplinares, elas sempre existirão. A complexidade da organização e as mudanças exigem a união de pessoas de diferentes funções, especialidades e regiões para criar produtos, determinar políticas, introduzir inovações em processos e tentar prever o futuro. Se você for capaz de demonstrar competência em reunir recursos tão díspares, influenciando-os a colaborar e descobrindo boas soluções que sejam implementadas, aumentará muito seu valor e influência no futuro.

À medida que você praticar essas habilidades, não se esqueça de que a maioria delas é importantíssima para liderar sua própria equipe, que provavelmente tem muitos dos mesmos desafios e características. Qualquer time se beneficia da escolha cuidadosa de seus membros, da definição das coisas que eles valorizam, das atribuições que lhes dão e das moedas de troca que querem por sua energia e comprometimento, além da clara percepção da diferença que faz uma liderança que utiliza suas aptidões. Tudo isso oferece à sua equipe a oportunidade de se expressar francamente, e proporciona uma influência ascendente para que suas ideias sejam apoiadas e implementadas. Você está escutando a oportunidade bater à sua porta?

11
Influenciando grupos, departamentos e divisões da empresa

Em muitos aspectos, influenciar um grupo inteiro na sua empresa é semelhante ao ato de influenciar pessoas:

- Primeiro, você não deve transformá-los em demônios ao caracterizá-los com todos os tipos de estereótipos negativos, por mais que isso seja tentador.
- Segundo, você precisa compreender o mundo deles, o que eles valorizam, como são recompensados, as pressões a que estão submetidos, e assim por diante.
- Com essas informações, você obtém os tipos de valores intangíveis que usará em troca do que quer que as pessoas forneçam.
- Entretanto, ainda mais do que ao lidar com suas relações com os outros, é importante prestar atenção à natureza de seu relacionamento. Da mesma forma que talvez tenha estereotipado outros indivíduos, eles provavelmente fizeram o mesmo em relação a você.

Qualquer bom diagnóstico tem muitas facetas, mas há questões específicas às quais se deve prestar atenção ao lidar com grupos, departamentos e divisões multidisciplinares: as moedas de troca predominantes no grupo se aplicam a todos os membros? Que concessões as pessoas precisarão fazer para trocar pelas moedas? Seu pedido precisa ter concordância total de todos naquela unidade ou de apenas alguns?

À medida que as organizações ficam mais complexas, praticamente deixa de existir grupo que possa dispensar a colaboração de outros departamentos. Além disso, o outro grupo não precisa concordar com os pedidos que você lhe faz. Se você faz parte de um setor central, como compras, tecnologia da informação, controle de qualidade, finanças, auditoria ou recursos humanos, mesmo quando consegue estabelecer ou delinear uma política, talvez não consiga facilmente que ela vigore. Ou você pode estar em uma função na linha de produção e identificar uma oportunidade espetacular – como, por exemplo, criar um produto ou serviço, implementar uma nova prática, abordar um novo mercado –, mas essa oportunidade precisa ser aprovada ou implementada por outro departamento, que considera sua brilhante ideia apenas como mais uma demanda para tomar o tempo deles ou requer que o setor mude seus processos ou prioridades.

Complicar os assuntos é uma característica bem comum das relações entre grupos: uma equipe muitas vezes ganha sua identidade e aumenta sua coesão por meio de comparações hostis com outros setores. Alguns exemplos: "nós do marketing consideramos o panorama geral, não a visão curta da equipe de vendas"; "trabalhar com vendas nos dá uma compreensão do que o cliente precisa, e muito melhor do que a dos caras metidos a intelectuais do departamento de desenvolvimento de produto"; "aqueles bitolados do financeiro só sabem trabalhar com números, e não têm a mesma compaixão pelas pessoas que nós de recursos humanos". Portanto, você precisa encontrar uma forma de superar esse tipo de sentimento.

Você precisa de colaboração, mas o grupo pode resistir às suas ideias por inúmeras razões. Descobrir esses motivos, os valores com os quais eles se importam, é um desafio. Outro é definir como tratar das preocupações deles e conseguir que a tarefa que você quer seja realizada sem sacrificar os objetivos da sua solicitação.

Como fazer para ganhar influência: aplicação do modelo

Há várias maneiras de abordar os grupos que você quer influenciar.

Etapa 1: considere o outro grupo como um aliado em potencial

Talvez haja um histórico de conflitos e até de animosidade interpessoal entre alguns membros das duas unidades, mas isso não pode detê-lo. Sua meta é a aliança *em potencial*. Você não tem de gostar ou ficar amigo íntimo de membros do outro grupo para chegar a um acordo, mas é necessário encontrar um modo de respeitar os indivíduos e o trabalho deles, aceitando que têm uma função diferente e encaram as coisas de maneira distinta da sua.

Você pode continuar concorrendo com eles em questões como orçamento ou prioridades, mas ainda assim terá de formar uma aliança estratégica, na qual você conseguirá algo que quer de uma área específica. Esse tipo de "cooperação" aumenta cada vez mais entre pessoas, grupos e companhias – lidar com a tensão é parte importante da vida das organizações.

Quanto mais você souber o que é importante para o outro grupo e por qual razão, mais sentirá empatia e será capaz de formar um relacionamento favorável de trabalho. Por isso é tão importante a etapa seguinte.

Etapa 2: compreenda o mundo deles

Comece com a natureza do trabalho. O que fazem as pessoas o dia inteiro? Quais são suas habilidades essenciais? De que treinamento especial elas precisam para ser competentes no que fazem? Estão acostumadas a liderar outras pessoas ou a responder a solicitações ou demandas? Seus locais de trabalho são separados ou próximos? O trabalho delas tem a ver com uma profissão das áreas, por exemplo, de contabilidade, direito, engenharia ou ciência, e isso faz com que elas provavelmente se identifiquem mais com a ofício do que com a empresa?

O trabalho executado pelas pessoas é um poderoso indicador daquilo que tem importância para elas. Esse trabalho as impele a ter mais ou menos precisão, mais ou menos interatividade com outras áreas, um ritmo mais rápido ou mais lento, com mais ou menos desafios, novidades, satisfação e importância? As atitudes delas podem lhe parecer estranhas, mas será que isso é decorrência de a natureza do *seu* trabalho ser tão diferente, o que leva a opiniões diferentes de como se comportar e com o que se importar? Se você pudesse realmente compreender a natureza do trabalho dessas pessoas, isso tornaria as atitudes delas mais razoáveis? (Para saber mais sobre como utilizar o mundo corporativo para compreender desejos e objetivos, consulte o Capítulo 4).

Que tipo de pessoas tem maior probabilidade de reunir essas habilidades? Qual é sua instrução, seu histórico e sua experiência profissional? A que coisas elas dão valor? O histórico educacional da maioria dos colaboradores de um departamento pode fazer enorme diferença nos seus valores e metas – suas moedas de troca. Os engenheiros tendem à exatidão e ao trabalho intenso. Os cientistas preferem se aprofundar na procura demorada e lenta da verdade. Os advogados são treinados para procurar vulnerabilidades e riscos. Os formados em artes liberais aprendem a valorizar a precisão da linguagem, mas também a pensar em generalizações amplas e abrangentes. Cada um desses históricos acadêmicos costuma moldar os participantes, afetando seus padrões de raciocínio, linguagem e, às vezes, valores.

Qual a linguagem e o jargão do grupo? Muitos grupos e departamentos empresariais criam o próprio vocabulário e estilo de linguagem. Saber isso satisfaz dois objetivos: revela o que é importante para o grupo, porque tudo será preparado com base nas coisas que chamam a atenção dos participantes, e fornece pistas sobre a linguagem que você deve usar quando falar com eles. Por exemplo: a equipe de finanças tem linguagem bem articulada sobre custos, retornos e taxas porque é assim que mensuram o mundo, traduzindo toda a atividade da organização em números. Se você trabalha com desenvolvimento de gestão, por exemplo, consegue explicar sua proposta em termos de benefícios *versus* custos, em vez de considerar uma atividade como mecânica e impessoal? Se você quiser um exemplo de um gerente de treinamento que contratou um diretor financeiro para ensiná-lo a fazer propostas pragmáticas ao departamento financeiro que controlava seu orçamento, veja o caso de William "Will" Wood, no *site* www.influencewithoutauthority.com/willwood.html (Um guia que o ajudará a se comunicar além das barreiras do jargão dos departamentos está exposto na Tabela 11.1, a seguir.)

Tabela 11.1 Guia de minitraduções

O desenvolvimento de gestão diz	O financeiro diz
Desenvolver habilidades de treinamento	Melhorar o retorno do investimento
Construir confiança	Reduzir os atritos comerciais
Formar equipes	Maximizar os retornos coletivos
Aumentar as habilidades de gestão	Elevar a margem econômica

Cuidado com os estereótipos. Antes de prosseguirmos com esse raciocínio, precisamos advertir que quaisquer conclusões a que você chegar precisam ser verificadas em relação às pessoas do outro grupo com quem você esteja lidando. A análise que sugerimos pode revelar apenas tendências gerais, e sempre haverá exceções às experiências que você possa diagnosticar. Por exemplo, nem todos os colaboradores do departamento financeiro raciocinam em termos econômicos e numéricos. Recentemente, trabalhamos com uma força-tarefa concentrada em como manter todos saudáveis, não apenas quem tinha plano de saúde. Na ocasião, um executivo sênior de concessão de crédito da *Massachusetts Cross Blue Shield*, corretor dessa empresa de saúde, declarou: "Finanças são coisas banais e incidentais. Podemos fazer os números darem certo".[1] Da mesma forma, nem todos os advogados são destruidores de acordos, nem todo mundo que trabalha na área de recursos humanos é sentimental e receia dar más notícias aos colaboradores com mau desempenho. Portanto, faça um diagnóstico para saber o que procurar antes de manter muitos contatos, e verifique caso por caso.

Em geral, a natureza do trabalho e as pessoas que o executam levam a algumas moedas de troca em comum, consideradas uma ideia que pode dar certo e que deve ser testada. Você está à procura do que é valorizado pelo grupo que você quer influenciar. Chamamos essas coisas de *moedas* porque podem ser usadas como troca. Embora sempre exista o perigo de generalizar, listamos situações comuns e os valores resultantes de grupos selecionados na empresa (Tabela 11.2). A listagem se originou de pessoas

Influenciando grupos, departamentos e divisões da empresa 209

como você, que tentavam determinar o que é importante para suas equipes. Utilize essa lista com inteligência, como um ponto de partida para compreender o grupo no qual você está interessado.

Tabela 11.2 Amostragem de situações e moedas de troca comuns de diferentes grupos (segundo as opiniões de seus colegas de trabalho)

Representantes de vendas

Como nove em dez tentativas de vendas não dão certo, eles precisam:
- Ser confiantes para sempre renovar os relacionamentos.
- Ter um ego forte.
- Ser convincentes.

Por terem muito foco nos clientes:
- Precisam identificar as necessidades, personalidades e preferências dos clientes.
- Falar a linguagem dos clientes.
- Precisam entender as mínimas pistas dadas pelos clientes.

Eles passam muito tempo administrando o próprio tempo; são independentes; por isso costumam abominar burocracia.

Querem que seu trabalho seja reconhecido.

São competitivos.

Seu objetivo básico é dinheiro.

O *status* é importante para eles.

Produção

Precisam cumprir metas por hora, dia e semana.

Para eles, a responsabilidade para aí.

Têm atitude para resolver as tarefas e os pés no chão.

Os colaboradores se originam de históricos variados: alguns por meio da ascensão hierárquica, outros são contratados quando se formam na faculdade.

Os homens predominam; por isso há muito machismo.

São diretos, falam francamente e esperam o mesmo tratamento.

Engenheiros

Seu trabalho é minucioso.

Precisam consertar coisas, criam voltados à produção.

A maioria é de homens.

Trabalham duro (são treinados para desafiar os programas de engenharia).

São ensinados a evitar riscos e, em geral, seguem as normas.

Inclinam-se a ver o mundo em preto e branco, sem outras opções, o que pode fazer que seus pontos de vista sejam mais estreitos.

Sentem-se atraídos por "coisas" (preocupam-se pouco com o caráter das pessoas e são ingênuos em relação a elas).

Gostam de consertar coisas, de revisar múltiplas vezes o que foi feito, de modo que os prazos são importantes.

Tecnicamente competentes, mas supercontroladores.

São impacientes com quem não entende o conhecimento deles.

Provavelmente, interessam-se menos pelos clientes.

São determinados e têm iniciativa.

Adoram desafios.

Equipe do financeiro

Eles se preocupam com:

- Informações do mercado, crescimento.
- Possibilidade de medir as coisas.
- Precisão.
- Segurança (repudiam riscos).
- Clareza de gastos dos projetos.

Seu estilo de solucionar problemas é o de ter foco nos argumentos lógicos e racionais.

Valorizam controle, disponibilidade de auditoria e previsibilidade.

A carga de trabalho costuma ser em ciclos previsíveis.

Precisam muito ser incluídos na equipe de gestão.

Recursos humanos

Querem ser conhecidos como "zeladores de pessoas".

Valorizam habilidades.

Podem, às vezes, ser burocráticos, valorizando normas e regulamentos.

São chamados para "apagar incêndios" (e às vezes se ressentem disso).

Não compreendem totalmente nem valorizam muito o aspecto econômico do negócio.

Não compreendem integralmente as pressões sofridas pelos gerentes, nem como são árduas suas tarefas.

Como costumam ser considerados sem muita força na empresa, preocupam-se em ser incluídos nas decisões gerenciais.

A lista da Tabela 11.2 é parcial e deve ser considerada, no máximo, como o *começo* de um diagnóstico cuidadoso. Recomendamos uma abordagem direta. Conhecer melhor o perfil dos participantes envolvidos tem duas recompensas:

1. Eles podem ser mais precisos do que a sua especulação.
2. É uma forma de construir o relacionamento.

Em termos de construção de relacionamento, você pode se dirigir ao chefe de outro departamento e dizer assim:

Nossas áreas são muito interdependentes. Nós dois podemos ter mais êxito se nos ajudarmos. Preciso de algumas coisas de você, e acredito que eu poderia retribuir da mesma forma. Para isso, preciso que me diga o que precisa de mim. Até tenho uma vaga ideia, mas me ajudaria se falássemos a respeito. Como é que eu posso ser útil ao seu departamento?

Essa proposta, por si só, não basta, mas é a base para iniciar uma conversa. Você estende a mão para o outro grupo, pagando com as moedas que valorizam o respeito, o interesse por eles e a disposição de ajudar – tão importantes no mundo corporativo. Conforme a conversa se desenvolver, ela lhe dará a oportunidade de testar algumas de suas suposições sobre o outro grupo.

Essa tática só funciona se você está *realmente* interessado na outra área e quer *verdadeiramente* melhorar o relacionamento. Como "técnica", seria óbvia demais, e o tiro poderia sair pela culatra.

Etapa 3: compreenda o que você precisa do outro grupo

Ajuda muito se você for claro sobre seus exatos objetivos. Há muitas perguntas que ajudam a definir o que você quer de verdade.

Você está tentando conseguir um acordo/cooperação/implementação para um projeto específico? Ou *seu principal objetivo é melhorar o relacionamento de trabalho entre as duas unidades?* É provável que um projeto específico o tenha levado a pensar sobre como lidar com o outro grupo, mas não seria bom melhorar o relacionamento, para que, na próxima vez em que você tiver um pedido, o acordo seja mais fácil? Às vezes é possível haver a realização da tarefa *e* um relacionamento melhor, mas, se apenas um desses fatores for possível, o que é mais relevante para você?

Qual desses tipos de comportamento é mais importante para você: receber informações, tentar um novo método, ceder recursos, realizar uma tarefa, acelerar as respostas dos colaboradores ou todas as questões citadas? Quais são os pedidos essenciais, e qual é o mínimo para satisfazê-lo? Você se contentará com metade do que pediu ou tem de ser tudo ou nada?

Se você busca uma mudança de atitude, como maior respeito pelo que é feito na sua área, deve questionar: isso é mais (ou menos) importante do que receber colaboração para uma tarefa específica? Serviria como o início da formação de novas atitudes? A mudança de postura é tão fundamental para superar problemas dominantes que uma colaboração específica não ajudará em nada?

Por exemplo, você trabalha na central de compras e vê excelentes oportunidades de economizar dinheiro com a consolidação dos pedidos de material de escritório de divisões anteriormente autônomas. Em seguida, pergunte-se: é fundamental que as pessoas preencham formulários, informando-lhe com antecedência sobre tudo o que precisam? Agora elas também devem considerar a central de compras como um recurso valioso para a companhia? Como você responderá às inevitáveis reclamações de que a central demora muito para atender aos pedidos? Ou que eles podem pagar menos em compras locais? Você agiria rapidamente ao escolher um produto muito usado, como uma copiadora/impressora, insistindo em comprar a mercadoria para demonstrar sua força? Ou você precisa ter controle de todos os materiais do escritório para fazer uma pequena economia?

Outras questões pertinentes: quantos membros do grupo, time ou departamento precisam ser convencidos para você atingir seu objetivo? Você precisa de todos ou apenas de alguns formadores de opinião, que testarão o que você quer? Um subgrupo de colaboração funcionaria bem de saída?

Esses são exemplos de perguntas prioritárias que ajudam a analisar um projeto com antecedência. Você precisará ter sua própria opinião sobre cada situação de influência, mas, de modo geral, a Tabela 11.3 oferece diretrizes suficientes.

Tabela 11.3 Diretrizes para estabelecer suas próprias metas e prioridades

- Quanto menos abrangente for seu pedido, maior a probabilidade de sucesso.
- É mais provável colaborarem com o projeto-piloto do que com grandes mudanças.
- Decida a importância de realizar as metas de *tarefas* ou a melhora do *relacionamento de trabalho*.
- É mais fácil conseguir mudanças de comportamento do que de atitudes ou valores; as atitudes mudam depois que um novo comportamento deu certo.
- Tente não misturar seu desejo de respeito ou *status* com práticas específicas que você queira mudar.

Etapa 4: lide com o relacionamento

Certos tipos de relacionamento surgem nos grupos que têm opiniões distintas e podem precisar de atenção especial. Questionamos o *relacionamento* em dois sentidos: (1) Qual é a atitude de cada grupo em relação ao outro? (2) Em que extensão você tem um relacionamento *pessoal* marcado pela confiança com um membro importante do outro grupo?

Partimos da suposição de que, na maioria dos casos, você quer um relacionamento positivo e a longo prazo, mas atualmente a convivência está tensa. Talvez, porque você tenha estereotipado o outro grupo, eles retribuíram com a mesma atitude. Tem ideia da opinião deles sobre você, especialmente sobre os seus aspectos negativos?

Um dilema é se você deve discutir o relacionamento diretamente ou se dedicar à tarefa de melhorar essa relação. Discutir o problema, sem rodeios, funciona quando:

- Os relacionamentos estão atrapalhando o êxito do trabalho.
- Há o desejo de resolver as dificuldades do relacionamento.
- Existe confiança suficiente para começar o diálogo, sem recriminações intensas.
- Há experiência e habilidades de resolução de conflitos em ambos os lados (ou designa-se um consultor para ajudar).
- Já se deu tempo suficiente para solucionar os problemas.

Quando essas condições não existem, é mais útil encontrar pequenas tarefas para executar juntos, e a partir daí, lentamente, construir uma credibilidade de intenções e a confiança de que o grupo quer ser um aliado útil. Isso demora muito mais, porém pode construir alicerces sólidos para, depois, haver uma discussão mais direta.

Se você falar a respeito, pode acrescentar um aspecto positivo ao reconhecer que, talvez, o que você e seus aliados fizeram no passado tenha causado problemas. Expor de maneira bem-humorada as opiniões que eles têm sobre você também diminuirá a predisposição defensiva do "lado de lá". Ao discutir as situações negativas entre os grupos, assegure-se de usar linguagem objetiva, sem culpar a outra parte (porque é provável que os dois lados tenham feito coisas que acarretaram o atual conflito). Também vale a pena debater o custo dessa interatividade negativa e apontar os benefícios que seriam obtidos com a melhoria do relacionamento no trabalho. Você precisa ter alguma perspectiva em mente e oferecer uma razão para superar o constrangimento de uma discussão direta.

Outra escolha é trabalhar o relacionamento individualmente ou com os grupos juntos numa sessão, mas de preferência fora do local de trabalho, onde há muitas pessoas interagindo. Às vezes, é preciso criar um vínculo entre dois pacificadores para conseguir que os grupos se disponham a cooperar mutuamente.

Para tomar conhecimento de uma abordagem para resolver divergências entre grupos, consulte a Tabela 11.4, que foi concebida para lidar com equipes beligerantes de uma empresa, que não conseguem trabalhar juntas de maneira eficaz.[2]

Tabela 11.4 Troca de imagem entre grupos

- Cada participante faz sua descrição da discórdia, dizendo como acha que é visto pelos membros do outro grupo e também como, cada um, se vê a si mesmo.
- As informações são reveladas e discutidas.
- Os grupos, juntos, identificam as afinidades entre eles.
- Os grupos identificam as diferenças de percepção.
- Os grupos concordam sobre as diferenças que devem ser discutidas primeiro.
- Cada grupo manifesta o que, no histórico do outro, o levou a pensar assim.
- Cada grupo precisa demonstrar que compreende as opiniões do outro – concorde ou não com elas.
- Os grupos em conjunto criam planos de trabalho e adotam um comportamento de consenso que altere as percepções divergentes.

Exemplos de problemas entre os grupos

O custo de "depreciar" a matriz

John Sloan era gerente geral, no Canadá, de uma grande empresa de bens de consumo. Ele encarava os grupos da matriz – de imóveis, aquisições, recursos humanos corporativos e internacionais – como políticos, burocráticos e fora da realidade das necessidades e condições locais. Durante anos tentou ignorá-los, mas o estafe ficava cada vez mais irritado, e fazia comentários que prejudicavam sua reputação na companhia. As pessoas achavam que John tentava formar uma espécie de "fortaleza do Canadá" e se ofendiam com as atitudes e o comportamento desdenhosos. O ressentimento foi tanto que os colaboradores da matriz chegaram a pedir sua cabeça.

Quando seu chefe o pressionou e lhe disse que precisava encontrar um modo melhor de se relacionar com os colegas, John refletiu sobre os valores que eram importante para os outros, incluindo ser respeitado, ouvido e levado a sério. E mudou seu procedimento em relação a eles, prestou mais atenção e aceitou a ajuda de seus subordinados diretos, que tinham um histórico menos negativo com a matriz. Embora os relacionamentos nunca tivessem ficado realmente próximos, o novo estilo de John foi considerado melhor, e ele acabou recebendo a atribuição da matriz de ser líder da reengenharia empresarial.*

Fazendo uma negociação bem-sucedida mesmo com um relacionamento estressado

Gestor de uma companhia de tecnologia da informação de primeira linha, Manny queria incorporar em um novo produto uma característica que era controlada por outro grupo, que considerava sua área como adversária. Ele sabia que os colegas ficariam desconfiados e relutantes; por isso começou expondo as metas e prioridades da sua equipe, antecipando também as preocupações e necessidades do outro grupo. Afirmou que, no passado, os dois times já haviam trabalhado com sucesso em certas soluções, e defendeu a importância de voltarem a atuar juntos no futuro, pois uma nova tecnologia fundamental que eles teriam de partilhar seria implementada no prazo de apenas três anos. Sabendo que era uma chatice para o outro grupo a obrigação de atender alguns clientes especializados, Manny propôs uma solução vantajosa para o departamento rival: ele acrescentaria um aumento de preço à nova característica do produto, para impedir que o setor de vendas fosse prejudicado em relação aos itens já existentes, e permitiria – em troca da autorização para poder utilizar a tecnologia já controlada – que sua própria equipe atendesse os clientes "chatos" do outro grupo. Assim, fechou-se um acordo, apesar do relacionamento delicado entre os dois setores.

---

* Este é um exemplo modificado, mas verdadeiro, que foi resumido do livro *Power Up: Transforming Organizations through Shared Leadership*, de David L. Bradford e Allan R. Cohen (Nova York: Wiley, 1998, p. 67-99).

Seja persistente: Roma não foi construída em um dia

Pessoas têm ótima memória, mas a dos grupos é melhor ainda! Mesmo um acordo vitorioso, como o citado anteriormente, não elimina anos de desconfiança e até de animosidade incrustadas. São necessárias muitas interações positivas para apagar o passado, e basta um escorregão para destruir várias interações vitoriosas. Além do mais, raramente a primeira vez dá tão certo quanto a de Manny. Portanto, procure conseguir pequenos êxitos, e construa o futuro a partir deles.

Maneiras pelas quais as próprias pessoas limitam sua influência

Sempre que há dificuldades em conseguir o que se quer de outro departamento, a tendência natural é culpar algumas pessoas. Às vezes, merecem mesmo ser culpadas, mas observamos duas maneiras significativas pelas quais elas próprias impõem barreiras à sua influência:

1. *Mesmo quando compreende os valores do outro lado, o grupo frustrado se recusa a recompensá-lo com moedas de troca razoáveis.* Por exemplo, uma equipe de pesquisas técnicas enfrentava constante dificuldade com um órgão federal que supervisionava seu trabalho. Após cuidadosa análise e a admissão constrangida de que seu grupo retinha as informações exatas, cobradas pelos inspetores do governo para cumprir sua função, os pesquisadores se viram diante de uma situação embaraçosa: teriam de decidir se estavam dispostos a fazer o que era necessário para conseguir melhorar os relacionamentos, mas o recuo, segundo seus membros, seria considerado humilhante, já que significava ter foco na "contabilidade banal". Por fim, como o relacionamento passado havia sido tão irritante, eles resistiram a "fornecer aos profissionais do governo qualquer informação que os ajudasse".

Mesmo cientes, as pessoas não fazem o que deveriam porque:

- Acreditam que o outro grupo não merece o esforço. Por exemplo, John Sloan, o executivo canadense, relutava em fazer visitas de surpresa aos setores da matriz porque considerava as interações com eles ofensivas e politicamente incorretas.
- Preferem estar "certas" (segundo a cabeça delas) do que ser eficazes. Elas adoram sentir-se superiores aos membros do outro grupo.
- Elas querem "vencer" pessoalmente – e significaria uma derrota dar o que o outro grupo quer.

2. *Elas não aceitam que o outro lado tenha o direito de valorizar outras moedas de troca, ainda mais se forem desaprovadas por seu grupo.* Portanto, não se dispõem a dar aos membros da outra equipe aquilo que lhes é importante.

De maneira semelhante à barreira anterior, este é um tipo de esnobismo de "igrejinha" em relação ao outro grupo: "Tudo bem, talvez eles precisem se importar com as metas a curto prazo, mas nós protegemos o futuro a longo prazo da empresa, e não permitiremos que os valores irrelevantes deles predominem". Já os participantes do outro grupo replicam: "Eles só sabem falar sobre um futuro distante, como se a gente não tivesse de pagar os salários dos colaboradores. Não aguentamos mais a ilha de fantasia em que eles vivem".

Você pode se recusar a fazer o que sabe ser necessário, mas preferir ter razão em vez de ser eficaz tem um preço alto. Você quer mesmo que a vingança ou o orgulho sejam mais valiosos do que a eficácia do departamento?

Não é impossível superar fortes ressentimentos entre o seu grupo e o outro. Um excelente exemplo é a história de Mike Garcia. Para fazer a diferença, ele usou os conceitos de influência, apresentados no quadro a seguir, que trata de um problema clássico corporativo: como também vimos no caso de John Sloan, as pessoas que trabalham em regiões geográficas distantes não querem dar ouvidos aos "especialistas" da matriz. É preciso, porém, haver um relacionamento que influencie mais ambas as partes.

Por intuição e puro instinto, Mike Garcia descobre que, se levar algo de valor aos gerentes regionais – defendendo os interesses deles na matriz, oferecendo ideias já testadas para ajudá-los e respeitando suas especializações –, eles lhe permitirão exercer influência nas práticas de marketing. Nada disso é fácil; Mike precisa se defender de seus colegas da matriz que desejam manter um senso de superioridade. Mas a seu favor ele conta com o fato de ser latino-americano, e também com seu respeito genuíno pela gama de conhecimentos dos gestores nos diversos países onde a empresa tem filiais. Mike também compreende que não dá para reverter a situação apenas com uma visita; trata-se de um processo contínuo, no qual cada interação melhora ligeiramente o relacionamento. Mike é paciente e persistente. É claro que ele adoraria ter o poder de simplesmente ordenar que os gerentes seguissem os conselhos do departamento de marketing da matriz, mas sabe muito bem que isso não é possível. Ele descobriu, porém, uma forma de ser altamente eficaz.

Descobrindo e pagando em moedas valorizadas; superando o ceticismo das filiais de fora do país em relação à matriz e à equipe de marketing

Miguel (Mike) García é membro da equipe de marketing de *software*, na América Latina, de uma empresa de informática que está na relação da *Fortune 500*. Como encarregado de uma função na matriz, ele precisa obter a cooperação dos gerentes das filiais de outros países, que resistem a qualquer coisa que venha da sede e têm suas próprias ideias sobre o que seria benéfico para eles:

> Nossa equipe internacional de marketing tem a filosofia de ir a uma área do mundo e trabalhar de forma muito próxima com nossa equipe de lá, capitalizando as oportunidades. Somos uma espécie de consultores: criamos programas e materiais, mostramos as melhores práticas e assim por diante. Lamentavelmente, agimos como consultores que ninguém solicitou. Tenho sorte porque os mercados latino-americanos são mais receptivos a alguém como eu, porque admitem que talvez não estejam executando as tarefas da maneira mais refinada. Mas nem sempre aceitam o que eu digo; por isso, preciso convencer e influenciar.
>
> Para mostrar o que temos de enfrentar, um dos meus colegas da região europeia escreveu um relatório sintético sobre o que viu em uma visita. Os colaboradores portugueses devolveram o relatório dele com observações em

cada parágrafo, dizendo: "Isto não se aplica a Portugal!". O fato nos levou a pensar que talvez não devêssemos emitir um relatório, e sim somente tentar influenciar os gerentes de outros países quando estivermos lá, sair com eles, bater papo e convencê-los de maneira sutil. Percebemos que eles não querem uma postura oficial. Nasci no Chile, o que ajuda nesses mercados. Tento ser um deles, ser seu representante na matriz – é claro que, na matriz, sou "objetivo".

Uma das coisas mais delicadas com que tenho de lidar é que, nos outros mercados, os colaboradores não se reportam a mim, e sim ao presidente da área. Eu não participo. Fico de dedos cruzados, esperando ter influenciado.

Preciso tratar com diferentes níveis de autoridade em cada país: o gerente de produto, o gerente de marketing e, acima deles, o gerente geral. Em todos os casos, a pessoa de nível mais alto pode bloquear qualquer ideia nossa. Agora mantenho conversas com todos os níveis; com apoio deles, conseguimos melhores resultados. Recentemente, em Buenos Aires, tivemos uma reunião importante com todos os diretores de marketing, que geralmente criam obstáculos. Foi uma ótima oportunidade de mostrar o que temos discutido à equipe local.

No aspecto de marketing interno do país, vendemos a propriedade intelectual. Tentamos introduzir as melhores práticas internacionais, mas não dinheiro. O pessoal do país sempre diz que quer um estudo de mercado. Há esforço para convencê-los de que não se trata de nós termos verba para o estudo. A princípio, eles diziam: "Quem precisa de vocês, se não trouxerem dinheiro?". Mas estou lentamente conseguindo convencê-los de que agregamos valor de qualquer modo.

Nossa companhia valoriza as ações com base em dados de pesquisas de mercado, por isso, levamos muitas informações aos mercados. Queremos mostrar que nossas pesquisas indicam coisas úteis, e que não dependem apenas do livre-arbítrio. "Eis o que comprovam os dados" é mais persuasivo. Às vezes, nos respondem: "Isso não se aplica aqui". Em outras ocasiões: "Tudo bem, mas mesmo assim não queremos ter de fazer o projeto localmente". Como resultado, recheamos nossas apresentações com o que deu certo em outros lugares, de modo que não se trate do que a matriz quer, e sim do que está dando certo na Holanda ou em outro lugar. Os colaboradores do país não querem que eu, nem Connecticut, receba crédito pelo que fiz; é melhor que eles considerem o projeto como "típico da Venezuela". Aprendi a deixar que o mercado seja o herói, embora em Connecticut a equipe de marketing também queira a glória pelo resultado positivo.

Esse é um problema sério; em Connecticut, muita gente acha que devemos dizer aos países o que fazer. Isso me faz pensar que eu talvez não seja suficientemente convincente, mas, ao sair com os colaboradores locais, eles acabam achando que é bom adotar ideias vindas de outro lugar.

Na matriz, tento influenciar nossa equipe de produto, dizendo o que o grupo de um país quer, mas nem sempre posso assegurar que isso acontecerá. Preciso influenciar em ambas as direções. Digamos que a turma do México faça uma reivindicação como "precisamos que nosso estudo seja concluído", mas, talvez, eu não consiga atendê-la. Por exemplo, nossa equipe da matriz em Connecticut, que trata de novos métodos ou ideias, definiu o padrão dos procedimentos operacionais, o que atrasa o término dos estudos em outros países. Mas quem sou eu para dizer ao time de especialistas para aprovar o lançamento do estudo mexicano? Eu lhes darei uma impressão de que represento os mexicanos. Isso é muito delicado, e não tenho a resposta; eles sabem o que precisa ser feito para ir para a frente.

Em Buenos Aires, brincaram que há novos acrônimos regionais: para a matriz em Connecticut, é PAYOLA* ou BEBOLA.** Respondo: "Não, não sou um *bully* (tirano)" – eles riem e dizem que sabem disso. É bom que façam piadinhas. Vejo que estão mais receptivos, mas ainda há obstáculos a transpor. Eles afirmam: "A Europa e a Ásia não chegam nem perto da América Latina". Nossa, eles ainda não estão muito receptivos. Existe ainda certo ressentimento da matriz.

Em Connecticut, agora sou a pessoa que faz a triagem, que determina as prioridades da área do mundo da qual sou encarregado. Não é assim que trabalham as outras equipes. Digo aos colaboradores do país: "Somos aliados" – e eles gostam muito disso.

O foco da nossa equipe de *software* no mundo inteiro é fazer parceria com os maiores mercados. Infelizmente, esses grandes recorrem muito pouco à matriz. Os pequenos mercados eram os mais necessitados, por isso nos requisitavam mais, e passávamos a maior parte do tempo com eles, mas os mercados maiores oferecem pagamentos melhores. Nós lhes transmitimos a seguinte mensagem: "Vocês já são adultos, e queremos trabalhar com vocês". Não podemos nos dar ao luxo de grandes mercados, como o Brasil, ficarem de fora. Se Costa Rica não participa, é uma pena. Gastamos mais tempo com eles no campo e marcando reuniões em todos os setores da companhia para ver o que funciona. A grande diferença agora é que passamos algum tempo com eles, de modo que podemos influenciá-los.

A equipe norte-americana de marketing fica a maior parte do tempo nos Estados Unidos. Só o fato de eu passar mais dias com grandes mercados como Brasil, México e Chile já torna mais fácil não me considerarem uma gaivota – que vem voando da matriz, come sua comida, defeca na sua cabeça e depois vai embora. Eles adoram ter um aliado em Connecticut que os represente. Isso facilita muito a tentativa de influenciá-los em razão do tempo que lhes é dedicado.

Finalmente começo a saber que o México está muito satisfeito com o que estamos fazendo. Eles agora dizem: "Eles prestam atenção em nós" – em vez de "alguém da matriz em Connecticut só aparece uma vez por ano e depois vai embora". Historicamente, sempre houve mais o que *debater*, mas não estávamos disponíveis quando necessário. Agora a situação melhorou.

---

* "Pain in the Ass of Latin America", expressão que quer dizer algo como "enchendo o saco da América Latina". (N .T.)

** "Big Bully over Latin America", que representa algo como "o grande tirano da América Latina". (N. T.)

Conselho final

Eis as últimas recomendações para influenciar grupos inteiros:

- *Trate outros grupos, equipes e departamentos da empresa como clientes.* O estado de espírito recomendado é tratar os grupos de colegas como clientes, que a princípio talvez não queiram os seus serviços, mas a quem você precisa convencer a querê-los. Se são clientes, deve saber o que é importante para eles, o que poderá melhorar suas vidas, e o que lhes oferecer, em troca da cooperação ou da concordância com aquilo que você quer. Além disso, você terá de identificar os principais formadores de opinião do grupo, que precisam ser influenciados primeiro, para definir o estilo de abordagem mais eficaz.
- *Não suponha que eles se importam com o que você faz. Pense nos interesses deles, não nos seus.* Especialmente se seu grupo tem ideias fortemente definidas sobre como as pessoas devem se comportar e o que seria bom para a empresa, é fácil ficar preso em uma mentalidade, do tipo "ou é do meu jeito ou não será de jeito nenhum", que ignora as opiniões dos outros. Como já mencionamos, quanto mais coesa e unida for sua equipe, maior o perigo de depreciar os grupos que têm uma visão diferente do mundo. Também é preciso cuidado com sua maneira de se expressar. Todos os grupos e departamentos criam uma terminologia própria, e você pode facilmente desagradá-los só porque tem outro jargão. Se você espera uma boa receptividade, aprenda a falar a língua dos nativos.
- *Para ser eficaz, os grupos com objetivos distintos devem trabalhar de maneiras diferentes, mas, quanto mais distintos forem, é mais provável que surjam estereótipos entre os participantes.* Quando há grupos de dentro e de fora, é fácil ter sentimentos fortes sobre quem é melhor, mais importante e mais poderoso. Além disso, se existir um passado de relacionamentos tensos, é mais difícil conversar e resolver problemas. O histórico e todos os sentimentos que o acompanham têm uma forma de se introduzir furtivamente nas conversas. Quase nunca adianta tentar identificar quem está "errado" e quem começou a história toda, mas um grupo ou outro precisa ficar um tanto vulnerável primeiro para que se mantenha um diálogo construtivo.
- *Os problemas entre os departamentos são normalmente causados por ambos os grupos.* Portanto, é uma boa ideia investigar o que seu grupo tem feito para perpetuá-los. Se você fizer isso e, antes de tudo, reconhecer o fato, dará início a um processo recíproco: uma vez que sua equipe admita seus erros, o outro grupo se sentirá na obrigação de reconhecer as próprias falhas. Da mesma

forma que causa retaliação, a reciprocidade pode promover a reconciliação. Lembre-se: nada de acusações.
- *Para se preparar, determine dois parâmetros: a mínima cooperação necessária e o potencial da colaboração total.* Nas empresas, os tipos de departamentos e grupos, como temos discutido, são mais ou menos interdependentes, e não podem **se** ignorar completamente por muito tempo. É útil saber o mínimo de vinculação e cooperação com que se pode trabalhar, de maneira que suas metas iniciais sejam realistas e você saiba exatamente a importância de conseguir progresso na situação. Entretanto, também é relevante conhecer a recompensa potencial da plena cooperação, para que ela represente um incentivo e também para mantê-lo avançando de forma positiva, se seus colegas com cargos equivalentes a princípio não forem receptivos às suas abordagens.
- *Seja persistente.* Não permita que um fracasso o faça desistir. O passado pode ser superado, pois requer apenas esforços constantes.

12

Influenciando colegas

Com raríssimas exceções, todos os que trabalham dependem dos colegas para ter o próprio trabalho concluído. Essa é a natureza atual das organizações, com tarefas complexas e interdependentes, funções especializadas e uma necessidade crescente de que muitas pessoas de vários departamentos trabalhem juntas para criar produtos e serviços complexos. Um bom número de páginas da primeira parte deste livro – desde o Capítulo 1 até o 7 – enfoca a maneira de lidar com colegas que não precisam cooperar.

Os conceitos fundamentais – troca e reciprocidade – são básicos também para se conseguir cooperação. Os colegas reagem ao perceber que receberão algo que valorizam em troca de dar o que você precisa para concluir seu trabalho. Essa recompensa pode ser em valores intangíveis (moedas de troca) que os beneficiem pessoalmente, ou suas áreas de trabalho, e ajudem a cumprir as metas da empresa. A influência é o processo de chegar a conhecê-los bem o suficiente para compreender as coisas com as quais se importam, ser claro em relação ao que você necessita e fazer trocas vantajosas para os dois lados. Neste capítulo, contudo, acrescentamos um modo de pensar que oferece uma outra perspectiva útil para influenciar colegas. É a adaptação de *percepções de como vender a consumidores e clientes,* que pode ajudá-lo a desenvolver melhores abordagens a colegas difíceis de influenciar.

Por *colega* entende-se a pessoa na sala ao lado da sua, em outra área do edifício ao lado, ou alguém que você não conhece e que more no outro lado do mundo. Pode ser enlouquecedor tentar obter a colaboração deles, porque, quanto mais longe – em cargos e também geograficamente – mais provável que tenham prioridades ou ideias distintas sobre o que precisa ser feito e quando. Essa diferença de prioridades pode dificultar muito que você execute seu trabalho. Além disso, devido ao fato de que os antecedentes e os estilos das pessoas de outras áreas e disciplinas variam muito, é possível que seus colegas trabalhem de maneiras que o irritem, mesmo que não signifiquem empecilhos às suas atribuições; e as tarefas, especialmente as importantes, precisam da cooperação de colegas de diferentes áreas, o que complica muito mais a influência.

Começamos por analisar rapidamente nosso modelo, considerando o problema de obter a colaboração dos colegas do seu departamento, mas a maior parte deste capítulo focaliza um problema mais desafiador: como influenciar os que não são da sua área. Por último, examinamos o problema de mudança de um comportamento que muito o irrita.

Conceitos fundamentais para lidar com qualquer colega

Há várias coisas para lembrar quando se tenta influenciar os que trabalham com você. Para influenciar os colegas:

- *Certifique-se de que realmente compreende as situações dos colegas, o mundo deles.* Quando você encontrar resistência, pesquise mais profundamente sobre os valores que importam às pessoas. Queixas e objeções podem ser dicas sobre o que é importante; não devem ser vistas como prova de que o outro é incompetente. É tentador precipitar-se com suposições negativas sobre a personalidade do colega resistente à sua influência. Em vez disso, pode ser verdade que as outras pessoas são avaliadas de acordo com critérios distintos, têm diferentes objetivos e sofrem pressões diversas, além de vários outros fatores que afetam sua reação. Talvez as tarefas sejam devastadoras, e elas não saibam o bastante para ser úteis – mesmo que o conhecimento necessário lhe pareça óbvio. (Para analisar as possibilidades, consulte no Capítulo 4 a Figura 4.1, que trata das forças contextuais que moldam o comportamento junto com a personalidade.)
- *Seja claro em relação ao que você quer.* Quando não se está obtendo o tipo de cooperação necessária, é tentador começar a sobrecarregar os pedidos com desejos periféricos, como mais respeito pelo que você faz, um tom de boas-vindas, informações antecipadas ou respostas mais rápidas. Conseguir melhor relacionamento no trabalho começa com algo específico. Depois dessa troca bem-sucedida, podem seguir-se outros fatores intangíveis e moedas de troca que você valoriza.
- *Amplie o leque de opções: procure várias áreas de troca, não apenas soluções pontuais.* Embora talvez você queira começar focalizando um pedido específico, será mais fácil descobrir possibilidades de troca se compreender integralmente quais os valores importantes para a outra pessoa e o sentido dessa gama de respostas. Essa ideia tem tudo a ver com a essência de quaisquer negociações: sempre que possível, baseie-se nos interesses dos outros, e não seja inflexível.

- *Vincule todos os pedidos de cooperação às vontades, metas ou aspirações da outra pessoa. Aí então você pode pedir ou dizer qualquer coisa sobre qualquer comportamento sem parecer ofensivo.* Mostre como o antigo comportamento não viabiliza o que a outra pessoa pretende, e como ela pode alcançar as metas se fizer o que você pede.
- *Mesmo que você não seja bem-sucedido, não feche as portas.* Talvez tenha de trabalhar de novo com os mesmos colegas. Embora possa realmente ser exasperante ter uma ideia clara da importância do seu projeto sem conseguir convencer seu colega a colaborar, não pense que ele é um idiota ou coisa pior. Lembre-se de que você talvez ainda não tenha encontrado uma moeda valiosa o suficiente para usar na troca, e nem sempre é possível exercer influência. Se, mesmo assim, tudo o que você tentar não der certo, não insulte seu colega, porque fechará as portas para transações futuras. Nunca se sabe quando você encontrará essa pessoa de novo – portanto, é melhor ser lembrado como alguém gentil.

Influenciando colegas do seu departamento

Todos os conceitos gerais se aplicam quando o colega trabalha com você na mesma área. Embora vocês possam ter o mesmo chefe, cada um dos dois tem responsabilidades diferentes e, provavelmente, prioridades divergentes. Para você conseguir aquilo de que precisa, precisa se adaptar às necessidades do seu colega.

*Concorrentes amistosos; "coopetição"**

Um dos grandes desafios nas empresas é como equilibrar o grau de dependência diante dos seus pares, com quem você precisa se dar bem, mas também competir para obter recursos, atenção do chefe, recompensas e promoções. A empresa não precisa ser como a GE, que tem um *ranking* compulsório entre os membros dos departamentos para que haja uma concorrência implícita; mesmo as companhias menos competitivas e onde há muita cooperação têm certas limitações de recursos, possibilidades de crescimento e oportunidades. A diferença, neste caso, está no grau de transparência. Ao mesmo tempo, a própria natureza das diferentes atribuições de cargos em um mundo complexo reforça que os pares precisam uns dos outros. Eles têm as informações, especializações, recursos, relações e o apoio desejados por todos os que precisam ser eficazes.

---

* Relação de cooperação entre concorrentes para atingir um objetivo comum. (N. T.)

O desafio aqui é o de cuidar das suas próprias necessidades e responder aos pedidos – tentativas de influência – dos outros. Ser receptivo pode gerar *status* e reconhecimento, mas também consumir tempo e recursos na realização das suas metas.

As pessoas, distribuídas nas amplas camadas medianas das organizações, podem vacilar se não mantiverem o equilíbrio dessas necessidades opostas. Se você agir com excesso de competição, criará ressentimento e, com o tempo, até retaliação. (As pessoas têm maneiras incrivelmente criativas de "dar um gelo" nos colegas quando acham que eles se comportam mal.) Da mesma forma, se você atender apenas suas próprias necessidades, ficará isolado. Por outro lado, se colaborar muito e sem pensar em si mesmo, as pessoas podem passar por cima de você, de modo que não terá condições de cumprir suas obrigações. O truque é "colaborar e ser mais útil do que todo mundo", o que é uma forma sutil de concorrer sem ser competitivo. Mas isso não pode ser feito como um truque, para não dar a impressão de falso, dissimulado e solapar a eficácia. A segunda diretriz é ser o mais criativo possível ao gerar resultados em que os dois lados ganham, nos quais você pode alcançar suas metas e, ao mesmo tempo, ajudar os colegas a atingir as deles.

Ajudar seus companheiros de trabalho a passarem uma impressão favorável faz parte de ser um membro eficaz da empresa, e vale a pena você aprender a fazer isso automaticamente. Não espere as "grandes" ocasiões; existem incontáveis oportunidades de cuidar dos interesses dos seus colegas e ajudá-los tanto quanto lhe seja possível.

Esse conceito tem a ver com certa pesquisa, segundo a qual as pessoas que colaboravam muito diariamente no trabalho tinham *status* mais elevado e eram mais produtivas. Seus relacionamentos com os colegas eram calorosos e intensos, e nada tinham de ocasionais e distantes.[1]

Influenciando colegas externos ao usar uma mentalidade de "vender a clientes"

Os colegas que trabalham em locais mais distantes da empresa podem causar problemas mais difíceis. Muitos deles são semelhantes aos do trato com colegas do seu próprio departamento, mas ficam superdimensionados pela distância. Além dos conceitos já discutidos neste capítulo e na primeira seção do livro, apresentamos uma atitude, uma forma especial de considerar os colegas como se fossem clientes, como vimos recentemente com um grupo que assessoramos.

Você também pode adaptar uma atitude de vendas, como se seus colegas fossem clientes externos da companhia.

Uma advertência: não pense em vendas como sendo uma forma agressiva de ludibriar para que as pessoas comprem coisas que não querem ou das quais não precisam. Existem diversos sistemas de vendas que começam por colaborar com o cliente, para ajudá-lo a criar soluções para seus problemas. É sobre esse tipo de atitude de vendas que nos referimos.

O poder de raciocinar sobre como vender para os colegas

O departamento de treinamento e desenvolvimento de uma grande empresa de *software* reuniu-se para discutir maneiras de conseguir mais influência com seus colegas da gerência de produtos. Eles estavam frustrados com a ineficácia e o baixo *status* dessas pessoas.

"Nós desenvolvemos programas e oferecemos consultoria, mas convencer os colaboradores a participar é o mesmo que tentar achar pelo em casca de ovo. Os gerentes de produto nos apoiam muito pouco, e quando os orçamentos ficam apertados, o nosso é o primeiro a ser cortado."

Depois de muita troca de justificativas, o chefe do departamento disse: "Suponhamos que a empresa tivesse terceirizado nossa função, e nós fôssemos uma companhia independente de treinamento e desenvolvimento, onde cada um de nós vendesse à base de comissão. Nós agiríamos de outra forma?".

Os outros participantes ficaram um pouco surpresos no início, e depois começaram a comentar: "Em primeiro lugar, eu conheceria mais a fundo a empresa deles do que conheço agora. Para ser sincero, não entendo bem as responsabilidades de cada função. Além disso, não sei direito quais os principais interesses deles".

"Eu agiria, sim, de outra maneira. E me esforçaria para descobrir quem eram os manda chuvas. Quem são os principais gerentes de produto, para que, se eu conseguir o comprometimento deles, eles possam fazer do meu produto um campeão."

"Isso é fundamental: que raciocinemos sobre o que fazemos como *produtos*, não como programas. Como podemos convencê-los de que nosso produto é superior ao dos concorrentes e realmente atenderia às necessidades deles?"

"Para fazer isso, porém, precisamos falar a língua deles. Hoje nós usamos terminologia de treinamento sobre como isso ajuda a desenvolver a equipe deles, mas não falamos em termos de desempenho financeiro. Quando empregamos nossa linguagem, a impressão é de que treinamento e desenvolvimento são coisas legais, mas desnecessárias."

"E precisamos nos sentir muito à vontade ao vender. Atualmente, agimos como se isso estivesse aquém de nós, e como profissionais só precisamos apresentar o melhor programa educacional. Vender parece definir que estamos enganando de modo agressivo, forçando a barra, por isso não somos muito bons ao promover nossos produtos."

Essa forma de raciocínio levou o setor de treinamento e desenvolvimento a uma nova abordagem e a conquistar um novo respeito dos gerentes de produto.

Qualquer abordagem sobre venda de produtos, serviços ou ideias exige algum tipo de troca para ser bem-sucedido. O cliente (colega) precisa ter certeza de que receberá alguma coisa de mesmo valor em troca de fazer o serviço (atender ao que você quer). O que ele receberá pode ser tangível – o produto ou serviço – ou intangível, como algum tipo de sentimento, orgulho, prestígio ou conexão. Por exemplo, quando um executivo compra o mais recente lançamento da BMW, ele adquire não apenas um meio de transporte, mas também seja lá o que for que a pessoa associa ao carro. Pode ser algo simbólico: "Estou no auge". Ou um *status* relativo: "Meu nível econômico é superior ao dos meus vizinhos, cujo carro é um Chevrolet". Ou até a confirmação pessoal de que ele é um consumidor que sabe das coisas: "Descobri um veículo com uma tecnologia fabulosa, que as outras pessoas nem sabem avaliar".

Em outras palavras: não se concentre em como seu projeto ou serviço é maravilhoso, e sim nos benefícios que seu colega leva em consideração. Embora isso seja óbvio e inequívoco, é incrível que, na maioria das vezes, colaboradores e empresas entusiasmadas deixem de perceber esse fato. As companhias fundadas por pessoas técnicas inclinam-se a cair de amor por seus produtos, achando que são espetaculares, em vez de pensar no que eles podem fazer pelos usuários. Da mesma forma, muitas pessoas ficam tão empolgadas com a importância do seu projeto, e com o fato de ele ser fundamental para o seu sucesso individual, que se esquecem das vontades dos colegas.

Conhecendo o mundo do cliente

Nem sempre é fácil, porém, descobrir o que os clientes – e os colegas – querem. Às vezes eles não são claros a respeito, seja por não saberem o que querem seja por quererem manter suas necessidades ocultas para servir de objeto de barganha. Pode ser que realmente não vejam ligação entre o que você está oferecendo e aquilo de que precisam. Pior ainda, pode ser que não gostem de você nem confiem na sua promessa. Essa desconfiança talvez encubra o que realmente querem ou represente um temor de que, se você souber o que é, essa informação seja usada contra eles.

Se você não tem certeza do que eles querem, pesquise muito. Pergunte sobre os problemas essenciais que enfrentam, os métodos que empregam para resolvê-los, como utilizam ferramentas e métodos, o grau de satisfação, as características e os pagamentos que desejam. Tente descobrir o que eles valorizam. A equipe de vendas faz isso, o que pode ser útil ao lidar com um departamento distante de onde você trabalha.

É preciso fazer as perguntas de uma maneira amigável, que estimule a franqueza ou até uma simpatia imediata. Você deve construir confiança para que as informações possam abranger a gama de interesses do colega, o que lhe dará mais material para trabalhar. Quanto mais você souber sobre os interesses, necessidades e valores (ou, como chamamos, as moedas de trocas) do colega, maior a possibilidade de encontrar maneiras de atendê-los.

Se os colegas não entenderem como a sua oferta resolve as necessidades deles, observe atentamente o que eles falam a respeito delas para constatar se você está ou não usando a linguagem apropriada. Todas as áreas de uma empresa têm seu próprio jargão e estilo de comunicação; por isso, é provável que você use um modo de falar que se encaixe no seu departamento e não necessariamente no deles. A equipe de treinamento e desenvolvimento, no exemplo citado anteriormente, percebeu que falava de maneira demasiadamente amena para gerentes de produto que se importam com os resultados dos seus setores.

Se você não estiver obtendo uma reação positiva, aprofunde sua pesquisa. Pergunte o que falta no seu pedido e explore as respostas, sem ficar na defensiva. Reconheça as falhas reais, use isso para saber como o colega será afetado e o que é mais necessário. Assim, você não apenas aprende, como também determina uma estabilidade que o ajudará no futuro. Entretanto, assegure-se de buscar benefícios que o outro talvez não se dê conta que existam. Às vezes, você pode trocar deficiências em uma área por pagamentos desejáveis, mas pouco conhecidos em outra.

Superando a desconfiança

Se outros colaboradores não gostam ou não confiam em você ou em seu departamento, aborde logo esse ponto. Comece perguntando o que os incomoda, e o que eles fariam se você colaborasse. Preste muita atenção às respostas, e não deixe que sua posição defensiva ignore o que disserem. Mesmo quando eles relutarem em ser específicos, você perceberá o que tentam evitar ou lerá nas entrelinhas. Se necessário, especifique tudo o que foi dito e feito para eliminar desconfianças. Pode citar os silêncios constrangedores, telefonemas não retornados e olhares desviados ou qualquer outra coisa que o fez achar que eles não confiam em você. Essa exposição direta e concreta de detalhes pode ser constrangedora, mas incentiva o colega a ser mais sincero. Você põe as cartas na mesa e, por isso, merece mais crédito.

Outro motivo para você prestar atenção é que, ao fazer isso, também constrói confiança. A não ser que use aquilo que descobriu para colocar o colega em desvantagem – ou fazer que ele transmita má impressão –, ouvir atentamente e demonstrar que compreende e se preocupa com o que é dito ajuda a construir relacionamentos.

Em geral, as atitudes das pessoas são moldadas por fatos passados, sejam reais ou imaginados. É útil indagar sobre experiências anteriores que afetem as atuais percepções. Se você ou seu departamento fez alguma coisa errada, reconheça isso. Fugir da responsabilidade pelos erros cometidos piora sua imagem, mas admitir os próprios equívocos aumenta a percepção dos outros sobre a sua credibilidade. Além disso, a vulnerabilidade costuma criar a disposição recíproca de ser mais sensível por meio da sinceridade, e é uma forma de fazer uma boa troca.

Certifique-se de fazer muitas perguntas sobre os interesses, desafios e preocupações da outra pessoa, e depois reaja com interesse sincero. Poucas pessoas não querem ser compreendidas, e repetimos que demonstrar interesse e curiosidade verdadeiros ajuda a reduzir a desconfiança. Quase sempre é verdade que, ao realmente compreender a visão que uma pessoa tem do mundo, você se torna mais solidário, o que é essencial para fortalecer o relacionamento.

Pense em maneiras de fazer um acordo que valha a pena, especialmente um em que você se arrisque primeiro. Você pode comprovar que cumpre o prometido? Tem condições de oferecer uma avaliação imparcial, uma garantia de devolução do dinheiro pago ou um projeto piloto que demonstre o valor da sua oferta? Você pode se esforçar ao máximo para ser útil? Mesmo se isso significar viajar uma longa distância? Ou estar disponível em horas inconvenientes (como, por exemplo, manter uma teleconferência com um colega na Ásia em um horário conveniente para ele, não para você) para obter as informações solicitadas? Qualquer coisa que faça para correr mais risco do que o colega ajudará a reduzir a desconfiança em relação a você ou ao seu departamento.

Como lidar com negociadores que são ossos duros de roer

Se você lida com alguém que, em primeiro lugar, dificulta as negociações, não leve isso para o lado pessoal. Separe a sua identidade como indivíduo do papel que você desempenha. Pense na forma de negociar da outra pessoa como uma espécie de esporte, um jogo duro, com altos riscos, mas não como um insulto pessoal. Algumas culturas ou subculturas acreditam em pechinchar tudo, por isso despersonalize a transação e resolva como negociar. A prática de alguém acostumado a agir assim nada tem a ver diretamente com você; trata-se apenas de endurecer uma negociação.

Se a moeda da rigidez for valorizada, você terá de utilizar o mesmo estilo, ainda que não seja da sua preferência pessoal. Um estilo durão não significa necessariamente maldade, embora existam pessoas que endureçam a negociação impiedosamente, apreciem o jogo duplo e a sensação de domínio (como um empreendedor que, mesmo na iminência de fechar um acordo, ainda pedia mais uma concessão, que lhe foi dada, e depois mais uma). Você precisa apenas decidir como reagir ao modo duro do colega (o que exige uma abordagem semelhante), mas não deixe de pensar em descobrir uma forma de chegar a um consenso e preservar o relacionamento. As pessoas que adotam um estilo empedernido apreciam os adversários que agem do mesmo modo: elas os respeitam. (Nas palavras irônicas de um amigo que passou por um divórcio difícil: "Quero que o advogado da minha ex-mulher me represente se eu me divorciar de novo.") E se o colega for bom de barganha, é preciso estar sempre por perto e se defender dos argumentos dele com contrapontos fortes para chegar a um relacionamento positivo e à solução da tarefa que satisfaça aos dois lados.

Se você se expressa bem e rapidamente, use o humor para se desviar dos ataques. Um gracejo em lugar de um contra-ataque diminui a tensão, reduz o impacto da agressividade da outra pessoa e ajuda a construir o relacionamento. Na dúvida, use humor autodepreciativo, como: "Entendo. Você quer apenas que eu desmorone, vá à falência e dê de mão beijada tudo o que você quiser. Acho que devo transmitir a impressão de ser um cara bem legal, não é?". Com os negociadores durões, não ceda logo ou eles acharão que poderão conseguir mais vantagens e que "deram muito mole". Você precisa fazer com que achem que obtiveram todas as concessões possíveis.

Trate todo mundo como um cliente a longo prazo

Tratar todos como se fossem clientes a longo prazo é um dos primeiros princípios de vendas. Essa regra é básica para moldar o que se vende nos termos valorizados pelos outros, e não com base em pontos importantes para você. É preciso fazer uma comparação com os requisitos gerais para saber e valorizar a situação da outra pessoa.

Da mesma forma que um representante de vendas não pode aceitar como fato consumado um cliente cativo, é útil pensar que seu colega é alguém que você poderia perder. Em algumas organizações, os funcionários de fora da sua área podem recorrer a outros setores para comprar serviços de apoio, dar prioridade a outros problemas ou simplesmente descartar você. Mesmo quando não é oficialmente permitido contratar serviços de fora da empresa, como cursos de treinamento de um fornecedor externo, costuma ser possível ignorar os pedidos que você fizer ou "ir empurrando com a barriga".

Além disso, os representantes de vendas ganham participação não apenas ao vender seu produto ou serviço, mas também no sucesso do cliente – e você também tem participação no sucesso dos seus colegas. Como vocês pertencem à mesma empresa, sua ajuda representa um crédito ao qual pode recorrer no futuro.

Pagando com a moeda do envolvimento

Quando você tem um relacionamento contínuo com um cliente interno que usa seus serviços – como no exemplo sobre o departamento de treinamento e desenvolvimento citado anteriormente – pode ser que haja uma exigência adicional. Esses "clientes" atuam como *parceiros* porque não apenas recebem os serviços prestados por você, mas também são coprodutores. Eles precisam fornecer insumo para o *design* dos serviços e podem estar envolvidos na criação junto com você. No mínimo, esperam que o que você lhes der esteja associado de forma próxima com o que quer que eles façam.

Essa ligação estreita, semelhante a uma parceria, pressupõe um relacionamento de trabalho muito próximo, em que as ideias vão e vêm, e no qual a natureza do serviço que você vendeu mudará de acordo com as necessidades. Portanto, você deve se imaginar como participante da organização, como um colaborador deles. Sendo leal, você moldará o que eles fazem e, em troca, será moldado pelas necessidades deles.

Assim como com qualquer colega, mas mais ainda, você precisa identificar cuidadosamente as pressões que eles enfrentam e as tensões a que estão submetidos. Compreender o mundo deles lhe permitirá adaptar suas expectativas e propostas, Além de obter um nível maior de respostas, o que será mais um valor que você pode proporcionar.

Muitos clientes têm outros valores além dos financeiros; não se esqueça de se esforçar para descobrir quais são. Outros, entretanto, só julgam o desempenho em termos econômicos e, neste caso, vale a pena converter os benefícios em números. Você talvez queira revisitar o caso de Mike Garcia, o gerente de marketing de uma empresa que conseguiu implementar melhor os planos comerciais dos dirigentes das filiais, localizadas em outros países, quando lhes deu mais respeito e agiu como defensor deles junto à matriz (veja o Capítulo 11). Se você quiser mais um exemplo, pode ler no nosso *site* a respeito de Will Wood, um gerente que aprendeu a transformar as inovações de treinamento em custos por participante (www.influencewithoutauthority.com/willwood.html).

Comece com a definição do cliente para o problema

Uma das questões mais importantes para impulsionar as vendas aos clientes é começar com a definição – por parte deles – do problema a ser resolvido. Há possibilidade de erro, pois um diagnóstico exato pode ser apenas a falta de competência, mas isso não importa tanto quanto encontrar uma forma de *tratar dos interesses subjacentes à definição ou ao problema*. Por exemplo, os gestores vêm ao departamento de treinamento e desenvolvimento querendo um programa para aumentar as inovações. Em alguns casos, o profissional de treinamento tenta convencer o cliente de que a razão para a baixa criatividade está ligada às práticas restritivas de liderança, e que o treinamento de inovação não poderá ajudá-lo. Entretanto, até que a equipe do treinamento ganhe credibilidade, esses argumentos serão ignorados – mas é essencial levar as ideias do gestor a sério.

Começar por onde o cliente está é um passo na direção da credibilidade. Você pode usar sua confiabilidade e o acesso para dar início a uma definição bem compartilhada. Se o cliente é seu "parceiro" e pode vir a ser o principal executor de suas recomendações, ele tem de partilhar a identificação do problema e aceitá-la. De outra maneira, não importa quão perspicaz você tenha sido, nada vai acontecer.

É bem possível que você saiba o que é bom para o cliente, mas só a sua afirmação não garante que ele acredite nisso, embora muitos serviços propostos à clientela exijam uma espécie de fé cega da parte dela. Se eles não tiverem experiência com o tipo de coisa que você oferece, é preciso conceber projetos ou demonstrações piloto para mostrar a utilidade e permitir que vivenciem tudo mais diretamente. Visitas aos *sites* que implementaram seu serviço é mais uma forma de concretizar a oferta. Também são excelentes as recomendações de outros colegas da organização, mas provavelmente menos convincentes.

Relacionamento *realmente* importa

Como qualquer representante de vendas pode confirmar, um relacionamento positivo geralmente é fundamental para ser bem-sucedido com um cliente. Apenas a especialização técnica não é o bastante. A química entre as pessoas funciona. Em vez de lamentar esse fato ou amaldiçoar os idiotas que não percebem como seria ótimo possuir seu novo sistema de contabilidade, de informações ou de treinamento, concentre-se no relacionamento. Embora outros fatores que citamos sejam importantes – como conhecer a outra pessoa, prestar atenção para compreender o mundo dela, não atribuir motivos ou caráter negativo –, são seus momentos mais humanos que tornam você interessante e digno de confiança. Portanto, torne acessível seu verdadeiro eu.

Às vezes, é fácil não notar que todos na empresa do cliente, incluindo os colaboradores de nível mais baixo, podem ser importantes no tocante à maneira pela qual você é visto e recebido. Os representantes de vendas experientes tentam impressionar tanto os principais tomadores de decisão como também a recepcionista e o assistente administrativo, pois são importantes, e não apenas chateações a serem ignoradas. Quando você vende para colegas clientes que permanecerão colaboradores, trate todos como fundamentais.

Esteja consciente quanto ao sistema todo

Os representantes de vendas às vezes percebem que a resistência à compra do seu produto vem de outros setores da organização. Para não perder o negócio, eles ajudam o "comprador" a planejar os argumentos ou abordagens junto a outras pessoas-chave, como seu chefe, o departamento financeiro e as divisões que trabalham nas mesmas áreas.

Empresas são sistemas interligados, e mudanças em um setor podem ter impacto positivo – ou negativo – em outro. Assim, além de compreender a natureza das atividades básicas do cliente, é recomendável saber com antecedência como sua mudança de esforço, produto ou serviço afetará outras áreas. Mesmo uma pequena alteração pode ter consequências negativas imprevistas. Conheça os efeitos do sistema com antecedência, e não depois de cometer erros crassos.

Não se pode ganhar todas

Os representantes de vendas precisam ser capazes de lidar com a rejeição, porque mesmo seus melhores esforços podem não dar certo. Às vezes, a adequação entre a oferta do seu departamento e as necessidades do seu cliente é ruim, e nada que você faça levará a resultados positivos. Como nem todas as situações permitem trocas lucrativas, retire-se com elegância e não culpe o cliente. Sua reputação o acompanha, portanto afaste-se de maneira positiva, para tentar manter a porta aberta a uma influência futura.

Exemplo de problema: o colega não coopera, e você não consegue realizar sua tarefa. "Esperam que eu atenda aos clientes ricos em todas as suas necessidades financeiras, mas não consigo que os colaboradores de outros setores do banco façam um serviço personalizado para os produtos deles. Acham que isso é uma chatice, não os ajuda a alcançar suas metas e é um desperdício de tempo. Parecem não compreender muito bem os benefícios de fazer um bom trabalho para os clientes dos bancos privados."

Resposta: Pense bem no mundo dos colegas das diversas divisões da empresa. O agente de crédito hipotecário, por exemplo, trata o dia inteiro com pessoas que precisam se esforçar para obter o financiamento e o crédito para conseguir os empréstimos necessários; seus rendimentos provavelmente são mais vulneráveis do que o patrimônio de seus clientes. O agente de crédito hipotecário é avaliado de acordo com as transações que executa: quantos empréstimos concedeu, risco moderado com margens aceitáveis em uma lista limitada de locais, e não em relação ao volume total. Eles podem achar que uma discussão sobre empréstimos com um cliente privado seja inútil e levar um tempo desproporcional para tratar de um assunto que lhes seja incomum, como um enorme empréstimo para comprar uma segunda casa ou um iate particular registrado num país com o qual o banco não gosta de negociar. Além disso, o agente de crédito hipotecário pode não se sentir à vontade ao lidar com gente bilionária ou até mesmo ressentir-se se o estilo e o histórico dessas pessoas revelarem que elas sempre tiveram o nariz empinado. Quanto mais você souber das pressões sobre o colega que reluta em atender seu cliente, maior sua probabilidade de se oferecer para fazer alguma coisa de modo a amenizar a situação: participar diretamente no processo, verificar a natureza da oportunidade, identificar os recursos internos adequados, intermediar a interação com o cliente, e assim por diante.

Se a resistência se deve principalmente ao fato de o funcionário ser avaliado segundo critérios mais ou menos incompatíveis, ainda assim você dispõe de opções para encontrar valores intangíveis importantes. Pode se esforçar para acelerar o processo, se o tempo for o fator principal. Também pode trabalhar com o cliente para tornar o pedido menos inadequado, segundo as considerações dos demais setores do banco. Você pode mostrar os grandes benefícios gerais para o banco e, indiretamente, para o agente hipotecário (ou qualquer outra pessoa que você queira influenciar), utilizando a percepção como valor. E até expressar sua gratidão e disposição de elogiar as qualidades da pessoa para os superiores hierárquicos. Provavelmente o valor menos útil seja importante para você, mas não para o colega. Exemplo: "Eu preciso mesmo agradar esse cliente para receber meu bônus". *Como ocorre com todas as moedas de trocas de influência, venda o que tem valor para a outra pessoa, não apenas aquilo com que você se importa.*

Pode também ponderar sobre aquilo de que você necessita. É uma cotação de taxas ou o negócio todo? Seria útil informar sinceramente que seu banco não é o lugar certo para fazer uma hipoteca enorme sobre uma terceira casa na Índia (ou negociar ações, ou seja lá qual for o serviço)? Você se contentaria com uma conversa de cinco minutos que permitisse explicar por que ajudar esse cliente é muito importante, para acarretar novos negócios por exemplo? Saiba o que você quer e o que pode aceitar se não conseguir o que deseja.

Recorrendo à hierarquia

É sempre possível, mas raramente desejável, levar um problema não resolvido ao nível hierárquico acima quando ambos têm o mesmo chefe. Se você está desesperado e não consegue nenhum progresso com seu colega, é atraente tentar obter apoio superior. O problema com essa abordagem é que você provavelmente será considerado um gestor incompetente se fizer isso com frequência. Um dos testes para medir seu potencial é verificar se você tem capacidade de executar as tarefas sem depender da hierarquia. Além disso, se não conseguir o apoio do seu superior, terá se queimado à toa. Se recorrer a um executivo de cargo superior ao do seu chefe, muitos colegas se ofenderão, achando que você está, de alguma forma, fofocando.

Se, entretanto, você já tentou de tudo e acredita que seu pedido é essencial para o futuro da empresa, pode solicitar alguma ajuda. Mas, em vez de recorrer ao seu superior e tentar convencê-lo dos motivos pelos quais ele deve lhe dar autonomia para resolver o caso, use essa pessoa como recurso. Peça-lhe um conselho sobre como obter a colaboração do seu colega, explicando que você talvez não esteja compreendendo algum aspecto do que é importante para ele. Nunca fale mal desse colaborador, nem peça ao seu superior para agir diretamente, embora isso às vezes seja oferecido e apropriado. Concentre-se na sua própria aprendizagem e solicite ajuda para definir o assunto que lhe permita ser mais eficaz. Nesse processo, você tem possibilidade de explicar por que é tão importante o caso em que trabalha, mas seu foco deve ser sobre a maneira de conseguir a ajuda necessária.

Lidando com o comportamento de um colega que é irritante ou pior

Até aqui, temos tratado de problemas com colegas que não colaboram como você gostaria. Ocorre, porém, que o estilo interpessoal ou outro comportamento de um colega também pode ser problemático. A influência sobre o comportamento é difícil, mas não impossível.

Exemplo de problema: o comportamento do colega é enlouquecedor. "Um dos meus colegas me leva à loucura porque só se importa com os detalhes mais insignificantes, em vez de ter uma visão geral do problema. Mesmo quando não preciso da cooperação dele, sua atitude geral é exasperadora. Gasto muita energia para elaborar melhores formas de prover serviços aos nossos clientes, e ele parece falar outra língua; nunca reage com entusiasmo a nenhuma ideia nova. Tudo que ele diz é: 'Isso quer dizer que vou precisar programar quantas horas por profissional no ano que vem?' ou coisa parecida. Às vezes, enfrento um grande dilema, e tudo que ele quer saber é por que não usei um cinzel específico!"

Resposta: Talvez o mundo até fosse mais agradável se todos fossem iguais a você, mas a perda de aptidões e de pontos de vista diferentes não seria boa ferramenta para a produtividade. Apesar de você ser um formador de conceitos criativo, algo extremamente valioso, é provável que suas ideias sejam fortalecidas ou mais bem executadas se existir alguém como seu colega "chato de galocha" quanto aos detalhes para assegurar que as ideias sejam práticas. (Por outro lado, sua incrível imaginação é um antídoto necessário contra seu colega excessivamente "pé no chão".)

Portanto, o ponto de partida para influenciar esse colega – e a maioria deles – é considerar as suas expectativas e o seu comportamento para analisar se há alguma coisa no que você faz que seja a fonte do problema ou que contribua para isso. Se for esse o caso, sua impaciência tem relação direta com você e também com ele. Você precisa refletir sobre a análise que faz das habilidades complementares às suas, e descobrir um modo de valorizá-las. A compreensão de seus próprios limites e do valor de pessoas com abordagens diferentes é de grande utilidade.

Considere detidamente se sua impaciência e o desprezo pela tendência aos detalhes, que caracteriza seu colega, não o impelem a ser ainda mais meticuloso. É certo que ele é detalhista, mas você talvez exagere tanto na sua insistência em manter a cabeça nas nuvens, que o induz a sempre "tirar um sarro" ao se fixar nas coisas concretas. Isso estimula você a ser ainda mais arrojado, o que provoca seu colega, e a coisa continua. (Esse relacionamento de atitudes recíprocas é apresentado no seu aspecto mais geral na Figura 12.1, e explicitado em detalhes na seção do Capítulo 9 sobre o *feedback* como moeda de troca. Consulte também o Capítulo 6, que fala de como construir relacionamentos eficazes, para mais informações sobre como tratar os colegas.)

Figura 12.1 O relacionamento de atitudes recíprocas

Seu comportamento faz que eu reaja
de tal forma que você repete sua atitude,
o que faz que eu reaja, e assim vai...

Comportamento de A   Comportamento de B

As implicações da interligação entre suas atitudes e o comportamento dele são as de que ambos, ou um de vocês, precisam mudar de comportamento para melhorar o relacionamento. Não se trata necessariamente apenas dele, mas, se há ligação entre o que ele faz e a sua reação, qualquer um dos dois pode romper o padrão se tomar a iniciativa. Como você é quem se sente irritado e pode controlar seu próprio comportamento de maneira mais fácil, pense em como interromper o comportamento mutuamente provocante.

Uma forma de começar o processo é testar o modelo da outra pessoa. Apresente esse padrão e pergunte se ela vê vocês dois dessa maneira. Geralmente, só o fato de admitir que existe um padrão pode ser libertador e alterar o relacionamento, sem nenhuma outra intervenção.

Se você não se sente à vontade para fazer isso, pode começar uma conversa na qual reconheça que às vezes se irritou com a extrema importância que seu colega dá a detalhes (e cite alguns exemplos), e pergunte se você faz alguma coisa que provoque essa atitude. Explique por que essa característica é tão irritante, o que pode levar à discussão sobre o seu temor de que ele nunca "vestirá a camisa" (e, provavelmente, ao receio *dele* de que você nunca será realista). Quando uma coisa desse tipo é debatida abertamente, não é difícil começar a oferecer moedas de troca. Exemplo:

É claro que não quero algo irreal, mas, quando não consigo fazer funcionar, isso bloqueia minhas ideias. Se você puder esperar um pouco antes de despejar os detalhes em cima de mim, terei prazer em analisar todas as ideias em busca dos detalhes práticos e eliminar as que não forem pertinentes. Posso abrir mão delas rapidamente e, por isso, pode ter certeza de que não vou bater na mesma tecla sem parar, insistindo numa coisa que seja impraticável.

Outro exemplo:

Prometo calar a boca depois de expor cada ideia e também prometo lhe dar oportunidade de responder, se você concordar em transmitir suas objeções práticas, de modo que possamos analisá-las, em vez de considerá-las o fim do mundo.

Mais uma possibilidade:

Eu preferiria continuar atuante, e vou concordar em discutir os temas que quiser se você prestar atenção à medida que eu prosseguir. Prometo considerar todos eles. A propósito, ficarei satisfeito se você fizer alguma sugestão de vez em quando, e talvez eu até faça uma crítica de minhas próprias ideias se eu achar que você não vai analisá-las inteiramente.

São muitas as possibilidades quando vocês dois percebem qual é a dificuldade. Um pouco de senso de humor faz bem, como sugerem os diálogos a seguir.

A interligação entre questões interpessoais e as relacionadas ao trabalho

Para fins ilustrativos, separamos o desafio de influenciar um colega sobre uma tarefa do problema referente a uma questão interpessoal, mas às vezes essas duas áreas se entrelaçam. Desacordos quanto a tarefas – a incapacidade de obter cooperação – criam frustração, e nesse ponto a pessoa que deseja a influência começa a ter uma opinião negativa do colega, e logo os problemas se misturam. A fonte da personalidade ou dos problemas interpessoais é a discordância sobre se o colega vai cooperar, mas isso acaba se perdendo em meio aos ressentimentos.

Por essa razão, sugerimos que, se você tiver percepções negativas sobre seu colega, tente descobrir se existem motivos relacionados ao trabalho no centro das dificuldades ou se é apenas o estilo da pessoa (veja a Tabela 12.1).

Tabela 12.1 Questões pessoais que atrapalham a resolução de problemas de influência com colegas

- Dificuldade de se livrar do passado, insistindo em apontar quem estava "certo" no início de um desacordo.
- Relutância em admitir sua parte no problema.
- Receio de ficar vulnerável.
- Amontoamento; responder à admissão de erro de um colega com uma acusação.
- Querer apenas concorrer com o colega, embora afirme desejar colaborar.
- Achar que conceber uma solução, especialmente de um problema de relacionamento, pode fazer que você abra mão de seu sentido de honra pessoal.
- Recair no erro do pensamento simplista que opõe o bem contra o mal nos casos de motivação, em vez de reconhecer a verdadeira complexidade.
- Preferir estar "certo" (sobre como o colega é um imbecil ou está errado) do que ser eficaz.
- Preocupar-se excessivamente em causar uma boa impressão ao chefe.
- Ser inflexível numa opinião, e depois concentrar-se em proteger sua reputação.

É mais fácil agir no caso das discordâncias relacionadas ao trabalho usando valores intangíveis e moedas de troca; por isso, se possível, comece por aí. Se existem realmente problemas de estilo, lembre-se de que você é a outra metade das relações interpessoais, e não trate o colega como alguém insuportável. Se nada der certo, você pode concluir que ele é mesmo intolerável, mas começar com essa suposição bloqueia qualquer melhora de relacionamento.

Agir para influenciar colegas tem muitas armadilhas, especialmente as relacionadas com quem você é e como analisa o mundo. É provavelmente menos uma questão de habilidades em usar os valores intangíveis e as moedas de troca, e mais de não se proteger, a um ponto em que você estraga as possibilidades de modificar o relacionamento. No ambiente das organizações, a influência eficaz raramente cabe apenas a uma das partes; sem a reciprocidade, muitos colaboradores da empresa se retraem e ficam mais resistentes ou esperam a oportunidade de acertar o nível da balança ao perturbar o equilíbrio da sua. Especialmente ao lidar com colegas, a reciprocidade é fundamental, o que pode ser difícil se a companhia tende a fortalecer conceitos competitivos. As muitas facetas que sua bagagem pessoal traz ou às quais você se apega e podem impedi-lo de exercer influência estão relacionadas na Tabela 12.1.

13

Iniciando ou liderando grandes mudanças

Toda influência diz respeito a fazer mudanças. Quando você está no comando do processo de desenvolvimento de um novo produto, de uma mudança na estrutura corporativa, da implementação de um inédito sistema de compensação – ou tem uma grande ideia para um novo negócio ou uma sugestão que altera a cadeia de fornecedores da empresa para economizar milhões –, sempre haverá muitos grupos e pessoas a influenciar. Mas há detalhes especiais aos quais se deve atentar para dirigir esse grande esforço de inovação ou para iniciar uma mudança de porte em nome da meta com a qual você se preocupa.

Como o ato de exercer influência requer dar algo de valor em troca daquilo que você precisa, há desafios-chave no caminho para conseguir a influência necessária para fazer que a principal mudança aconteça. Você terá de convencer pessoas acima de seu posto na hierarquia, ou até do mesmo nível, levando-as a lhe arranjar os recursos, informação, apoio ou aprovação. Você terá de enfrentar a política corporativa e montar uma equipe de trabalho que acredite no que faz, além de garantir uma incrível combinação de paciência e persistência, motivação e flexibilidade, para manter sua meta final em mente enquanto se ajusta a tudo isso no decorrer do percurso.

A mudança abrange muitos aspectos diferentes de influência, então sugerimos que leia os capítulos 2 a 7, absorvendo os conceitos, e também os capítulos de aplicação prática, intitulados "Influenciando colegas" (12), "Influenciando seu chefe" (8) e "Compreendendo e superando a política corporativa" (15). Além do mais, você pode conseguir grandes *insights* com dois exemplos adicionais e suas análises no nosso *site*. Lá postamos a experiência de Monica Ashley, que lutou para superar muitas barreiras para desenvolver e introduzir um importante, porém controvertido, produto novo. Há também a experiência de Will Wood, que tentou obter verba e apoio para introduzir um treinamento *on-line* em sua empresa (www.influencewithoutauthority.com/monicaashley.html e www.influencewithoutauthority.com/willwood.html).

Todo esse material pode ser relevante para produzir uma mudança importante, mas também exploramos meia dúzia de conceitos especialmente pertinentes nessa área. Você poderá ver em nosso *site* como aplicamos essas sínteses ao esforço de Will Wood em lançar uma inovação importante, para mostrar como um esforço cuidadoso de planejamento e muita persistência podem produzir uma mudança bem-sucedida.

A importância da visão

Desenvolver uma visão clara quanto à mudança que precisa ser realizada, em termos de efeito sobre os consumidores, assim como sobre os próprios clientes da mudança. Visão é uma moeda importante para atrair apoio à transformação. Muitas pessoas responderão favoravelmente se puderem ver como você se esforça para fazer a diferença – tanto para a companhia, quanto para os clientes ou para o público em geral. Não é a única moeda de troca que se pode usar, mas é um bom começo, e isso atrai muitas pessoas diferentes. Se puderem ver qual será o benefício final que virá com a implementação da mudança, essas pessoas estarão mais propensas a ajudar, serão mais tolerantes ao erro e ainda mais inventivas ao refletir de que forma dariam suporte a esse esforço.

Uma visão poderosa pinta um quadro bem fiel de como a sua implementação bem-sucedida muda a vida de algum grupo importante. Não se trata de *quando* isto vai ocorrer, mas *por que* é importante. Geralmente isso não será tão eficaz se a única coisa que você puder dizer é que tal mudança pode gerar ou economizar um monte de dinheiro; embora para alguns executivos de alto escalão isso possa vir a ser um ótimo chamariz (seja como for, é melhor ajustar as moedas de troca oferecidas para as diferentes plateias). Na melhor das hipóteses, a visão pode ajudar as pessoas a enxergarem um significado importante em seus trabalhos – o sentido de que aquilo que fazem tem importância para as pessoas. Isto chama sua atenção e faz desabrochar seus melhores instintos, pagando-lhes com esses bons sentimentos.

Isto significa que você tem de desenvolver uma boa história (não uma ficção!) que possa ser contada em um breve instante. Especialistas em capital de risco (*venture capital*) falam sobre "discurso de elevador" para os empreendedores – a versão condensada e poderosa de seus planos de negócios, que eles devem completar durante uma rápida viagem do ascensorista. Precisam ser hábeis em diferenciar seus planos de outros e capturar imediatamente a atenção do ouvinte. Nem sempre você terá tão pouco tempo para contar sobre do que se trata a mudança, mas pessoas importantes sempre estão ocupadas, então esteja preparado. Se você tem uma didática persuasiva, mas não uma boa ideia de como fazer a coisa acontecer, sua visão não ajudará muito;

porém, não será possível executar um plano tão formidável quanto o seu se não souber como cativar a atenção de alguém tempo suficiente para vir a acreditar nela.

E lembre-se de que a visão trata basicamente de paixão. Então tem de ser algo pelo qual você se sinta apaixonado.[1]

Associe a visão de mudança com os valores corporativos, objetivos, estratégias e dilemas presentes. Embora, por definição, qualquer transformação que tente realizar seja um pouco diferente da maneira como as coisas estão agora, você fará com que as pessoas fiquem menos desconfortáveis e, portanto, haja probabilidade menor de uma resistência automática se mostrar as conexões com a tradição e a cultura da empresa. Às vezes isso é difícil, especialmente quando você está convencido de que é a cultura em si que tem de mudar – por exemplo, sair de uma visão introspectiva e confortável para o panorama de uma postura agressiva e focada no cliente –, mas há algumas conexões que podem ser feitas. Você deverá voltar para um estágio muito inicial da história da empresa para relembrar as pessoas do tempo em que a companhia tinha outro caminho, mas o esforço vale a pena. Isto ajuda a retirar a estranheza de uma nova ideia, e as pessoas a se mostrarem mais abertas à novidade.

Administre a tensão

A visão não somente definirá o rumo, mas também pode criar uma tensão útil sobre a distância a percorrer para concretizar essa própria visão. Sem uma tensão entre a forma como as coisas são e como poderiam ser, não haverá nenhum movimento. Se a visão é persuasiva, isto ajuda a criar uma distância clara entre o presente e o estado futuro desejável. Se a visão é inspiradora, mas não impossível de ser alcançada, cria uma tensão saudável sobre o intervalo existente entre o momento atual e o futuro. (Se a visão é atrativa, mas seus ouvintes não acreditam que seja executável, você terá de mostrar como acredita ser possível chegar lá ou reexaminar suas próprias hipóteses sobre a viabilidade da ideia.) As pessoas estão mais preparadas para aprender ou mudar quando vivenciam uma tensão moderada. Se for demais, elas congelam (assim como ansiedade antes da prova de matemática); se muito pouca, não veem a necessidade da mudança.

Você pode usar esse *insight* não apenas para ajustar a sua visão, mas também para criar uma abertura maior para as mudanças naqueles que você gostaria que ajudassem. É possível deixá-los mais ou menos desconfortáveis, seja ampliando a distância entre o presente e o futuro desejado seja focando tudo o que há de errado com o presente. Ambos os métodos podem funcionar, mas falar aos colegas sobre como as coisas estão ruins aumenta o risco de deixar alguns deles na defensiva, especialmente se eles ajudaram a criar as condições atuais. Então use sua visão para criar um desconforto moderado quando puder fazer isso.

Uma das complexidades interessantes é que há pessoas altamente resistentes a mudanças, algumas ficam ansiosas para fazer parte delas, e muitas são ambivalentes, mostrando-se temerosas ou curiosas. Você pode não ser tão capaz de influenciar esses extremos, mas deverá colocar muita atenção naqueles que tenham sentimentos misturados e, portanto, uma disposição confusa quanto a adotar a mudança. Serão estes a responder melhor à tensão moderada. Você pode aumentá-la enfatizando a distância entre o presente e o futuro, indo mais rápido, destacando a falta de satisfação dos clientes ou outros problemas mais visíveis. Mas pode também abrandá-la, indo mais devagar, encorajando uma reação maior e avaliando cuidadosamente os problemas, honrando as práticas passadas e presentes, dedicando mais tempo a educar as pessoas em qualquer uma das novas habilidades que surgirão. Dê atenção especial às pessoas que estão no meio, e administre a tensão para maximizar a sua disposição.

Identifique os participantes-chave que devem ser influenciados

Para qualquer projeto de mudança, haverá sempre muitas pessoas interessadas – seja como receptores, como responsáveis por sua implementação ou como gestores, planejadores e aqueles indiretamente afetados –, que podem ter um impacto em sua eventual aceitação. Isso inclui os beneficiários da mudança, aqueles que serão negativamente afetados por ela e alguns grupos externos, como os da comunidade financeira e da imprensa. No meio dessa enorme lista, procure selecionar todos aqueles que terão de tomar decisões importantes para tornar seu sonho realidade. Tais grupos diretamente interessados devem ser identificados o mais cedo possível após uma procura sistemática dentro e fora da empresa.

Para cada parte interessada (individual ou grupo), decida sobre qual delas você realmente tem de exercer influência, qual seria interessante influenciar e conquistar apoio, e quais podem ser ignoradas, apesar de não estarem felizes com as mudanças. Então, concentre-se naqueles cuja vitória é certa.

Para cada parte interessada, tente determinar as moedas valorizadas, usando qualquer informação que tenha: conhecimento de primeira mão e observação, o que dizem e as pistas sobre o que é importante, as situações e suas preocupações, além do conhecimento que se pode levantar com os colegas. As preocupações que eles citam sobre os esforços dedicados à mudança são boas pistas quanto àquilo que lhes é importante. (Veja os capítulos 3 e 4 para mais informação sobre como identificar as moedas de troca e diagnosticar o mundo dos outros quando você não os conhece.)

Como influenciar participantes distantes que são tomadores de decisões

As complicações surgem quando você não tem um conhecimento pessoal e direto dos tomadores de decisão, cujo apoio ou aprovação você precisa. A seguir, na Tabela 13.1, estão algumas maneiras de fazer progressos.

Tabela 13.1 Condições que podem afetar os tomadores de decisão

- Taxa de crescimento da economia.
- Taxa de crescimento da indústria.
- Concorrência – doméstica e estrangeira.
- Tendências de preços.
- Dependência de matéria-prima, disponibilidade e processos.
- Tendências de consumo.
- Taxas de juros.
- Quadro jurídico-legal.
- Dependência de talentos incomuns.
- Expectativas de Wall Street.

Sua lista de tomadores de decisão inclui o CEO ou alguém que se reporte diretamente a ele? E quanto ao diretor de finanças ou um equivalente? Um guru da tecnologia? Um ou mais chefes de divisão ou gerentes gerais? A diretoria? Os banqueiros da empresa? Quanto mais cedo puder identificá-los no processo, mais tempo terá para fazer o dever de casa e descobrir com o que eles se preocupam – ou como você poderá entregar o que eles precisam –, de forma a conseguir que tomem as decisões que você quer. Por exemplo, no caso de Monica Ashley, a desenvolvedora de produtos que mencionamos, precisou influenciar o CEO, Gary Dorr; a equipe de executivos seniores que trabalhava com Dorr; um vice-presidente com longo tempo na empresa; Ralph Parker, que era contra a tecnologia que Monica considerava necessária; Ed Kane, o desagradável supervisor ligado a Parker que foi designado para o projeto; seu chefe, Dan Stella; o cientista Phil Edison; a diretoria e outros. Alguns ela conhecia bem e, com os outros, teve de conviver e aprender a lidar.

Assim que você tiver a sua lista dos tomadores de decisão, poderá começar a entender a situação deles (seus mundos) e descobrir as moedas de troca que valorizam. O que eles precisam saber ou o que deve acontecer para você conquistar seu apoio?

Com base no que você sabe, quais são as prováveis pressões que eles sofrem em suas funções? A pressão pode variar dentro da indústria ou do setor em que a empresa esteja inserida, pode vir de seus concorrentes, e do contexto; mas os tomadores de decisão também costumam ser afetados pelas forças da economia e da política mundial. Algumas das condições mais recorrentes e que podem afetar os tomadores de decisão estão listadas na Tabela 13.1.

Sobre quais dessas condições os tomadores de decisão costumam pensar? O que os faz ficar acordados durante a noite? Quanto mais alta a posição hierárquica do tomador de decisão, mais tempo as questões de longo prazo provavelmente estarão no foco de seus pensamentos. Dessa forma, maiores serão as expectativas e as influências da comunidade financeira externa. O que sua mudança fará pelo preço da ação (ou pela classificação de risco) e como isso será recebido? A imprensa responderá de alguma maneira, e o tomador de decisão pensará na reputação da empresa? (Enquanto este livro era escrito, muitos executivos conhecidos foram julgados, e alguns condenados, por alguma forma de manipulação financeira ou fraude – isso é um problema para a companhia ou a indústria?). Novamente, quanto mais alta a posição, mais as considerações sobre o benefício global da organização serão importantes quando analisar seu projeto de mudança.

A função de um tomador de decisão e o escopo da responsabilidade também influenciarão o foco de atenção da pessoa. Ela vive automaticamente focada em problemas na cadeia de suprimentos e suas possíveis perturbações ou nas preferências do consumidor e na mudança de demanda? Há uma região geográfica particular na tela do seu radar ou o papel que ela desempenha na empresa exige somente o foco doméstico – ou ela está constantemente ligada na situação global?

Uma fonte rica de informações sobre o que pode ser importante para o tomador de decisão é algo que a pessoa tenha citado ou dito em um relatório anual, um discurso, em memorandos internos ou artigos sobre a companhia. Descontando-se todas as preocupações e suavizações exercidas pelo departamento de relações públicas em seus pronunciamentos, muito ainda pode se inferido. Mesmo se aquilo que os executivos dizem for apenas um reflexo do que desejam que você pense, ainda assim continua a revelar muito do que é importante para eles. Tente perceber se defendem crescimento e inovação ou corte de custos. Cuidado com o executivo que fala aos quatro ventos que as coisas estão muito bem; pode ser difícil distinguir um sinal claro de algo nessa balbúrdia, mas se ouvi-lo atentamente e se você conhecer bem a empresa, talvez consiga.

Essa checagem de bastidores ajudará a produzir algo atraente e que faça sentido com as preocupações do tomador de decisão. Poderá conectar o que você precisa e aquilo que possa dar a algo de que eles necessitem ou queiram. Nesse sentido, você sabe como descobrir qual informação eles não têm e que seja útil? Se você tiver uma noção de quais são suas principais preocupações, talvez possa deduzir o que seria útil ou inacessível aos tomadores de decisão.

Seu discurso de elevador está pronto?

Uma vez que os tomadores de decisão podem não ser muito acessíveis, é fundamental que você esteja pronto a falar sobre sua ideia – e explicar como eles podem ajudar a concretizá-la – de uma forma condensada e a qualquer momento. Será essa a ocasião de usar seu "discurso de elevador", se acontecer de você estar no elevador ou caminhando pelo corredor com um dos tomadores de decisão. Faz algum tempo, no Hospital Montefiore, alguns executivos confessaram timidamente que tinham descoberto que uma das poucas maneiras de levar suas ideias ao diretor do complexo hospitalar, mundialmente famoso e notoriamente ocupado, era checar sua agenda – e então fingir estar lendo o quadro de avisos do lado de fora do escritório e cruzar "acidentalmente" com ele quando saía, falando rapidamente sobre seus projetos ou solicitações. Não importa se ele entrava no jogo ou realmente acreditava em encontro "acidental", o fato é que todo mundo se beneficiava. Caso tenha a sorte de estar no mesmo voo dos principais tomadores de decisão, você estará pronto para chamar a atenção deles com poucas frases e conseguir a chance de mostrar sua ideia?

Influencie os influenciadores que eles escutam

Se você não tem acesso direto aos tomadores de decisão, consegue descobrir quem eles escutam e como chegar a essas pessoas? Se você identificar influenciadores de pessoas sobre as quais pretende agir, ainda terá de fazer um trabalho de influência, mas poderá ser com alguém mais fácil de conversar ou de obter informações. Você terá de encontrar moedas de troca valiosas para esses influenciadores, usando o mesmo tipo de raciocínio explicado ao longo deste livro.

Há outros métodos externos para chegar aos principais tomadores de decisão, mas são definitivamente difíceis. Existe mais informação sobre os métodos de influência indireta no Capítulo 14, mas apresentamos aqui algumas ideias. Você acharia possível falar com a imprensa ou escrever um artigo exaltando os méritos da ideia de mudança na qual trabalha e apontar seus benefícios para a empresa? Isso pode ajudar a moldar opiniões. (Para ler um exemplo inspirador sobre como usar o relacionamento com a imprensa para ajudar a promover a mudança, veja a descrição de como aumentar o interesse pela energia eólica em nosso *site* – www.influencewithoutauthority.com/montanamiracle.html). Outra sugestão: existe algum grupo de clientes ou de colaboradores para o qual possa explicar sua ideia? Ou há alguma pesquisa com clientes ou grupos de colaboradores que esteja disponível e que possa ser interpretada de uma forma favorável a você? Lembre-se, é preciso ser cuidadoso para que tais atitudes não sejam vistas nem interpretadas como ilegítimas para sua função ou venham a solapar a companhia; se você mantiver isso sob o lado positivo e como um meio de celebrar a empresa e suas realizações, será menos arriscado.

O que você tem a oferecer?

Faça um diagnóstico cuidadoso das moedas de troca que possui e que poderiam ser valiosas para cada um dos grupos de interesse. Algumas dessas moedas devem ser um tanto quanto óbvias, como sua reputação em trabalhar duro, expertise na mudança, histórico de realizações já implementadas e, assim como já sugerimos, visão dos benefícios. Mas algumas delas podem ser reconhecíveis apenas quando você souber com o que os grupos de interesse se importam. Por exemplo, um deles pode se sentir fortemente atraído por um tratamento justo para os colaboradores, e será preciso então ver em que ponto do seu plano (ou uma versão ajustada dele) poderia proteger os colaboradores no caso de uma possível demissão.

Será preciso pesquisar constantemente o que pode ser oferecido como moeda de troca para cada grupo ou pessoa de interesse. Lembre-se, esses pagamentos podem ser explícitos, como a promessa de o departamento participar antecipadamente no *design* de um novo produto, ou implícitos, como o sentimento de orgulho de a pessoa ter sido capaz de ajudar a organização a se dirigir para um caminho positivo. Aquilo que é definido e recebido como uma moeda de troca valiosa pode ser completamente diferente de um grupo de interesse para outro, pois um pode se preocupar bastante em fazer o bem, enquanto ao outro interessa apenas o bônus, e ao terceiro o que vale é a chance de conquistar visibilidade com a diretoria. O mesmo projeto pode ter diferentes pagamentos para pessoas distintas; de fato, o mesmo pagamento pode ter significados diferentes para as pessoas. Seu elogio para o chefe que o ajudou pode ser visto como uma ajuda à oportunidade de promoção ou uma forma de apreço que reforça o sentimento de profissionalismo. Esteja aberto às possibilidades.

Agora, para os grupos de interesse aos quais você tem pouco a oferecer, será que existe alguém mais com recursos valiosos e que possa fazer parte de um acordo a seis mãos? Por exemplo, um departamento cético impede seu progresso. Você não tem nada a oferecer diretamente, mas quem sabe seja capaz de fazer uma troca com outro grupo – como "empreste-me dois analistas, e sua divisão será a primeira a contar com o produto final". Em seguida, use esse comprometimento para demonstrar o valor do projeto para aquele departamento que tem dúvidas e, assim, vencer a relutância em apoiá-lo.

Quando você se sentir obstruído pela falta de apoio, trate aqueles que não estão cooperando como temporariamente incompatíveis com as moedas de troca que possui, e não como inimigos. Talvez você não mude a cabeça deles, mas o modo como responde aos que discordam determinará se eles apenas não concordam com a sua ideia ou batem o pé porque não são bem tratados. Um motivo só já é suficiente para a resistência!

Em seu livro sobre influência, Bellman diz que há quatro maneiras importantes de influenciar os níveis superiores:[2]

1. Respeite seus superiores.
2. Trate-os com a tolerância que gostaria que fosse destinada a você.
3. Entregue o que eles querem.
4. Entenda as enormes pressões da empresa às quais eles estão sujeitos.

Tudo isso faz sentido; use os conceitos que acrescentamos para aprender mais sobre o que mais importa para eles; então, poderá entregar-lhes o que querem de verdade ou ajudá-los a ver que a cooperação facilitará a obtenção do que desejam, mesmo que à primeira vista não tenham enxergado essa conexão.

Faça diagnóstico e melhore seu relacionamento

Assim como acontece com qualquer pessoa que você deseja influenciar, começar tudo com um relacionamento bom e confiável tornará as coisas mais fáceis. (É por isso que os profissionais mais influentes nas empresas têm a maioria de seus relacionamentos estabelecidos antes mesmo de precisarem de algo em particular.) Mas nem todas as partes interessadas mais importantes passarão a ser colegas próximos. Será preciso se esforçar para estabelecer um mínimo de confiança e conquistar boa vontade de trabalhar com você.

Embora, pessoalmente, tenhamos encontrado um punhado de gente nas organizações que é realmente inapta em construir relacionamentos, muitas pessoas podem fazê-lo se estiverem focadas no que fazem, em vez de pensar se os demais estão muito ocupados e não querem ser incomodados. Isso começa ao compreendermos os outros e seus interesses, e pode ocorrer mediante uma conversa informal ou realizando pequenas trocas, quando você toma a iniciativa de dar primeiro, estabelecendo, assim, seu merecimento e sua valia.

Uma maneira importante de melhorar seus relacionamentos é ouvindo de perto cada uma das partes interessadas que ainda não conheça. Provavelmente aprenderá um bocado sobre o que lhes é importante, além de constatar que, para quase todo mundo, ser ouvido com atenção e levado a sério são moedas valiosas. Contudo, pedir a opinião a outras pessoas sem a intenção de considerá-la seriamente costuma ser uma atitude que fica muito clara aos outros e não lhe serve de nada – ao contrário, tende a sair pela culatra ao construir desconfiança.

A maneira como você se aproxima das pessoas ou de grupos é outro aspecto da construção de relacionamentos. Algumas pessoas não se importam em discutir qualquer história ruim diretamente com você, enquanto outros não querem se envolver nesse tipo de conversa. Se você notar que estão desconfortáveis com esse tipo de franqueza, não se meta só por estar disposto a fazer isso ou preferir assim. Vá devagar, teste um pouco e, se receber sinais de recuo, tente outro caminho menos direto. Você consegue achar tópicos de conversa ou interesses fora da empresa para trocar ideias? Quem sabe tenham amigos em comum que podem se reunir de vez em quando ou, como no Japão, que intercedam em seu nome? Pode ser que primeiramente você tenha de construir um relacionamento com alguém em quem eles confiem, uma pessoa que possa depois servir para abrir portas.

Caso não tenha meios de construir uma rede de relacionamentos suficiente para fazer trocas ou não tenha moedas valiosas – e a parte interessada seja fundamental para o sucesso do seu projeto –, talvez você tenha de ir mais devagar ou até mesmo fazer adaptações para seguir em frente. Mas não desista rápido demais. Se usar as abordagens da influência que já discutimos, geralmente será possível achar um meio de se conectar com alguém que parece ser impossível de atingir.

Outro aspecto importante de lidar com os relacionamentos: todo mundo tem preferências de como quer interagir. Quando se vende um projeto de mudança, você precisa descobrir se a parte interessada quer se envolver desde o início ou prefere ver planos bem desenvolvidos. Será que eles exigem vários anos de projeções financeiras em forma de planilha ou preferem inicialmente um cálculo estimado para ter ideia da magnitude das despesas? Será que a falta de endosso do departamento técnico mataria a discussão ou essa pessoa que decide gosta de ir adiante, com a expertise tecnológica surgindo depois? A pessoa gosta de ouvir primeiro a descrição mais abrangente ou prefere vários detalhes mostrados em profundidade? Esses tipos de preferências em relação ao estilo podem ser uma grande barreira ou um facilitador, por isso vale a pena fazer seu dever de casa. Alguém com quem você tenha um bom relacionamento saberá quais são as preferências da pessoa em pauta, caso ela não esteja disposta a lhe contar.

Desenvolva sua estratégia de troca

Antes de seguir em frente, avalie se ainda precisa de informações ou se há hipóteses a serem checadas. O mesmo conceito de ouvir atentamente se aplica aqui.

Depois, reflita sobre a sequência de abordagens. Há três variáveis enquanto você pensa em como proceder:

1. Seu poder relativo.
2. A probabilidade de uma resposta positiva.
3. Quão essencial é o suporte dos outros.

Há alguma pessoa-chave que poderá ser um apoiador inicial, de forma que seja importante estar alinhado com ela? As conquistas iniciais ajudam. Existem partes interessadas cujo suporte trará mais pessoas para a sua causa? Quais são suas chances com elas? Será preciso trabalhar primeiro as questões com algumas pessoas não tão proeminentes para assegurar-se de que, ao falar com os formadores de opinião, você tenha um caso bem desenvolvido? Acredita que existam interessados com a expertise necessária para melhorar sua ideia? Talvez seja importante se aproximar deles mais cedo. Há alguém que possa dar um parecer negativo se não estiver envolvido com a ideia desde o começo? Avalie ainda se existem partes interessadas importantes, mas tão ocupadas que você terá uma única chance de tentar convencê-las e, por isso, talvez seja melhor deixar esta abordagem por último, quando todas as suas peças estiverem no lugar.

Finalmente, existem aquelas partes interessadas que só darão apoio se você moldar seu conceito para se adequar à conveniência delas? Seria bom falar com elas bem no início, de forma que seja possível acomodar suas ideias com mais conforto? Ou esperar até que a maior parte das coisas já esteja formatada, estreitando o espaço para discussões? É muito importante refletir sobre todas essas questões no início do processo; talvez você não consiga concretizar boa parte delas, mas especular demais poderá levá-lo a um ponto tão distante que impossibilite refazer seus caminhos com aliados críticos. Algumas dessas respostas só ficarão mais claras no momento em que o processo de mudança começar. Portanto, mantenha-se aberto a receber novas informações e modifique sua abordagem nesse sentido.

Mude os papéis: movendo-se entre grupos de diferentes tamanhos

Em qualquer grande plano de mudança, sempre haverá um pequeno grupo de pessoas controlando o processo (a equipe principal), além do defensor da mudança (você) e de um patrocinador – individual ou grupo – apoiando essa mudança nos níveis mais altos. De vez em quando, um grande número de pessoas será envolvido no processo, seja individualmente ou por meio de reuniões.

Quantas pessoas envolver, e por quantas vezes se deve fazê-lo, são aspectos para considerar em sua estratégia. Se você restringir em demasia o acesso, poderá ir muito mais rápido com as coisas, deixando de fora partes interessadas que são essenciais para o sucesso do projeto, seja apoiando ou fazendo oposição. Por outro lado, ter participantes em excesso ou envolvidos cedo demais pode ser maravilhoso por gerar um sem-número de ideias e comentários, porém, há risco de se formar um grupo tão difícil de controlar e de coordenar que acabe paralisando o projeto bem antes de uma decisão final.

A solução? Use o *método do acordeão*. Existem momentos para reuniões grandes, com muita gente, e outros em que o mais indicado são sessões restritas à equipe principal. Não se atenha a uma só das alternativas. Os grupos pequenos podem dar a orientação inicial para o projeto, enquanto os maiores reagem a essas ideias e apontam caminhos a percorrer. Depois você volta a fazer o dever de casa, discutindo as propostas com um menor número de participantes, para então apresentar o resultado, receber sugestões e comentários do grupo maior. Essas conclusões servem para a equipe principal desenhar o plano – que finalmente é exposto ao grupo maior. Procure não tomar decisões em reuniões grandes nem escondê-las dentro do grupo menor.[3]

Planejamento *versus* cálculos

A necessidade de realizar um planejamento completo para implementar as mudanças exige cuidado para que, ao colocá-lo em prática, você não faça as coisas de forma mecânica ou manipuladora. Por exemplo, existe uma diferença concreta entre: (1) levar as partes interessadas para almoçar, aproveitando esse tempo para se tornar mais próximo e compreendê-las melhor; e (2) manter uma conversa voltada totalmente a serviço da intenção, fingindo de forma mecânica ter algum interesse e apenas navegar conforme o vento. De tempos em tempos, você estará diante de alguém ansioso por receber atenção, e ele poderá ser facilmente enganado, mas os receptores de um interesse fingido conseguem logo perceber a jogada e se afastam. No exato instante em que essas pessoas suspeitam que são cortejadas apenas para fazer alguma coisa, elas se tornam mais resistentes.

Aqui está um exemplo que testemunhamos em primeira mão. Uma gestora inepta, que tentava cooptar profissionais independentes para colaborar com ela, acabou praticamente sem nenhum apoio. Ela não poderia seguir adiante sem conseguir aliados, mas seu progresso era nulo. Seu supervisor a alertou sobre os principais colaboradores com os quais ela deveria ao menos manter uma relação profissional cordial. Alguns dias depois, quando esse supervisou se encontrou com uma das pessoas que ele havia identificado antes, ouviu o seguinte comentário: "Acabo de receber uma visita muito estranha da Hannah. Ela veio ao meu escritório sem avisar e não consegui descobrir o que ela queria. Foi muito estranho; senti-me como se ela estivesse me checando em algum tipo de lista ou sei lá o quê".

Ninguém quer ser visto como indivíduo sem personalidade ou como se fosse mero objeto. Por isso, mesmo que sejam oferecidos cumprimentos, uma conversa amigável, pequenos presentes e favores, ou até mesmo recursos valiosos, se não houver uma sinceridade visível por trás, tudo isso pode facilmente resultar um efeito contrário. É como dar um Rolex falso de presente; pode parecer lindo de início, mas logo o brilho desaparece. Você jamais poderia esperar uma profunda gratidão depois de fazer isso.

Mas caso esteja verdadeiramente interessado nos colegas de quem se aproxima, essa atitude transparecerá e você receberá uma razoável liberdade de ação nas transações que acontecerão a partir daí. Na verdade, a partir do momento em que estabeleceu um bom relacionamento, você poderá ser às vezes mais prático e calculista em seus pedidos de cooperação. *Enquanto puder demonstrar que sua oferta é do melhor interesse da outra pessoa, pode ir direto ao ponto.* Com um bom colega é possível dizer alguma coisa assim: "Olhe, preciso de ajuda e sei que será difícil para você fazer isso. Então gostaria de dizer quanto preciso de sua ajuda, quanto o admiro, e pedir sua ajuda, porque isso fará uma enorme diferença para nossos clientes". Esse tipo de declaração será mortal se for feita para um estranho ou para alguém que você pressiona para lhe fazer um favor por uma única vez, mas um amigo sorriria e, se possível, ajudaria. Você estaria tentando fazer alguma coisa útil ao intercambiar sua história, e seu amigo pode presumir que faria o mesmo quando tiver necessidade.

Para ver um exemplo que ilustra os princípios descritos neste capítulo, veja um caso, em nosso *site*, sobre um executivo de treinamento que tentava conseguir recursos humanos e financeiros para seu sistema inovador de treinamento *on-line* (www.influencewithoutauthority.com/willwood.html).

Mais ideias sobre mudança

Como a mudança corporativa pode ser muito complicada, há questões relacionadas ao tema que devem ser abordadas em capítulos separados (mas relevantes). Às vezes, os tomadores de decisão são difíceis de de ser abordados ou podem não prestar atenção ao que você quer passar sem o uso de considerável engenhosidade. Para tomar conhecimento de mais informações sobre as formas de lidar com este desafio, consulte o Capítulo 14, sobre influência indireta. Em empresas maiores, há muitas complexidades na hora de se introduzir mudanças que surgem dos variados interesses e do poder dos diferentes grupos, departamentos e divisões. Uma vitória sob o seu ponto de vista pode fazer que as outras partes interessadas se tornem seus novos oponentes. Para ir mais fundo nesse território complexo, consulte o Capítulo 15, sobre como compreender e superar a política corporativa.

14

Influência indireta

Há momentos em que você não consegue influenciar diretamente uma pessoa-chave. Talvez esteja longe dela na hierarquia, em uma posição ou local em que gerentes de produto não tenham acesso, ou você traga um ponto de vista impopular e radicalmente novo ou até mesmo esteja fora da empresa (seja um fornecedor, cliente ou membro da comunidade). A abordagem básica aqui descrita se assemelha à da influência sobre os tomadores de decisão explicada no Capítulo 13, com o tema "Iniciando ou liderando grandes mudanças", mas há outras coisas que você pode realizar, como fazer trocas quando nem estiver presente. Você quer mudar a opinião de alguém ou tornar essa pessoa mais receptiva para que siga na direção que deseja.

Além de imaginar o que seria importante para a pessoa que pretende influenciar, você quer ver se consegue convencer também os colaboradores ou os sistemas corporativos que influenciam os grupos envolvidos com a empresa. Também pode encontrar meios de mobilizar forças externas que tenham impacto.

Entendendo o mundo deles em busca de preocupações e sensibilidades

Como entender o que talvez seja importante para alguém distante?

Colete informação a distância

Vamos supor que você esteja muito longe dessa pessoa (fora da organização, muito abaixo na hierarquia ou em uma divisão com um objetivo ou produto totalmente diferente). Você pode começar com o que sabe sobre o mercado e as forças socioeconômicas que atuam sobre ele. Se conhecer a taxa de crescimento da indústria, seus competidores, questões de economia, a vulnerabilidade dos suprimentos, tendências dos clientes e colaboradores, poderá muitas vezes agrupar os prováveis interesses das pessoas a quem você deseja influenciar, dependendo da posição delas na organização.

Este conhecimento pode ser complementado com aquilo que a imprensa e os analistas de negócios escrevem sobre a companhia. A empresa tem sido alvo de críticas por algum motivo? Por exemplo, mesmo empresas bem conceituadas, como Nike e Donna Karan, têm sofrido ataques por causa do tratamento dispensado aos colaboradores de seus fornecedores no exterior. As empresas Merrill Lynch e Morgan Stanley foram acusadas de discriminar mulheres. Já a Microsoft e a GE têm sido descritas como empresas maduras, que lutam para encontrar novas formas de crescer. Em cada caso, seria uma aposta razoável dizer que tais questões ocupam a mente dos mais altos executivos de cada uma dessas corporações.

Outra forma de saber o que pensam os executivos é ler seus discursos e entrevistas. Os memorandos internos, caso tenha acesso a eles, ajudam bastante. Há inúmeras fontes a conferir. Nettie Seabrooks, que começou como bibliotecária na General Motors, conseguiu usar esse tipo de informação para prever quais seriam as preocupações dos altos executivos, de modo a oferecer informações que eles valorizariam. Nettie tornou-se cada vez mais valiosa e conquistou funções de maior responsabilidade – veja a história completa da sua carreira no nosso *site* (http://influencewithoutauthority.com/nettieseabrooks.html).

Além disso, você talvez queira perguntar a outras pessoas na empresa sobre o foco atual de seus altos executivos. Esse tipo de curiosidade é legítimo, e sempre se pode justificá-la como parte de seu desenvolvimento, "para ajudá-lo a ver o cenário macro".

O impacto dos sistemas corporativos

Outras áreas de influência onde você pode querer exercer algum impacto são as formas de avaliação, o sistema de recompensa, os procedimentos e práticas da organização. Os profissionais da empresa reagem a esses componentes como os indivíduos interagem entre si. Por exemplo, os custos atribuídos a cada departamento podem ser importantes formadores de comportamento. Você pode descobrir um jeito de alterar a fórmula ou contestar determinadas atribuições de custos com algum impacto sobre o comportamento das pessoas. Do mesmo modo, a maneira como se creditam as vendas, quando há muitos departamentos envolvidos, influencia o comportamento. Muitas controvérsias entre departamentos ou divisões regionais são causadas pela forma como são organizados os sistemas de distribuição de verbas, de lucro e de custos; você pode reduzir a resistência ou aumentar a cooperação se encontrar um meio de alterá-los.

Exemplo de uma gestora da IBM que mexeu nas medidas para moldar o comportamento dos gestores que ela queria influenciar

Gerente de marketing da IBM, Mary Garrett tentava descobrir um modo de conseguir cooperação dos CEOs que comandavam os escritórios regionais. Como seu chefe, o diretor de serviços, poderia ajudar, ela começou por frequentes interações com ele para incentivar o relacionamento. Depois, o diretor decidiu acrescentar uma importante medida à forma como os executivos eram avaliados:

> Procuro o diretor de serviços uma vez por semana e digo como vou indo. O chefe sabe que tenho de convencer os contatos diretos (diretores regionais), e não ele próprio. Mas isso é uma questão de relações públicas internas. A gente precisa pilotar, conseguir extrair compromissos, investir um pouco de cada vez, ver a coisa decolar – e aí já conquistou corações e mentes.
> O diretor de serviços colabora comigo, revê o progresso que tenho com os outros (os contatos diretos) e me apoia, mas não manda ninguém fazer o que desejo. Ele vai me ajudar a mudar a métrica que eles têm para reconhecer isso.
> Doug, o chefe do meu chefe, sabe que preciso de alguma ajuda neste caso. Ele disse: "Vá se reunir com o diretor financeiro; inclua isso no sistema de avaliação. Procure-o com o seu chefe". Isso mostra ao diretor financeiro o que o chefão julga importante. Se o progresso nessa iniciativa tiver a ver com o fato de eles se reportarem da forma que se pretende, verão que isso é importante. O que eu quero não se encontra no conjunto normal do sistema de gestão deles. Agora, ao incluir essa novidade, terão de se acostumar, e saber se atrasaram ou adiantaram o planejamento. Só expliquei ao diretor financeiro (subordinado a Doug): "Doug disse que precisamos incluir isso nos boletins de previsão mensais". Doug comprou a ideia por ficar intelectualmente intrigado pela área. Numa reunião recente com 300 dos mais altos gestores, ele disse: "Não deciframos esse código, mas Mary Garrett empenhou sua reputação pessoal nisso; ela já resolveu". Claro que estava brincando, mas ao mesmo tempo indicando que julga a coisa importante. Também me disse: "Você precisa vender isso à área dos CEOs, e convencê-los de que vale a pena investir. Mas eles tomarão a decisão sozinhos. Não lhes vou impor nada". Doug espera que eles, como diretores-gerais, façam suas mudanças sozinhos. Do meu lado, faço isso por meio de pilotos e experiências, para que depois eles observem os resultados.

Dependendo da sua posição, você adquire mais ou menos acesso aos sistemas e procedimentos ou às pessoas que podem colocar em evidência a importância do seu trabalho. Mas, onde puder, pense de que forma os sistemas, medidas e procedimentos influenciam o comportamento, e tente alterá-los quando possível. Como se trata de métodos de influência menos pessoais do que aqueles realizados olho no olho e demoram um pouco para se estabelecer, muitas vezes haverá menos interesse – e oposição.

Quem os influencia?

Saber quem influencia o público-alvo é uma informação às vezes difícil de encontrar, mas se você descobrir quem eles escutam, como fez Mary Garrett, poderá decidir se o caminho é ter acesso a esses influenciadores. Em muitas empresas, a menos que você seja um novato total ou um ermitão, provavelmente não há mais do que três graus de distância em relação a uma pessoa em particular; e algum conhecido seu pode, pelo menos, saber quem está por perto dela ou grupo que lhe interessa.

A maioria das empresas também tem peritos em bastidores, que parecem conhecer todo mundo e são procurados por suas opiniões e ligações com pessoas e com tudo o que acontece por ali. Descubra quem são, e veja se consegue acesso à rede deles. Dê informação útil, peça conselho (a maioria das pessoas gosta de receber na moeda "escutar suas opiniões"), seja solidário e, quem sabe assim, poderá ganhar um aliado com acesso ao ouvido das pessoas-chave.

Você também pode agir de forma bem direta e pedir ajuda ao chefe. Como diz Mary Garrett:

> Aprendi uma lição em outro projeto no qual lutava sozinha. Procurei meu chefe e ele disse: "Estou furioso com você por não ter me procurado antes; foi pura perda de tempo, pois posso resolver tudo apenas com um telefonema". Aí, disse a mim mesma: "Uau!". Achava que, uma vez que se é executiva, você não pede ajuda. Ele então disse: "Você precisa saber quando pedir ajuda. Por mais autoridade que tenha, às vezes vai precisar de ajuda". Se eu tentasse fazer aquele projeto sozinha, estaria morta.

De todo jeito, você precisa descobrir como fazer com que os influenciadores o ajudem. Isso exige passar pelo mesmo processo de descobrir quais são as moedas deles para poder oferecer o que valorizam em troca da ajuda. Não se esqueça da possibilidade de que um pedido de ajuda constitui em si uma valiosa moeda de troca para muitos gestores, por ser um sinal de respeito pela capacidade e influência deles, e uma chance de se sentirem bem sendo úteis – sem falar da criação de uma dívida sua, que um dia eles poderão cobrar.

Naturalmente, os outros precisam ver o que você faz como algo digno; se não, nenhuma dessas moedas terá probabilidade de entrar em jogo. Uma boa reputação sempre ajuda e, mesmo se não tiverem certeza da ideia, eles vão confiar que, com você por trás, tudo sairá bem. Mas não se trata de algo que se possa criar no último minuto do jogo.

Sistemas educacionais

Outra forma de influência indireta é o lançamento de atividades educacionais na empresa, estimulando a participação das pessoas que você quer influenciar. Não precisa ser programas de educação formal, mas "educação" definida em termos amplos. Por exemplo, seria útil visitar organizações nas quais já se faz alguma coisa parecida com a que você planeja começar. Ouça os colegas falarem sobre como receberam a ideia e como se sentem agora que a proposta já foi apresentada, mas vê-la em ação pode ser mais convincente do que seu discurso ao lançar o projeto.

Às vezes, é possível levar um programa ou um palestrante à empresa e convidar interessados importantes para assistir. Por exemplo, em muitas companhias é comum promover palestras ocasionais para a diretoria, "a fim de mantê-la atualizada". Se tiver acesso a quem agenda esses eventos e sugerir, como palestrante, um defensor do seu conceito de inovação, será possível estimular o interesse nele mesmo sem você estar presente. Claro, será preciso influenciar para conseguir o convidado certo, mas o programador dos eventos talvez até fique agradecido pela dica, já que o trabalho dele deve ser um estorvo.

Devemos, no entanto, reconhecer que não é um método infalível. Tom Stallkamp, ex-presidente da Chrysler, falou-nos da época, após a fusão com a Daimler, em que desejava ver os executivos desta usando alguns métodos americanos para transformar radicalmente os processos corporativos. Ele levou Michael Hammer – um dos inventores da reengenharia e grande palestrante – para falar aos executivos. Segundo Stallkamp, eles acharam que Hammer parecia maluco. Jurgen Schremmp, diretor executivo, puxou-o de lado e perguntou: "Quem é esse cara? É claro que não queremos mudar tanta coisa de uma vez só!". Qualquer forma de educação tem de apertar os botões certos; do contrário, será um desperdício.

Programas de treinamento de gestão também ajudam. Você deve estar em posição de patrocinar um deles, influenciar o que será discutido e quem será convidado a participar. Mesmo nos treinamentos em andamento que você não coordena, muitas vezes haverá pessoas ávidas pelo apoio da diretoria, mas sem poder suficiente para obtê-lo diretamente. Você pode sugerir "uma versão demo condensada", a ser oferecida para a direção, para que "saibam o que se ensina aos gerentes de nível intermediário". Não precisa vender a ideia daquela demonstração como um programa de aprendizagem, o que talvez os torne resistentes, mas como uma forma de ajudá-los a exercer o papel de superiores imediatos. Uma variação dessa ideia é pedir que um gestor do alto escalão fale aos de nível médio, e que depois ele aproveite a ocasião para participar de uma discussão esclarecedora com o palestrante. Não é preciso ser dúbio em relação ao convite; basta se concentrar em um aspecto – o compartilhamento do conhecimento desse alto executivo – e deixar que a "aprendizagem incidental" de baixo para cima ocorra naturalmente.

Se você é um apresentador mais ou menos competente, pode conseguir um convite para falar, ocasião em que deve "fornecer informação" sobre um assunto importante, e não fazer uma defesa direta de suas ideias. Uma apresentação intrigante, com exemplos bem escolhidos, pode lançar o tipo certo de discussão, em que a iniciativa para aprender mais – e com sorte o convencimento do valor da ideia – permanece com os participantes.

Você tem uma revista ou boletim da empresa? Muitas vezes o editor está ávido por artigos e matérias, e você pode escrever um texto educacional. Nettie Seabrooks, mencionada antes como uma das executivas apresentadas em nosso *site*, fez exatamente isso para a General Motors, sem nenhum plano predeterminado de "vender" suas ideias. Mas isso sem dúvida não prejudicou sua reputação, e alguns executivos podem ter sido informados de coisas importantes.

Resumindo, você sempre pode procurar oportunidades para apresentar novas ideias, estimular interesse e talvez uma discussão, além de descobrir um novo aliado no meio do caminho.

Mobilize forças externas

Uma fonte diferente de influência indireta fica fora da empresa. A imprensa, os clientes, o governo e associações comerciais constituem lugares com potencial para conseguir pressão indireta para o que você deseja. A questão é saber como conseguir acesso a eles de uma forma que gere apoio.

Um bom começo é escrever um artigo para um jornal local sobre a situação geral que lhe interessa ou sobre as conquistas de sua empresa nessa área. Os jornais da cidade – ou as estações de rádio e TV – muitas vezes têm fome de material, e você pode ser um fornecedor para eles. As revistas de associações comerciais também aceitam publicar artigos, e você pode buscar oportunidades de fazer palestras em reuniões comerciais. Isso ajuda a marcar sua posição como especialista em determinada área, e a repercussão sobre seu desempenho pode chegar aos ouvidos dos tomadores de decisão – a quem, em última análise, você quer de fato influenciar. O desafio é conseguir publicidade positiva para essa iniciativa.

Você precisará tomar cuidado para não se ver associado à publicidade negativa, pois nenhuma administração de empresa deseja isso, embora esse medo seja bastante motivador para levar as coisas na direção certa. A menos que esteja preparado para ser demitido, vá com calma.

Assim como deve ter pronto seu "discurso de elevador" para conversar com a equipe interna a qualquer momento, use-o também ao se envolver na comunidade, ir a reuniões ou conferências e ao falar com os amigos. O mundo é muito pequeno, e você não sabe a quem interessará sua ideia nem como essa pessoa poderá ajudá-lo de algum modo imprevisto. Para ver um exemplo maravilhoso, leia a seguir a história de Paul Westbrook.

A preocupação com a influência indireta liga-se a um conjunto de questões relacionadas, como compreender, usar e superar a política empresarial – assunto do Capítulo 15.

Paul Westbrook: como conseguir apoio para a sustentabilidade na Texas Instruments

Um exemplo maravilhoso do uso de interesses pessoais fora do trabalho para ajudar a promover uma iniciativa importante vem de Paul Westbrook, diretor de projetos de construção internacional da Texas Instruments. Ele tem paixão por práticas sustentáveis em empresas por se preocupar com a degradação do meio ambiente e por ter uma antipatia enorme pelo desperdício. Cresce nos Estados Unidos um movimento ainda modesto em torno dessas preocupações, mas muitos entusiastas dentro das companhias têm dificuldade para receber resposta de alguém que esteja no poder. A Texas Instruments faz um grande número de esforços ambientais e sustentáveis em suas instalações por todo o globo, mas Paul queria encontrar a alavanca para mover a empresa até um nível superior. Enquanto isso, sua paixão também o levou a usar tecnologia ecológica na construção de sua casa, com o uso de energia solar ativa e passiva.

Paul tem bacharelado em engenharia mecânica e começou na Texas Instruments logo após deixar a universidade, há 21 anos. Sempre trabalhou nas operações das instalações, projetando, por exemplo, um *design* limpo e arejado para as dependências da empresa – e sempre gostou disso. Mas não desistiu do sonho de agregar maior sustentabilidade aos projetos.

Ao saber que havia uma possibilidade de construir uma nova fábrica de material semicondutor, ele pensou que esse talvez fosse o ponto de partida. Sabia que era sempre mais fácil usar práticas sustentáveis em um prédio novo, do que tentar reformar instalações existentes. Mas se preocupava, porque as fábricas de semicondutores têm uma construção tão cara que, em geral, as empresas pegam o último projeto e preferem fazer mudanças mínimas de melhorias em vez de tentar métodos inovadores.

Paul procurou uma vice-presidente com quem trabalhara antes, também apaixonada por sustentabilidade e que, muitas vezes, servia como caixa de ressonância. Na verdade, ela era a criadora do termo "lixo ZERO em desperdício", que depois virou um *slogan* do movimento ambientalista. Juntos, começaram a planejar como levar o vice-presidente de produção a adotar a ideia. Durante essa discussão, Paul perguntou se seria uma boa ideia levar o vice à sua casa com energia solar para que visse o que era possível ser feito. Ela achou uma grande ideia e concordou em se juntar à visita.

Paul convidou o vice-presidente mundial de produção, o vice-presidente de uma fábrica existente e o principal diretor de tecnologia da Texas Instruments para uma excursão à sua casa solar. Os executivos eram engenheiros e muito interessados nos aspectos de engenharia da habitação. No fim, Paul mostrou-lhes a conta de energia, de apenas 60 dólares, em média, enquanto em uma casa média chega a 150 ou 200 dólares por mês. Ele disse: "Vocês viram que a lâmpada acendeu". Passaram então das perguntas técnicas sobre como funcionava a casa para outras mais ligadas aos negócios, do tipo: se aquele projeto poderia ser ampliado para um prédio de escritório ou uma fábrica, que tipo de apoio ele precisaria para fazer a coisa funcionar, e assim por diante. Isso levou a outras conversas sobre a logística do projeto.

Decidiram ir em frente. O chefe de Paul deu-lhe o comando da área de sustentabilidade, em vez de encarregá-lo de uma função específica, de forma que Paul pudesse trabalhar como um integrador de práticas e projetos. Constantemente, ele busca a integração plena.

Paul e seus colegas têm o compromisso de construir a fábrica nos Estados Unidos. Como o preço da mão de obra é mais baixo em outras partes do mundo – onde se erguem hoje muitas fábricas –, há tremenda pressão para manter os custos baixos e questionamentos constantes sobre qualquer gasto a mais por conta da sustentabilidade. Para tocar o projeto, a Texas Instruments passou três dias levantando ideias sobre como tornar a instalação mais favorável em termos ambientais. A equipe criou uma lista de "desejos" e "necessidades", classificando com rigor tudo o que seria necessário. Para ajudar, Paul criou uma fórmula de retorno e investimento totais, e fez a turma concordar que só construiriam os pontos sustentáveis se fosse possível recuperar o que foi gasto em até cinco anos. A fórmula contém todos os custos e facilita a tomada de decisões.

Ao longo do caminho, ele também criou uma planilha só para acompanhar o impacto das decisões que envolvem gastos específicos de capital. Chama-a de "negociação de custo do capital". Quando se propõe uma ideia de investimentos necessários para fins ambientais, ele examina todos os custos relacionados e o impacto que recebem. Por exemplo, se uma série de medidas de conservação parecia cara, Paul podia mostrar que o investimento tornaria possível eliminar toda uma estrutura de refrigeração, que seria tão dispendiosa quanto. As medidas de conservação não constituíam um custo crescente quando se levava tudo em conta. Assim, mantêm-se os custos totais dentro dos limites. Os colegas engenheiros mostram-se hoje muito entusiasmados com projetos de sustentabilidade.

Vejam que Paul conseguiu atrair interesse ao mostrar o estudo que fizera em sua própria casa e que, a princípio, só ouviu perguntas sobre a possibilidade de colocar a ideia em prática. O argumento, porém, foi estruturado em termos de economia de energia mensal, moeda que os executivos decididamente valorizavam. Paul não precisou inventar números, apenas conversou com eles nos termos que entendiam e apreciavam – em vez de usar uma moeda de troca valorizada por si mesmo, a sustentabilidade. Nem sempre é possível apresentar um argumento tão forte nas moedas de troca das outras pessoas, mas a experiência dele reforça a ideia de que é preciso pensar no que a plateia quer, e não apenas no que você faz. E a capacidade de causar impressão fora do trabalho ajudou muito.

260 Influência sem autoridade

Note também que ele criou ferramentas de gestão contábil para demonstrar os benefícios de tomar decisões em projetos em andamento, outra forma de influência indireta – usar sistemas para influenciar o comportamento. Enquanto escrevo isto, o projeto já ficou quase 50% completo, com o início da construção marcado para 18 de novembro de 2004.

15

Compreendendo e superando a política corporativa

Mesmo quando se quer fazer uma coisa – e não derrubar alguém – ainda se tem de fazer política. – Michael Warshaw, "The Good Guy's (and Gal's) to Office", Politics, Fast Company (31/3/1998)

Política corporativa – um palavrão, uma explicação cínica de tudo o que é desagradável, um termo descritivo ou uma oportunidade? Muita gente é cínica em relação à política das empresas, por entendê-la como uma busca dissimulada pelos interesses pessoais. Trata-se de um tipo de política que seria, na certa, mais bem descrita como pura safadeza. Mas ninguém precisa adotar a vida corporativa para encontrar comportamentos egoístas.

Esse tipo de conduta política, *voltada para si mesmo*, tem como primeira meta a vantagem do indivíduo, sem interesse nenhum pela empresa ou pelo departamento como um todo. As pessoas que visam exclusivamente ao próprio bem podem usar métodos dúbios, como expressar ideias opostas a diferentes ouvintes, fazer falsos elogios para angariar favores, prejudicar colegas com insinuações ou espalhar boatos falsos.

Esses comportamentos desagradáveis são certamente antipáticos, mas realmente ocorrem. Mas muitas vezes os outros interpretam condutas inocentes como egoístas ou desleais, pelo fato de não ficarem claros os motivos nem o estilo do transgressor. Atribuem razões pessoais desonestas a uma pessoa, e ninguém vai checar se é verdade, pois, se já julgamos uma pessoa desagradável, parece perigoso demais correr o risco de uma interação desnecessária. Mas, com certeza, chegaremos a conclusões erradas.

A natureza das empresas

As fontes da segunda forma de política têm a ver com a natureza das empresas. Por mais inteligentes que sejam os projetistas de uma organização, é impossível planejar e prever todas as formas nas quais as pessoas e os grupos terão de interagir. A organização *formal* segue um modelo, mas na vida diária surgem improvisações para preencher as lacunas que não são adequadamente explicadas. Essas improvisações, como é inevitável, criam uma *organização informal*, na qual alguns indivíduos e grupos fazem mais ou menos aquilo que é o esperado – e necessário – para levar a empresa a funcionar. Basta pensar, por exemplo, em como o auxiliar do presidente pode se tornar importante porque algumas coisas exigem atenção imediata, enquanto outras podem ser adiadas.

Algumas pessoas que querem marcar reunião são detestáveis, outras são agradáveis, alguns executivos precisam de informação que não está disponível a todos, certos clientes não podem ser ignorados, e assim por diante. Com o tempo, uma assistente cria suas formas de reagir aos pedidos que vão além das simples regras ou políticas estabelecidas pelo presidente, pois precisa ter bom-senso para enfrentar as novas situações. As reações tornam-se um padrão, e logo os arranjos informais viram mais uma rotina. Os três executivos favorecidos podem se reunir, de vez em quando, para um cafezinho com essa auxiliar, e discutir assuntos que não são debatidos de maneira formal. É só multiplicar muitas vezes esses tipos de arranjos informais, e logo o mapa da empresa precisará da constante revisão de um "mapista profissional" para refletir a atual distribuição das interações e da tomada de decisões. As empresas seriam menos eficientes e eficazes sem a organização informal que existe ao lado da formal.

Como consequência da organização informal (e em parte causando-a), os indivíduos somam mais ou menos influência dependendo do conhecimento individual, dos empregos passados, de seu histórico pessoal, competência e outros fatores. Não raras vezes, as pessoas que em geral deviam ter pouco poder na verdade têm muito, e vice-versa. Se você quer que as coisas sejam feitas, é importante saber quem é quem, e que influência de fato exercem.

Pelos resultados com altos e baixos no desempenho, além do choque de estilos, os membros da empresa criam vários sentimentos uns sobre os outros, e também sobre grupos inteiros. Trata-se de uma história muito presente, embora possa ser apenas "compreendida", porque as fontes originais de tensão foram há muito tempo esquecidas.

Além disso, partes das empresas criadas para atingir diferentes metas e atividades, tendem a seguir esses objetivos, às vezes à custa de toda a organização ou de outras partes. Não se trata de um sinal de egoísmo ou má cidadania corporativa, pois é inerente ao projeto. De algum modo, será preciso tomar decisões, e o esforço de cada grupo para influenciar as decisões a seu favor é exatamente a definição de política. Assim, *política* refere-se à busca de interesses; seria estranho se cada área não o fizesse.

(E a tarefa da liderança é encontrar uma forma de dar às metas globais da organização pelo menos o mesmo caráter atraente das metas individuais, para que os componentes se juntem em um só corpo.)

As empresas também têm algum tipo de história, processos ou protocolos preferidos sobre como fazer seu trabalho, alguns elementos-chave e outros como lançadores de tendências, além de alguns símbolos que têm de ser invocados de vez em quando. Muitos membros sabem disso, por consciência ou instinto, e atuam dentro da sua estrutura predileta.

Essa forma de ver a política empresarial implica que parte do trabalho consiste em compreender a dinâmica e os inevitáveis conflitos, aceitá-los como parte da vida corporativa e aprender a trabalhar por meio deles para realizar sua tarefa. Membros experientes de empresas levam tudo isso em conta à medida que avançam em suas carreiras. Sabem que o cenário faz parte da eficiência. Mas entender isso, e trabalhar ao redor dela, não exige que alguém desça à política pessoal da pior espécie. Pode ser tentador, mas raras vezes leva a bons resultados a longo prazo. Portanto, não menospreze a política. Não se ponha "acima da política". Essa atitude, além de ingênua, indica um julgamento severo demais de que a realidade é "má", mas, à sua maneira, não passa de uma posição política pessoal. Esquivar-se ou desdenhar dela significa entregar o poder, e o envolvimento em atitudes desleais, secretas ou perversas cria relações venenosas e acaba por manchar sua reputação. Jogue duro, mas limpo.

A cultura determina como se faz política

As organizações divergem em termos de crenças culturais sobre política. Primeiro, há uma grande variação nas condições de como aceitam com facilidade a ideia de que não há problema em um departamento fazer uma defesa ativa de seus próprios interesses. Embora ninguém afirme que os interesses departamentais não contem, eles bem poderiam pensar que as vantagens devem ser um efeito colateral de seu bom desempenho para a empresa. Em outras organizações, vê-se o interesse próprio como natural e inevitável, e quase tudo se desenrola em um jogo limpo.

A segunda diferença cultural é em termos de até que ponto se aceita bem o conflito entre departamentos. Em alguns casos, censura-se até a ideia de conflito e posições opostas, e eliminam-se as divergências. Assim, esses choques se dão às escondidas. Se você trabalha com organizações sem fins lucrativos ou seu trabalho gira em torno delas, reconhecerá esse padrão.

Por outro lado, dê uma olhada em algumas empresas de Nova York, onde a luta é uma forma de arte, ou nas montadoras de automóveis. Algumas, de alta tecnologia, têm tradições de intensas discussões e lutas, seguindo a crença de que a verdade reside naqueles que falam mais alto e de forma mais convincente.

Entenda o estado das coisas

Para você, a lição importante é saber em que jogo se meteu. Não tem de descer a arranca-rabos mesquinhos apenas por estar numa empresa em que isso acontece, e ficar fazendo cara de desconsolo só vai tirá-lo da ação. Ao contrário, não deve supor que todos entrarão alegres em altas discussões apenas porque você prefere assim. Mas leve em conta até que ponto é legítimo defender excessivamente os interesses do departamento e tomar a frente em relação àquilo que você busca. *Saber em que jogo se meteu* é uma das primeiras regras para trabalhar com eficácia. (Deve estar paralela ao conselho sobre relacionamento, já discutido aqui, para entender como os indivíduos preferem ser abordados.)

Quando você quer que alguma realização possa afetar todas as áreas, a descoberta das regras de combate faz parte do seu trabalho. Assim como defendemos a importância de compreender o que tem valor para os indivíduos que desejamos influenciar, dando uma coisa de valor em troca, entenda o que é mais relevante na sua empresa. Descubra como se disputa o jogo.

Busque ajuda

Se você é relativamente novo e não sabe como, pergunte. Talvez seja bom procurar os mais velhos, aqueles que tiverem mais tempo de casa, ou as pessoas que pareçam bem relacionadas, e indagar como tudo funciona. Na Tabela 15.1 a seguir, apresentamos algumas perguntas que podem ser feitas para atingir esse objetivo.

Tabela 15.1 Perguntas para ajudar a descobrir como operar com consistência dentro do clima político da empresa

- Quais os pontos sensíveis das várias partes interessadas?
- Quais as minas terrestres enterradas; quais as questões perigosas?
- Quais as pessoas poderosas e que estão ocultas?
- Quem são as pessoas mais influentes?
- Há pessoas com ligações (estabelecidas) na diretoria que você precisa ter o cuidado de não contrariar?
- Quem deve ser cortejado para ter certeza de que não se oporá a você, mesmo se não concordar plenamente com seus planos?
- Quais são as regras não ditas para se dar bem com os outros?

Faça o diagnóstico dos participantes

Tudo que vem a seguir é trabalho de bastidores para um diagnóstico de cada pessoa envolvida na empresa. Para começar, se você entrar na cultura e política da organização, identificará melhor quem é a pessoa importante com a qual terá de lidar. Conhecer os participantes-chave é fundamental para o sucesso.

A influência acontece quando você pode oferecer alguma coisa valiosa à pessoa a quem quer influenciar em troca do que deseja. (Alguns podem afirmar que uma grande clareza sobre como influenciar nos trabalhos estimula a política corporativa, mas a política de interesse vem embutida, como já discutimos.) Para lidar com os interesses naturais de indivíduos e grupos, talvez não compatíveis com o que você quer ou tem a oferecer, é preciso entender muito bem cada um deles. Além das vantagens óbvias para o departamento, quais outras coisas interessam? Se puder descobrir isso, você tem uma gama maior de áreas possíveis para satisfazer ao fazer trocas.

O exercício dos 10 mandamentos

Trabalhamos muitas vezes com equipes de gestão que desejavam reduzir a política negativa da empresa ou descobrir como fazer mudanças que possibilitassem o sucesso de mais pessoas. Uma atividade útil – que você pode fazer sozinho ou pedir ajuda a veteranos – é o exercício dos 10 mandamentos. Perguntamos: "Se você quisesse ajudar um novo contratado sensacional a aprender rápido como tudo funciona na organização, quais os 10 mandamentos da empresa, que não estão escritos em lugar algum, mas que todos conhecem?". Essa lista costuma ser instrutiva e provocar uma boa discussão.

Em geral, defendemos uma abordagem direta e conversas sobre interesses, e se você trabalha em uma empresa na qual a maioria reconhece a legitimidade dos interesses pessoais e departamentais, pode perguntar mais ou menos assim: "Preciso de sua cooperação, e sei que você também sairá beneficiado, assim, se puder me dizer o que acha importante, vou tentar encontrar uma forma de satisfazer seus objetivos". Se, no entanto, uma conversa direta assim provocar cara feia ou, pior, se os relacionamentos se tornaram tão suspeitos que a pergunta faz com que você fique muito vulnerável, terá de diagnosticar de longe. Os capítulos 4, sobre "como saber o que eles desejam", e 3 – "Bens e serviços: as moedas de troca" – dão muitos conselhos sobre como fazer isso, mas podemos resumir aqui.

Pense na situação corporativa dos vários participantes. Quais pressões e forças que atuam sobre eles? Quais suas verdadeiras atribuições de trabalho? E quem são as outras pessoas-chave que interagem com eles por causa dessas tarefas? Como as pessoas são avaliadas e recompensadas? Quanta pressão aguentam? Que tecnologia usam, e como ela contribui para a realização do trabalho? Quais as formações educacionais mais comuns das pessoas nessa área? Há um histórico de tensão no grupo em que você trabalha? Eles costumam ter problemas com outras áreas?

As respostas a essas perguntas ajudam a alertá-lo sobre o que provavelmente importa para cada participante do jogo, e servem para enquadrar seu pedido e os pagamentos do outro. Também podem orientá-lo a decidir de antemão como falar com cada pessoa importante sobre seus planos. Sua ênfase deve variar de acordo com a maneira como você vê os interesses de cada pessoa, e o que ela valoriza; qualquer tentativa complexa de influenciar pode trazer muitas vantagens, e você quer "sair bem na foto" com cada um. Não se trata de mentir, mas de saber o que acentuar. Se puder prever, por exemplo, que um grupo será ameaçado pelo impacto potencial da sua iniciativa, você precisará se concentrar em algumas das outras vantagens para oferecer quando se aproximar dele.

Conheça a si mesmo – e saiba como se proteger

Lidar de forma produtiva com o sistema político exige atenção intensa, transações complexas, enquanto você decide o que merece insistência ou recuo, e uma coragem razoável para navegar entre os pontos de vista dos competidores. Assim, é especialmente importante ter objetivos claros e consciência dos próprios valores e atitudes. O que você precisa – pontos sensíveis – e onde há maior probabilidade de perder o equilíbrio? Seus valores e ética na certa serão testados, quando você decidir ser completamente franco, quando falar apenas o necessário e quando blefar. Pensar em como encaixar o que diz sobre o projeto a muitas pessoas e grupos diferentes pode ser um fardo, e parece um processo esmagador. Quanto maior a autoconsciência, menos terá de aprender no caminho quando sob maior pressão.

Se você está em uma empresa muito competitiva, com muita coisa em jogo para alguns grupos, talvez encontre táticas de bastidores sujas, como as do funcionário do governo que admitiu ter mandado cópias anônimas de memorandos para constranger outros membros da equipe ou disse ter enviado uma cópia que jamais enviou. Embora não defendamos nada disso, seria sensato preparar-se para lidar com incidentes semelhantes.

O desafio é se defender sem escorregar nas mesmas táticas sujas que resvalam em você. O Capítulo 16, sobre jogo duro e estratégias radicais, examina mais de perto como se proteger, mas em geral o fato de trazer à luz esse comportamento constitui a melhor forma de "secá-lo". Só se tiver uma autoconsciência clara e um certo grau de confiança, continuará a atuar quando outros tentarem colocar você e seus esforços para baixo. Além do mais, ajuda muito pensar com antecedência em como trataria esse tipo de situação, pois, quando acontece, o primeiro instinto muitas vezes é o de raiva com a injustiça, o que leva a uma reação exagerada. Portanto, você gostaria de ter a possibilidade de recuar e planejar a defesa.

Vamos ilustrar com um exemplo mais amplo e uma análise da navegação pela política corporativa de uma companhia gigantesca. Fran Grisby é uma amiga realmente talentosa. Ela ocupou posições importantes de gestão em várias organizações, e hoje tem uma firma de consultoria própria. Alguns anos atrás, Fran mudou-se da DEC para a Commuco, e logo se viu diante de uma tarefa realmente traiçoeira em uma empresa de cultura rígida. Pediram-lhe para dirigir um projeto que a maioria dos observadores considerava condenado, mas que tinha sido iniciado por um respeitado gestor sênior, que ainda estava por perto e investira alto no empreendimento – Fran teve de descobrir como seguir em frente. Ela conta sua experiência e o que aprendeu a respeito de sobrevivência na política corporativa. Como é uma amiga de longa data, dispôs-se a revelar detalhes sobre o que pensava e o que ocorreu, embora tenhamos disfarçado a empresa e algumas circunstâncias. Parte do testemunho talvez o deixe pouco à vontade, mas ela conseguiu sobreviver e se dar bem, de modo que vale a pena aprender com a Fran. Você pode decidir, da mesma forma que ela, que não quer mergulhar nesse jogo, mas essa história o ajudará a descobrir como entender e usar a política, se quiser.

Trabalho em uma tarefa realmente difícil – liquidando um projeto de 100 milhões de dólares de um colega sênior, querido na empresa, e navegando na política corporativa

Recrutaram-me na DEC para ser vice-presidente de gestão de programa do grupo de sistemas de informação na Commuco. Esse grupo envolvia-se em tudo que não fossem telefones e *pagers*. Prometeram-me que, se fizesse esse trabalho funcional, conseguiria dirigir um negócio mais tarde. Um mês depois, transferiram o líder dos sistemas de informação; o novo gestor reorganizou a equipe e me deu um dos quatro projetos resultantes para tocar: o Projeto SWITCH.

Histórico do Projeto SWITCH

Ele vinha funcionando como projeto ao longo de quatro anos, com 200 e tantos engenheiros e equipe de marketing, que projetavam uma empresa telefônica de alta tecnologia, corporativa e com múltiplos propósitos. O negócio era tocado pelos clientes de telecomunicações. A Commuco era orientada para o cliente individual. Tratava-se de um dos raros projetos de fato grandes para grandes empresas. A Commuco só conhecia redes amplas; e nada do tipo de empresas clientes de telecomunicações.

SWITCH era um projeto imenso, que malograva terrivelmente na época; já haviam gasto 100 milhões de dólares nele. A verdade aceita na empresa, que eu já tinha ouvido quando conheci as pessoas, era de que o *design* do *software* fora planejado e executado de forma tão malfeita que você não podia testá-lo ainda que fizesse tudo certo. Não dava para dividi-lo e testar qualquer subsistema. Pura e simplesmente um projeto ruim. Nenhum projeto de *software* é tão complexo que não se possa dividi-lo para ver como funcionam os subsistemas; de outro modo, temos de chegar ao fim para descobrir, e pode ser tarde demais.

O projeto nascera da mente do vice-presidente da Advanced Development, meu colega, um cara brilhante que convencera a empresa a deixá-lo dirigir o setor de desenvolvimento de *softwares*. Em geral, a equipe do desenvolvimento avançado não sabe fazer códigos de produção, mas ele queria fazer. O projeto representava uma sangria de dinheiro em um momento em que a companhia não podia se dar a esse luxo.

Os desafios políticos

Pediram-me para assumir o projeto, que se transformou em um negócio, com todos os elementos pela primeira vez sob um só gerente: eu. Transferiram para mim os engenheiros, incluindo o grupo de desenvolvimento avançado, e também me deram o marketing. Depois, havia problemas políticos! Tinham sido quatro anos de oba-oba, sobre como o produto era maravilhoso, como seria uma bandeira da empresa e uma visibilidade para o nosso CEO. O vice-presidente de desenvolvimento avançado construíra a vida em cima disso, de modo que todos os seus fãs na companhia queriam que desse certo. O produto mais lucrativo na época tornava-se mais competitivo, de modo que havia pressão pelo êxito.

Aquela situação era clássica; um chefe novo, bastante seguro de que o projeto era um fracasso, entrega-o a mim, sendo que ambos éramos novatos. Eu deveria ter dito: "Não, prefiro que me mande de volta para a DEC".

Ficou claro que eu era a xereta numa empresa de veteranos, com estilo de veteranos, que se orgulhavam de "bater com a mão no peito" – comportamento antiquado do tipo "rei dos gorilas". Como eu ia ficar com o bebê, sabia da obrigação de fazer coisas que o cara do desenvolvimento avançado não apreciaria. Para enfrentar todo o afeto do meu grupo pelo vice-presidente camarada, percebi que precisava de algum apoio poderoso. Precisava de cobertura em nível político empresarial.

Pareceu-me visível desde o começo, embora jamais dito com todas as palavras, que eu teria de liquidar o programa. As pessoas em outras partes da empresa me diziam, a portas fechadas, que o código de *software* era tão ruim que, para ter êxito, seria preciso jogá-lo fora e reescrevê-lo do zero – um atraso de dois anos para chegar ao mercado. Por isso, teríamos de cancelá-lo, embora já tivessem sido gastos 100 milhões de dólares. Todos, com exceção do vice-presidente de desenvolvimento avançado, disseram a mesma coisa. Ele queria que o pessoal continuasse trabalhando e, quem sabe um dia, viessem com alguma coisa positiva.

Minha primeira tarefa oficial era avaliar o projeto e decidir o que fazer com ele. Na verdade, tratava-se de uma falácia, por ser claro a todos que era um produto muito ruim. Eu sabia que precisava de cobertura política, e de alternativas para o futuro, pois, se o cancelássemos, teríamos muitos engenheiros desocupados. A questão era o que fazer com eles. Era um tempo bom para a TI em geral, por isso tornou-se um verdadeiro desafio contratar bons profissionais. Como, após cancelar o projeto, identificaríamos novas oportunidades, eu detestaria perder aqueles grandes talentos, dos quais podíamos voltar a precisar.

Percebi que me metera em uma encrenca. Tratava-se de uma tarefa do tipo "Por que você não se joga de um penhasco?". Mas eles haviam me desafiado. "Posso fazer qualquer coisa", eu disse sem pensar. Não tinha medo de que o vice-presidente solapasse minha decisão; ele era uma pessoa lógica e digna de confiança. Contudo, senti que, aos olhos dos engenheiros da empresa, seria vista como a adversária daquele executivo popular. Isso poderia prejudicar minha capacidade de atrair pessoas para novos empreendimentos.

Primeiro, tinha de conseguir apoio interno: precisava afastar a equipe de outras lealdades construídas pelo tempo. Todos tinham longos históricos com esse grupo e a Commuco. Foi necessário convencê-los de que havia alguma coisa a lhes oferecer na sequência do projeto para que trabalhassem comigo. Dei-lhes minha palavra de que faria um bom gerenciamento e não faltaria com a verdade sobre o futuro do grupo; e se não desse certo, prometi novos mercados estimulantes, desafios novos e interessantes (aos engenheiros), a chance de identificar oportunidades e cuidar de um processo desde o início. Não posso dizer que convenci todos, mas minha estratégia lhes dava uma chance de serem orientados e produtivos. Jamais tinham sido nada disso. Havia uma recompensa por fazer o trabalho, uma vez que, como profissionais, queriam ser produtivos. Ofereci muito material de produtos que nada tinham a ver com o projeto. Passei muitos contatos externos (pois a Commuco sempre foi voltada para dentro); por exemplo, gastei um bom dinheiro com consultores para oferecer educação profissional, conhecimento; mandei-os a congressos, e assim por diante. Isso proporcionou vantagens para todos. Também tentei contratar um bom engenheiro chefe que tinha trabalhado para mim antes. Alguém com boa prática nesse campo e com quem eu poderia contar. (Por infelicidade, não consegui aqueles que tentei contratar.)

Importante mesmo: tentei me divertir feito louca. A tensão sumiu do mapa; por isso, fizemos todo tipo de coisas (as melhores festas de aniversário, distribuindo presentes bizarros, como frangos de borracha; comemorações sem motivo nenhum, enfeitando salas de reuniões; gincanas com bolas de beisebol, bastões de espuma; assim, demos a todos uma razão para rir, e foi o que fizemos a valer). Tínhamos de rir devido a tanta tensão. E funcionou realmente bem; perdemos apenas duas de oito pessoas da equipe ao longo de dois anos duríssimos. (E ainda trabalho com dois deles, porque nos tornamos próximos.)

Construindo apoio político corporativo

O serviço consistia em dirigir e avaliar o projeto ao mesmo tempo. Achei que a única forma de avaliação era usar a equipe da administração da Commuco. Se procurasse fora da empresa, eles não teriam credibilidade nenhuma. Contudo, eu precisava de avaliadores com algum distanciamento. Procurei o chefe do meu chefe. Pedi que montasse uma equipe, e foi o que ele fez, reunindo uma turma competente de todas as áreas (profissionais que também tinham experiência política e boas ligações). Após várias visitas ao projeto, recomendaram cancelá-lo, o que se revelou muito útil em termos políticos.

Também circulei. Fui visitar as pessoas na matriz, inclusive o futuro CEO, que perguntava o que estávamos fazendo, como estávamos indo, o que seria feito e qual critério usado. Minha mensagem era: "estamos agindo como administradores (não como políticos)". Então pude fazer as coisas de maneira clara e direta. Lógico que se tratava de uma atitude política, mas isso era tudo o que eu podia fazer. Não podia solicitar a interferência de ninguém porque nem sabia exatamente o que pedir naquela altura. Não estava na empresa por tempo suficiente para ter criado uma rede de contatos com a qual contar.

Mas até que fui bem. Quando cancelei o projeto, houve pouca repercussão na empresa. Eu tinha conversado com todos, portanto sabia o que pensavam do assunto. Mas embutido na tarefa havia outro grande problema, além do fato de ter queimado uma fortuna: já tínhamos anunciado o produto e feito um lançamento no mercado! Não havia como recuar, por isso eu pavimentava o caminho, senão o mundo despencaria na minha cabeça quando o encerrássemos. A coisa envolveria o departamento de relações públicas, o trato com a imprensa, todos os grupos da empresa que projetavam produtos complementares, e assim por diante. O impacto foi grande, mas não respingou muito em mim. Recebi uma onda de *e-mails*, sobretudo de gestores médios com produtos relacionados aos nossos ou que respeitavam o vice-presidente de desenvolvimento avançado; por isso, achavam uma vergonha a decisão, e que devíamos encontrar outra saída. Mas não sofri fogo amigo de colegas nem da empresa.

Preocupavam-me as reações do vice-presidente de desenvolvimento avançado, mas ele deixou a coisa por aí mesmo. Ficou claro que eu não precisava me preocupar com a possibilidade de ele solapar minhas ações. Encontrava-o sempre, primeiro para me familiarizar com o projeto e a maneira como ele o via, depois para informar minha decisão e planejarmos juntos quem demitiríamos e quais engenheiros acabariam no negócio que ele tocava ou no meu. Ele obviamente ficou triste em relação ao projeto, mas não falou disso às claras. Manteve o emprego porque a empresa ainda precisava de trabalho no desenvolvimento avançado.

O que fazer com as pessoas quando o projeto fosse cancelado? Nossa tarefa era entrar na rede corporativa, já que a empresa fazia outros produtos. Tínhamos de encontrar uma oportunidade lucrativa para usá-los. A última coisa que desejávamos era perder os talentos, tão difíceis de encontrar. Na época, havia uma nova tecnologia de rede (ATM); logo, este era o lugar óbvio. Formei equipes de trabalho para examinar novas empresas possíveis. Olhamos dispositivos, cartões adaptadores, servidores com resquícios de velha tecnologia da SWITCH, além de outras possibilidades. Fizemos um processo com uma gestão rígida, prazos e etapas. Isso de fato funcionou bem para levar a equipe a sentir que não fazia apenas trabalho fracassado. O fato é que não havia nenhum projeto que pudesse segurar 200 pessoas. Então, quando

Compreendendo e superando a política corporativa 271

chegou o momento, tive de demitir muita gente. Queria fazer isso de uma vez só. Clássico: rápido e limpo. Mas ainda assim foi um grande choque. Primeiro, despedi 60% do grupo.

Se não tem trabalho para as pessoas, não faz sentido continuar a pagá-las. Como já demitira muita gente em empregos anteriores, tinha as mãos calejadas a essa altura. Mas muitos dos engenheiros haviam entrado de corpo e alma no projeto, e me solidarizei com a decepção deles ao verem anos de trabalho descer pelo ralo (ou seja, não chegar ao mercado).

Jamais sofri tanta pressão. Queria que tudo saísse perfeito. Coisa de herói. Desejava que tudo funcionasse, mas não deu. Queria mesmo compensar quatro anos de gastos excessivos, enquanto ninguém fazia nada além de olhar para o outro lado; mas saiu o contrário do planejado, e eu simplesmente não podia recuperar isso. Todos sabiam ser a decisão certa, mas foi duro o impacto do desmantelamento da equipe, principal produto do grupo, que tinha profunda ligação com a empresa. Ainda há uma lista de "ex-SWITCHes" (sou a única não engenheira nela), o que mostra como era um grupo coeso; nenhum impulso se contrapunha a nada disso, embora eu tentasse. Todos na equipe entenderam isso. E não recebi nenhum *e-mail* raivoso deles. Não muito depois (uma espécie de *deus ex machina*), o vice-presidente de desenvolvimento avançado entrou em férias com esposa e filha; encontraram os três mortos, e ninguém soube explicar o que aconteceu. Parecia um símbolo tangível de como tudo tinha desmoronado nesse projeto.

Essa morte tornou mais difícil manter as pessoas, mesmo as que não trabalhavam direto para ele, pois se tratava do líder da área de tecnologia de todo o nosso grupo. Eu tinha feito tudo certo, com novos projetos em andamento, recuperado dinheiro, que de outra forma seria desperdiçado, e iniciado novos produtos, que encheram de ânimo as pessoas, mas havia tanta energia negativa em relação ao trabalho em si e à nossa incapacidade de encontrar outros negócios bem-sucedidos, que chegava a ser triste e estressante.

Aí cometi um grande erro (pelo menos para a Commuco). Havia alguns negócios estranhos rodando pelo grupo, claro que inviáveis como geradores de renda, mas bem populares entre os mais velhos da corporação. Recusei a chance de dirigir um deles, um erro interno (embora fosse honesta ao dizer que não geraria dinheiro). Os outros negócios não tinham apoio político para atravessar o período de contenção de despesas que ocorria naquele momento. Para proteger as pessoas do grupo, eu deveria ter aceitado esse projeto mais popular entre a diretoria, pois sustentar-se-ia mesmo sem ser lucrativo. Com o tempo, caso eu tivesse escolhido para dirigir um que fosse mais popular do ponto de vista político, o grupo ainda existiria, trabalhando em produtos viáveis. Todos tivemos de procurar novos empregos. (Após três anos na empresa, saí, porque me ofereceram cargos na cidade onde ficava a sede do grupo, e eu não quis me mudar para lá.)

O que me queimou foi lidar com veteranos, que acharam por bem nos expulsar como se fôssemos uma maldição. Vi que eu era o tipo de pessoa errada para aquele ambiente. A relação com os veteranos e um eterno – quero dizer – quando em dúvida, brigue; havia uma prática corporativa de chamar o gerente para censurá-lo diante dos colegas. Sempre que eu ou o grupo entrava para apresentar o projeto a um dirigente, a atitude deles era: "Quantos buracos você está vendo na apresentação?". E faziam pressão – um ambiente de provocação e *bullying* corporativo. Em uma grande reunião com representantes de todos os setores, esse foi o comportamento padrão da maioria. Percebi que não se tratava apenas do meu chefe, era a cultura do grupo. O que é estranho, porque o CEO não era assim; ele é um intelectual educado – e sempre pensamos que isso vem de cima. Disseram-me que a cultura resultava de um grupo muito bem-sucedido que fora adquirido pela Commuco, o que significava pessoas puxadas de lá e distribuídas pela corporação, como meu chefe. Talvez só tenha sido uma questão de cultura empresarial, exacerbada durante os três anos que passei lá.

Por certo não tinham ideia do que fazer com mulheres fortes. Não se espantavam se eu era forte ou durona o suficiente, mas meu próprio gestor jamais se sentia à vontade comigo. Eu continuava feminina. Mas passei no teste, porque me ofereceram empregos na matriz. Do ponto de vista empresarial, eu tinha respeito e era valorizada quando o projeto foi fechado.

A experiência política tem dois componentes: hoje eu penso muito em eleitorados. Como são os grupos e as categorias com os quais estou lidando? Faço uma constante classificação mental no que quer que esteja trabalhando. A estratégia é sacudir tudo na cabeça, independente do que aconteça. Parece um mapa mental; faço isso naturalmente. Toda a vida gostei desse tipo de categorização, como o trabalho em operações no qual você põe as coisas em círculos e quadrados. Crio planos para cada eleitorado.

Por exemplo, assegurei-me de que a equipe de avaliação do projeto fosse coesa e montada com veteranos da Commuco, que tinham credibilidade por serem quem eram; assim, quando dizem alguma coisa, todos dão crédito.

A experiência também é pessoal. Quem é emocionalmente inteligente, sempre pensa quais são os interesses deles, e as reações ao que você faz. Sei que sou forte nisso.

Você também precisa saber para que lado o vento sopra, fazer coisas que o deixam em evidência. Por exemplo, ao perceber que se trata de um projeto ruim e que jamais dará dinheiro, mas o vice-presidente gosta e o quer, faça isso para manter o grupo. É o conhecimento de como aparecer bem, não importa qual seja a realidade. Ou, outro exemplo, notar coisas externas, como qual categoria de produto recebe muita publicidade hoje. (Assim começou o SWITCH: houve uma onda de excitação na imprensa.) Trata-se de uma coisa entranha, mas é difícil dizer. É um determinado estilo de apresentar tudo como um gestor da coisa (como se você criasse seu próprio vento a favor), como relações públicas de si mesmo, que leva adiante o projeto ou a oportunidade, e se sente totalmente confortável em discutir os planos de negócios, futuros – claro que todos sabem que esses planos não são literalmente verdadeiros. Mas, se você tem garra e coragem para dizer "eu farei disso um negócio de 5 bilhões de dólares", ganha respeito, pois se dispõe a dizer que pode fazer o vento soprar.

Lições extraídas das experiências políticas de Fran Grigsby

- A credibilidade é inestimável; se você a tem do trabalho anterior, mantenha-a, e se precisar adquiri-la, procure serviços difíceis que tenham visibilidade (e faça acontecer).

Quanto mais alto o nível em que atua, mais difícil dizer se você sabe mesmo o que está fazendo. Tecnologia, complexidade do projeto e a extensão de tempo que se leva para conseguir resultados tornam difícil descobrir quem tem razão. Portanto, o desempenho passado – sua reputação – tem extrema importância. Não garante ausência de oposição, mas ajuda a ganhar campo de ação e algum apoio. Parece óbvio, mas faça um bom trabalho o mais cedo e com a maior frequência possível. Assim ganhará sua armadura de credibilidade.

Se você é novo na empresa, porém, o desempenho passado talvez não valha muito, e em alguns lugares pode até contar contra. Por isso é preciso calcular como ganhar credibilidade logo.

Uma forma é fazer um grande serviço com um produto problemático para a organização, sobretudo quando outros não tiveram coragem de enfrentá-lo. Claro, isso significa que haverá riscos ao aceitá-lo, mas, se você tiver êxito, aumentará de forma significativa sua credibilidade, como fez Fran. Talvez não tenha tanta sorte quanto um jovem, nosso conhecido, que pegou um primeiro emprego no qual havia uma imensa bagunça nos processos que se arrastavam em meses de maus resultados. Este jovem, usando técnicas de computador que tinha acabado de aprender na universidade, resolveu o problema em poucos dias. Virou herói instantâneo! Mas você pode levar algumas dificuldades para quem está dentro da organização, pois, como alguém de fora, você terá um ponto de vista útil e diferente.

Você também pode encontrar o tipo de barreiras políticas que Fran enfrentou; por isso, outra forma de demonstrar credibilidade é entender que a cultura política existente talvez tenha grande inieresse sobre o que você faz; portanto, prepare-se para muitas perguntas sobre como tudo funciona. Além de proporcionar informação valiosa, o fato de saber o bastante – para perguntar e fazer – ajudará a torná-lo mais digno de crédito. Afinal, é natural e prudente checar o cenário.

- Mantenha as antenas ligadas, sobretudo quando for relativamente novo na empresa.

Fran conta como sempre controlava o ambiente, o que no mínimo foi importante para sua sobrevivência. Isso a ajudou a saber em que pontos se concentrar, e onde ter mais cuidado. (No futebol, como na vida empresarial, é importante manter a cabeça erguida, olhar em todas as direções e se cuidar; são boas dicas para sobreviver numa empresa dominada pela política.)

- Disponha-se a fazer acordos quando isso preservar metas de longo prazo.

Só você pode decidir quando recuar de uma posição que lhe é cara, mas na maioria dos casos isso terá de acontecer em algum momento se quiser ter sucesso. É difícil equilibrar a visão e princípios com a necessidade tática, e a perseverança conta; mas não se meta em uma mentalidade do tipo "do meu jeito ou rua". Os políticos em geral calculam como se dar bem até mesmo com adversários ideológicos, e sabem que têm de entregar um pouco para conseguir o que lhes interessa. Os bons políticos são negociadores naturais, e mantêm as relações apesar das disputas.

- Trabalhe sua rede de contatos, plante sempre ideias ou planos potenciais, e construa ligações.

O trabalho nessa rede resulta logicamente da necessidade de boa informação sobre partes interessadas importantes e, sem dúvida, de bons relacionamentos. Além do mais, ideias que, aplicadas, obrigarão as pessoas a mudar alguma coisa costumam exigir tempo para a digestão. O que parece assustador ou radical a princípio pode se tornar muito mais confortável com a repetição e a qualidade das informações adquiridas aos poucos.

- Se o que você tem de fazer for pessoalmente inaceitável, saia tão logo consiga encontrar uma alternativa melhor.

Embora Fran tivesse êxito, fosse ambiciosa e muito boa em conseguir que se fizesse tudo em uma organização política dura e de alta pressão, não desejava continuar com esse tipo de vida. Algumas pessoas não gostam de trabalhar em um ambiente tranquilo e agradável, porque pode ser muito sonolento; outras se sentem muito pressionadas por fazer parte de uma grande organização. Descubra o que mais lhe convém.

16

Jogo duro: partindo para estratégias mais radicais – quando não dá mais para apanhar moscas com mel

Ao longo de todo este livro temos enfatizado a importância de se trabalhar para um resultado vencedor. Nas empresas de hoje, existe sempre um futuro, e o colega que você derrota hoje pode estar no seu encalço amanhã. É muito melhor que esta pessoa vá embora satisfeita.

Mas existem momentos em que uma ameaça (velada) ou "custos" podem ser necessários para alcançar este resultado vencedor. Geralmente, é uma boa estratégia aproximar-se da outra pessoa abordando os benefícios da sua proposta, mas só isso não será suficiente. É verdade que existe um lado negativo implícito atrás das ofertas mais positivas. Pode ser que a pura realidade seja esta: sem a aceitação da troca, a outra pessoa perderá os benefícios. Mas certas situações tornam imprescindível jogar pesado e mencionar as consequências negativas que podem ocorrer se a outra pessoa ou mesmo o grupo não concordar. Isso pode envolver – por declaração direta ou insinuação – uma ameaça de aumento dos custos via uma ação direta ou a retenção de algo que a pessoa deseja. Você pode ter de jogar duro se quiser ter uma chance de convencer um aliado em potencial que se mostra muito resistente. *Com "jogar duro" queremos dizer que você deve usar unhas e dentes para defender suas propostas quando necessário, e é isso o que deve fazer quando os outros jogarem sujo.*

Esta estratégia é perigosa, e o tiro pode sair pela culatra. Mesmo uma ameaça implícita pode gerar resistência – especialmente quando a outra parte se aborrece e se concentra na retaliação, em vez de pensar nos benefícios para a organização. Enfatizamos a importância de lidar com o lado positivo, porque é sempre melhor almejar um resultado em que todos ganham. Em segundo lugar, recomendamos que nunca se leve o acordo para o lado pessoal. Você trabalha para alcançar os objetivos da organização, e não para ganhar poder. Mas, às vezes, deixar claro que também pode haver um resultado negativo – e que você está disposto a fazer tudo o que for necessário – pode não apenas chamar a atenção da outra pessoa, como também, em alguns casos, aumentar o respeito dela por você. Estar disposto a lutar pelo que acredita frequentemente causa admiração.

Quais são as circunstâncias que exigem uma estratégia de influência mais dura, menos mutuamente recompensadora? Às vezes, apesar do valor corporativo do seu pedido e de todos os seus esforços, simplesmente não há acordo entre os resultados positivos que seu aliado deseja e aqueles que você pode oferecer. Esta pode ser a hora de começar a atacar pelo lado negativo. Por exemplo, suponhamos que você tenha ido além do seu limite para ajudar um aliado, mas ele está surdo aos seus pedidos. Você já lhe perguntou a respeito desta desigualdade, mas seu colega está sempre cheio de desculpas e continua a dizer que tem uma série de responsabilidades para cumprir. Em vez de rotular esta pessoa como hipócrita e uma sanguessuga ingrata, diga:

> Bill, entendo que você está sobrecarregado – todos nós estamos – e que alguns dos meus pedidos não estão formalmente dentro da descrição do seu cargo. Mas o que você tem me pedido também exige que eu vá além do meu limite, e tenho feito isso. Agora, existem duas maneiras possíveis de nos relacionarmos no futuro: cada um de nós vai ceder para ajudar o outro ou simplesmente seguiremos as regras. O que você quer? Eu prefiro a ajuda mútua, mas me recuso a ser a única pessoa a ceder. Se você quiser uma relação de troca real, espero uma resposta mais evidente aos meus pedidos.

Isto deve chamar a atenção e, se ele não estiver deliberadamente tentando tirar vantagem, deve também criar uma relação melhor de respostas mútuas. Você está disposto a colaborar, mas não quer parecer um idiota. Além disso, a recusa da outra pessoa em ajudar tem custos diretos que são consequências inevitáveis dessa falta de cooperação.

As seções seguintes apresentam algumas formas de endurecer suas estratégias e, ao mesmo tempo, preservar a possibilidade de uma colaboração ou aliança.

Aumentando os custos do seu aliado – gradualmente

Quando você quer desesperadamente conseguir algo de uma pessoa muito resistente – porque está convencido de que isso é necessário para o bem da organização –, é preciso expandir os argumentos (moedas) e o estilo que usa. A regra geral básica é aumentar os custos ou indicar sua intenção de aumentá-los de forma progressiva. Um acréscimo gradual é o modo de minimizar respostas negativas, dar a si mesmo mais espaço para preservar o relacionamento e aumentar o número de opções que tem. Você pode começar com um alerta antes de agir. Enfatizar o lado negativo – "isto é o que vai/não vai acontecer se você não cooperar" – pode ser arriscado, mas dar um aviso torna as coisas menos pessoais e suaviza o peso da pressão extra. Com efeito, você diz que seria péssimo se seu aliado perdesse os benefícios que obteria ao colaborar, colocando a ênfase na natureza da troca, e não na pessoa. Não é a mesma coisa que disparar: "Você é um imbecil em se recusar a ajudar, e ainda vai pagar caro por isso". Ao contrário, é uma tentativa de mostrar ao aliado recalcitrante que é o comportamento *dele* que alimenta esses custos significativos.

Esta estratégia de aumento de custos requer uma *finesse* considerável em sua execução, e deve ser usada com cautela. O risco diminui se você também puder estender a bandeira branca, enfatizando como está relutante em ter de escolher esse caminho negativo. A estratégia deixa claro que seu objetivo é a cooperação, e não causar mal ao outro.

Nos exemplos mostrados a seguir (quadros publicados nas páginas 278 a 281), as pessoas que trabalham duro para adquirir influência avançam com determinação, passo a passo. Identificamos uma variedade de medidas, cada vez mais intensas, que elas desenvolveram para endurecer o jogo com aliados difíceis.

Aumentar os custos para um colega nem sempre envolve a ameaça direta de usar clientes ou pessoas em posições e cargos superiores para obter sua cooperação. Mesmo sem tais medidas, é possível manter a determinação para conseguir o que você quer.

Quando seu chefe é o colega difícil

Quando alguém que é realmente difícil de influenciar é seu próprio chefe, e ele teima em permanecer com o comportamento negativo, você precisa se esforçar mais ainda para encontrar modos legítimos, e não claramente provocadores, para aumentar os custos (veja o quadro nas páginas 279 a 281).

Quem tem o poder? Reconhecendo seu poder, aumentando-o e usando-o adequadamente

No conflito que analisamos, embora Fred seja o chefe de Dave (e ocupe uma posição de poder em relação a ele), argumentamos que, na verdade, era Dave quem (potencialmente) detinha o poder. (Leia o quadro das páginas 279 a 281.)

Aumentando os custos cuidadosamente com os colegas não responsivos: o exemplo de Sonny Day

Albert "Sonny" Day é um vendedor de seguros bastante consciente do processo de aumentar gradualmente os custos da falta de consentimento aos pedidos que fez em benefício de seus clientes. O trabalho de Sonny envolvia relacionamentos de longo prazo com estes clientes. Preservar o negócio, entretanto, exigia serviços especiais, necessitando da cooperação de muitos outros departamentos na empresa. Sonny tinha de solicitar atenção constante, de forma incomum – estimativas, relatórios, cálculos, pagamentos rápidos –, de colegas exercendo cargos tanto na linha de frente quanto na retaguarda. Contudo, em uma empresa altamente compartimentalizada, nem sempre conseguia obter o necessário para manter grandes clientes satisfeitos. Ele explica como lidou com tais situações difíceis:

> Com frequência, os departamentos tinham uma visão muito estreita das coisas; eles só pensavam no que era conveniente para sua própria área. Então, uma das minhas funções era dar-lhes a perspectiva mais ampla das necessidades do cliente, porque no final das contas todos somos dependentes deles. Minha estratégia inicial era fazer uma série de pedidos e requerimentos, mas sempre me certificava de acompanhar o processo. Às vezes, bastava um bilhete para a pessoa responsável ou uma carta ou telefonema para seu superior. Isto era fundamental.
>
> Comecei de forma suave, e depois apertei o cinto. Se meus pedidos não fossem atendidos, ficava mais exigente, até que chegasse ao ponto de realmente jogar duro. Por exemplo, eu diria a alguém que não cooperasse: "Sua falta de iniciativa está irritando o meu cliente e, se nós não tivermos uma resposta satisfatória até o meio-dia de amanhã, vou dizer ao gerente regional que você é o motivo de termos perdido esta conta!". Eu detestava ter de fazer isso, havia sempre um aperto no meu estômago, mas era preciso ser feito.
>
> Para os casos realmente difíceis, eu usava o princípio de que todo mundo tem um inimigo, e tentava encontrar o adversário hostil daquela pessoa. Não precisava levantar a voz ou fazer ameaças cruéis; só tinha de dizer algo do tipo: "Estou tendo problemas em alcançar minhas metas, e acho que será necessário falar com a associação de seguros". Mas fazia este tipo de coisa como último recurso, quando minha sobrevivência estava em jogo.

Sonny trabalhava para uma empresa rigidamente segmentada, concentrada menos nas necessidades dos clientes do que na autonomia dos departamentos, o que tornava difícil para ele obter alguma consideração razoável para seus pedidos. Em outras companhias, em melhor sintonia com a satisfação dos clientes, qualquer solicitação de um vendedor em benefício deles receberia automaticamente uma resposta rápida, mas Sonny já começou em desvantagem. Assim, foi forçado a procurar um estímulo maior do que preferia pessoalmente, e finalmente mudou de empregador. Contudo, enquanto estava naquela organização, aprendeu a pressionar mais e mais, como a situação exigia.

É importante notar que, apesar do seu desespero e da sua disposição em aumentar os custos gradualmente, Sonny sempre tentava manter as necessidades dos clientes e os benefícios para a empresa em primeiro plano. Ele não usava táticas duras simplesmente para obter ganhos pessoais, embora tivesse muito a perder em termos de comissões se não fosse capaz de atender às solicitações de seus clientes. Tampouco pedia algo que fosse considerado impróprio ou contrário aos interesses da empresa, e sempre avisava com antecedência antes de fazer qualquer coisa que colocasse alguém em uma situação difícil.

Afastando um chefe intrometido: Dave Offenbach[*]

Dave Offenbach, um gestor da área de engenharia, descobriu que seu chefe estava, de forma inadequada, perseguindo um de seus subordinados, de modo que lutou para encontrar um jeito de forçar o chefe a recuar. Dave explica o que fez:

> Em março, fui procurado por Fred Wilson, diretor de engenharia da divisão leste da nossa companhia-mãe, a respeito de um cargo de trabalho que ele esperava que eu me interessasse. Nunca trabalhamos juntos, mas conhecíamos as características e as conquistas um do outro. Todos me diziam que Fred era impetuoso, impessoal, exigente e que tinha pavio curto. Durante nossas primeiras negociações, ele (que fora convidado para trabalhar naquela divisão cerca de um ano antes) confidenciou-me que o departamento corporativo lhe dera carta branca para fazer tudo que fosse necessário para tornar a divisão produtiva e eficiente. Também explicou que, após analisar as estatísticas da equipe, descobriu que o grupo (com poucas exceções) havia sido formado por pessoas dos níveis mais baixos. Para melhorar a qualidade da equipe, ele imediatamente contratou alguns colaboradores-chave de primeiro escalão. Fred me oferecia um novo cargo, e eu me reportaria diretamente a ele. Seu objetivo principal era retornar para a divisão noroeste e me deixar como seu substituto na leste.
>
> Logo no meu primeiro dia de trabalho, Fred informou-me que havia três gerentes de engenharia "completamente imbecis" trabalhando para mim, e ele queria que eu os substituísse o mais rápido possível. Por causa da minha chegada recente, implorei que me concedesse 30 dias, para me familiarizar com a divisão. Inicialmente, presumi que Fred estivesse correto em sua avaliação sobre os três gerentes, mas, conforme o tempo passava, um dos três (Ray) destacava-se em relação aos outros dois. Ray respondia prontamente a qualquer pedido feito por mim, aceitava qualquer tarefa que lhe fosse delegada e trabalhava diligentemente para obter soluções boas e justificáveis. Minhas

---

[*]Este exemplo é um caso escrito sob a supervisão de David Bradford, "The Misbranded Goat", reimpresso a partir de Stanford Business Cases 1983, com a permissão da Universidade de Stanford, Faculdade de Administração. Copyright © 1983: The Board of Trustees of Leland Stanford Junior University. A análise é nossa.

preocupações com o cargo e com as pessoas me influenciaram a passar mais tempo do que o normal observando os hábitos de trabalho e o desempenho do grupo. Durante as reuniões, e nas discussões com outras empresas, ficou evidente que Ray tinha o respeito e a confiança de todos no programa, com exceção de Fred.

Um dia, durante um almoço com Fred, pedi que me explicasse os motivos pelos quais ele queria substituir os três. As preocupações dele a respeito dos outros dois eram compreensíveis, mas insisti em ouvir sua opinião sobre Ray. Fred o considerava um inútil e achava que todos os problemas pareciam ter origem na área dele. Seus relatórios eram quase sempre entregues com atraso ou estavam incompletos, não tinha as respostas para perguntas importantes e, continuamente, solicitava mais pessoas na equipe, embora a divisão estivesse reduzindo a força de trabalho.

Depois de se expressar de forma bastante enfática, Fred questionou intensamente minhas preocupações sobre Ray. Ouvindo minhas observações, ficou bastante aborrecido e me ordenou que parasse de perder tempo e acelerasse o processo para substituição de Ray.

Meu passo seguinte foi verificar o histórico de Ray. Uma avaliação do seu arquivo pessoal não revelou nenhuma observação negativa. Na verdade, ocorreu exatamente o contrário. Nos últimos 14 anos trabalhando em nossa empresa, ele desempenhara uma série de funções em cargos de engenharia e administração. Em todos os casos, as habilidades de Ray em desenvolvimento de projetos, administração e cooperação foram elogiadas. A verificação desses registros ocorreram após ter conversado com seus antigos supervisores.

Sentindo-me totalmente confuso àquela altura, decidi confrontar Ray. Nas duas horas de discussão que se seguiram, Ray afirmou que, antes da minha chegada, Fred havia lhe dito que ele seria demitido. Pedi-lhe que me explicasse como percebia a argumentação de Fred. A história dele e o relato de Fred combinavam: seus relatórios estavam mesmo atrasados, embora ele fizesse entre 40% e 50% de horas extras, sempre solicitava pessoal adicional e sua área era a origem principal dos problemas. Também tinha dificuldades em responder a algumas das perguntas de Fred, relacionadas a etapas iniciais do programa. Mas Ray também destacou que só havia recebido a responsabilidade por aquela área seis meses antes da chegada de Fred. Como o programa tinha mais de quatro anos, os problemas no projeto foram criados por gerentes que Ray havia substituído. No entanto, todas as vezes em que ele usava esse argumento, Fred ficava completamente irado. Ray também expressou a sensação de que sua carga de trabalho era consideravelmente maior do que em outras áreas. Encerrei a discussão com a promessa de que continuaria a trabalhar naquela questão, e afirmei que, na minha opinião, o assédio era injustificado. Disse ainda que apreciava o bom trabalho que ele estava realizando e pedi que continuasse com o bom desempenho.

Em seguida, estudei a carga de trabalho em todas as áreas e encontrei provas confirmando a análise de Ray. Então, distribuí melhor a força de trabalho disponível, de forma que as habilidades fossem mais bem aproveitadas. Expliquei a Fred que não tinha planos de substituir Ray e que, na verdade, achava que ele fazia um trabalho admirável. Fred enfureceu-se e deixou bem claro que o desempenho de Ray podia refletir em mim.

Nos meses que se seguiram, Ray continuou a desempenhar bem suas tarefas. Seu grupo começou a cumprir os prazos e, finalmente, eliminou totalmente a necessidade de horas extras. Contudo, Fred mantinha sua perseguição interminável. Em reuniões e no grupo, ele continuou a tentar constranger Ray, especialmente quando eu estava presente. Para minha surpresa, Fred não transferiu o assédio para mim. Na verdade, ele parecia me delegar maiores responsabilidades e maior liberdade com o passar do tempo.

- *O poder do desempenho passado.* Fred trouxe Dave para a equipe para transformar a divisão, sabendo que ele sempre havia demonstrado um desempenho excelente. Além disso, era Dave quem tinha a reputação positiva – não Fred. Então, Dave possuía um grande trunfo: poderia pedir demissão do projeto caso Fred não mudasse de atitude. Ele poderia voltar para seu antigo emprego, e seria a reputação de Fred que sofreria os danos. Aquela não era uma carta para jogar na mesa logo de cara, mas era ótimo tê-la na manga, só para garantir.
- *Quem precisa de quem?* Dave gostaria de assumir a divisão quando Fred deixasse o cargo, mas ele tem outras opções. Fred foi convocado para aquele trabalho, precisa da competência de Dave para transformar a unidade rapidamente e, assim, poder retornar para a divisão noroeste.
- *O poder da informação.* Dave não apenas fez a lição de casa ao investigar cuidadosamente a situação, analisando as cargas de trabalho, como sua ação de redistribuir a equipe produziu os resultados que queria. Esses novos dados puderam substituir as velhas informações que Fred possuía sobre os engenheiros.

Vamos ver como Dave agiu para influenciar Fred:

- *Credibilidade por meio de ações.* Em primeiro lugar, ele se deu tempo para fazer esta lição de casa. Depois, tomou medidas decisivas ao demitir os dois engenheiros que não eram competentes para ocupar aquelas posições, aumentando sua credibilidade junto a Fred, como uma pessoa capaz de tomar atitudes.
- *Aliado em potencial.* Teria sido fácil para Dave, com o que já ouvira falar sobre Fred, rotulá-lo como um autocrata irredutível. Em vez disso, manteve em vista, constantemente, a possibilidade de influenciá-lo. Embora agisse de

forma emocional contra Ray, Fred não era abusivo em relação a Dave, como ele mesmo percebeu, evitando prender-se a um estereótipo.
- *Conhecer o mundo do outro.* Em um ambiente informal, durante o almoço, Dave tentou compreender a posição de Fred. Dave não discutiu, nem mesmo quando ficou incomodado. Recebeu as informações de Fred como algo a ser checado (e fez a cortesia de ouvir cuidadosamente o que ele tinha a dizer).
- *Ter objetivos claros.* Dave concentrou-se no que era justo e importante para a organização ser bem-sucedida. Ele não se prendeu à tentativa de defender sua equipe de forma inadequada, nem entrou em uma batalha pessoal com Fred.

Mesmo após o trabalho inicial cuidadoso feito por Dave, o assédio de Fred contra Ray ainda continuava. O que ele poderia fazer para convencer Fred a deixar Ray em paz? Já havia coletado dados de Fred sobre os problemas com Ray, e depois fez sua própria investigação. Conseguiu explicações sobre o histórico dos problemas, reorganizou o trabalho para melhorar o desempenho de Ray e, então, voltou para Fred com provas de que o subordinado apresentava alto desempenho. Como nada disso funcionou, ele precisou considerar a possibilidade de ir além.

Dave já demonstrara que tinha confiança na habilidade de Ray em desenvolver seu trabalho. Não recuou de continuar a apoiá-lo depois de Fred comentar que qualquer problema envolvendo Ray poderia respingar na avaliação do seu próprio desempenho. Dave manteve-se na direção certa: a disposição de garantir que era sua incumbência como chefe, mesmo divergindo do superior. Deixar que você faça as coisas do seu jeito costuma ser uma troca valiosa para criar o espaço desejável. Como próximo passo para aumentar os custos, Dave poderia tornar isso ainda mais explícito, dizendo que, se Fred continuasse a assediar Ray, não poderia mais garantir que a unidade sob seu comando produzisse o nível desejado de resultados. Era o comportamento de *Fred*, não o de Dave, que poderia sabotar o sucesso da divisão.

Dave teve de decidir se Fred poderia ser confrontado mais diretamente. O diretor da divisão leste o respeitaria por ser duro ou explodiria e atacaria Dave de forma indesejada? Ele poderia fazer deduções alternativas: Fred é um brigão e só consegue lidar com um subordinado que diz sim para tudo ou é impaciente e não acredita em paparicar as pessoas, a ponto de ter ficado incomodado com a paciência de Dave com Ray. Mas, com base nas pistas que encontrou durante sua investigação, concluiu que o diretor era capaz de aguentar uma pressão direta. Fred não foi vingativo em relação a Dave ("para minha surpresa, ele não transferiu o assédio para mim"), o que sutilmente demonstrou respeito profissional, apesar da sua recusa em seguir as instruções para demitir Ray.

Isso sugeria que o estilo de Fred era o de continuar pressionando até encontrar uma resposta mais dura. A obstinação é um dos trunfos de Fred, mas ele queria que

Dave fosse bem-sucedido, para conseguir retornar ao noroeste deixando a divisão leste em boas mãos – o que tornava sua confiança no julgamento de Dave outro trunfo importante. Essas moedas eram, aparentemente, mais importantes para Fred do que os dados sobre o desempenho de Ray.

Finalmente, Dave decidiu aumentar a pressão: "Olhe, Fred, você teve confiança suficiente em mim para me trazer para a equipe e ajudá-lo a transformar a divisão. Eu tenho conseguido bons resultados, e quero continuar a fazer isso, mas você torna as coisas difíceis para mim. Já conversamos sobre Ray várias vezes. Não acho que posso convencê-lo a apreciar o trabalho dele. Mas, caramba, ele trabalha para mim e eu sou responsável por ele. Estou absolutamente convencido de que ele é capaz de fazer o trabalho – e está fazendo. Se você não sair da cola dele, as coisas podem ficar realmente complicadas. De agora em diante, se não gostar do que ele fizer, fale comigo, e não com ele! Se não concordar em deixá-lo em paz, não posso garantir que serei capaz de continuar com o nosso sucesso. Então, o que você quer: continuar a assediar Ray ou deixar que eu faça o trabalho benfeito, usando o meu julgamento?". Fred hesitou, mas concordou em mudar de atitude.

Este tipo de pressão empregou várias formas de trunfos negativos para garantir o espaço reivindicado por Dave. Ele enfatizou o desempenho como o resultado mais importante e deixou claro para Fred que seu comportamento impediria a equipe de ter o desempenho previsto. Reconheceu Fred como chefe, mas marcou sua posição, dizendo ter o "direito" legítimo de gerenciar e julgar os subordinados diretos – a violação contínua desse direito prejudicaria sua habilidade de gerenciar de forma bem-sucedida. Se Fred continuasse a interferir, seria responsável por piorar os resultados já obtidos. E, ao fazer referência ao seu passado de sucesso e à confiança que Fred demonstrara ter nele, Dave implicitamente o ameaçou com a perda de algo valioso. Assim, havia vários custos negativos que Fred poderia evitar se deixasse Ray trabalhar em paz. Além disso, Dave usou um estilo duro de interação que refletiu o próprio comportamento de Fred, o que reforçou sua posição na negociação.

O lance máximo: apostar seu emprego

Dave nunca chegou ao ponto de ameaçar diretamente com um pedido de demissão se seu chefe, Fred, não parasse de assediar Ray; mas poderia ter sido sua arma mais radical. Infelizmente, isso não é uma vitória total. Voltar para a divisão noroeste e menosprezar Fred não teria alterado o comportamento dele, e seria apenas uma forma de vingança gratuita que não aprovamos. A pessoa que faz pouco de um colega pelas costas arrisca-se a arruinar sua própria reputação, muito mais do que a da pessoa alvo da sua vingança.

Mas existem momentos, quando falharam todas as outras tentativas de influenciar um aliado importante, especialmente seu chefe, em que não resta escolha a não ser colocar o emprego em jogo. Certas questões são importantes demais para deixar passar, seja porque você está convencido de que seu chefe está prestes a cometer um erro gravíssimo seja porque você se sente tratado injustamente ou porque acha que os pedidos de seu superior não são éticos ou até porque concluiu que não vale mais a pena continuar no emprego se seu chefe mantiver um tipo de comportamento inaceitável.

Se tudo o mais fracassar e você achar a questão importante o suficiente para assumir riscos consideráveis, então o último recurso é fazer uma oferta que, com base no seu diagnóstico cuidadoso da situação, seu chefe não possa recusar. Mas só fará isso quando a possibilidade de ser demitido não for mais dolorosa do que a perspectiva de continuar como está. Chris Hammond, caso que discutimos no Capítulo 6, usou essa estratégia ao lidar com um chefe que não queria lhe dar o crédito por seus esforços de vendas. Ela deu a última cartada, ameaçando deixar a empresa e levar com ela as vendas que representavam os números indispensáveis para seu chefe cumprir sua cota e atingir os objetivos estabelecidos. Esta não é uma negociação cotidiana, e o tiro pode facilmente sair pela culatra, mas de vez em quando é necessária. É uma tentativa de manter uma parceria que de outra forma explodiria, e a preservação pode ser preferível para o chefe que percebe a alternativa.

Ameaçando demitir-se de forma bem-sucedida: Donna Dubinsky na Apple

Em outra situação documentada,* Donna Dubinsky, então colaboradora da Apple Computers (e depois diretora presidente da Hansdpring and Palm), decidiu jogar a toalha para o chefe de seu chefe, Bill Campbell (e, por sua vez, para o presidente John Sculley), quando se cansou de ter de defender a estratégia de distribuição de seu departamento. Donna sentiu-se coagida por outras áreas que haviam proposto (com o apoio do fundador da empresa, Steve Jobs) uma mudança para um sistema de inventários de estoque em tempo real, o qual ela tinha certeza de ser inadequado para os negócios da Apple. Finalmente, decidida a pedir demissão se não tivesse permissão de examinar a estratégia do seu departamento sem a interferência de uma força-tarefa, ela disse a Campbell que deixaria a Apple se ele não concordasse com suas condições. Como ela vinha realizando um excelente trabalho e era considerada extremamente promissora, Campbell e Sculley concordaram com seus termos.

---

* O exemplo documentado a que nos referimos está em uma série de casos para ensino, sob a supervisão de Todd Jick, escrita por Mary Gentile, como "Donna Dubinsky e Apple Computers, Inc., (A) e (B)", publicado pela Harvard Business School Press em1986. Donna ainda profere palestras públicas a respeito de acumular recursos suficientes para "mandar qualquer emprego para o inferno".

O ultimato na Apple foi uma atitude de alto risco da parte de Donna. Na verdade, ela não tinha certeza de que funcionaria, mas já havia tentado todas as alternativas que conhecia. Isso não significa que não houvesse outras opções estratégicas – de fato, Donna estava naquela posição desconfortável por não ter reagido positiva ou ativamente às questões levantadas anteriormente sobre o inventário – mas o ultimato obteve o efeito pretendido. Isso provou que ela falava muito sério a respeito de, finalmente, estar pronta para fazer as análises exigidas, e se viu disposta a colocar seu emprego em jogo pelas suas crenças.

O currículo forte de Donna tornava o resultado uma aposta segura, e a cultura de relativa franqueza da Apple também contribuía; mas ela não sabia, naquela altura, quais eram suas chances reais. O nível do seu desespero era tal que desafiara abertamente Sculley sobre outras questões, em uma reunião de treinamento no final de semana anterior, sem perceber que seu desabafo o havia impressionado pela integridade. Desafiar publicamente o presidente da sua empresa não é a estratégia preferida, mas nem sempre significa um suicídio profissional automático.

Nem sempre é necessário tomar medidas extremas para pressionar seu chefe, mas às vezes a inabilidade em alcançar a influência pode significar que você tem uma ideia ruim ou usa técnicas de influência inadequadas. A dimensão do risco que você vai correr dependerá da sua capacidade de viver com as piores consequências, e também do prazo que quer adotar. É uma verdade inegável que, a longo prazo, todos estaremos mortos, e ignorar o curto prazo é uma tolice, mas é igualmente óbvio que pensar somente no aqui e agora, fingindo que não existem consequências com o passar do tempo, é um ótimo modo de se dar mal. Fazer o melhor julgamento é algo necessário.

Sempre pode haver chuva em um dia de sol: maçãs podres e jogo duro

Na maioria dos exemplos deste livro, os potenciais aliados ou parceiros têm se mostrado difíceis, mas não malevolentes. Embora seja muito menos provável de acontecer do que a maioria das pessoas acredita, de vez em quando você encontrará uma pessoa realmente podre, seja um chefe ou um colega, tão determinada a seguir adiante que é capaz de jogar sujo para prejudicá-lo, chegando ao ponto de espalhar boatos mentirosos sobre você. (Já ouvimos falar de pessoas acusadas falsamente de dormir com o chefe, de roubar fundos da empresa ou de inventar boatos maldosos sobre colegas.) Isso exige um conjunto diferente de táticas para autoproteção, presumindo haver certeza de que o problema é totalmente da outra pessoa, e não o resultado de algo que você fez ou que outros acham que tenha provocado. Quando esse tipo de coisa acontece, é difícil pensar em qualquer modo mutuamente satisfatório de responder: a autoproteção influencia e assume o controle.

Ser bonzinho nem sempre funcionará como um modo de influenciar alguém que deseja prejudicar você; certa medida de endurecimento é necessária para ter um repertório completo de estratégias de influência. Mas endurecer não significa ser cruel. Mesmo sendo possível (raramente) encontrar uma pessoa que o force a retaliar com perversidade, este é um tipo de tática de guerrilha que deixamos para aqueles que ainda pensam que matar pela paz é o único modo de resolver disputas. Em vez disso, mostramos como você pode demonstrar convicção ao perseguir seus interesses legítimos, sem transformar as negociações com pessoas difíceis em batalhas onde um lado sempre sai perdendo. Você quase nunca desejará começar discussões para arrumar um inimigo permanente.

Usamos como exemplo a triste experiência de Rudy Martinez. (Veja o quadro a seguir.)

Caindo na armadilha de um colega – o que fazer a respeito: Rudy Martinez

Um jovem advogado que pretendia se tornar sócio em uma grande empresa de advocacia, Rudy Martinez conversava inocentemente, durante um almoço, com Walt Oliver, um membro recente do departamento de direito corporativo da banca. Walt começou a reclamar do chefe, Herb Lewis, o diretor do departamento e um dos três sócios seniores do grupo. No início da carreira, Herb fora uma estrela, com a reputação de ter pensamento criativo. Mas Walt estava infeliz com o estilo de liderança *laissez-faire* adotado por Herb, e resmungava: "Somos como um navio encalhado. Não existe direção. E não é só isso, ele impede qualquer um de tomar iniciativa".

Rudy percebeu que Walt reagia ao resultado de uma reunião recente de equipe com todos os dez membros do departamento corporativo. Walt havia sido incumbido de estudar a possibilidade de ampliar o foco de atuação do departamento e, como diagnóstico, recomendou que a unidade se especializasse em fusões e aquisições. Quando Walt terminou, Herb recostou-se na cadeira e disse: "Bem, não sei... Eu acredito na liberdade, em deixar mil flores desabrocharem... Acho que cada um de nós deve fazer o que achar melhor".

Aquilo aniquilou o interesse do grupo, toda a energia pareceu abandonar a sala. Rudy concordava com a avaliação de Walt sobre Herb: um cara legal, mas um buraco negro quando se tratava de ideias. Herb não dava qualquer direção e, se alguém tomava uma iniciativa, parecia coibi-la.

Normalmente, Rudy não criaria caso, mas espantou-se com a forte reação de Walt contra aquela situação. Walt tinha razão de estar aborrecido, mas Rudy sempre percebia que o colega era muito político e nunca imaginou que confrontasse o chefe abertamente. Satisfeito em saber que Walt tinha sentimentos semelhantes aos seus, Rudy concordou que o estilo de Herb prejudicava o departamento.

"Vamos almoçar fora, todos os três", Walt sugeriu. "E confrontar Herb sobre tudo isto." Rudy hesitou, mas o colega parecia determinado, e disse que faria os preparativos. Quando Rudy chegou para o almoço, Walt e Herb já estavam lá. Depois dos pedidos, Herb falou: "Rudy, Walt estava me dizendo que você tem problemas com o meu estilo de liderança. Qual é o problema?".

Rudy ficou atônito, olhando para Walt, que simplesmente ficou sentado, impassível. O que ele deveria fazer? Confrontar Walt por armar aquilo para ele? Falar com Herb em particular? Ou fazer uma retirada estratégica? Rudy decidiu que a retirada era a opção mais segura e gaguejou algo sobre aquilo tudo ser um grande mal-entendido, dizendo que não estava tão insatisfeito assim. Pensou rapidamente em uma pequena questão que pudesse mencionar sem parecer mentira e, durante o almoço, conversou sobre trivialidades, saindo na primeira oportunidade.

Mais tarde, ele descobriu que Walt não se constrangia em adotar sabotagens parecidas com todos os colegas, e que já tinha tentado demonizar outros companheiros em relação a Herb.

O que Rudy poderia ter feito naquele momento ou depois? É fácil dizer que ele deveria, de alguma forma, conhecer a reputação de Walt, mas ele não sabia. Mesmo se perguntasse, talvez não descobrisse nada. Esperamos que isso jamais aconteça com você, mas é provável que, em algum ponto da carreira de qualquer pessoa, um jogador sujo apareça com uma surpresa desagradável. Portanto, não é realista sugerir que Rudy conseguiria evitar todas as possibilidades. Ninguém pode garantir segurança total contra um golpe baixo e, como é cansativo viver sempre com a guarda levantada, vamos aceitar que tais situações fazem parte do mundo corporativo.

Rudy não podia deixar aquilo passar, não só por causa de seus próprios sentimentos de autoestima e eficiência pessoal, mas também porque "fingir-se de morto" teria permitido a Walt sair da situação com outra vitória. Vamos presumir que Walt quisesse, pessoalmente, levar vantagem à custa de Rudy. O que poderia ser feito para bloquear essa estratégia?

Prefira a luz do dia

Uma das melhores táticas para lidar com alguém que tenta sabotar você é fazer com que as coisas sejam colocadas às claras, tanto quanto possível. Jogadores sujos contam com a vantagem de serem capazes de agir nos bastidores e na surdina, confiando na relutância dos outros em ser explícitos quando "queimados". Mas a maioria das estratégias sujas, quando vistas à luz do dia, faz o responsável parecer um ordinário; assim, qualquer esforço para colocar tudo às claras é muito importante. Isso poderia transformar a situação vencedora de Walt em perdedora.

Se ficasse menos atônito ou tido menos medo de um confronto desagradável, Rudy poderia ter olhado direto nos olhos de seu chefe Herb e afirmado: "Estou realmente chocado com o fato de Walt ter dito que sou eu quem está preocupado. Quando conversamos no outro dia, ele expressou várias reclamações também. Não vejo como podemos seguir adiante até termos esclarecido tudo isto. Walt, você vai abrir o jogo a respeito do que discutimos? Pensei que estivéssemos aqui para ajudar Herb; se essa é uma tentativa de me fazer parecer um encrenqueiro, não vou entrar nesse jogo. Quero que sejamos um grupo forte, e não que deixemos alguém mal".

Temos o benefício do tempo e da distância, mas a sugestão sobre o que Rudy deveria ter dito é (mais ou menos) o que ele pensava o tempo todo – não é resultado apenas da análise em retrospectiva.

Em vez de ficar constrangido na frente de seu chefe, Rudy poderia ter usado a oportunidade para demonstrar seu desejo de ser útil, e ao mesmo tempo tornar o joguinho de Walt totalmente visível. Embora seja difícil formular uma resposta perfeita quando alguém puxa o seu tapete inesperadamente, não é necessário acertar em cheio. O princípio simples é: se você estava honestamente tentando agir pelo bem da organização, diga isso, e seja aberto a respeito da sua reação ao ataque surpresa (desde que essa reação não seja um desejo puro de saltar no pescoço do colega e esganá-lo).

Talvez tudo o que Rudy tivesse conseguido fazer fosse exclamar: "Eu estou chocado! Pensei que estivéssemos nisso juntos. O que está acontecendo, Walt?".

Esta teria sido uma forma de começar a conversa sem deixar Rudy totalmente exposto. Se Walt, então, negasse tudo, Rudy poderia explicar para Herb que fora enganado, mas queria ajudar o chefe a ser mais eficiente e, se necessário, o faria sozinho. Nada disso funcionaria se Rudy também tentasse prejudicar alguém ou enganar o chefe. Se ele estivesse realmente preocupado com o futuro da divisão (e de fato estava), dizer tudo aquilo não precisaria ser tão doloroso. No mundo, os tipos iguais ao Walt estão tão ocupados tramando esquemas que nunca lhes ocorre que alguém pode, na verdade, querer fazer a coisa certa. Este é o seu ponto cego, vulnerável. Eles não percebem quanto parecerão nojentos se sua vítima resolver falar, e falar alto. É até possível que Walt não enxergue a si mesmo como uma pessoa suja, e tenha outra explicação para o que fez. O efeito do seu comportamento poderia ser muito diferente de suas intenções; levantar a questão diretamente, sem ataques, permite à pessoa aparentemente maliciosa revelar qualquer intenção benigna. Ainda assim, ele também poderia aprender as consequências negativas dos seus atos.

A sequência

Às vezes, a justiça é feita. Mais tarde, Walt foi preterido numa posição de sócio porque era visto como alguém político demais. Rudy tornou-se sócio, mas nunca fez parte do grupo mais influente da firma, porque não era visto como capaz de "trabalhar com o sistema" de forma produtiva. Este é um bom exemplo da disfuncionalidade de um tipo de "ser político", e do custo de não se ter as habilidades para utilizar a forma mais funcional/adequada.

Confronto calculado

Uma outra abordagem é antecipar a saída, controlar-se até que você tenha certeza do que quer fazer, e então confrontar seu colega de maneira firme. Isso pode ser feito com uma raiva fria na frente de testemunhas ou com uma explosão controlada na privacidade. Como negociadores experientes aconselham, é um erro perder a calma em uma empresa, mas permitir a si mesmo expressar a raiva que genuinamente sente pode ser uma tática útil, se for escolhida deliberadamente. A fúria controlada – concentrada com uma intensidade de *laser* ou alguns gritos – tornará mais difícil para o manipulador certificar-se do que você fará no futuro, o que serve como defesa contra um futuro ataque surpresa. Você não impediu Walt de ser bem-sucedido na frente do chefe, mas barrou qualquer tentativa de ele tentar aquela manobra novamente.

Um dos autores descobriu que isso funcionava após um colega tentar, como de costume, manipulá-lo e assediá-lo (neste caso, sobre espaço no escritório). Olhou diretamente para o outro e disse em voz alta: "Não se meta comigo, Jack. Eu sou professor de negociação!". Jack recuou e foi muito mais simpático dali em diante, porque presumiu que seus esquemas não dariam em nada.

Espalhe um pouco de alegria

Se a confrontação direta não for possível, talvez o melhor a fazer é espalhar a história pela empresa, de forma a alertar os outros a respeito daquele indivíduo pernicioso. Como percebemos, no entanto, existem alguns perigos. A pessoa mal-intencionada não ficará muito satisfeita com você quando a notícia chegar até ela, e poderá causar um dano ainda maior em retribuição. Como você provavelmente não possui o arsenal de vingança e mau comportamento que ela tem, não é boa ideia entrar em uma competição sobre quem é capaz da maior sujeira.

Em segundo lugar, quando os membros neutros de uma organização ouvirem esse tipo de discurso sobre a tal pessoa, eles podem ver apenas sua retaliação e presumir que você é o jogador sujo, falando pelas costas do outro. Como com o jogador de basquete a quem é atribuída uma falta ao revidar depois de seu oponente atingi-lo com o cotovelo, pode ser que nunca haja uma chance para que a justiça seja feita, e você nem pode contar com o benefício de um *replay* da cena como na televisão. Mesmo assim, como a reputação é tão importante na vida corporativa, você pode tentar, como último recurso, certificar-se de que a pessoa que o prejudicou consiga as manchetes que tanto merece. Somente não abuse da tática, e lembre-se de que algumas armas são só para defesa.

Em geral, todas as táticas duras, como as que descrevemos, são muito mais potentes quando você acena com a *ameaça* de usá-las. A partir do momento em que são utilizadas, os resultados tornam-se imprevisíveis e incontroláveis. Assim, é melhor avisar aos trapaceiros do mundo, de forma convincente, sobre o que fará se eles continuarem jogando sujo, em vez de partir para retaliação. Mas certifique-se de que está preparado para concretizara sua ameaça se for forçado a tanto.

Influência, não manipulação

A boa nova na vida corporativa é que qualquer pessoa que trabalhe apenas por razões egoístas acabará, cedo ou tarde, vista como mais interessada em atingir objetivos pessoais do que em ajudar a empresa a cumprir suas metas, perdendo então qualquer credibilidade. Embora às vezes leve mais tempo do que seria desejável, um ato negativo é retribuído com outro, e os tubarões acabam mordidos. Um processo semelhante ocorre com aqueles que usam a reciprocidade ilegalmente (por exemplo, subornando outras pessoas em troca de favores ilícitos), apesar – novamente – do giro lento das rodas da justiça.

As pessoas realmente difíceis aumentam sua tentação de atravessar a linha. Pode ser útil identificar os comportamentos manipuladores e fazer a distinção entre essas condutas – que não são éticas e provocam reações igualmente desagradáveis – e a influência habilidosa, que podem ser usadas por todos da empresa, sem prejudicar ninguém.

A Tabela 16.1 resume as nossas opiniões sobre a linha tênue que separa influência e manipulação.

Tabela 16.1 Traçando a linha que divide influência e manipulação

É manipulação:	Resposta:
Estar consciente do que você está fazendo para obter influência?	Não
Adaptar seus argumentos e sua linguagem aos interesses da outra parte?	Não
Não mencionar seu objetivo final, se ninguém perguntar?	Não
Exagerar os seus custos para fazer a troca parecer melhor?	Não
Esforçar-se para demonstrar interesse e preocupação pela outra pessoa?	Não
Fazer um favor que você não faria por qualquer pessoa?	Não
Mostrar o retrato mais favorável dos benefícios?	Não
Fingir preocupação e interesse pelos outros?	Sim
Mentir a respeito de suas intenções?	Sim
Mentir a respeito de seus custos?	Sim
Mentir a respeito dos benefícios	Sim
Comprometer-se com um pagamento que você não pretende fazer?	Sim
Procurar fraquezas e vulnerabilidades nos outros, para fazer com que se comprometam de forma a violar a própria integridade?	Sim

Tentativas de influência não são manipuladoras se você pode contar suas intenções ao potencial aliado sem perda de influência. Seguir esta regra não exige que você conte tudo de uma vez, nem o impede de usar seu melhor argumento, mas sugere que mentiras óbvias estão além do aceitável. Os negociadores sabem: "Sempre diga a verdade, mas você não precisa começar contando a verdade toda".

Tenha cuidado ao pressupor má vontade

Sim, as maçãs podres existem, mas temos visto muitas situações em que cada um dos lados estava convencido de que seus motivos eram inocentes, enquanto os dos outros eram venenosos, e nenhum conseguia superar essas opiniões já formadas. Por exemplo, um grupo de administradores hospitalares que consultamos empacou nesse comportamento durante anos: cada membro da equipe convencera-se de que todo mundo – "menos eu", era a ressalva – passaria por cima da própria mãe para prejudicar os outros. Ainda assim, todos, sem exceção, contaram que detestavam o modo como tratavam uns aos outros, mas preferiam atacar primeiro, porque os outros estavam prontos para fazer o mesmo. Quando isso foi revelado, houve um suspiro coletivo de alívio, e começaram a descobrir virtudes no outro mais do que qualquer um deles havia sonhado! Pense nessa experiência antes de chegar a conclusões negativas a respeito de alguém que não se comporta do jeito que você quer.

Use suas moedas de forma consciente, mas sem manipulação

Scott Timmins trabalhava para a ODI, uma empresa de consultoria bastante promissora na época, como diretor de operações. Como ele próprio explica, a posição era completamente apoiada em influência, e estava familiarizado com os conceitos de *Influência sem autoridade*:

> Eu era diretor de operações na ODI, e responsável por agendar as viagens de todos, entre outras coisas. As pessoas brincavam, dizendo que eu era o controlador de tráfego aéreo para 50 consultores, além de 25 a 30 consultores temporários (terceirizados). Eu organizava o fluxo da demanda por consultoria, toda transferida para mim, com cada um dos consultores, de forma que eles estivessem onde fosse necessário. Meu objetivo era realizar o trabalho com os clientes, com qualidade, e maximizar a base de recursos (o tempo dos consultores). Quanto mais responsável pudéssemos tornar a equipe, melhor seria para o negócio. Eu tinha de gerenciar processos, competências e datas de entrega dos projetos. Alguns membros da equipe realizavam consultorias, mas a maioria fazia treinamentos, de forma que as unidades de tempo eram calculadas em dias de treinamento (com muitos programas que duravam até uma semana). Portanto, muitas vezes não conseguíamos distribuir o trabalho

ao longo de uma semana. Se uma pessoa era necessária por três dias, era a mesma coisa que dar a semana como perdida. A maioria das grandes firmas manda os consultores para onde eles são necessários. Nós tínhamos um sistema firmado em permissão. Trabalhávamos com sugestões, e os consultores podiam dizer não. Os que ocupavam posições mais baixas sentiam a pressão de aceitar o que era oferecido; mas, quanto mais experiente, a pessoa tinha maior controle sobre o lugar para onde iria e o que faria. Eu tentava maximizar o uso da mão de obra. Precisava conectar o trabalho requerido, o local e/ou a natureza do cliente com os interesses das pessoas. Nós acreditamos que duas coisas fazem a diferença para acelerar a carreira: sua habilidade e as tarefas que você realiza (incluindo com quem trabalha). Os líderes de projetos também negociavam a respeito de com quem queriam trabalhar (todos tinham os mesmos honorários, então todos os líderes de projetos queriam os melhores profissionais, que eram o recurso mais escasso). Para cada projeto, desenvolvia uma lista com número de profissionais acima do que era realmente necessário, já que alguns recusavam as tarefas; organizava-as em um *ranking* com o líder do projeto, e então começava a descartar os nomes da lista em ordem, se aqueles no topo dissessem não. A pior resposta que se podia obter de um consultor era "talvez".

Eu precisava obter resultados. Como conseguiria alavancar os conceitos de negociação quando não estivesse cara a cara com eles? Lia os planos anuais de desenvolvimento pessoal de cada consultor e sabia de seus objetivos. Entrevistava cada um deles para perguntar que tipo de trabalho preferia, com que tipo de clientes obtinham mais ou menos sucesso, e as exigências da viagem (por exemplo, para uma mãe solteira). Você não pode perder seu tempo oferecendo o que não será aceito. Quer garantir o que é satisfatório para eles. Então, dirão que sim. Parece ser a parte fácil, mas a realidade era bem diferente.

Se eu soubesse que o cliente era difícil ou especialmente duro de lidar, como conseguiria um sim? Talvez aquele fosse exatamente o tipo de trabalho que a pessoa desejava ou a sua chance de trabalhar com um líder de projeto que fosse considerado forte, que pudesse ajudar o consultor a se desenvolver, ou em algum lugar do mundo que quisesse conhecer. Ou seu valor de mercado estivesse baixo e eles precisavam de algo. Recebia entre 25 e 50 pedidos por dia, e o objetivo era atender a todos diariamente. Sabia onde cada um deveria estar todos os dias.

Na época, eu era um consultor júnior e não tinha subordinados diretos ou um trabalho a que os outros aspirassem, mas o fato é que eu controlava um dos elementos-chave no desenvolvimento de carreiras – que afetava a renda futura e dali por diante. Ao utilizar esta abordagem e ao alavancar minhas habilidades conseguia obter cooperação.

Mantinha registros das moedas de troca das pessoas, sabia o que funcionava ou não. Tinha tudo organizado em planilhas, todos os nomes e quais eram as suas fraquezas, as coisas que eles detestavam e que levariam a um não imediato. Queria diminuir o número de respostas negativas, porque nunca tinha tempo suficiente. Aumentar o número de respostas positivas por pedido me ajudaria a ganhar tempo. Ou utilizava uma moeda que possuía ou, quando estava em uma situação difícil e precisava pedir a alguém para aceitar uma tarefa indesejada, podia dizer: "Sei que você não gosta de viajar para a Costa Oeste, mas esta tarefa está alinhada com o tipo de trabalho que quer realizar, e você pode ficar um dia extra no hotel por nossa conta". Havia alguns benefícios para oferecer quando necessário.

Muito do trabalho da semana é preparação e negociação, mas no final está tudo na sua cabeça, porque você começa a conhecer todos bem. Eles conheciam os conceitos de *influência* também, portanto sabiam que eu, conscientemente, buscava lhes pagar na moeda que queriam. Eles sabiam que o meu trabalho era conseguir combinações perfeitas, e que a confiança é importante. Se tivessem a consciência de que eu tentava fazer o melhor para eles – embora, é claro, também trabalhasse pelo bem da empresa –, tudo ficava bem. Desde que sentisse que havia um bom motivo para eles dizerem não, tudo ficava bem também. Mas um consultor não pode dizer não o tempo todo. Alguns são tão bons que todos os querem. Por outro lado, existem outros para quem encontrar trabalho é uma luta, porque só são bons em algumas coisas, e ninguém quer trabalhar com eles. Precisavam entender que me preocupava com eles durante o processo, e que não estava apenas tentando manipulá-los ou lhes empurrar determinada tarefa. Afinal de contas, são eles que vão a campo, e acabariam descobrindo se eu fui honesto; a confiança, no contexto desse relacionamento, é construída ao longo do tempo. Se a pessoa diz não, apenas porque está aborrecida com sua última tarefa, tenho de começar do zero e construir a confiança novamente. Se eu a convencer de algo que realmente não é de seu interesse, ela vai querer me prejudicar no meu próximo pedido, que será em até quatro dias! Outra coisa que me ajudava era o fato de já ter passado por aquilo; eles sabiam que eu tinha experiência no que pedia que fosse feito, e isso me dava credibilidade. Não aceitava nada do tipo "você não sabe quanto é difícil viver em aviões, etc.".

Minha esposa, Susan, era uma dessas consultoras. Ela conhecia bem o conceito de *Influência sem autoridade*. Tentei aplicá-lo com ela de forma mecânica, uma vez, e ela explodiu: "Não use essa baboseira comigo!". A estratégia precisa ser autêntica.

Resultados de usar moedas conscientemente para influenciar a cooperação dos consultores

Aumentamos a eficiência da equipe entre 40% e 50% em um ano e meio. Eu não poderia ter continuado a fazer aquele trabalho por muito mais tempo, embora tivesse aprendido muito. Era uma pressão muito grande, e nunca tinha uma chance de respirar. Não podia ficar doente, nem tirar férias. Até havia um substituto, mas se algo realmente significativo acontecesse, eu era chamado e tinha de ir trabalhar. Caso um cliente cancelasse o contrato, o que fazer com os recursos disponíveis? E se houvesse uma explosão durante uma sessão, como nos recuperaríamos? Era uma pressão enorme.

Eu recebia pedidos especiais das pessoas, sobre onde elas gostariam de ir ou com que clientes gostariam de trabalhar, e via isso como algo positivo de se saber. Às vezes, mesmo não podendo, você faz trocas. Os mais espertos mantinham-me atualizado e informado. Às vezes, havia negociações duras. Se precisava mandar alguém para onde "Judas perdeu as botas", eu reconhecia a situação: "Sei que é difícil, mas só você é capaz de fazer este trabalho, e vou recompensá-lo por isso". Alguns não fariam algo apenas para ajudar a empresa, e isso tinha consequências; portanto, eu delegava as boas tarefas para outros e dizia o porquê: "Aquela pessoa deu tudo pela equipe, e você não. É por isso que ela está indo para as Bermudas esta semana".

Havia vendedores que diziam: "Eu só aceito um destes três consultores". Às vezes, vendia literalmente um consultor disponível para o advogado do cliente. Tinha de saber o que eles faziam bem e o que não conseguiam – portanto, precisava conhecer os consultores muito bem. Talvez eles estivessem certos, talvez não. Esta pessoa é boa o suficiente? Você pode trabalhar com ela? É fácil conseguir trabalho para os que são capazes até de caminhar sobre as águas, mas há muito poucos desses.

Apesar das dificuldades, a experiência teve um impacto positivo na minha carreira na empresa. Eu havia sido um guerreiro e ganhado um prêmio como o consultor mais eficiente em um ano. Um mentor ofereceu-me a chance de experimentar coisas diferentes no trabalho. Encarei como uma forma de aprender mais sobre o negócio, conhecer a empresa mais a fundo. Trabalhei assim por 18 meses; e então minha esposa e eu tivemos a oportunidade de ir para Londres. Os negócios da empresa cresciam por lá. Eles precisavam de Susan para treinar o novo pessoal contratado, e ela tinha a melhor reputação para o trabalho – encantava os clientes. Eles a queriam, mas convidaram-me para ir também porque precisavam de alguém para montar os sistemas, e eu já sabia como fazer isso. Assim, tive a oportunidade de ir e observar os processos de operação muito antes do que normalmente aconteceria. Fomos chamados para ajudar a liderar os negócios no Reino Unido depois de três meses. Acabei agregado ao Conselho de Liderança Europeu (eu tinha 32 anos), e a experiência como diretor de operações de consultoria alavancou minha carreira. Quando saí, a empresa estava com um capital de 50 milhões de dólares por ano, e continuava a crescer.

Quando uma estratégia de endurecimento se faz necessária, outro risco é achar a situação estressante demais e recuar antes da hora. Tenha determinação suficiente para aguentar firme, mesmo que prefira agir assim como último recurso.

Os seres humanos aparentemente são programados para cooperar, criar obrigações mútuas e negociar o que o outro deseja. Mas, como todos os mecanismos humanos, a reciprocidade e a troca podem ser, e frequentemente são, usadas com exagero. Este abuso toma várias formas (veja a Tabela 16.2).

Tabela 16.2 Potenciais aspectos negativos da reciprocidade e da troca

Corrupção
Trocas inadequadas, antiéticas ou ilegais.
Manipulação
Mentir a respeito de intenções, objetivos e usos do que é recebido.
Mentir a respeito de pagamentos ou bonificações.
Mentir a respeito de custos ao doador.
Mentir a respeito de uma preocupação sincera com o parceiro de negócios.
Criação de obrigações que forçam a reciprocidade, violando as crenças pessoais de um indivíduo ou de um grupo que "deve" um novo pagamento.
Vingança
Percepção exagerada de obrigações e retribuição.
Clima corporativo negativo
Organizações que estimulam o autointeresse à custa da própria empresa.
Organizações que fazem uso exagerado de trocas explícitas, jamais desenvolvendo o tipo de relacionamento que permita uma troca automática.
Organizações que têm tanto medo de uma troca que não conseguem realizar nada.
Organizações que operam com medo de retaliações e outras moedas negativas, em vez de realizar trocas positivas.

Mencionamos cada um desses aspectos desagradáveis da reciprocidade e da negociação, para tornar você consciente dos perigos e para ajudá-lo a se defender.

Conclusões

O jogo duro pode ser perigoso para sua saúde corporativa (e pessoal), tanto se você jogar desse jeito como se estiver sendo alvo dele. Evite-o se puder, mas não a ponto de se tornar vulnerável diante de qualquer um que esteja disposto a dificultar sua vida.

Continue a buscar trocas nas quais ambos os lados podem sair ganhando, mesmo que tenha de usar a possibilidade – ou a realidade – de negociações negativas para nivelar o campo de jogo. Aconselhamos, contudo, a sempre buscar o tipo de relacionamento em que não seja necessário endurecer o jogo. Isso significa não começar pensando o pior sobre os outros, cujo comportamento não pareça amistoso; *ameaçar* uma reação forte antes de reagir – e deixar claro que, em respeito aos interesses da organização e da outra pessoa, você preferiria não ter de administrar consequências negativas – endurecer o jogo gradualmente, abrindo a possibilidade de endireitar as coisas mais cedo, antes que as armas mais pesadas sejam usadas; e, se possível, não fazer nada com a intenção única de prejudicar o outro.

Donna Dubinsky, que muito cedo em sua carreira na Apple enfrentou Steve Jobs e John Sculley, e posteriormente ajudou a fundar e gerir a Palm and Handspring, fala sobre sempre ter uma reserva financeira para "mandar tudo para o inferno". Você será mais corajoso se não estiver totalmente dependente de manter seu emprego. Mas também estará em uma posição mais forte se tiver desenvolvido um histórico positivo de desempenhos, além de começar cedo a construir o maior número de bons relacionamentos que puder. Ter muitos aliados em potencial é uma boa ideia para adquirir influência, e para ser capaz de jogar duro sentindo menos medo de atacar.

Se precisar de um lembrete, leia novamente o Capítulo 6, sobre construir relacionamentos eficientes. Evite as armadilhas com trocas negativas:

Autoarmadilhas a evitar

- *Recuar prematuramente quando alguém for muito resistente.* Aprenda a usar abordagens alternativas.
- *Quando alguém joga sujo, retaliar na mesma moeda antes de usar ameaças de consequências negativas.* Não desperdice armas nucleares quando ameaças de um tapinha na mão – ou um chute no traseiro – podem funcionar.
- *Nunca estar disposto a usar trocas negativas.* Se você tem apenas mel, pode ficar de mãos atadas quando é necessário usar um pouco de vinagre.
- *Usar trocas negativas de modo ameaçador sem acenar com a possibilidade de um futuro melhor.* Não tema a guerra, mas mantenha a paz como algo atraente.

APÊNDICE A
Exemplos adicionais disponíveis na internet

Para ver na íntegra qualquer um dos exemplos citados a seguir, acesse: www.influencewithoutauthority.com. Você encontrará descrições e análises detalhadas de ocorrências em diversos níveis das empresas.

A carreira de Nettie Seabrooks: exercendo influência mesmo com tudo contra

Como mulher e negra Nettie Seabrooks tinha mais que a quantidade normal de obstáculos para exercer alguma influência – especialmente na General Motors, onde sua carreira começou. Sua história notável oferece lições valiosas para se conseguir influência:

- Fazer um trabalho de qualidade como forma de ganhar credibilidade e reputação positiva, que é o preço do ingresso para ter influência. Influência exige mais do que técnica.
- Cultivar relacionamentos fortes.
- Colocar os interesses da empresa em primeiro lugar, para que você não seja visto como uma pessoa egoísta.
- Evitar armadilhas como descartar pessoas difíceis, perder oportunidades de aprendizagem ou não perceber o que os outros querem.

Para ir diretamente a este caso:
www.influencewithoutauthority.com/nettieseabrooks.html

Warren Peters dirige um processo complexo de troca, com múltiplos estágios: trabalhar com as realidades corporativas

Na tentativa de substituir um subordinado direto na sua companhia de seguros, Warren Peters entrou em conflito com um gestor de nível hierárquico superior. Warren teve de decidir se lutava por sua escolha e, quando assim o fez, encontrou uma forma de preservar seu relacionamento enquanto conseguia o resultado que queria. A história de Warren ilustra esses princípios fundamentais de influência:

- Resistir ao impulso de atacar quando atacado.
- Ouvir atentamente os argumentos de seus oponentes para descobrir o que é mais importante para eles.
- Persistir diante da oposição, tendo paciência constante para dar resposta às objeções.
- Sair de cena de forma elegante quando necessário.

Para ir diretamente a este caso:
www.influencewithoutauthority.com/warrenpeters.html

A travessia de Anne Austin: vender a ideia de um produto novo e, assim, conseguir um emprego fora do alcance

Anne Austin teve dificuldades para se fazer ouvir quando viu a oportunidade para um produto novo em seu trabalho como analista de mercado de uma empresa de bens de consumo listada entre as 500 maiores da revista *Fortune*. Mas graças à sua incrível persistência e à hábil aplicação de suas habilidades em exercer influência, ela promoveu uma forte campanha interna para conseguir a aceitação da sua ideia e, ainda, o trabalho que desejava. Sua história mostra a importância de:

- Prestar atenção às trocas em qualquer situação, de modo que os esforços tenham foco.
- Manter em mente seus objetivos pessoais, assim como o sucesso da tarefa.
- Levar a sério as resistências encontradas.
- Ser assertivo, nunca antagônico.

Para ir diretamente a este caso:
www.influencewithoutauthority.com/anneaustin.html

Lições de uma influenciadora determinada: a ascensão, queda e ressurreição de Monica Ashley, uma gerente de produto revolucionária

Este exemplo complicado, que revela muitas camadas de desafios ao longo de vários anos, demonstra como a gestão de um projeto exige capacidade de identificar os participantes-chave, descobrir o que é importante para eles, e utilizar uma gama completa de habilidades de exercer influência para tornar realidade um grande projeto estratégico. Monica Ashley teve de superar a forte resistência de um poderoso guru técnico; ela finalmente conseguiu reunir os argumentos necessários para buscar fora da empresa a tecnologia necessária, mas, por causa da sua abordagem, foi retirada do projeto de desenvolvimento de produto e colocada "de castigo" por um ano. Se seu trabalho o obriga a ter contato com várias partes interessadas no projeto, e que devem ser conquistadas para que você seja bem-sucedido, aqui você encontrará o que é necessário para compreender bem a situação. Algumas das lições obtidas com a experiência de Monica são:

- Ter os dados corretos é um começo, mas muitas vezes não o suficiente para influenciar.
- Influência requer a construção de relacionamentos importantes e sua manutenção.
- Você tem de desenvolver relacionamentos de apoio, assim como superar os resistentes.
- Quando as pessoas que você respeita não fazem aquilo que gostaria, não as descarte, mas pergunte e aprenda.
- Quanto mais alto subir no escalão hierárquico, mais verá em ação aquelas normas de comportamento sutis, e mais elas afetarão sua carreira e reputação.

Para ir diretamente a este caso:
www.influencewithoutauthority.com/monicaashley.html

Fazendo um pequeno milagre em Montana: usar a influência para mudar pessoas e grupos de fora da empresa

Timlynn Babitsky e Jim Salomon perceberam o enorme potencial da energia eólica em Montana, mas os moradores locais, pouco familiarizados com sua empresa, estavam nervosos. Em parceria com diversos grupos patrocinados pelo governo, e contando com uma campanha de publicidade bem montada, ambos foram capazes de iniciar um movimento popular que começa a aproveitar um recurso natural poderoso e melhorar a vida das pessoas. Alguns dos elementos importantes desta campanha de influência são:

- Encontrar uma questão pela qual você tenha paixão, o que vai ajudá-lo a manter o esforço para superar uma oposição difícil.

- Identificar todos os participantes relevantes e usar qualquer conexão que você tenha com eles.
- Utilizar todos os meios de comunicação disponíveis para divulgar as variações da sua mensagem.
- Fornecer informação, acesso, resposta e lições de casa para aliviar a pressão do tempo sobre os participantes-chave.

Para ir diretamente a este caso:
www.influencewithoutauthority.com/montanamiracle.html.

Will Wood vende um treinamento por *e-learning*: exemplo de implementação de mudança bem-sucedida

Depois de ser promovido a chefe de uma divisão bagunçada, Will Wood usou um planejamento cuidadoso de mudança, considerável habilidade de influência e manobras calculadas para implementar o *e-learning*, uma ferramenta de treinamento mais eficaz. Mas, para conseguir essa implementação, ele teve de vencer o ceticismo e orçamentos apertados. Alguns dos princípios que ele praticou foram:

- Oferecer uma visão de como a mudança poderia aumentar a eficiência.
- Construir credibilidade por meio de um desempenho melhor.
- Adaptar seu estilo de interação para construir relacionamentos-chave.
- Preparar-se para as implicações políticas da mudança que foi iniciada.

Para ir diretamente a este caso:
www.influencewithoutauthority.com/willwood.html

Fran Grigsby mata o projeto de 100 milhões de dólares de um gestor sênior bem relacionado: a navegação cuidadosa pela política corporativa

Quando foi desafiada a assumir o fracassado projeto de estimação de um gestor popular e antigo da Commuco, Fran Grigsby sabia que teria de fechá-lo – e de forma que não sacrificasse uma equipe talentosa e seu próprio futuro brilhante na companhia. Alguns dos princípios que ela demonstrou foram:

- Aceitar desafios para construir credibilidade.
- Manter suas antenas alertas, de forma a saber para onde os ventos políticos estão soprando.

- Estar preparado para comprometer o curto prazo em prol do longo prazo.
- Sair logo que puder encontrar uma alternativa melhor, se o que você tem a fazer é pessoalmente inaceitável.

Para ir diretamente a este caso:
www.influencewithoutauthority.com/frangrigsby.html

APÊNDICE B
Recursos adicionais

A. Programas de treinamento

1. O Babson College oferece um programa de desenvolvimento de executivos de uma semana, *Liderança e Influência*, explorando a visão, o trabalho em equipe e outras competências de liderança necessárias para influenciar em todos os níveis de uma organização. Este programa altamente experimental destina-se aos gestores que têm subordinados diretos com a função de gerenciar outros, e usa vídeos, discussões de casos, *role playing* e simulações, incluindo um dia de atividades ao ar livre para a solução de problemas ligados à influência sem autoridade, estudando os conceitos do líder pós-heroico. Os participantes são solicitados a preencher um questionário de *feedback* confidencial sobre o estilo de liderança de seus pares e subordinados diretos, além de utilizar os resultados no programa. Com uma equipe de professores liderada por Allan Cohen, o programa é realizado duas vezes por ano e já foi adaptado para diversas empresas. Mais informações: Babson Executive Education, Babson Park, MA., 02157-0310; telefone: (781) 239-4354 ou (800) 882-EXEC; ou ainda pelo *site* www3.babson.edu/bee/programs/leadership

2. A Stanford Graduate School of Business oferece um *Programa Executivo em Liderança* residencial de cinco dias: *Uso Eficiente do Poder*, concebido para ajudar os gestores mais experientes a aplicar métodos de liderança eficazes e colaborativos em suas empresas. Os participantes descobrem como desenvolver e manter a visão e o poder explorando o valioso potencial de liderança existente em suas equipes, e também como ganhar experiência prática por meio de vídeos, discussões de exemplos, dramatizações e simulações, tudo ligado aos conceitos da liderança pós-heroica e à influência sem autoridade. Os participantes são solicitados a preencher um questionário de *feedback* confidencial sobre o estilo de liderança de seus pares e subordinados diretos, cujos resultados serão utilizados no programa. Com uma equipe liderada por David Bradford, o programa acontece em julho e agosto, e também tem

sido personalizado para diversas empresas. Para mais informações: Stanford Executive Education, 518 Memorial Way, Stanford, CA 94305-5015; www.gsb.stanford.edu/exed/lead; telefone: (650) 723-3341 ou (866) 542-2205.

3. O programa *on-line Resolving Interpersonal Issues* (Resolvendo problemas interpessoais) ajuda a lidar com relacionamentos difíceis, com base nos conceitos de *Influência sem Autoridade*, e está disponível em http://ninthhouse.com/solution/courses/rii. O *site* www.ninthhouse.com tem mais informações sobre seus métodos inovadores de aprendizagem.

4. Os treinamentos customizados oferecidos por Allan Cohen, David Bradford e vários de seus associados foram concebidos para períodos de meio ou de um dia, mas há programas de dois dias inteiros. Estes podem ser independentes ou integrados a outros programas de desenvolvimento de executivos. Contatos: cohen@babson.edu ou bradford_david@gsb.stanford.edu

B. Palestras

Allan Cohen e David Bradford dão palestras motivacionais ou informativas sobre como exercer influência nas empresas e suas aplicações práticas. Contatos acima.

C. Pesquisa

Está disponível uma ferramenta de 360 graus sobre influência ou sobre influência e liderança, ligada aos conceitos de *Influência sem autoridade* e ao nosso livro de liderança, *Power Up*. As questões lá formuladas solicitam aos colegas, subordinados e chefes responderem sobre a forma como a pessoa está agindo agora, e como o entrevistado preferiria que ela se comportasse. Todas as perguntas são ligadas a ações que podem ser modificadas, de modo que os resultados são práticos e associados ao que as pessoas querem. Exemplos de perguntas estão disponíveis em: www.influencewithoutauthority.com

D. Casos de influência

Exemplos adicionais e análises de pessoas que exerceram ou precisam exercer influência estão disponíveis no *site*: www.influencewithoutauthority.com (para mais detalhes sobre esses exemplos, consulte o Apêndice A).

NOTAS

Capítulo 2

1. Esta inscrição de uma estátua chamada Mantiklos Apollo foi citada por Janet Tassel em "Mighty Midgets", *Harvard Magazine* (maio/junho, 1989).
2. GOULDNER, A. "The Norm of Reciprocity: A Preliminary Statement". *American Sociological Review*, 1960. Volume 25.
3. SYKES, G. M. *Society of Captives: A Study of a Maximum Security Prison.* Nova York: Atheneum, 1969.
4. YUHL, G.; TRACY, J. B. "Consequences of Influence Tactics Used with Subordinates, Peers, and the Boss". *Journal of Applied Psychology*, 1992. Vol. 77, no. 4, p. 525-535. (Veja a Tabela na p. 99 de Porter *et al.*, derivada do fator análise, o tipo Q, a análise da validade de conteúdo, etc.)
5. O conceito de troca é tema central neste livro, e será dado tratamento detalhado nos próximos capítulos. A seguir alguns dos exemplos da literatura clássica que usamos: HOMANS, G. C. "Social Behavior as Exchange". *American Journal of Sociology*, 1958, p. 63; BLAU, P. M. *Exchange and Power in Social Life.* Nova York:: John Wiley & Sons, 1964; BLAU, P. M. *Bureaucracy in Modern Society.* New York: Random House, 1956; BLAU, P. M. *The Dynamics of Bureaucracy.* 2. ed. Chicago: University of Chicago Press, 1963.
6. Pela sua própria natureza, os modelos são abstrações simplificadas da realidade, destacando o que é importante e sobre o que devemos prestar atenção. A realidade é geralmente confusa, especialmente quando as pessoas se envolvem com as suas percepções diferentes, sentimentos e suposições. Seja como for, você pode ter de fazer ajustes e inferências, mas um bom modelo ajuda a classificar e colocar ordem nas coisas. Nosso modelo de influência pega aquilo que foi tratado previamente por cientistas sociais como algo descritivo, a presença de reciprocidade entre as pessoas, e torna isso prescritivo e proativo. Combinado com nossa pesquisa nas empresas, o modelo divide em diversas etapas aquilo que muitas vezes é tido como certo ou parece algo opressivo para as pessoas.
7. Usamosa nossa versão da teoria da atribuição ao longo do livro. Esta teoria foi relatada por H. H. Kelley, em *Attribution in Social Interaction* (Morristown, NJ: General Learning Press, 1971); e F. Heider, em *The Psychology of Interpersonal Relations* (New York: John Wiley & Sons, 1958).

Capítulo 3

1. KANTER, R. *The Change Masters*. Nova York: Simon & Schuster, 1983.
2. Veja a nota anerior.
3. Peter M. Blau encontrou isso em seu estudo clássico sobre cobradores de impostos em *Exchange and Power in Social Life* (New York: John Wiley & Sons, 1964); o perito que deu ajuda em troca de agradecimento logo descobriu que recebia tantos pedidos que mal podia cuidar do seu próprio trabalho, e os "obrigados " logo ficaram desvalorizados.

Capítulo 4

1. KERR, S. "On the Folly of Rewarding A While Hoping for B", *Academy of Management Journal*, 1975. Vol. 18, n. 4, p. 769-783.
2. Ver a nota 7 do Capítulo 2.

Capítulo 5

1. KANTER, R. *The Change Masters*. Nova York: Simon & Schuster, 1983.

Capítulo 7

1. KANTER, R. *The Change Masters*. Nova York: Simon & Schuster, 1983.
2. Veja o artigo clássico de Erving Goffman "On Cooling the Mark Out: Some Aspects of Adapting to Failure", em *Psychiatry*, 1952.

Capítulo 8

1. Para saber mais sobre a nova relação líder-subordinado, ver: BRADFORD, D. L.; COHEN, A. R. *Power Up: Transforming Organizations through Shared Leadership*. Nova York: John Wiley & Sons, 1998.
2. Estas declarações foram feitas por clientes ou por gestores durante nossos programas de treinamento.
3. GABARRO, J. J.; KOTTER, J. "Managing Your Boss". *Harvard Business Review*, 1980. Vol. 58, n. 1, p. 92-100.
4. Veja a nota 1 deste capítulo.

Capítulo 9

1. A publicação original foi de Robert Rosenthal e Leonore Jacobson, em *Pygmalion in the Classroom: Teacher Expectation and Pupils' Intellectual Development* (Nova York: Rinehart and Winston, 1968).
2. KASSARJIAN, J. B. M. "Shaping Spaarbeleg: Real and Unreal" [case] IMD, #GM 537.
3. BRADFORD, D. L.; COHEN A. R. *Power Up*. New York: John Wiley & Sons, 1998.

Capítulo 11

1. Esta citação, adaptada, foi feita em uma conferência em 4 e 5 de maio de 2004, durante um grupo de trabalho coordenado por um dos autores. Outros membros do grupo foram surpreendidos, mas compartilharam a ideia de fazer o que ajudaria a maioria das pessoas.
2. Esta é uma adaptação de: BLAKE, R. R.; MOUTON, J. S.; SLOMA, R. L. "The Union-Management Intergroup Laboratory: Strategy for Resolving Intergroup Conflict". *Journal of Applied Behavioral Science*, 1965. Vol. 1, n. 1, p. 25-57.

Capítulo 12

1. FLYNN, F. J. "How Much Should I Give and How Often? The Effects of Generosity and Frequency of Favor Exchange on Social Status and Productivity". *Academy of Management Journal*, 2003. Vol. 46, n. 5, p. 539-553.

Capítulo 13

1. Para obter mais informações sobre visão corporativa e como usá-la, ver: BRADFORD, D. L.; COHEN, A. R. "Creating Commitment to a Tangible Vision" (capítulo 7). *Power Up: Transforming Organizations through Shared Leadership*. Nova York: John Wiley & Sons, 1998. (Os capítulos 9 a 12 dão mais detalhes sobre como conduzir a mudança.) Veja também: VAILL, P.; COHEN, A. R. "Visionary Leadership". *The Portable MBA in Management*. 2. ed. Nova York: John Wiley & Sons, 1993.
2. BELLMAN, G. *Getting Things Done When You Are Not in Charge*. San Francisco: Berrett-Koehler, 2001.
3. Acordeão é nosso método adaptado de um conceito excelente, "a técnica de muitos poucos", desenvolvida por Joel DeLuca, em *Political Savvy; Systematic Approaches to Leadership Behind the Scenes*, 2. ed. (Berwyn, PA: Evergreen Business Group, 1999).

Este livro foi impresso em papel Couche Premiun 90 g
pela gráfica Edições Loyola.